赵殿增

四川省文物考古研究院名家学术文集

赵殿增 著

巴蜀书社

图书在版编目（CIP）数据

四川省文物考古研究院名家学术文集. 赵殿增卷 /
赵殿增著. -- 成都 : 巴蜀书社, 2023.11
ISBN 978-7-5531-1957-1

Ⅰ.①四… Ⅱ.①赵… Ⅲ.①文物—考古—中国—文
集 Ⅳ.①K870.4-53

中国国家版本馆CIP数据核字(2023)第060480号

SICHUANSHENG WENWU KAOGU YANJIUYUAN MINGJIA XUESHU WENJI·ZHAO DIAN ZENG JUAN

四川省文物考古研究院名家学术文集·赵殿增卷

赵殿增　著

策　　划	周　颖　吴焕姣	
责任编辑	周昱岐	
封面设计	冀帅吉	
内文设计	四川胜翔数码印务设计有限公司	
出　　版	巴蜀书社	
	四川省成都市锦江区三色路238号新华之星A座36楼	
	邮编：610023　总编室电话：（028）86361843	
网　　址	www.bsbook.com	
发　　行	巴蜀书社	
	发行科电话：（028）86361852	
经　　销	新华书店	
印　　刷	成都东江印务有限公司	
版　　次	2023年11月第1版	
印　　次	2023年11月第1次印刷	
成品尺寸	170mm×240mm	
插　　页	16页	
印　　张	32.25	
字　　数	450千	
书　　号	ISBN 978-7-5531-1957-1	
定　　价	128.00元	

总序

　　四川省文物考古研究院前身为四川省文物管理委员会（办公室），成立于1953年5月1日。在党和政府的领导、关怀下，我院从不足30人的团队起步，逐渐成长为一个拥有185人编制，兼具考古、文物修复、文化遗产保护、《四川文物》编辑出版四大职能的综合性考古机构。

　　七十年来，全院职工勠力同心，探索历史未知、揭示历史本源，各项事业蓬勃发展，取得了长足进步：共获得全国十大考古新发现11项、中国考古新发现4项、百年百大考古发现2项、新时代百项考古新发现5项、田野考古奖3项，为"建设具有中国特色、中国风格、中国气派的考古学"贡献了四川力量。

　　饮水思源，回顾我院发展的每一个阶段，无一不浸透着我院一代代文物考古工作者拼搏奋斗的艰辛。在我省文物考古事业的发展进程中，他们始终恪守初心，身体力行地积极投身于四川文化遗产保护体系的缔造，甘之如饴地用心守护着巴蜀大地的文化遗产。在他们的努力下，四川先秦考古学的文化序列日渐完整，巴蜀文明起源和发展的历史脉络逐渐明朗，西南地区的历史轴线不断延伸，古代四川的文化面貌愈发清晰。他们为中国考古事业做出了卓越的贡献，为四川考古争得了荣誉，更为我院今天的厚积薄发奠定了坚实的基础。

　　《四川省文物考古研究院名家学术文集》是为四川省文物考古研究

院七十周年华诞而发起的一套纪念性文集，共九卷，分别收录了四川省文物考古研究院学术名家秦学圣先生、沈仲常先生、李复华先生、王家祐先生、曾中懋先生、赵殿增先生、黄剑华先生、张肖马先生、陈显丹先生的代表性学术论文。

这些老前辈中，有的是四川省文物管理委员会（办公室）初创成员，有的是新中国培养的第一批文物考古工作者，有的是新中国成立以来四川文物考古事业从蹒跚起步到步入"黄金时代"的亲历者、见证者。从旧石器时代考古到明清时期考古，从青藏高原的遗址发掘到长江三峡的文物抢救，前辈们筚路蓝缕，风餐露宿，心怀使命与赤诚，在巴蜀大地上写就了锦绣文章。他们将四川考古提升到了一个全新的高度，在中国考古史上留下了光辉的印记。在本职工作之外，前辈们对待后学更是关怀备至，倾囊相授，无私扶掖，令我们感念不已。

本套文集所收均为前辈们的心血之作，有着很高的学术价值：材料运用充分详尽，理论与实践紧密结合；视野开阔，旁征博引，富于创新精神；论述严密，分析鞭辟入里，给人以深刻启发；多学科手段交叉运用，研究路径多元。这些文字饱含着前辈们的科学精神与人文情怀，充分展现了他们求真务实的工作作风和严谨的治学态度。嘉惠学林、泽被后学，本套文集既是我院七十年学术发展历程的缩影，也是我院后学接续前辈们的学术脉络、踔厉奋发、继往开来的新起点。

"雄关漫道真如铁，而今迈步从头越"，衷心期望我院全体干部职工以前辈们为榜样，传承前辈们的优良学统，勇于担当，努力成长。按照习近平总书记提出的"在新的历史起点上继续推动文化繁荣、建设文化强国、建设中华民族现代文明这一新的文化使命"，在更广的领域、更深的层面开展文物考古研究和探索实践，笃行不怠，奉献出更多、更新、更好的学术成果，进一步积淀我院的学术底蕴，为我院创建世界一流考古机构注入崭新力量。

2023年10月

作者简介

赵殿增，四川省文物考古研究院研究馆员，中国社会科学院中国古代文明研究中心客座研究员。男，回族，1943年12月生于河北省大厂县，1962～1967年在北京大学历史系考古专业学习，1965年到安阳考古实习，发掘新石器时代遗址和商代墓葬。

1968年7月分配到四川，先在7848部队劳动锻炼，1970～1972年在会东县委宣传部任干事。1973年2月调到四川省博物馆，归队从事考古，1982年调整到四川省文物管理委员会办公室，后称四川省文物考古研究所（院），历任四川省博物馆古代史部副主任，四川省文物考古研究所考古队长、副所长，四川省文物管理委员会办公室副主任、主任，兼任中国考古学会理事、中国汉画学会理事、四川省历史学会常务理事等职。2004年初退休。

在四川从事考古发掘研究和业务组织工作四十多年，主持了安宁河调查及西昌礼州遗址、茂汶石棺葬、严道古城发掘等二十多个项目课题，重点参加了1980年以来三星堆的调查发掘研究，特别是八九十年代三星堆遗址、祭祀坑、城址的发掘研究组织工作。

主攻方向为四川考古学文化序列与专题研究，特别是以三星堆文化为中心的古蜀文化研究，撰写发表了《三星堆考古发现与巴蜀古史研究》《巴蜀考古学文化序列研究的新进展》《四川世纪考古的回顾与展望》《西昌礼州新石器时代遗址》《四川茂汶石棺葬发掘报告》《"天门"考——兼论四川汉画像砖（石）的组合与主题》等百余篇考古报告和论文，在三星堆文化的性质与内涵、巴蜀文化的分期与序列、古蜀文明的进程与特征等问题上有所创见。

近年根据三星堆的考古新发现，又将原来的观点进行了归纳和提炼，发表了《三星堆神权古国研究》《从古城址特征谈宝墩文化的来源》《我对三星堆文化特征成因的认识》《三星堆祭祀活动的基本架构：神坛、神庙、祭祀坑》等一组文章，提出了一组比较系统的新观点，可供研究参考。

先后参与编辑了《中国青铜器全集》（任编委和巴蜀卷主编）、《早期中国文明丛书》（任编委和分卷主编）等书。其中《三星堆考古发现与巴蜀古史研究》等论著两次获省政府奖，《中国青铜器全集》获国家图书奖。个人主要著作有《三星堆考古研究》（论文集，四川人民出版社2004年2月出版）、《长江文化文库——长江上游的巴蜀文化》（合著，湖北教育出版社2004年10月出版）、《早期中国文明丛书——三星堆文化与巴蜀文明》（专著，江苏教育出版社2005年4月出版）等书。

先后赴塞尔维亚、北马其顿、瑞士、德国、日本、美国等国家及中国台湾等地区进行过学术文化交流活动。

图版一　2016年作者在三星堆前留影

图版二　作者所著有关三星堆的专著、合著、论文集

图版三　作者在三星堆一号
青铜大神树前留影

图版四　作者在三星堆博物馆
青铜馆前留影

图版五　1986年夏，作者与省考古队员、川大林向教授等在三星堆一号祭祀坑工棚前合影

图版六 2006年三星堆发掘二十年纪念会期间，与参加1986年三星堆考古发掘的主要人员合影

图版七 1998年作者与省考古所同事在三星堆考古发掘现场

图版八　2000年作者在月亮湾考古现场向记者等介绍情况

图版九　2000年作者在月亮湾城墙遗址接受电视采访

图版十　1994年《中国美术全集　中国青铜器全集》出版后，编委会全体人员在北京聚会

图版十一　1998年作者在三星堆博物馆接受电视采访

图版十二　2017年在什邡桂圆桥遗址研讨会上发言

图版十三　2005年在中央电视台《百家讲坛》讲座

图版十四 2002年中央电视台西部频道开播活动留影

图版十五 2002年中央电视台西部频道开播与西部学者、画家合影

图版十六　2013年与李伯谦先生在三星堆青关山遗址合影

图版十七　1996年与俞伟超、敖天照先生合影

图版十八　2012年，在"北大考古九十年"纪念展与敦煌研究院樊锦诗院长合影

图版十九　2022年，在三星堆考古大棚与北大赵昊博士、省考古院唐飞院长合影

图版二十　1998年在三星堆博物馆与敖天照先生共同研究

图版二十一　2016年三星堆祭祀坑发掘三十年纪念会，与旧金山博物馆馆长许杰及敖天照先生合影

图版二十二　2012年与加州大学罗泰教授、伦敦大学罗森教授、牛津大学伦福儒教授在"北京大学考古90年展"合影

图版二十三　2017年与三星堆博物馆领导在成都世纪城展厅合影

图版二十四　三星堆博物馆考察团在西安碑林留影

图版二十五　四川史学团从三星堆博物馆出发赴西北考察

图版二十六　1993年，参加瑞士洛桑国际奥林匹克博物馆暨申奥国文物展开幕式

图版二十七　1993年，在德国汉学家郭乐知教授家做客

图版二十八　1999年在日本东京"三星堆"文物展与陈德安、世田谷美术馆馆长合影

图版二十九　2000年"三星堆传奇"文物展代表团在台北故宫博物院留影

图版三十　2000年"三星堆传奇"文物展学术团在台湾历史语言研究所作报告

图版三十一　2003年与艾兰教授在美国达慕思大学博物馆合影

图版三十二　2003年在美国明德大学与同行座谈交流

图版三十三　2003年与哈佛大学友人在哈佛先生铜像前合影

图版三十四　2003年在美国哈佛大学人类学系与同行合影

图版三十五　2016年在印尼巴厘岛神庙留影

图版三十六　2017年在埃及金字塔留影

图版三十七　2017年在埃及阿布—辛拜勒神庙留影

图版三十八　2007年北大62级考古班首次同学会在雁栖湖合影

图版三十九　2012年北大62级考古班同学会在"北京大学考古90年展"上合影

图版四十　2018年北大62级同学会在北大考古文博学院前合影

图版四十一　2008年作者一家三代合影

图版四十二　1998年与爱人袁曙光在三星堆博物馆前合影

目　录

导　论

文化序列研究

文明形态研究

祭祀文化研究

天门观念研究

区域文化研究

附　录

诗序

观《四川省文物考古研究院名家学术文集·赵殿增卷》，深感其终年辛勤劳作于田野坑中，焚膏继晷于翰墨畦里，立论寔是必求其是，会通定求其本，虽或可引各持己论争议，但不能否认其创见皆鸿博确当中正之论，如非贯通巴蜀原本考古序列者，固难解也。故余为律一首，写其心迹，就咫闻以赞，更以表对今巴蜀宏博考古学界，余愿少测厓岸之敬意，谨序。

考古巴蜀荟名家，金石学殿增光华。
民神杂糅难分剖，鼎鬲琢磨数恒沙。
天门法眼促顿悟，青关定位显奇葩。
不羡履蹈买歌舞，田野珠玉是生涯。

谭继和

2023年8月30日

谭继和先生的注释解读：
民神杂糅，指神权王权争议。

鼎鬲琢磨，指学习苏秉琦先生为鼎鬲不同源钻研几十年的精神。

天门法眼，指"天门信仰"。

青关定位，指对三星堆青关山和羊子山土台定准古城古国古方国，并细分缕析出新的巴蜀考古序列。

履蹈歌舞是时代造成的很多阶层追求千金买歌舞的轻浮风气，只有真正的学者青灯黄卷、焚膏继晷。

田野珠玉，指田野考古生涯，带来丰厚的珠玉成果回馈。

自序

我的考古研究观点概说

　　本书是我个人第一个论文集《三星堆考古研究》（四川人民出版社2004年2月出版）的续集，主要是近二十年来我在三星堆与巴蜀文化研究方面有关论文的汇集，也有几篇早期的文章，共计28篇，附录8个。这也是我对专著《早期中国文明丛书——三星堆文化与巴蜀文明》（江苏教育出版社2005年4月出版）与合著《长江文化研究文库——长江上游的巴蜀文化》（湖北教育出版社2004年10月出版）的补充研究，上述三本书的文章目录和提要后记，以及我的全部论著目录，可参见本书的附录。

　　由于不是有计划撰写的系列文章，本书各篇文章的体例与文笔不太统一，内容也有重叠之处，在各篇文后，注明了原发表处的书刊期号，阅读时请注意文章发表时间。本书总的学术观点与上述三本书是一致的，同时根据新的考古发现和研究成果，又有一些补充和修正。这里结合本文集中的主要文章和章节，做些简要说明。

　　三星堆遗址从1980年起连续进行了三十多次正式发掘，前后经历了两次中国考古学的黄金时代。一次是20世纪80年代改革开放初期，考古事业蓬勃开展，是"中国考古学黄金时代"的开始阶段。四川初步建立了三四千年前的考古学文化序列，命名了"三星堆文化"和"三星堆古文化、古城、古国遗址"，特别是1986年三星堆两个大型祭祀坑的发现，"沉睡数千年，一醒惊天下"。另一次是2020年党中央提出要努力建设"中国风格、中国特色、中国气派的考古学"，全国考古工作出现了新的高潮，"中国考古学黄金时代"真正到来。三星堆在中心祭祀区又发现发掘了六个大型祭祀坑，建起具有世界先进水平的现代化考古工作大棚，发掘出上万件珍贵文物，通过三十几个单位多学科的联合攻关，取得了一批重大科研成果，再次震惊世界。我有幸经历了这两个时代，在本文集的导论中，收录了两篇关于20世纪80年代四川考古工作和业务成果的回忆文章，供大家参考。

我对三星堆考古研究的主要学术观点，可以概括为"文化序列""神权国家""天门信仰"三个方面，表述了我对四川考古学文化与蜀国历史、三星堆古蜀文明的特征、古代蜀人信仰观念等问题的基本认识。2004年退休后，我把研究重心转移到探索三星堆文化的特征、成因与价值等方面，又有一些新的认识，这里概述如下。

"文化序列"是指从20世纪80年代初对三星堆与巴蜀文化进行分期研究开始，我逐步认识到四川有一个比较完整的考古学文化发展序列，并探讨了它们与古蜀历史的相应关系。

众多学者综合考古资料和文献记载，对巴蜀考古学文化序列和古蜀文明进程做了长期研究，取得了重要进展，其中蜀文化最早从西北进入成都平原，相继建立了几个政权，可能是一种主流意见；而高度发达的三星堆文明的最终形成，则是多元文化进行交流互鉴的结果。近年来我对从长江中游进入四川的古文化情况又做了些研究，认为这可能也是古蜀文明的重要来源之一。目前我对四川考古学文化与古蜀文明发展进程的基本认识是：由于水患等原因，川西平原的古文化产生的时间比较晚，它们主要是由盆地周边一些新石器时代晚期的古文化逐步汇合而成。在距今5000年左右，从西北山区率先进入成都平原的一支古文化，在什邡创立了"桂圆桥文化"。距今4800年左右又前进到三星堆遗址，创造了"三星堆一期文化"，并在三星堆遗址连续发展了两千余年。距今4500年前后，有一支因尧舜"征三苗"而被迫西迁的"屈家岭—石家河文化"人群，从长江中游来到成都平原西南部，使用与长江中游古城址群相同的两面堆土的特有方法，修筑起了八座"史前古城"，与本地原有文化结合，形成了"宝墩文化"。距今4000年以后，长江中游的又一批三苗人，可能是受到大禹第二次南征的驱使，经由长江三峡地区来到了三星堆遗址，结合多方文化，创立了"三星堆文化"。在距今3500～3000年前后，可能是最后的一批三苗人的后裔，携带着从盘龙城商城传入长江流域的中原地区先进的青铜器铸造技术和器物造型，并带着三苗人比较成形的神权国家形态，再次来到三星堆古城，与本地居民原有的自然崇拜和祖先崇拜观念相结合，用新材料新技术制造出了大量感谢天地万物和祖先神灵的神像和祭器，创造出神奇灿烂的"三星堆文明"。距今3000年前后，在遇到严重瘟疫之类的特大灾难，造成人畜大量死亡时，人们认为这些神器可能已经彻底"失灵"了，于是通过多次隆重的"燎祭"仪式，虔诚有序地打碎焚烧掩埋了神像祭器，表示把它们送回到了天上神界。然后迁都到了金沙遗址，形成古蜀国新的政治中心和距今约3200～2600年的"十二桥文化"。金沙时期的经济能力和祭祀规模都有所减弱，但仍然保持了很多神权国家的传统，并进一步学习中原的青铜技术和礼制，创造了羊子山土台和彭州铜器群。"十二桥文化"最后可能是遭遇水患而逐渐衰亡，在距今2600年前后，由荆楚川东地区过来的另一群人，与当地原有文化再次结合，占据了蜀国的统治地位，形成了"晚期巴蜀文化"。当时大量"巴蜀图语"的出现，说明人们对神权的信仰仍然很严重，虽然经过开明九世（五世？）"始立宗庙"等礼制改革，出现了"新都蜀王大墓"中那种成套的大型青铜礼器群，但社会的基本结构并未发生根本性的变化。当时的蜀国可能仍然保持着"人自为战"的军事体制，在秦军的攻击下一战即亡。公元前316年秦并巴蜀之后，以此作为统一全国的前进基地，加强了蜀郡的政权管理，进行了大规模的经济建设，修筑了都江堰和成都城，使蜀地很快发展成为"天府之国"。古蜀文明不仅是中华文化的重要组成部分，也是多元一体的中华文明中的一个重要类型，进一步丰富了中华文明的文化内涵，为加速中华文明的融合和统一，加快全国的经济和文化建设，做出了自己特有的贡献。

关于各阶段考古学文化与历代蜀王的关系，史籍传说蜀史中"五代蜀王"的后面三代，即鱼凫、杜宇、开明氏蜀国所属的考古学文化，近几十年已经基本得到了证实。最近我们又进一步提出"三星堆一期文化"与"宝墩文化"可能分别为"蚕丛氏蜀国"与"柏灌氏蜀国"的看法，从而可以把四川考古学文化序列与古蜀历史的关系简要概括如下：

"桂圆桥文化"（约距今5000～4800年，新石器时代晚期）——初入平原；

"三星堆一期文化"（约距今4800～4000年，新石器时代晚期）——蚕丛氏蜀国；

"宝墩文化"（约距今4500～3700年，新石器时代晚期后段）——柏灌氏蜀国；

"三星堆文化"（约距今4000～3000年，青铜时代早期—夏商）——鱼凫氏蜀国；

"十二桥文化"（约距今3200～2600年，青铜时代中期—商周）——杜宇氏蜀国；

"晚期巴蜀文化"（约距今2600年～公元前316年，青铜时代晚期—春秋战国）——开明氏蜀国；

"巴蜀文化余存"（约公元前316年～公元前100年，秦—西汉）——融入汉文化。

这是我在现有考古资料基础上进行探讨后形成的新认识，有待进一步的研究和验证，具体的论述可以参见前三本书和本书"文化序列研究"一章中的几篇文章。

"神权国家"是指我对三星堆文化特征的基本认识。经历了20世纪90年代提出来"三星堆文化的一个重要特色——神"，21世纪初认识到

"神权国家可能是整个问题的核心"，到纪念一、二号祭祀坑发掘三十年时认为"三星堆文化阶段可能仍然是个神权古国"这样三个逐步深化的过程，我认为"神圣的信仰"是它的精神主体、"神奇的艺术"是其表现的形式、"神秘的历史"是所产生的结果，共同构成了"三星堆神权古国"这样一个文化定位。

三星堆文化可能是在良好的自然社会环境和比较封闭的地理条件下，造成了一个特殊而滞后的社会形态，形成了具有自身特色和文化传统的"神权国家"，这是出现神奇的三星堆文化的内在原因；而"早期丝绸之路"初期所产生的多方面文化交流，则是三星堆文化面貌丰富多彩的外部原因；"过度消耗"是三星堆快速衰亡并形成大型祭祀坑的根本原由；"多元一体"是三星堆文明在中华文明中的历史定位。

从祭祀坑中已发现的大量文物中可以看出，三星堆文化时期信仰的是以"万物有灵"观念为中心的"原始宗教"，包括以青铜神树、太阳形器为代表的"自然崇拜"，以鱼鸟龙蛇为代表的"图腾崇拜"，以纵目面具为代表的"祖先崇拜"三个重要组成部分，并由代表群巫之长即国王的"青铜大立人像"、代表各级巫师首领的众多"青铜人头像"和各种从事祭祀活动的小型人像构成的"巫祭集团"，共同组成了三星堆神权古国的实际统治者。三星堆祭祀坑出土的多件"青铜神坛"和玉璋上的"祭祀图"线刻图像等，反映了三星堆天地人神相通的世界观和进行经常性宗教祭祀活动的具体场面。我们进一步研究认为：三星堆青关山遗址近年发现的"一号大房子"，有可能是一座位于高台之上的"神庙"，它既是可以安放保存大量神像祭器物进行重要祭拜活动的"庙宇"，又是举行重要集会议事决策以行使国家权力的"殿堂"，可能就是整个"三星堆神权古国"的宗教和政治统治的中心，是反映三星堆繁荣时期祭祀形态的最重要的建筑物。祭祀区众多大型祭祀坑中出土的大量神像和祭器，原来可能主要是放置在这些"神庙"之中的。各种形态的"神坛"，与众多青铜神像、人像、神兽、神器的大量出现，表现了三星堆古人进行大量祭祀仪式时的理想形式，反映出举行各种祭祀活动已经是当时社会的常态，成为三星堆神权国家逐步走向成熟、兴旺发达起来的重要标志。而存放神像祭品并举行祭祀活动的"神庙"的逐步兴建和不断扩建，就成为三星堆神权国家举行经常性祭祀活动和履行管理职能的中心场所，形成了整个国家的宗教和政治统治中心。三星堆古人在举行各种各样的祭祀仪式之后，还形成了一种最后要将祭祀用品埋入土坑之中的特有习俗，用以表示将它们送往了天上和神界，表达出对天地万物祖先神灵的敬重与奉献。在三星堆祭祀活动越来越兴盛的基础之上，从"神坛"的出现，到"神庙"的兴建，再到"祭祀坑"的形成，共同构成了三星堆祭祀活动的基本架构。

关于三星堆祭祀坑的定名，我们认为主要有三条理由：第一，坑内器物基本上都是用于祭祀的神像和礼器祭品；第二，在瘗埋前曾举行过各种各样的祭祀仪式，具有特定宗教祭祀内容和含义；第三，祭祀坑是宗教祭祀礼仪活动的最终结果。至于三星堆中心祭祀区众多大型祭祀坑形成的原因，我一直倾向于"失灵法器掩埋说"。当时的社会充满着宗教狂热，把大量社会财富贡献给神灵，越陷越深，不能自拔，因此垮下去了，最终发生了严重的生存灾难和社会恐慌，人们就认为这些神器都已经彻底"失灵"了，于是通过多次盛大而奇异的"燎祭"，把平时放在神庙中的主要神器和祭器，搬到三星堆前的广场，对着西北方神山中的天神祖先，举行了盛大的祭典，然后打坏焚烧神器和祭器，有序地埋藏于祭祀坑中，表示把它们送回到了天上和神界，随后把国家的统治中心迁到了成都的金沙遗址。这次新发现六座祭祀坑后，我提出了"三星堆一号坑可能是因为瘟疫而为"的看法，在这场灾疫中，可能连群巫之长即国王也亡故了，因此在首次大规模的"燎祭"之后，就将国王专用的金杖放在祭祀坑的中央一起进行了掩埋。从一号坑的开口地层、土坑形制、器物特征、埋藏方式、骨渣堆积和坑口有建筑遗迹等情况看，它很可能是这八座大型祭祀坑中年代最早的一座。随后的灾情可能并未好转，反而更为加剧，因此人们便认为这些神器都已经彻底"失灵"，就用神庙中的大型神像、礼器、祭品、象牙等，继续进行了更大规模的燎祭仪式，其中二、三号坑可能是同时祭祀埋藏的最大的一组。在举行最后一次祭祀活动时，可能连同被放弃烧毁的神庙墙体和剩余的残碎祭品，一起埋入了八号坑的象牙层之上，最终形成了"三星堆中心祭祀区"众多祭祀坑排列有序的情况。三星堆人最后可能迁都到了金沙，三星堆古国从此走向衰亡。三星堆"中心祭祀区"还得到了三星堆古国后人的精心保护和继续祭奠，此后这里一直没有再受到破坏，从而把最终的整个祭祀场所和几乎全部的文物宝藏，奇迹般地完整保存到了今天。至于打破了七号坑的六号坑，很可能是三星堆古国的"遗民"，在迁都若干年之后，再次来到这里进行"祭奠"所留下来的遗迹。而埋藏有大量金器的五号坑，可能是另一次单独的高规格的祭祀。由于五号坑的大小、方向和位置，都与六号坑比较接近，不排除它也是在三星堆迁都之后，古国的"遗民"来到这里进行"祭奠"时留存下来的遗迹。

正因为有这样一系列非常特殊的祭祀习俗，就使三星堆古蜀国成为一个独具特色的神权国家。我近年曾就此问题重点撰写了一组文章，包括探讨有关问题的内容和论据，现汇编于本书的"文明形态研究""祭祀文化研究"两章之中，作为本书的一个主要内容，供大家研究参考。

"天门信仰"是指我们从对四川汉画的组合与主题研究开始，前推至古代蜀人的世界观、人生观等核心信仰观念问题的一个基本认识。

"天门"是20世纪80年代发现于四川简阳汉墓石棺上的两个榜题文字，同时也发现于三峡地区巫山等地汉墓出土的一组鎏金铜牌饰上。四川汉墓中出土有大量的画像砖和画像石，内容涉及当时社会生活和信仰习俗的众多方面。过去比较多的是对单个或成组的画面进行考证研究，涉及整个墓室画像布局组合与主题思想的文章较少。"天门"榜题发现于门阙画像上方的中心位置，我觉得它可能表述了当时人们将大量画像布置在墓室中的核心思想，于是就与在四川省博物馆从事画像砖石保管研究多年的袁曙光一起，对已发现的汉代画像和墓葬资料进行了分类排队与综合研究，认为安装在墓门内侧的"门阙"画像砖所要表现的，可能就是榜题上所说的"天门"，然后再用各种不同内容的画像，将整个墓室布置成了一个理想中的天国盛景。具体的内容包括了两大部分：一是以"天门"为开端，以掌握着"不死之药"的西王母为主神，由四方神兽守卫，有天神日月、祖神伏羲女娲相伴，众多已经升天成仙的仙人散居其中，使人能够长生不死的天国图景；二是以车骑为仪仗前导，以迎谒、宴饮、舞乐、燕居为主要场面，并将各种生活生产活动贯穿其间，表现了送迎墓主人进入"天门"，在天国中永远享用美好生活的完整过程。两方面汇合在一起，表达的就是将墓主人"送入天国，升天成仙"这样一个主题思想。

我与袁曙光合作的《"天门"考——兼谈四川汉画像砖（石）的组合与主题》一文发表后，得到了学界和读者的广泛认同。其后我们又撰写了一组文章，进一步细化了"天门"汉画各个组成部分的具体情况和意义，探讨了"天门"观念在砖墓画像砖、画像石、石棺、崖墓石刻、木棺铜牌、摇钱树上的各种表现方式，认为"天门"信仰是汉代神仙思想的一次飞跃与升华，对道教的产生及佛教本土化都有重要的影响。近年我们又从汉代摇钱树源自三星堆时期的"神树"、三星堆"祭祀图玉璋"上神山和船形物具有"天门"的性质等方面，探讨了三星堆古蜀文明时期可能就具有了"天门"的意识，认为三星堆时期的蜀人已经有了经天门升天成仙的理想。"天门"信仰表达出了古蜀人对天、地、人三界的认识，它既是理想的天国，又是现实中的天府，追求的是人与天地自然万物的相亲相通、人与社会的和谐相处，具有中国人"天人合一"思想的核心因素，成为古蜀人信仰观念中的一个重要特征。"天门说"是我的另一个重要学术观点，并与三星堆研究有密切的关系，因此在本文集中选择了几篇论文，编入了"天门观念研究"一章之中，并收入了两篇蜀汉时期画像与佛像的研究文章。

在"区域文化研究"一章中，选入了我对凉山、绵阳、雅安、成都等地古文化和重要文物的几篇研究文章，涉及时间从新石器时代到商周战国秦汉。有的内容可以反映多元一体的中华文化面貌，有的发现为研究三星堆玉文化内涵提供了佐证。严道古城是"南方丝绸之路"上的重镇；新都大墓为探讨战国时期蜀国向中原和楚文化学习，开始进行礼制改革提供了实证；都江堰出土的东汉李冰石像，则是研究都江堰的兴建和秦统一对中国政治经济文化的促进作用非常珍贵的实物资料——这篇文章是我从事考古工作的处女作，对自己的考古生涯有一定的纪念意义。我的其他一些未收入这两个文集的考古报告和论文，可以参见本书附录中的"论著目录"。

我从小喜欢郊游探险，动手动脚找东西，学习考古正合心意。特别是工作后有幸遇到了三星堆，长期处于兴奋状态，简略情况可以参见附录中的两篇采访报道和一组考古回忆。自己离开第一线已久，研究工作也还不够细致，文章较多，看法不少，只是提出来供大家研究参考。其中肯定会有一些不够成熟或不大准确之处，欢迎大家批评指正，我愿意本着实事求是的精神，坚持真理，修正错误，勇于探索，继续为三星堆与巴蜀文化考古事业贡献自己的一点力量。

2022 年 12 月

导　论

20世纪80年代的四川考古

　　20世纪80年代前后被称为"中国考古的黄金时代"，不仅涌现出众多举世震惊的考古发现，而且从制度队伍建设到学术思想解放都产生了质的飞跃，形成了中国特色的考古学体系。四川考古跟上了时代的步伐，在已有成就的基础之上，又取得了可喜的成绩。围绕人类起源、文明起源、区系类型、文化谱系、地区性文化特征等课题，在古人类与石器时代文化探索、巴蜀地区先秦考古学文化序列、秦汉隋唐宋明时期的墓葬特征以及科技艺术考古等方面，取得不少成果，初步构建了四川考古文化的主要阶段，为探讨以巴蜀文化为中心的古文化发展进程和具体形态，及其在中华文明与世界文明发展史上的地位，打下了基础。特别是我省围绕"区系类型研究"和"古代文明探索"等两大课题，进行了一批目的性较强的工作，以三星堆遗址、十二桥遗址、新都大墓等发掘和文物普查、三峡考古调查为代表，使考古文化序列和巴蜀文明研究有了较大进展，是四川考古系统发掘和蓬勃发展的阶段。这里以本单位的情况为主，根据个人的体会和心得，简要回顾一下80年代前后的四川考古进程和收获，作为国庆60周年的一点纪念。

一、机构建设与思想解放

（一）机构的健全和队伍的建设

1953年我省成立了"四川省文物管理委员会"，下设文物工作队，负责全省考古发掘和文物保护工作，成绩显著。三年困难时期精简机构，将"文管会办公室"并入省博物馆，成为中层机构，只管地面文物，而考古发掘则由省博物馆古代史部负责，影响了考古工作的开展。"文化大革命"后亟须恢复独立又统一的文物保护和考古发掘机构，以适应新的时代要求。在国家文物局专家领导和上级主管部门的支持下，1981～1982年重新建立了"四川省文物管理委员会"，下设"四川省文物管理委员会办公室"，成为县团级独立单位，内设考古队、文物队、《四川文物》编辑部等部门，共同负责全省考古发掘研究和文物保护宣传工作。1985年初又增挂"四川省文物考古研究所"，实行"两个牌子一套人马"的形式，从而理顺了工作关系，并与国内外同行接轨，有力地促进了我省文物考古工作的开展。1984、1985年，单位经过几年艰苦努力，先后建成了新的科研办公楼和宿舍楼，大大改善了工作和后勤条件。

在健全机构的基础上，单位又重点抓了队伍建设。首先把文物考古专业人员集中在一起，根据知识结构适当分工，发挥所长。又先后从全国五六个不同的大学有目的地引进十多名考古和历史专业毕业生，既增加了力量，又促进了交流。对前期进入的工农兵学员，分批送入相关大学进修，有些还读了研究生班，大大提高了业务和工作水平。特别是从1984年起，将年轻的考古人员相继送到国家文物局举办的"考古发掘领队培训班"，经过严格的培训考核后，都取得了独立主持考古发掘工地的领队资格。这就为20世纪80年代前后的考古事业大发展创造了必要的条件，在实际工作中发挥了事半功倍的效果。通过恢复评定业务职称、制定奖励办法、做好后勤保障等措施，特别是鼓励表扬成果、促进学术交流、委以工作重任等方式，调动了大家的积极性。在工作繁重、条件较差、补助很少的情况下，单位出现了钻业务、干事业的生机勃勃的新局面，使新的发现和成果不断涌现。

（二）考古制度的建立和学术思想的开放

20世纪80年代考古工作的大发展，是与考古管理制度的健全和学术思想的解放密不可分的。其中对四川考古影响最大的，要属考古发掘规程和考古领队考核两个制度的建立，以及首次全国考古汇报会、三星堆十二桥考古座谈会在成都、广汉的举行。虽然这些活动是由国家文物局主导主持进行的，但四川积极地参与其中，并在实践中直接受益，成为改变四川考古面貌的重要转机。

国家文物局从20世纪80年代初着手编制《田野考古工作规程》（简称《规程》），一方面是要改变"文化大革命"后的混乱，更主要的是要提高整个考古工作的水平。1984年4月在成都召开"全国考古发掘工作汇报会"期间，已形成初稿，并在一定范围讨论。会后集中各地十多位专家，专程到川西、川南、重庆等地，边考察边讨论，使《规程》基本定稿。我和单位的一些同志有幸参与了部分工作，充分感受到它的重要性和必要性。1985年《规程》正式颁布实施，并通过每年颁发考古证照、考古汇报会、工地检查组和考古领队培训考核强行落实，很快改变了当时的考古工作面貌。

"考古发掘领队培训班"是与《规程》相配套的另一项重要措施。从1984年起，要求"文化大革命"后毕业并工作两年以上的考古专业大学生，必须在考古现场举办的培训班实习数月，由国家文物局专家组直接组织指导，并通过严格的考核，才能取得独立主持考古发掘工地的领队资格。"领队培训班"被考古界戏称为"新黄埔"（以别于50年代初"考古训练班"的"老黄埔"），学员很快成为新时期考古事业的骨干。我省从第一期起，连续送去十多名学员，并都通过了考核，取得了领队资格。他们为我省以较高水平开展考古调查、发掘、研究，特别是重点古遗址的发掘和整理，做出了重要贡献。

20世纪80年代考古工作的另一个重要特点，是学术思想的大解放。以苏秉琦先生的"区系类型"和"古文化古城古国"等学说为代表，提出中华文化和文明起源"多元一体"的观点，有力地打破了"中原文化中心说"和"一元论"的传统看法。它不仅被各地考古新发现所印证，更是有力地支持和促进了各地考古事业的发展。四川考古也深深介入这场讨论之中，对四川考古工作的发展产生了深远影响，突出表现在国家文物局和专家组在成都召开的两次会议上。

1984年3月在成都举行的第一次全国"考古发掘工作汇报会"，是国家文物局为贯彻新的工作方针和管理办法的一个重要会议，也是解放思想的重要会议，在某种意义上代表了中国考古"黄金时代"的到来，被学界称为"成都会议"。会上围绕"提高学术水平，提高工作质量"的主题，总结交流了"文化大革命"后的考古工作，指出"我国考古工作和考古学发展已经进入一个新时代"，"初步形成有中国特色的学科体系"①，并确定了完整的考古管理审批和汇报制度。会上会下对学术思想问题进行了热烈的讨论，包括"区系类型"等观点，大大活跃了考古界的学术空气。会议前后全国有大批专家领导入川，具体检查指导我省考古工作。如苏秉琦先生在看了三星堆等处出土标本后说，"我看到巴蜀文化了"，它们"成系统，有特征"，是一个"独特的古文化"，是"学科生长点"，"可能成为一个学科的分支，中国考古学的分支。有这个和没有这个大不一样"②。他们还提出许多具体的建议，从理论与实践的相合上，提高了我省的工作质量和学术水平，使四川考古有机地融入了中国特色的学科体系之中。

1987年4月在成都广汉举行的"三星堆十二桥遗址考古座谈会"，是文物局专家组在新思路指导下举行的六七个小型专题座谈会之一。会

① 苏秉琦：《提高学术水平，提高工作质量——在文化部文物局考古发掘工作汇报会上的讲话》，《华人·龙的传人·中国人——考古寻根记》，辽宁大学出版社，1994年。
② 苏秉琦：《提高学术水平，提高工作质量——在文化部文物局考古发掘工作汇报会上的讲话》，《华人·龙的传人·中国人——考古寻根记》，辽宁大学出版社，1994年。

上不仅收获了几年来在典型遗址上进行有计划发掘的成果，如三星堆古城、祭祀坑、十二桥木建筑群的发现，开始提出"三星堆文化"的命名；而且又从"探索文明起源"，"回答中国人是怎样团聚到一块的"这样一个伟大系统工程的高度，审视规划了四川今后的考古工作。苏秉琦先生明确提出了"三星堆古文化古城古国"的概念，指出"四川这段工作有划时代的意义，在这个基础上看两个坑和城，不妨说是看到了四川的古文化古城古国。从无阶级到阶级，不是一夜之间形成的，各地有各地的发展过程，都在继承前代文明，创造新的文明。这就是我们这次会的新内容"。"巴蜀文化自成体系，特征不是表面的，而是内在的"。下一步"要从长远的角度规划我们的工作任务"，从区系和文明起源的高度，去探索各地古文明的进程和特征[1]。

"考古学文化区系类型的提出和在实践中的系统化"和"古文化古城古国问题研究取得了积极进展"是进入"中国考古学新时期"的两个标志[2]。正是在这种学术思想的指导下，80年代前后四川考古取得了一些比较明显的成绩。下面选择几个重点课题做一介绍。

二、重要发现与科研成果

（一）考古调查与试掘的全面开展

20世纪80年代考古工作的一个重要基础，是进行了一系列不同形式和规模的考古调查，为摸清家底和寻找课题创造了条件。其中规模最大的有三峡考古调查和全省文物普查。

1984至1987年根据上级部署，我省集中数十人的专业力量，对川东三峡库区进行了两次专题考古调查，编写了文物保护规划大纲，提

① 苏秉琦：《西南地区考古——在四川广汉三星堆遗址考古座谈会上的讲话》，《华人·龙的传人·中国人——考古寻根记》，辽宁大学出版社，1994年。

② 苏秉琦：《文化与文明——1986年10月5日在辽宁兴城座谈会上的讲话》，《华人·龙的传人·中国人——考古寻根记》，辽宁大学出版社，1994年。

出270多个需要保护发掘的工作项目。虽然与90年代国家文物局组织全国力量进行的全面调查规划有一定的差距，但绝大部分重点项目已经包含其中了。特别是通过这次调查锻炼了队伍，明确了课题，也为配合基本建设进行考古工作创造了经验。在"配合之中找课题，带着课题搞配合"的方针指导下，试掘了一些地点，取得了可喜的成果，如在忠县中坝遗址发掘了9米厚的文化层，共分40多层，主要部分可分为三大期，从新石器时代晚期延续到商周战国，为川东地区考古学文化的研究，尤其是文化分期和序列研究，提供了重要资料①。

1986至1989年，在国家文物局的统一安排下，我省动员了数万人，进行了全省大规模的文物普查，共登记各类文物36000多处，大体摸清了家底，使文物保护和考古发掘建立在一个全新的基础之上。虽然早期古遗址等数量比预期的少，但也在各地区发现了一批重要线索。为进一步巩固普查的成果，做好考古学区系文化研究，经国家文物局批准，我们有选择地试掘了几处古遗址，都有重要的收获。如阿坝州丹巴县中路罕额依遗址，年代为距今5000年到距今2000年，可分为三期，发掘了10多座石砌房屋、灰坑、墓葬和大量具有地方特色的器物，呈现出一种迥异于周边地区同时期古代文化遗址的崭新的文化面貌，已建议命名为"罕额依文化"②。通江擂鼓寨遗址、阆中坪上遗址③的发掘，分别为研究川东北渠江流域、川中嘉陵江流域石器时代与商周时期的区系文化类型提供了依据。

20世纪80年代我省还主动进行了专题考古调查和试掘，如长江沿线的旧石器调查、川西六江流域综合调查和大石墓石棺葬的调查试掘、

① 巴家云：《忠县中坝新石器时代晚期及商周遗址》，《中国考古学年鉴1991》，文物出版社，1992年。

② 四川省文物考古研究所、甘孜藏族自治州文化局：《丹巴县中路乡罕额依遗址发掘简报》，《四川考古报告集》，文物出版社，1998年。

③ 胡昌钰、孙智彬：《阆中县坪上商周时代遗址》，《中国考古学年鉴1990》，文物出版社，1991年。

荥经"严道古城"的调查勘测发掘等。还有中央和各地的一些科研单位入川进行调查和合作发掘，均有重要收获。如中国社科院考古所在川北广元、绵阳的调查，对中子铺、张家坡、边堆山等遗址的发掘，填补了四川新石器时代文化在地区和时代上的空白[①]；古脊椎动物与古人类研究所在川东的调查和巫山龙骨坡遗址的发掘，发现了两百多万年前的"巫山人"和"龙骨坡文化"，为人类起源研究提供了重要资料[②]。成都市、重庆市也在实际工作中培养了队伍，为20世纪90年代后的大发展打下了基础。

（二）三星堆遗址的发掘与研究

20世纪80年代我省最重要的考古收获，当属三星堆遗址的发掘成果。1929年在广汉月亮湾发现玉器后，1933年和1963年在此进行了两次发掘，先后对附近做了多次调查，1956年发现了三星堆遗址[③]。对三星堆遗址有计划系统发掘，是从1980年开始的。当年春天，四川省博物馆考古队到三星堆调查，在三星砖厂正在取土的"三星堆"土堆两侧发现了厚厚的文化层和丰富的文物，很快决定组队发掘。1980年5月进行试掘，1980年11月到1981年5月正式发掘，将文化层分为三期。1982年在三星堆西南进行第二次发掘，有上下两个文化层，下层同于第一次发掘的第三期，上层被定为三星堆遗址的第四期[④]。发掘期间我们曾向国家文物局专题汇报，庄敏处长来现场考查后，拔出两万元专款予以支持。1984年三星堆考古得到参加全国考古汇报会的专家领导的充分肯定，并做了具体规划。1984～1985年对三星堆遗址的范围和

---

① 王仁湘、叶茂林：《四川盆地北缘新石器时代考古新收获》，《三星堆与巴蜀文化》，巴蜀书社，1993年。

② 黄万波、方其仁：《巫山猿人遗址》，海洋出版社，1991年。

③ 葛维汉：《汉州发掘简报》，《华西边疆研究学会杂志》1933～1934年第6卷。林名钧：《汉汉古代遗址之发现及其发掘》，《说文月刊》1942年3卷第7期。王家祐、江甸潮：《四川新繁广汉古遗址调查记》，《考古通讯》1958年第8期。

④ 四川省文物管理委员会等：《广汉三星堆遗址》，《考古学报》1987年第2期。

分布进行全面调查，发现这是一个由数十个遗址组成的面积约12平方千米的遗址群，东、西、南可能有城墙，开始提出"三星堆古城"的看法。1984年秋在遗址群北部"西泉坎"发掘出典型的"一期"文物。1985年对"三星堆"土堆两侧进行发掘解剖，确认"三星堆"是人工修筑的。为进一步弄清遗址的价值以确定保护方案，1986年3～6月，我们与四川大学考古专业师生一起，分三区进行较大规模发掘，将2.5米厚的文化堆积分为16层，包含了一至四期的大量典型文物和重要遗迹现象，取得丰硕成果。国家文物局专家领导到现场检查指导，充分肯定了这次发掘的意义和价值，并与地方政府一起确定了"拆迁砖厂，全面保护三星堆遗址"的方案。

正当室内整理全面开始、砖厂生产基本停工之时，1986年7～9月留守的民工取土时先后发现两个大型祭祀坑。在砖厂整理文物的考古人员立即保护了现场，收集了文物，经报批后进行了正式发掘。大家冒着酷暑，日夜奋战，发掘出青铜人像、神树、金杖、玉器等1700件珍贵文物，揭开了古蜀文化神秘而奇特的面貌，进而提出祭祀活动是三星堆文化重要特征的观点，在学术界和社会上产生很大影响①。

1988年初"三星堆遗址"正式确定为全国重点文物保护单位。为弄清遗址周边"土埂"的状况和性质，以确定"三星堆古城"的时代和范围，经国家文物局批准，从1989年开始我们对城墙进行了六次发掘，确认了东、西、南三面都有夯筑的城墙，构成一个3.6平方千米的大城，时间在距今4000至3000年左右，从而确立了三星堆古城曾是古蜀文明中心和古国都邑的历史定位②。

<hr />

① 四川省文物管理委员会等：《广汉三星堆遗址一号祭祀坑发掘简报》，《文物》1987年第10期；《广汉三星堆遗址二号祭祀坑发掘简报》，《文物》1989年第5期。陈显丹：《三星堆一、二号坑几个问题的研究》，《四川文物·广汉三星堆遗址研究专辑》1989年。四川省文物考古研究所编：《三星堆祭祀坑》，文物出版社，1999年。

② 《广汉三星堆发掘获重大成果》，《中国文物报》1989年9月15日。

（三）十二桥遗址的发掘与研究

1985 至 1989 年成都十二桥遗址的发掘，是 80 年代我省又一个重大考古收获。考古工作是配合基建工程进行的，最初是发掘遗址西半部的隋唐窑址。1985 年 12 月遗址东半部 3 米多深处基建发现了木构件和尖底器等早期文物，成都市博物馆考古队进行抢救发掘，在第 10 至 13 层发现了大量商周时期的器物和木建筑遗存，与三星堆遗址第四期文物相似。特别是大型木构建筑群的发现，对研究古蜀文化和中国建筑史有非常重要的价值和作用。在专家论证和国家文物局领导现场指导后，决定扩大发掘和保护力度，由省考古所和市考古队共同组成发掘组。1986 年 5 月后进入科学考古发掘阶段，清理出带廊道的"T"形干栏式木构房屋基址（长约 25 米，宽 7 米，廊道长 22 米）、带榫孔的大型地梁建筑成组构件（长达 4.6 米以上）等多种木构建筑，形成一个规格庞大的建筑群体，为研究古代蜀地的建筑形制风格、技术特征提供了重要的实物资料，也是对中国建筑史商代部分的一个重要补充。

1987 年 4 月 "三星堆十二桥遗址考古座谈会" 期间，专家们认为在城市中心发现的十二桥遗址很重要，出土遗物具有自身文化特色，发现大房子说明成都当时已不是寻常的村落，而是一座城市。要加强田野发掘和文物保护工作，尽快拿出阶段性成果。1987 年 12 月在《文物》杂志上发表了《成都十二桥商代建筑遗址第一期发掘简报》，将商周时期遗存分为三期，概括了尖底器等典型器物群的特征、组合与演变过程，及其与三星堆文化的异同，为以后定名 "十二桥文化" 奠定了基础①。

根据 1988 年 10 月国家文物局 "关于十二桥遗址保护意见的批复"，1989 年征用了古文化遗址现场保护区，划定了保护范围。在技术手段

---

① 四川省文物管理委员会、四川省文物考古研究所、成都市博物馆：《成都十二桥商代建筑遗址第一期发掘简报》，《文物》1987 年第 12 期。江章华：《成都十二桥遗址的文化性质和分期研究》，《四川大学考古专业创建三十五周年纪念文集》，四川大学出版社，1998 年。

达不到保护要求的条件下，将发掘区回填保护。而对与十二桥遗址相关的古文化遗存的调查发掘和研究工作，则在更大的范围内全面展开，直至"金沙遗址"的突破性发现和"十二桥文化"的正式命名。

（四）其他考古收获与巴蜀考古学文化序列的初步建立

20世纪80年代我省在早期古遗址古墓葬发掘中还有许多重要收获。如攀枝花市回龙湾旧石器遗址发掘，乐山、雅安、凉山等地新石器时代遗址的调查发掘，成都方池街、指挥街、抚琴小区等商周遗址的发掘，1980年彭县竹瓦街西周大型铜器窖藏的发现①，1987年三星堆仓包包祭祀坑的发现等②。1980年在新都发掘的有独木棺和8个边厢的大型战国木椁墓，发现了一套（188件）完整的高等级青铜礼器，证明它可能是某一代开明氏蜀王墓③；涪陵小田溪巴王族墓地，又发掘了几座土坑墓；在荥经同心村、什邡城关镇发掘了以船棺为特色的大型巴蜀墓群④，等等。战国秦汉以后的广汉"雒城"遗址、川西大石墓、石棺葬以及汉画像石、画像砖墓、唐宋墓葬的发掘，也都有重要收获；特别是隋唐时期邛窑、青羊宫窑等一系列古窑址的调查发掘，揭开了四川陶瓷史研究新的一页，不再一一列举。在此基础上，全省出现了一个学术研究的热潮，先后召开了"巴蜀历史与文化学术讨论会"等许多不同形式规模的研讨会，就相关学科广泛的学术问题，发表了很多颇有见地的论文、报告和简报，出版了多个文集，包括《巴蜀历史·民族·考古·文化》《四川文物·广汉三星堆遗址研究专辑》等。我所1984年创办的《四川文物》，以宽松的思想和较大的容量，成为活跃学术研究、培养锻炼队

---

① 范桂杰、胡昌钰：《四川彭县西周窖藏铜器》，《考古》1981年第6期。

② 四川省文物考古研究所三星堆工作站等：《三星堆遗址真武仓包包祭祀坑调查简报》，《四川省考古报告集》，文物出版社，1998年。

③ 四川省博物馆、新都县文物管理所：《四川新都战国木椁墓》，《文物》1981年第6期。

④ 四川省文物考古研究所等：《荥经县同心村巴蜀船棺葬发掘报告》《什邡市城关战国秦汉墓葬发掘报告》，《四川考古报告集》，文物出版社，1998年。

伍的重要阵地。

20世纪80年代的学术成果很多，其中具有基础意义的，是巴蜀考古学文化序列的初步建立。从三星堆等遗址的系统发掘开始，就有不少学者关注了巴蜀文化的考古学分期①。随着各地新材料的不断涌现，特别是典型遗址分期的细化和众多测定年代的发表，为四川考古文化的分区与分期研究创造了条件②。1987年发表的《四川广汉三星堆遗址》首次考古报告中，将1980至1982年发掘的资料分为四期③。此后几年的发掘和测定结果，进一步印证和补充了四期的内涵，认识到从距今4800～3000年的两千余年间，在三星堆地区存在有一个连续不断的古文化序列。"一期"相当于新石器时代晚期，测定年代在距今4800～4000年。"二期"年代相当于夏代及商代前期，测定年代在距今4000～3600年。"三期"时代相当于商代中晚期，测定年代在距今3600～3200年。"四期"在商代末期到周初，测定年代为距今3100～2875±80年，延续时间在距今3200～2800年。这样就以考古方法建立了一个四川早期考古文化的发展序列④。

联系到当时已发现的商周时期成都古遗址群，和战国前后以船棺葬为代表的晚期巴蜀文化，表明巴蜀考古学文化经历了距今4800年到距今2000年前长达三千余年的历史进程，形成了自己的发展体系，可分为五个阶段：第一个阶段为新石器时代晚期的三星堆一期文化，约在距今4800～4000年；第二阶段为三星堆遗址二、三期，约在距今4000～3200年；第三阶段是以成都古遗址群为中心的殷商西周到春秋

① 赵殿增：《巴蜀文化的考古学分期》，《中国考古学会第四次年会论文集》，文物出版社，1982年；《巴蜀文化几个问题的探讨》，《文物》1987年第10期。
② 碳14测定年代，参见中国社会科学院考古研究所实验室：《中国考古学中碳十四年代数据集（1965–1991）》，文物出版社，1992年。一号坑测定数据为北京大学考古系提供。
③ 四川省文物管理委员会等：《广汉三星堆遗址》，《考古学报》1987年第2期。
④ 赵殿增：《三星堆考古发现与巴蜀古史研究》，《四川文物·三星堆古蜀文化研究专辑》1992年。

时期，距今约3200～2600年；第四阶段为春秋战国巴蜀并存时期，约在公元前600年～公元前316年；第五阶段从秦并巴蜀到汉武帝以前，在公元前316年～公元前100年左右，共同构成了密切联系又相互区别的三千年文化进程，这就是80年代四川新发现的考古材料为我们展现的巴蜀考古学文化体系①。20世纪90年代以后，众多学者对各时期考古文化进行了重新命名，对"巴蜀考古学文化序列"问题，大体形成了"宝墩文化"—"三星堆文化"—"十二桥文化"—"晚期巴蜀文化"—秦汉初期的文化融合等发展阶段的学术共识②。

进入新世纪，考古事业从理论到实践都更加科学，更加规范。回顾20世纪80年代的四川考古，许多工作还是初步的，尚有一些不足之处值得总结改进。但当时的工作热情和很多成果，却是令人难忘的，在四川考古发展史上，留下了重要的一页。

（原载《四川文物》2010年第1期）

---

① 赵殿增：《三星堆考古发现与巴蜀古史研究》，《四川文物·三星堆古蜀文化研究专辑》1992年。
② 孙华：《试论三星堆遗址的分期》，《南方民族考古》1992年第5辑。江章华、王毅、张擎：《成都平原先秦文化初论》，《考古学报》2002年第1期。赵殿增、陈德安：《巴蜀考古学文化序列研究的新进展》，《三星堆与巴蜀文化》，四川文艺出版社，2005年。

四川省文物考古十年（1979～1989）

近十年来，四川省文物考古事业取得比较大的进展。文物普查工作的全面开展和广汉三星堆等一批重要遗址、墓群的发现与发掘，为探索人类起源、文明起源、地方文化序列及历史文化面貌，提供了重要的第一手资料。

一、旧石器时代

近十年来，在旧石器时代考古工作中，巫山大庙龙骨坡[①]、重庆马王场[②]、黔江红土湾、筠连拱猪洞[③]、攀枝花市回龙湾[④]、资阳九曲河等遗址和化石点的发现和发掘，为四川古人类和旧石器研究提供了丰富的资料。巫山早期人类化石的发现，尤其具有重要的意义。

---

① 《巫山县发现一百八十万年前古人类化石·人类起源亚洲说有了新证据》，《人民日报》1986年12月1日。杨兴隆：《记巫山早期古人类化石的发现》，《四川文物》1988年第4期；《川东发现巨猿动物群化石》，《四川文物》1987年第4期。
② 重庆市博物馆：《略谈重庆文物考古的新发现》，《四川文物》1984年第4期。
③ 游天星：《四川筠连人类牙齿化石的发现》，《云贵川古人类旧石器时代考古交流会文集》，1984年。
④ 晏德忠：《攀枝花市发现旧石器时代晚期洞穴遗址》，《四川文物》1988年第1期。

巫山龙骨坡化石地点自1985年发现以来，出土各种化石标本数千件。动物化石的发现，填补了我省更新世早期动物群的空白。尤其是两枚巨猿牙齿化石的发现，扩大了关于巨猿分布范围的认识。这里是目前我国发现的6个巨猿化石点中纬度最高的一处。

1986年10月，在龙骨坡发掘出一批古人类牙齿化石，计有：乳门齿2枚、刚萌出的恒门齿1枚、带有两颗牙齿（第四前臼齿和第一臼齿）的左下颌骨1块。巫山人与人类演化初期的祖先有密切的关系。根据地层化石比较研究，初次公布时确定年代距今约180万年；最近经中国科学院地质研究所古地磁测定，为距今204万～201万年。这是我国迄今发现的最早的人类化石之一。它证实了贾兰坡《四川是研究人类起源的重要地区之一》、童恩正《人类可能的发源地——中国西南地区》、黄万波《三峡地区可能揭开早期人类活动的奥秘》等文章中提出的科学预见①，对探索人类起源具有重要意义。

筠连人化石1980年发现于筠连县镇州拱猪洞，为1枚右上第一臼齿，属于30岁左右的个体。这是继资阳人之后我省发现的又一处更新世晚期智人化石。

重庆九龙坡马王场1983年发现旧石器标本369件，多为砾石石器，特征与铜梁旧石器文化相近。

黔江县红土湾老屋基洞1985年发现一批打制石器和哺乳动物化石②。其中半成品石料、石器等有800多件；动物化石属于华南常见的大熊猫—剑齿象动物群，属更新世中晚期。

在"资阳人"出土地点以西约100米处的九曲河公路桥下，1980年

---

① 此三篇文章分别见《四川文物》1984年第4期、《四川大学学报》1983年第3期、《四川文物》1985年第2期。

② 张兴永、孙智彬、陈祖军：《四川黔江更新世哺乳动物化石及打制石器》，《长江流域第四纪地质及流域综合开发问题学术讨论会论文摘要汇编》，1986年。

发现了新的旧石器地点[①]。出土100多件打制石器和一些哺乳动物化石，其年代为晚更新世。

攀枝花市仁和区回龙湾遗址发掘面积9平方米，出土文化遗物上千件。其中石制品700多件，有刮削器、砍砸器、雕刻器、船底形石核、各种细石器石叶及石钻、石锤等；骨角制品200多件，有针、锥、镞、凿状器等。此遗址出土器物与广西白莲洞，广东西樵山，贵州猫猫洞，山西下川、峙峪，陕西沙苑等处所出有不少相似之处，反映了复合文化的性质。年代为旧石器时代晚期或稍晚，属更新世晚期向全新世过渡的阶段，距今约1.8万～1万年。这一发现对研究西南地区远古文化发展及其与周围文化的关系，具有重要意义。

在其他旧石器遗址和化石点，也发现了许多石器和更新世中晚期的动物群化石。

二、新石器时代

新石器时代考古发掘工作也有一些新收获。据目前资料初步统计，全省新石器时代至商周时期的古遗址在250处以上[②]，分布在全省主要江河流域。通过近年的工作，我们对各区域的原始文化面貌有了新的认识。

长江三峡区域，除已知的新石器时代中晚期大溪文化外，在巫山大宁河流域的双堰塘、巴雾河、下湾、琵琶洲等处发现了一批古代遗址。出土遗物包括个别近似大溪文化的红陶彩陶片，更多的是夹砂绳纹褐陶和灰陶片，时代约当新石器晚期到殷商，证明在这里存在着不同于大溪文化的较晚的原始文化类型。

---

① 李宣民：《资阳九曲河地点旧石器研究简报》，《云贵川古人类旧石器时代考古经验交流会文集》，1984年。
② 赵殿增：《四川原始文化类型初探》，《中国考古学会第三次年会论文集》，文物出版社，1984年。

重庆地区发现新石器时代遗址和采集点40多处。其中江津县王爷庙遗址1980年进行了试掘[1]，出土石器144件，陶器200多件（片）。石器以砾石为原料，打制多于磨制，打制的石器没有台面，多保留自然的卵石面的石片石器，器种有耜、锄、刀、矛、镞、球、网坠等16种。陶器火候较低，以灰砂红褐陶为主，器种有圜底釜、绳纹罐、灰陶薄胎杯及纺轮、管珠等，没有三足器、彩陶器。它与重庆地区其他遗址文化面貌相似，而与大溪、礼州等新石器文化类型不同，具有地方文化的特征。1987年发现的合川沙梁子遗址、巴县干溪沟遗址，出土的陶器石器特征与忠县眢井沟类型相似，可能属于长江中游的一个地方文化类型。

在青衣江流域的雅安地区和乐山地区，广泛分布着以双肩石铲等石器为特征的文化遗存。近年来，在芦山县、雅安市、乐山市[2]、洪雅县和夹江县等都发现了这类文化遗存，证明这种双肩石器是该地区古代文化中一种富有代表性的石器类型。经观察，大部分双肩石器刃部有纵向平行的细微擦痕，多数双肩石器的柄是竖直安装的，可能是用来翻土的石铲。这类遗址多分布在江河旁第一阶地上，反映了粗耕农业情况。从雅安沙溪坝的发掘看，遗址属于新石器时代晚期到铜石并用时代，可以晚到殷商时期。我们将青衣江流域这种文化暂时称作"斗胆村类型"，它与三星堆文化、细石器文化都有一定关系。因正式发掘的遗址较少，其文化性质和面貌尚待今后工作来说明。

川西南的凉山州地区，沿安宁河温暖的河谷地带分布着很多石器时代遗址。70年代发掘的礼州遗址是其中典型代表，被定名为"大墩

---

[1]　陈丽琼、申世放：《江津考古新发现——王爷庙新石器时代遗址》，《几江》1981年第1期。

[2]　中国社会科学院考古研究所四川队：《四川乐山市考古调查简报》，《考古》1988年第1期。

子—礼州文化"①。这种以半月形石刀、盘状砍砸器和粗陶划纹罐、壶、瓶为特征的文化遗址还有西昌琅环、横南山等多处，是金沙江安宁河流域的一个地方类型。凉山州盐源县轿顶山②、普格县瓦打洛③等遗址也有明显的地方特征。1987年在会理莲塘发现的石器加工场遗址，出土了大量打制的石片、石坯和磨制、琢制石器，反映了另一种石器时代文化的面貌。

在四川盆地内部，过去很少有古代遗址发现。1979年，发现阆中蓝家坝，南部涌泉坝、报本寺，南充淄佛寺、明家嘴等新石器时代遗址5处④。其文化面貌与广汉三星堆等遗址有类似之处，年代可以晚到夏商时期。1978～1980年，在汉源县大渡河水库进行考古调查，发现了麻家山、桃坪、背后山等遗址。所出陶器以细长柄豆、竹节长柄豆、觚形器座、尖底（小平底）角状双腹杯为特色，与三星堆遗址文化面貌近似，同是盆地内土著文化的典型代表。

近年的考古工作初步探明了四川原始文化的概貌，即在川东三峡区、川西横断山区和盆地中部地区分布着不同系统的三种文化。三峡区在新石器时代中晚期形成大溪文化，它与两湖地区的文化有密切关系；川西横断山区新石器时代晚期形成的文化，与云南及西北的古文化有一定的联系；盆地中部地区从新石器时代晚期到夏商时期形成了独具特色的地方文化，它是后来巴蜀文化的前身，可以称之为"早期巴蜀文化"或"三星堆文化"⑤。这些文化状况反映出我省自然环境和历史发展的多样性，对研究早期历史面貌具有一定意义。

① 礼州遗址联合考古发掘队：《四川西昌礼州新石器时代遗址》，《考古学报》1980年第4期。
② 四川凉山彝族自治州博物馆：《四川盐源县轿顶山发现新石器时代遗址》，《考古》1984年第9期。
③ 刘世旭、秦应远：《四川普格县瓦打洛遗址调查》，《考古》1983年第6期。
④ 重庆市博物馆：《四川嘉陵江中下游新石器时代遗址调查》，《考古》1983年第6期。
⑤ 赵殿增：《四川原始文化类型初探》，《中国考古学会第三次年会论文集》，文物出版社，1984年。

三、商周时期

秦汉以前四川地区活动着巴、蜀两个民族集团，他们共同创造的"巴蜀文化"早已为人们所认识。近10年来，广汉三星堆[①]、成都十二桥[②]和指挥街[③]等重要遗址的发掘，发现了古城墙、祭祀坑、木建筑群、房屋基址等一批重要遗存，初步建立了巴蜀考古文化的序列，对揭示古代巴蜀文化的面貌，探索西南地区文明的起源，研究四川早期历史情况，都具有重要的价值。

三星堆遗址自1980年以来，进行了多次发掘，共揭露面积4000多平方米。发现房屋基址40余座、陶窑1座、灰坑100多个、墓葬4座、大型祭祀坑2座、城墙建筑遗址2处，出土数万件陶、石、金、铜、玉石器物。遗址的文化堆积分4期，其中二、三、四期与蜀国早期历史关系极大，可称为"古蜀文化"。

三星堆遗址东西长约3千米，南北宽约2千米，实际上是由数十个地点组成的长方形遗址群。中部地区以半月形的月亮湾宽阔台地遗址为中心。南部隔马牧河是三星堆遗址。北部濒临鸭子河有西泉坎等遗址，1984年曾在此发掘出一批居室基址，找到了地层叠压关系。西部横梁子遗址上有一条西南—东北走向的土埂，现存残长约600米，连接在马牧河和鸭子河之间，形成一道屏障。在河岸冲刷的断面等处，可以清楚地看到人工堆积的层次。东部狮子闹遗址上又有一道南北方向的土埂，

---

① 四川省文物管理委员会、四川省博物馆、广汉县文化馆：《广汉三星堆遗址》，《考古学报》1987年第2期。陈德安、陈显丹：《我国商代考古获重大成果，广汉揭露出两个大型祭祀坑》，《中国文物报》1987年10月1日。四川省文物管理委员会、四川省文物考古研究所、四川省广汉县文化局：《广汉三星堆遗址一号祭祀坑发掘简报》，《文物》1987年第10期。四川省文物考古研究所：《广汉三星堆遗址二号坑简报》，《文物》1989年第5期。

② 四川省文物管理委员会、四川省文物考古研究所、成都市博物馆：《成都十二桥商代建筑遗址第一期发掘简报》，《文物》1987年第12期。

③ 四川大学博物馆、成都市博物馆：《成都指挥街周代遗址发掘报告》，《南方民族考古》1987年第1辑。

长约1千米。1984和1988年，经过对上述三条土埂的调查和发掘，发现它们均经人工堆砌而成，有的有清楚的夯层和夯打的护坡，有的在埂顶上用土坯砌成梁埂，土坯之间用夯土填实。因此，这些土埂可能是古代蜀人修筑的城墙。在它的范围内有密集的居民区，有制陶窑址、玉石器作坊，还有埋藏大批玉石礼器和青铜器的祭祀坑。已发掘的房屋基址单间面积有的达35平方米，并且五六间连成一组，十分宏伟，可能已超出一般居室的功用。从城墙上有二期文化堆积叠压的情况分析，古城的建筑年代至迟为商代早期，延续使用到终商之世。结合文献记载，这里可能是鱼凫族或杜宇族蜀王的都邑所在。

1986年7～9月，两个商代祭祀坑的发现，是三星堆考古的又一重大收获。共出土金、铜、玉、石、骨器及象牙、海贝等近千件，其中一大批青铜树、大人像、大面具动物雕像的出土最为引人注目。青铜人头像50多件，均与真人大小相似，颈部前呈倒三角尖状，原来可能安放在木质器体之上。青铜兽面具和动物雕像，面罩、杖等金器，璋、戈、矛、璧等玉石礼器的出土，对于认识三星堆文化的社会性质、意识形态，以及研究祭祀坑的性质作用，都有重要价值[①]。两个祭祀坑均属殷商时期，从器物的风格及组合、埋葬方式有所不同判断，一号坑略早，二号坑稍晚。祭祀坑的发现，有助于确定三星堆为蜀都的历史地位，展示了一个高度发达、地方色彩鲜明的古代青铜文化，使我们对四川、西南地区乃至东南亚的古代文化面貌有了新的认识。

与三星堆遗址为同一文化系统的古遗址，在成都平原有数十处，如成都十二桥、指挥街、抚琴小区，新繁水观音，广汉金鱼和烟墩子等。根据调查资料，这支古文化影响范围广阔，东出三峡，西到汉源，北跨嘉陵江达到陕西汉中地区，包括南充、阆中、雅安等地。

成都十二桥商周遗址可分为三期，前两期与三星堆遗址后半段相

---

① 陈显丹:《论广汉三星堆遗址的性质》，《四川文物》1988年第4期。陈德安、陈显丹:《三星堆遗址与"三星堆文化"》，《广汉信息报》1988年2月16日。

当，第三期遗物以尖底盏、杯、罐为主，时代与三星堆四期相近或略晚，约当商末周初或西周时期。十二桥商代木结构建筑遗存的发现是重大收获，遗物有房顶、梁架、墙体、桩基、地梁等，保存情况较为完好。这里使用的建筑材料有圆木、方木、木板、圆竹、竹篾、茅草等，以圆木最多，常保留着树皮。构件结合有竹篾绑扎、榫卯与捆扎结合、整齐的榫卯结合三种方式。十二桥木建筑遗存显示了蜀地先民因地制宜、就地取材所创造的一种独特风格的建筑形式，具有同时代较高的木建技术水平。

四川近年还发现了一批商周时期巴蜀文化的珍贵文物。1980年彭县竹瓦街发现一处西周大型铜器窖藏①，与1959年铜器出土地点②相距仅25米。出土羊首大铜罍1件，兽面象头铜罍2件，小铜罍1件，戈、戟、钺等兵器15件。此外，在成都的抚琴台、交通巷③和金马乡，简阳县城关，汶川县阿尔村，汉源县背后山④，巫山县大昌镇等地都出土了具有地方特征的商周青铜器，其中铜罍最为常见，是蜀地广泛使用的重要礼器。这些青铜器表明商周时期的巴蜀青铜文化（中期巴蜀文化）⑤与中原地区商文化保持着较多的联系。

近年在成都地区发现了一批卜甲，出土地点包括十二桥、指挥街、抚琴小区、方池街、岷山饭店工地、横小南街、将军衙门等遗址。这是继成都青羊宫遗址之后四川卜甲的集中发现。经初步研究，这些卜甲开始出现于商代中期，流行于商代晚期和西周时期，下限约在春秋初期以前。卜甲钻凿方式可分为只钻不凿圆形孔、有钻有凿外圆内长方形孔、只凿不钻长方形孔三类，形式不太严格，带有一定的随意性。卜甲既与商周

① 四川省博物馆、彭县文化馆：《四川彭县西周窖藏铜器》，《考古》1980年第6期。

② 王家祐：《记四川彭县竹瓦街出土的青铜器》，《文物》1961年第11期。

③ 石湍：《记成都交通巷出土的一件蚕纹铜戈》，《考古与文物》1980年第2期。

④ 岳润烈：《四川汉源出土商周青铜器》，《文物》1983年第11期。

⑤ 赵殿增：《巴蜀文化的考古学分期》，《中国考古学会第四次年会论文集》，文物出版社，1985年。

卜骨相似，又具有地方特点，商代晚期殷墟甲骨出现的很多种新形制对蜀人卜甲没有什么反映。迄今为止，四川卜甲上还未发现任何文字[1]。

四、战国秦汉时期

春秋战国时期，四川形成了巴、蜀两国并立的局面。处在这一时期的晚期巴蜀文化，盛行带有巴蜀符号的柳叶剑、大三角戈、烟荷包式钺等铜兵器，圜底的釜、鍪、甑等铜容器，铜印章丰富，陶器则有大量球形圜底罐、矮圈足豆、浅圜底釜等。这样的器物组合与早、中期的巴蜀文化有较大的差异，可能反映了"荆人"开明氏从川东而来，取代成都平原的杜宇王朝，建立开明王朝之后引起的社会物质文化的变化。这一时期考古工作以墓葬发掘为主。新发掘的船棺葬墓群有大邑[2]、绵竹、蒲江[3]、郫县[4]、什邡、彭县[5]、广汉、荥经及成都西郊等处。这批墓葬集中在蜀人居住的成都平原附近，改变了过去认为船棺葬是"巴人墓葬"的看法。船棺形制除两头翘的以外，还发现了一批两端截齐的独木舟式船棺，如大邑、蒲江、什邡、彭县的船棺。从时代上看，大邑、荥经等地的船棺可能早到战国早期或春秋时期，下限则已进入西汉。如绵竹[6]、绵阳[7]、大邑等地发现的西汉木板墓，随葬器物仍有典型的巴蜀式陶器，它大约是由船棺葬向木椁墓转化的一种过渡形式，反映了巴蜀文化最后与汉文化融合的历史过程，可以作为考古学"巴蜀文化"的下限。

① 罗二虎：《成都地区卜甲的初步研究》，《考古》1988年第12期。

② 四川省文物管理委员会、大邑县文化馆：《四川大邑五龙战国巴蜀墓葬》，《文物》1985年第3期。

③ 四川省文物管理员会、蒲江县文物管理所：《蒲江战国土坑墓》，《文物》1985年第5期。

④ 郫县文化馆：《四川郫县发现战国船棺葬》，《考古》1980年第6期。

⑤ 赵殿增、胡昌钰：《四川彭县发现船棺葬》，《文物》1985年第5期。

⑥ 四川省博物馆、绵竹县文化馆：《四川绵竹县西汉木板墓发掘简报》，《考古》1983年第4期。

⑦ 赵殿增、巩发明：《四川绵阳发现木板墓》，《考古》1983年第4期。

1980年新都马家大型木椁墓的发掘，是我省近年战国时期考古最主要的成果之一[①]。此墓墓坑长10.45米、宽9.2米，正西方有斜坡墓道，长8.82米、宽5.5米。墓内用5～9米长的巨大方木构筑成椁室、棺室和8个边箱。棺室中间有一具长4.14米、直径1.4米的巨大独木棺。腰坑内完好地保存一组青铜器，共188件，分生活用器、生产工具、兵器和编钟4类，显示出极为严谨的巴蜀青铜礼器的组合规律。椁室内还出土刻有人物、铎、罍和图腾符号的大型巴蜀印章等一批珍贵文物。此墓的时代为战国早中期，墓主可能是开明氏的后几代蜀王之一。这是蜀陵墓的首次发现。新都大墓具有典型的晚期巴蜀文化特征，又与楚文化和中原文化有密切的联系[②]。

在涪陵小田溪1972年发现战国墓群，1980年以后又发现了数座土坑墓[③]，进一步证明这里是巴王族的陵墓区——"枳"。在犍为县金井[④]、荥经县同心村[⑤]和烈太村[⑥]、成都市西郊[⑦]也发现了不少春秋战国蜀墓。

大批考古新发现促进了巴蜀历史与文化的研究。近年发表的巴蜀考古论文有数十篇，论及的问题有巴蜀文化的定名、性质和内涵[⑧]，巴

① 四川省博物馆、新都县文物管理所：《四川新都战国木椁墓》，《文物》1981年第6期。

② 李复华、匡远滢：《新都战国蜀墓里中原文化与楚文化因素初探》，《西南民族研究》，四川民族出版社，1983年。沈仲常：《新都战国木椁墓与楚文化》，《文物》1981年第6期。

③ 四川省文物管理委员会、涪陵地区文化局：《四川涪陵小田溪四座战国墓》，《考古》1985年第1期。

④ 四川省博物馆：《四川犍为县巴蜀土坑墓》，《考古》1983年第9期。四川省文物管理委员会：《四川犍为县巴蜀墓发掘简报》，《考古与文物》1984年第3期。

⑤ 四川省文物管理委员会、荥经严道古城遗址博物馆：《四川荥经同心村巴蜀墓发掘简报》，《考古》1989年第1期。

⑥ 李晓鸥、刘继铭：《四川荥经县烈太战国土坑墓清理简报》，《考古》1984年第7期。

⑦ 周尔泰：《成都出土战国羽人仙鹤纹青铜壶说明》，《成都文物》1988年第1期。

⑧ 赵殿增：《巴蜀文化几个问题的探讨》，《文物》1987年第6期。宋治民《关于蜀文化的几个问题》，《考古与文物》1983年第2期。沈仲常、黄家祥：《从新繁水观音遗址谈早期蜀文化的几个问题》，《四川文物》1984年第2期。

蜀文化的时代、分类和分期①，巴蜀文化的起源和形成②，巴蜀文化与周围文化的关系③，巴国和蜀国的社会性质④，祭祀坑的性质和意义⑤，巴蜀墓葬的类型和分期⑥，新都大墓、船棺葬的族属和文化性质⑦，巴蜀青铜器和"巴蜀符号"⑧，以及其他一些专题⑨。

　　春秋战国时期，巴国和蜀国加强了与中原等地的交往，从而出现了新的文化因素。近年来发现的荥经严道古城、春秋战国秦汉墓群和青川战国墓群，是这种新文化因素的典型代表。

① 赵殿增:《巴蜀文化的考古学分期》,《中国考古学会第四次年会论文集》,文物出版社,1985年。李复华、王家祐:《巴蜀文化的分期、断代和渊源试说》,《四川史学通讯》1983年第3期。

② 孙华:《蜀族起源考辨》,《民族论丛》1982年第2辑。董其祥:《古代的巴与越》,《重庆师范学院学报》1980年第4期。刘文杰:《蜀史新探——试论成都平原的早期青铜器文化》,《民族论丛》1982年第2辑。

③ 李伯谦:《城固铜器群与早期蜀文化》,《考古与文物》1983年第2期;《宝鸡茹家庄、竹园沟墓地出土兵器的初步研究——兼论蜀式兵器的渊源和发展》,《考古与文物》1983年第5期。徐中舒、唐嘉弘:《古代楚蜀的关系》,《文物》1981年第6期。林奇:《巴楚关系初探》,《江汉论坛》1980年第4期。宋世坤:《试论夜郎与巴蜀的关系》,《贵州文史丛刊》1982年第1辑。

④ 冯汉骥:《西南古奴隶王国》,《历史知识》1980年第4期。唐嘉弘:《"巴国"是一个奴隶制王国吗?》,《四川文物》1984年第1期。王家祐、刘盘石:《涪陵考古新发现与古代"巴国"历史的一些问题》,《文物资料丛刊》第7辑。

⑤ 陈显丹、陈德安:《试析三星堆遗址商代一号坑的性质及有关问题》,《四川文物》1987年第4期。

⑥ 宋治民:《略论四川战国秦墓的分期》,《中国考古学会第一次年会论文集》,文物出版社,1980年。谢丹:《关于晚期巴蜀墓中的文化内涵》,《四川文物》1987年第1期。

⑦ 李复华、匡远滢:《新都战国蜀墓里中原文化和楚文化因素初探》,《西南民族研究》,四川民族出版社,1983年。胡昌钰:《四川新都木椁墓墓主身份的有关问题》,《民族论丛》1982年第2辑。孙智彬:《新都战国墓文化因素剖析》,《江汉考古》1986年第1期。沈仲常、孙华:《关于船棺葬的族属》,《民族论丛》1982年第2辑。

⑧ 杜迺松:《巴蜀青铜器》,《江汉考古》1983年第3期。李学勤:《论新都出土的蜀国青铜器》,《文物》1982年第1期。李复华、王家祐:《关于"巴蜀图语"的几点看法》,《贵州民族研究》1984年第4期。孙华:《巴蜀符号初论》,《四川文物》1984年第1期。刘瑛:《巴蜀兵器及其纹饰符号》,《巴蜀铜器纹饰图录》,《文物资料丛刊》第7辑。

⑨ 林向:《蜀酒探原——巴蜀的"萨满式文化"研究之一》,《南方民族考古》1987年第1辑。

1977～1986年对严道古城进行了多次考古调查和发掘，发现春秋末到秦汉的6个墓群，共清理古墓30多座①。这批墓葬的形制、葬具及出土器物具有浓厚的楚文化特色，墓主人可能是楚国的移民，甚至可能是楚庄王后裔②。还发现了大小两座古城遗址。大城呈方形，边长约500米。这里可能就是秦汉通西南夷的重要古道——牦牛道起点上的边陲重镇"严道"，在四川历史发展上曾起过独特的作用。

春秋战国"成草（造）""成亭"制造漆器的发现，与汉初"成市""市府"，两汉"蜀郡工官"漆器联系在一起，形成了四川历史上漆器制造作坊和管理机构的发展线索，为研究我国髹漆技术提供了重要实物资料③。

青川县郝家坪战国墓群位于川、陕、甘三省交界处。1979～1980年发掘了土坑木椁墓72座④，出土器物400多件，其中陶器124件，漆器177件。根据陶器组合特征，墓葬可分为战国中、晚两期。从器物、葬制特征看，墓地可能与秦民移川有关。出土的漆器是四川发现最多最重要的一次。漆器上发现了"成亭""东""王"等10多个文字和刻划符号，对四川漆器发展史的研究有重要价值⑤。M50出土1件"更修田律"木牍，牍长46厘米、宽2.5厘米、厚0.4厘米，正面有字3行121字，背面有字4行33字。牍文记述国王命丞相戊（甘茂）、内史匽更修田律的

① 四川省文物管理委员会等：《四川荥经曾家沟春秋战国墓群第一、二次发掘》，《考古》1984年第12期。陈显双：《四川荥经曾家沟出土一批战国时期重要文物》，《四川文物》1984年第1期。荥经古墓发掘小组：《四川荥经古城坪秦汉墓葬》，《文物资料丛刊》第4辑。四川省文物管理委员会等：《四川荥经水井坎沟崖墓》，《文物》1985年第5期。

② 徐中舒：《试论岷山庄王和滇王庄蹻的关系》，《论巴蜀文化》，四川人民出版社，1981年。

③ 赵殿增、李晓鸥、陈显双：《严道古城的考古发现与研究》，《中国考古学会第五次年会论文集》，文物出版社，1988年。

④ 四川省博物馆、青川县文化馆：《青川县出土更修田律木牍——四川青川县战国墓发掘简报》，《文物》1982年第1期。

⑤ 李昭和：《"巴蜀"与"楚"漆器初探》，《中国考古学会第二次年会论文集》，文物出版社，1982年。

有关内容；背面记载了"不除道"的时日。木牍写于秦武王二年（公元前309年）十一月初一日，埋葬入墓内时间应在秦昭王元年（公元前306年）甘茂"亡秦奔齐"之前。木牍反映了秦国商鞅变法之后一次重大的律令修改和执行情况，具有较高的史料价值①。此墓内还出土7枚时代最早的"半两"钱，说明秦惠文王二年（公元前336年）"初行钱"以来，秦半两就可能出现了。

1987年9月，在距郝家坪墓地不远的青川县白和乡白杨村，发现1件"蜀东工"铭文铜戈。戈内上一面铸阴文"蜀东工"3字，另一面用极细的线条刻"九年相邦吕不韦造蜀守□东工守□□戈三成都"等20字。它为研究先秦成都东工冶铸技术提供了珍贵资料。

近年来，四川各地发现的西汉木椁墓和土坑墓较多。在重庆市，有马鞍山、江北织布厂、黄花园、临江支路等处②。临江支路发掘木椁墓5座，出土器物100多件，钱币1200余枚。M3保存较好，是川东西汉墓的典型代表③。绵阳市④、绵竹县、涪陵县⑤、大邑县⑥、越西县⑦、珙县⑧等地也都有一批西汉墓发现。这一时期的汉墓与中原地区大体一致，但也呈现一些地方特色。大邑县的两座土坑墓可能为秦墓，对四川墓葬的分期和断代有一定参考价值。成都市发现的重要西汉墓有石

① 于豪亮：《释青川秦墓木牍》，李昭和：《青川出土木牍文字简考》，同见《文物》1982年第1期。李学勤：《青川郝家坪木牍研究》，《文物》1982年第10期。

② 重庆市博物馆：《略谈重庆文物考古的新发现》，《四川文物》1984年第4期。

③ 重庆市博物馆：《重庆市临江支路西汉墓》，《考古》1988年第3期。

④ 绵阳地区文化馆、绵阳市文管处：《四川绵阳发现西汉初期墓》，《考古与文物》1986年第2期。

⑤ 四川省文物管理委员会、涪陵县文化馆：《四川涪陵西汉土坑墓发掘简报》，《考古》1984年第4期。

⑥ 四川省文物管理委员会、大邑县文化馆：《四川大邑县五龙乡土坑墓清理简报》，《考古》1987年第7期。

⑦ 四川凉山彝族自治州博物馆、越西县文化馆：《四川越西华阳村发现蜀文物》，《文物资料丛刊》第7辑。

⑧ 崔陈：《珙县西汉土坑墓》，《四川文物》1987年第2期。

羊场①、凤凰山②、天回大湾等处。其中凤凰山汉墓形制独特，器物丰富。发现髹漆的陶坛罐17件，内盛粮食、果品、兽骨，盖上有墨书"酒""甘酒""桃"等字，丰富了酒史研究资料。

战国秦汉时期，四川周围的山区少数民族活动频繁，史称"西南夷"。这些民族一般在西汉早中期达到繁荣期，他们留下了丰富的文化遗存，成为民族考古的珍贵资料。70年代我们初步把这些遗存分为石棺葬、大石墓、石板墓、悬棺葬等几个类型。近10年中各类文化都有一些重要的发现。

石棺葬分布在川西山区阿坝、甘孜、雅安、凉山、攀枝花一带。据普查统计，全省已发现石棺葬地点84处，墓葬3473座。主要发掘的地点，有茂汶县撮箕山、理县佳山寨、雅江县呷拉、甘孜县吉里龙、炉霍县卡莎③、宝兴县陇东④、汉源县大瑶、盐边县渔门等。1984年在炉霍县充古村卡莎墓地发掘的275座石棺葬，排列整齐，方向一致，没有打破叠压关系，是一处典型的氏族公共墓地。葬式有直肢、屈肢、侧肢、蹲踞等多种。出土器物1000多件，其中陶器较少，小型工具、装饰品多，有上千件细石器；带柲铜戈、鱼尾形铜戈、骨针及毛麻织品、牌饰、手镯、项珠具有浓厚的石棺葬文化特色。墓葬时代比过去发掘的战国秦汉墓要早，可能达到西周春秋时期。宝兴县陇东乡石棺葬墓地，1982～1985年共发掘108座墓。葬式复杂，出土文物除大量双耳罐外，还有三足和四足双耳罐及戒指、发饰等，可能是古代青衣羌人的墓葬。此墓地时代为东汉时期，是目前所知石棺葬文化时代最晚的一处典型墓地。它可能反映了"青衣内附"民族和睦的历史情况，是民族考古的重要收获之一。

① 四川省文物管理委员会：《成都石羊场西汉木椁墓》，《考古与文物》1983年第2期。

② 徐鹏章：《成都凤凰山发现一座西汉木椁墓》，《四川文物》1984年第1期。

③ 陈显双：《炉霍县发现石棺葬》，《四川文物》1984年第4期。

④ 四川省文物管理委员会、宝兴县文化馆：《四川宝兴陇东东汉墓群》，《文物》1987年第10期。宝兴县文化馆：《四川宝兴县石棺墓》，《考古与文物》1983年第6期。

大石墓分布在凉山州安宁河谷地带，近10年来不断有新的发现。较重要的有米易县弯丘、西昌市西郊、喜德县拉克、普格县瓦打洛等处，目前已知大石墓共有59处221座。这些墓用大石作墓室，实行二次丛葬，反映了一种具有独特民族风格和地方色彩的土著文化。时代从春秋末期延续到东汉初期，以西汉初为最盛，可能是西南夷中"邛都夷"的文化遗存①。

在凉山州昭觉等地发现一种石板墓②，包括昭觉县附城、四开、乌坡、好谷、拉一木，美姑县龙门、九口、拉马足，越西县且拖、雀儿山等处。它与石棺葬、大石墓的形制、葬式、器物均不相同，可能是另一支土著民族的文化遗存。

四川东汉时期墓葬众多，遍布各地，以崖墓和砖室墓为代表。据普查统计，仅现存汉崖墓就有2514处37019座。近年主要发掘的有彭山县江口、新都县马家山、绵阳市河边村、遂宁市笔架山、成都市百花村、西昌市经久、巫山县东井坎等处。

四川东汉崖墓中盛行石棺石函，上面多刻有画像。近年发现了一大批具有重要历史、艺术价值的画像石棺，仅重庆市璧山县1987年就发现15具，泸州市收集了13具，简阳③、金堂、新津、彭山、宜宾、富顺、南溪、长宁、江安、合江、荥经等地都有发现。画像内容包括建筑、神话、人物、图案等。四川东汉墓中还常出有"摇钱树"。1985年广汉县古佛乡出土一株较完整的"摇钱树"，通高1.4米，有24枚叶片，叶片上有西王母、仙人、神兽、铜钱等图案。画像砖是四川汉代艺术的代表文物。近年新发现的有彭县义和、九尺，彭山县双江、新都县梓橦村、广汉县大墩子以及成都、什邡等处。新的内容有酒肆、龙车、泗水

① 刘世旭：《试论川西南大石墓的起源与分期》，《考古》1985年第6期。凉山彝族自治州博物馆：《米易弯丘的西汉大石墓》，《考古学集刊》1982年第2集。凉山彝族自治州博物馆：《四川西昌市郊大石墓》，《考古》1983年第6期。
② 凉山彝族地区考古队：《四川凉山昭觉石板墓发掘简报》，《考古学集刊》1981年第1集。
③ 雷建金：《简阳县鬼头山发现榜题画像石棺》，《四川文物》1988年第6期。

捞鼎故事、双龙等。彭山崖墓出土的画像砖画面分成数格，是一种新的形式。新都画像砖墓出土的纪年砖，提供了画像砖的确切年代[①]。

1983年广汉县城发现了汉代"雒城"遗址[②]，城墙周长约7350米。近年在东、南和西墙进行试掘，发现了夯土墙和包砌在墙体外的一层城砖，砖侧面多印有"雒城""雒官城墼"字样。这是我国现存极少的汉代砖城之一。

1987年文物普查时，在西昌市黄联关东坪村发现汉代冶铜铸钱遗址一处，面积10多万平方米。地面暴露出数10座炉基和大量的炉渣、耐火材料、炉衬、铜锭、五铢钱铜母范、刀范、钱币等文物。在遗址以东2千米至20千米处还曾发现汉代的铜矿洞和新莽时期的窖藏，出土铜锭、铜锤、货泉钱范等。遗址时代为西汉末到东汉时期。它证实了《汉书》邛都"南山出铜"的记载，为冶金史、货币史、西南交通史、民族史研究提供了宝贵资料。

1983年在大凉山腹地的昭觉县好谷乡发现了东汉石表残石[③]。石表高1.62米，刻有400多字的铭文，记载了东汉光和四年（181年）越巂郡太守任命苏示县有秩冯佑为"邛都县安斯乡有秩"，复除赋役等内容。1988年又发现6块残石，上有铭文，其中最多的达500多字，记载了东汉初平年间的一些事件。这些残石可能原是几个独立的碑石。推测这一带曾是公布政令立碑记事的重要场所。

---

① 四川省文物管理委员会：《四川彭县义和乡出土汉代画像砖简介》，《考古》1983年第10期。敖天照：《广汉县出土一批汉画像砖》，《四川文物》1985年第4期。张德全：《新都县发现汉代纪年画像砖》，《四川文物》1988年第4期。四川省博物馆：《四川彭县等地新收集到一批画像砖》，《考古》1987年第6期。帅希彭：《彭山县崖墓发现的画像砖》，《四川文物》1985年第4期。

② 沈仲常、陈显丹：《四川广汉发现的东汉雒城遗迹》，《中国考古学会第五次年会论文集》，文物出版社，1988年。

③ 吉木布初、关荣华：《四川昭觉县发现东汉石表和石阙残石》，《考古》1987年第5期。

五、魏晋及以后各代

三国蜀汉时期的文物过去在四川发现很少，而且没有进行过正式的发掘。近年对忠县涂井岩墓[①]、崇庆县五道梁砖墓[②]以及双流县黄佛岩墓等的发掘，填补了这一时期考古的空白。

涂井墓群共发掘岩墓15座。墓室分单室、双室、多室（双后室）3种，形制与东汉岩墓相似，但墓室较矮，墓门略呈方形。从形制特征和出土器物分析，这批墓分属于蜀汉前期（4座）和蜀汉后期（10座），个别可能在东汉末期（M8）。出土文物共3600多件，其中青瓷器52件、陶器238件、陶屋10件、铜器27件、铁器14件、钱币3000多枚，包括309枚直百五铢和532枚蜀汉五铢等。陶房模型建筑形式具有浓厚的时代和地方特色。陶俑分两类：一类可能沿用东汉的俑模，人物神态自然，造型优美，线条流畅；另一类表情呆板，体态僵硬，与成汉墓陶俑有相似之处，反映了三国动乱时期艺术上的衰落，也可能与民族的融合有关。这些文物对蜀汉墓葬的断代分期有参考价值。

东晋时期，賨人李特、李雄在四川建立了成汉政权（304～307年）。1985～1986年在成都桓侯巷发掘了一座成汉墓[③]。墓为单室砖墓，使用不同时代不同规格的70多种花纹砖修筑，其中年号砖有"太康""玉恒""玉衡""汉兴"等多种。墓内有木棺两具。出土器物数百件，其中近百件陶俑的神态、服饰、发型等别具一格，反映了特有的民族习俗；此外还有金戒指、铁戟、青瓷器等，是賨人民族文化的典型遗物。墓主人可能是成汉统治集团的重要人物。

1986年成都圣灯寺发现一座古墓，出土陶俑与桓侯巷成汉墓的风格一致，也应是成汉时期的墓葬。1979年重庆市南岸玄坛庙发现一座

---

① 四川省文物管理委员会：《四川忠县涂井蜀汉崖墓》，《文物》1985年第7期。

② 四川省文物管理委员会、崇庆县文化馆：《四川崇庆县五道渠蜀汉墓》，《文物》1984年第8期。蒋万锡：《南岸玄坛庙发现六朝岩墓》，《重庆日报》1979年9月18日。

③ 王毅、罗伟先：《成汉墓考古记》，《成都文物》1986年第2期。

南朝墓，出土了一些青瓷器[1]。

四川历来发现的隋唐墓葬很少。1983年在成都北郊发现一座隋墓，仍保持了长方形墓室，前室短而后室长，用扁平花边砖砌筑，出土隋代青羊宫窑瓷器[2]。大邑发现两座唐墓，反映出了唐朝墓葬多壁龛的特征，出土典型的邛窑瓷器[3]。

四川六朝唐宋时期重要考古成果之一，是发现并初步弄清了地方瓷窑的发展过程。魏晋以来，四川普遍生产青瓷器，地方陶瓷业也逐渐发展起来。据文物普查资料，全省现存古陶瓷窑址75处。始于六朝的有成都青羊宫，邛崃瓦窑山和十方堂，江油青莲，金堂金锁桥，灌县金马，新津白云寺、玉皇观等处，以烧造青瓷器为主。唐宋时期四川地方陶瓷业达到鼎盛阶段，又有一大批瓷窑出现。除青瓷窑系外，到宋代黑釉瓷（天目瓷）也迅速发展，走向兴盛。专烧黑釉瓷的有广元瓷窑铺、巴县姜家窑、重庆涂山窑等。唐宋时期还出现了专烧白瓷的彭县磁峰窑等。

青羊宫窑[4]位于成都市西部通惠门至青羊宫一带，面积达2平方千米。1982年10月至1983年5月，在窑址的中心区域发掘了9座隋唐窑炉，包括龙窑和馒头窑两种。窑身宽大，烧结层厚，火膛、窑床、烟室及烟道孔等部分均保存较好。出土遗物万余件，以民间青瓷器为主，种类丰富，焙烧技术较高，不用匣钵。青羊宫窑早期属南北朝，盛于隋代，晚期在唐，是我省早期青瓷窑的典型代表。

邛窑[5]在邛崃县附近，窑址包括十方堂、瓦窑山、尖山子、大渔村

① 四川省文物管理委员会、崇庆县文化馆：《四川崇庆县五道渠蜀汉墓》，《文物》1984年第8期。蒋万锡：《南岸玄坛庙发现六朝岩墓》，《重庆日报》1979年9月18日。

② 罗伟先：《成都化工厂隋墓清理简报》，《四川文物》1986年第2期。

③ 大邑县文化馆：《大邑县出土唐代墓葬》，《四川文物》1985年第2期。

④ 四川省文物管理委员会、成都市文管处：《成都青羊宫窑址发掘简报》，《四川古陶瓷研究》（二），四川省社会科学院出版社，1984年。

⑤ 四川省文物管理委员会、邛崃县文物管理所：《邛窑发掘的初步收获》，陈显双：《邛崃县古瓷窑遗址调查记》，同见《四川古陶瓷研究》（二），四川省社会科学院出版社，1984年。

等。1984年以来对一些窑址进行了发掘，揭露面积3240平方米，有唐宋龙窑6座，马蹄形窑3座。龙窑最长27.4米，火膛、窑身、烟道均保存较好。小型马蹄形窑只有1米长，0.8米宽。还发现水井、石臼、配料缸等遗迹。出土瓷器、窑具2万多件，包括生活用品、建筑材料、文娱器具、文房用品、生产工具以及人物塑像、动物玩具等。省油灯、邛三彩、瓷玩具等最有特色。大量使用匣钵窑具，是十方堂窑址的特点之一。出土文物上有"乾德四年""宣和三年"等年号，证明下限可到北宋。据发掘资料，十方堂窑址始烧于隋，或可早到六朝，盛于唐，废于宋。1988年在固驿瓦窑山发掘了一处早期遗址，发现了一座长46.5米的隋代龙窑，出土隋代连珠纹釉下彩瓷器。

十方堂窑址中还发现两组唐代房屋建筑基址，面积约1030平方米。唐代前期的房屋布局规整，包括正厅、前室、厢房和周围的排水沟。唐代后期房屋压在早期建筑群南部，部分改为作坊。两组建筑遗址保存完好，是唐代民居建筑的重要遗存。

涂山窑位于重庆市南岸黄埇垭一带，共11个地点，东西长约5千米[①]。1981年以来在小湾窑址多次发掘，发现石炉栅馒头窑2座。窑室用砂岩条石砌成，呈马蹄形，烟孔4～6个，窑内使用耐火砖，经测定窑温可达1320℃。涂山窑始于北宋，终于南宋末年。此窑专烧"天目瓷"，特别是近年发现的曜变纹黑瓷片，非常少见。

五代时期的墓葬，除王建、孟知祥等帝王陵墓外，近年在成都近郊清理了一批大中型墓。1984年清理的后蜀孙汉韶墓分前中后三室，中室棺床上有力士、狮、马、羊、麒麟、獏、獬豸、虎等动物雕刻，是又一批五代雕刻精品。

四川宋墓较多，近年在广元、荣昌、大邑、成都、仁寿等地清理了一批较大型的石室墓，墓内多有雕刻和仿木建筑。1982年7月清理的

① 重庆市博物馆：《重庆市涂山宋代瓷窑试掘报告》，《考古》1988年第10期。

彭山县南宋虞公著夫妇合葬墓较为典型①。此墓由红砂岩巨型石条石板砌成，墓室呈长方形，双室并列，由墓门、享堂、棺室、腰坑组成。室内雕有武士、四神、侍女以及"出行图""备宴图""蓬莱图""狮子戏球图"等画像，雕工精湛，是艺术史和民俗史的珍贵资料。腰坑内用铜钱摆成"千秋万岁"字样。1984年成都东郊一座北宋元丰三年张确夫妇墓中出土了三彩陶俑，修正了四川宋三彩陶俑产生于南宋中期的传统说法。

川西南的凉山地区，唐宋时曾为南诏大理地方政权统治。当时信奉佛教，盛行火葬，留下了一批火葬墓，反映了特有的文化习俗。1985年9月在西昌北山发掘了161座火葬墓，出土火葬罐93件，铜铁金银器、钱币等文物上千件。火葬罐上多有莲瓣花纹，罐四周多有陶质"板俑"。火烧过的骨渣上常常涂有朱砂，包有金箔。1981年，在西昌老西门三坡发现一座大理盛德二年（南宋淳熙四年，1177年）火葬墓②。火葬罐上印有5个俑像和十二生肖，出土墓碑1方。

四川南部山区曾盛行悬棺葬，据初步统计，全省有悬棺葬39处，553具以上，分布于川东、南广大地区。延续时间很长，上起战国西汉，大多数属宋、明时期。1981年四川大学历史系在巫溪荆竹坝墓群发掘了1座西汉悬棺③。1984～1985年四川省文物管理委员会在珙县清理了30多座明代前后的悬棺，悬棺附近还发现大量岩画。

近年来四川发现了众多宋元明代瓷器及金银铜器、钱币窖藏，地点包括雅安、仪陇、广安、营山、西充、南充、长寿、什邡、江油、理县、绵竹、德阳、郫县、新都、成都等处。

此外，还发掘了大量元明墓葬。铜梁县明代石椁墓中，出土了几

---

① 四川省文物管理委员会、彭山县文化馆:《南宋虞公著夫妇合葬墓》,《考古学报》1985年第3期。

② 黄承宗:《四川西昌三坡火葬墓调查》,《考古》1986年第3期。

③ 四川大学历史系考古专业悬棺科研小组:《四川巫溪荆竹坝岩葬调查清理简报》,《考古与文物》1980年第6期。

十件造型生动的石俑①。剑阁县明代兵部尚书赵炳然墓，出土了具有珍贵史料价值的墓志②。成都发掘的明僖王朱友壎墓，有大量的仿木建筑结构，出土了由400多件陶俑组成的仪仗俑队③。元末明初"大夏"农民政权首领明玉珍墓的发掘，是近年我省考古的一项重要收获。此墓为竖穴石圹墓，葬具为一棺一椁，用耐腐香楠木制成。出土墓碑有千余字的碑文记载了大夏政权的史实，随葬品有众多的丝织品及金杯、银锭等。遗址现已辟为明玉珍墓陈列室向公众开放。

据初步调查，四川有南宋山城50多座，除著名的钓鱼城外，近年在金堂云顶山城，广安大良城，宜宾登高城、仙侣城，兴文凌霄城，剑门苦竹寨等进行科学考察④。1985～1988年金堂县云顶山城的调查发掘，是其中最重要的收获。这些山城地势险要，多处于交通要冲，建筑坚固，一般都保存完好。这些山城反映了南宋后期数十年宋蒙战争的重要史实，在城市建筑上也有很多新的创造，如圆拱形城门的修造等。目前已有一批南宋山城被列为省、市、县级文物保护单位。

本文撰写过程中，得到本单位及四川省文化厅、四川省博物馆、四川大学历史系考古专业、成都市博物馆、重庆市博物馆、凉山彝族自治州博物馆、攀枝花市及阿坝州文物保管所等文博单位的支持，谨此致谢。

（原载文物编辑委员会编：《文物考古工作十年（1979–1989）》，文物出版社，1991年）

---

① 重庆市博物馆：《四川铜梁县明代石椁墓》，《文物》1983年第2期。
② 四川省博物馆、剑阁县文化馆：《明兵部尚书赵炳然夫妇合葬墓》，《文物》1982年第2期。
③ 翁善良：《明代蜀僖王墓》，《成都日报》1980年4月19日。薛文：《明僖王陵及明蜀藩王墓群简介》，《成都文物》1986年第4期。
④ 薛玉树主编：《云顶山记》，四川省社会科学院出版社，1988年。邹重华：《金堂宋末云顶山城遗址再探》，《四川文物》1988年第5期。胡昭曦：《广安县宋末大良城遗址考察》，《四川文物》1985年第1期。丁天锡：《宜宾地区境内的三座抗元山城遗址》，《四川文物》1985年第2期。何兴明：《南宋抗元遗址——剑门苦竹寨》，《四川文物》1986年第3期。

文化序列研究

三星堆考古新发现与古蜀文明新认识

近些年三星堆进行了考古规划、全面勘探、重点发掘、系统整理等工作，取得了一大批可喜的重要成果。四川省考古院的同志讨论"十二五"考古成果时，在充分肯定新收获的基础上，再次谈到了三星堆是一个文化还是几个文化的问题，包括是否应该分成多个文化、几个不同名称文化之间的关系、各阶段文化的性质等问题。这是三星堆考古研究再次深化的表现，很值得进一步讨论。我的看法是：三星堆遗址经历了两千多年，各期器物有明显变化，不但应当分成几个考古学文化，而且还可以进一步加以细化，进而形成一些新认识。这里结合近些年来的三星堆考古新发现与新成果，再谈些个人的初步看法，供发掘研究者参考，也供爱好者讨论借鉴。

一、巴蜀考古学文化序列，"三星堆一期文化" 与 "宝墩文化" 的关系

几十年来三星堆等处考古发掘与研究工作，已经为研究早期巴蜀文明的情况，建立四川考古学文化序列，重建古蜀信史打下了良好的基础。从1980～1986年三星堆遗址系统发掘和分期，到1995～2000年

宝墩等史前城址的发掘和分期，根据20世纪八九十年代的发掘与研究成果，我们对古蜀考古学文化年代序列初步构成的认识是：

1.宝墩文化（三星堆一期文化），距今约4800～4000年；

2.三星堆文化（三星堆遗址二、三期文化），距今约4000～3200年；

3.十二桥文化（三星堆四期、十二桥、金沙、新一村遗址），距今约3200～2600年；

4.晚期巴蜀文化（船棺葬文化），约公元前600年～公元前316年；

5.与秦汉文化融合阶段（秦汉初期的巴蜀文化遗存），约公元前316年～公元前100年[1]。

这样的看法基本为社会所接受，并在展览宣传研究中被广泛采用。但在具体年代的划分、文化名称的确定乃至是否需要分为多个文化等问题上，仍有不同的看法。特别是在三星堆一期文化与宝墩文化的年代和关系上，省、市考古部门有不小的分歧。四川省考古所的同志根据众多测定数据把三星堆一期文化年代定为距今约4800～4000年，认为两个名称可以通用[2]；成都市考古所的同志把宝墩文化年代定为距今约4500～3700年，认为三星堆一期文化应包括在宝墩文化之中[3]，各自都有一定的依据和道理。也有同志认为三星堆遗址的四个时期是同一个考古学文化，不应分别命名成三个文化[4]。对春秋战国及秦汉时期的文化命名，也有些不同的意见。

2006年，在由省内主要学术单位学者参加的国家重点课题《长江

① 赵殿增：《三星堆考古发现与巴蜀文明进程探索》，中国考古学会第十次年会论文，1999年，成都。首发于《长江上游早期文明进程的探索》，巴蜀书社，2002年。后收入《三星堆考古研究》，四川人民出版社，2004年。

② 赵殿增、陈德安：《巴蜀考古学文化序列研究的新进展》，《三星堆考古研究》，四川人民出版社，2004年。

③ 江章华、施劲松、李明斌：《成都平原先秦文化初论》，《苏秉琦与当代中国考古学》，科学出版社，2001年。

④ 主要是三星堆主要发掘者之一陈显丹先生及三星堆博物馆部分同志的意见。

上游古文化与中国文明起源》中，对"长江上游考古学文化序列"问题，基本统一了口径，即分为"宝墩文化"—"三星堆文化"—"十二桥文化"—"巴蜀文化"四个主要考古学文化阶段[1]。但在具体年代的划分等问题上仍未解决，课题成果也未正式发表。

近些年来在三星堆遗址的发掘调查和整理研究中，又有了一批新的成果，除了以二、三期为主体的"三星堆文化"内涵更加完备之外，主要新收获还有：

1.第一期的文化内涵大大丰富了，在三星堆遗址群的各处都发掘出一期的地层，时间跨度很大，遗迹现象密集，出土的文物众多，数量大约超过各成都史前城址的总和，并可以分为两大段[2]。

2.第一期的文化从地层和器形上与二、三期文化（即"三星堆文化"）密切相接，中间不存在空隙和缺环[3]。

3.第四期文化的文物遗迹非常丰富，地点、时代和内涵都得到进一步延伸，除了与十二桥遗址相当的商周之际的文化层之外，还发掘出与新一村遗址相当的文化层遗存，时间已延续到春秋时期[4]。

4.三星堆遗址群中发现了几座船棺葬和土坑墓，时代已经到了战国中期[5]。

这些成果进一步说明，三星堆具有一个连续发展的较完整的文化序列，时间从距今4800～2300年，跨度近两千七八百年，进一步突显了它在四川考古学文化序列研究中的地位，其中对"三星堆一期文化"的整理和研究成果尤为重要。

"三星堆一期文化"的遗存，时间距今约4800～4000年，跨度近

---

① 《长江上游古文化与中国文明起源》课题组，2006年稿。
② 资料存四川省文物考古研究院三星堆工作站。
③ 资料存四川省文物考古研究院三星堆工作站。
④ 资料存四川省文物考古研究院三星堆工作站。
⑤ 四川省文物考古研究院：《四川广汉市三星堆遗址青关山战国墓发掘简报》，《四川文物》2015年第4期。

千年，在6平方千米的三星堆遗址群中广泛分布，堆积层厚，包涵物丰富多样，出土文物丰富，既有大量与"宝墩文化"相同的器物，也有一些其他文化的因素，如类似于良渚文化的锥形器和泡形器、黑陶器等，还有些与时代更早的"桂圆桥文化"相似的因素存在。除了灰坑、房址等之外，还发现有长方形土坑墓和埋兽骨象牙的祭祀坑等遗迹现象。在三星堆古城的城墙下面，常常发掘出密集的房屋基址，上述情况说明这一时期的"三星堆遗址"是一处与"宝墩文化"的成都各城址既有一定关系又有明显区别的大型史前遗址。

与宝墩等各古城遗址相比较，三星堆遗址在"三星堆一期文化"时期有一些自身的显著特点。

1.面积大（约360万平方米，成都各史前城址多为11万～60万平方米，宝墩古城为270万平方米）。

2.时间长（距今约4800～4000年，宝墩文化为距今4500～3700年）。

3.文物多（出土文物数量超过成都史前其他各城址的总和）。

4.遗迹众多，内涵丰富（多元的文化因素）。

5.没有建造城墙。

6.地处于"两河"（鸭子河与马牧河）之畔。

虽然两个遗址群的资料尚未发表齐全，但已明显看到其间有不小的差别，在时间和内涵上都无法统一起来，而区别则越来越明显。从已发表的资料看，我们认为"三星堆一期文化"与"宝墩文化"可能是既有联系又有区别，各有中心地区又在时间上有些重叠的两个文化类型。"三星堆一期文化"主要分布在成都平原的北部，"宝墩文化"主要分布在成都平原的西南部。从测定年代看，"三星堆一期文化"比"宝墩文化"要早一个阶段。从文化内涵上看，二者虽然大体相似，但也有诸多差异，如"三星堆一期文化"多夹砂陶和罐形器，与川西北的营盘山文化及川西的桂圆桥文化比较相近，"宝墩文化"灰白陶和波浪划纹较多，掌握了筑城技术，与长江中游的石家河文化更为接近一些。

形成这些特点的原因是什么？这里我们试着从地理和历史的角度做一些分析和解释。

三星堆遗址在"一期文化"阶段，可能不是一个单纯的、封闭的原始部落与古城。联系到它位于鸭子河与马牧河相邻的"两河流域"，鸭子河边曾发现远方运来的玉石原料等情况看，这里有可能是一处开放性的"水陆码头"，或是一个长时间慢慢形成的集市式的大型聚落。它汇集、吸收了多元的文化因素，孕育出了独具一格的风俗习惯与信仰观念。到距今4000年左右，在多种因素的作用之下，三星堆遗址得到突飞猛进的发展，形成一个以原始宗教为中心的神权国家，从经济、交通中心，发展为宗教、文化、政治中心，进而逐步把成都平原史前各城址纳入其中，创造出距今4000～3200年灿烂夺目的"三星堆文明"。"三星堆一期文化"是与"宝墩文化"有所交叉的不同文化类型，这或许是对三星堆遗址在"三星堆一期文化"阶段情况的一种较为合理的解释。详细的情况和进一步的分析比较，有待于考古报告全部发表后再做研讨。

"三星堆一期文化"与"宝墩文化"的几个重要差异具体如下。

1.年代问题。"三星堆一期文化"为4800～4000年前，"宝墩文化"为4500～3700年前。

2.城址问题。"三星堆一期文化"还没有城墙，"宝墩文化"已具有成熟的筑城技术。

3.特征问题。"三星堆一期文化"与"宝墩文化"也有一些明显的差异。如"三星堆一期文化"多夹砂陶和罐形器，与川西北的营盘山文化及川西的桂圆桥文化比较相近，"宝墩文化"灰白陶和波浪划纹较多，又掌握了先进的筑城技术，与长江中游的石家河文化更为接近一些。

4.经济形态。"三星堆一期文化"前期以粟作为主，后期才有稻作；"宝墩文化"则是较连贯的稻作文明。

因此我们认为"三星堆一期文化"可能是与"宝墩文化"有所交叉的两个不同文化类型。

"三星堆一期文化"与"宝墩文化"在来源上也有所差别。

1.在距今5100年左右,一支带有西北地区特征的新石器文化从岷江上游越过龙门山进入刚脱离水泽不久的川西平原,在什邡等地创立了"桂圆桥文化"。在距今4800年左右,又进一步前进到位置和条件都更加优越的三星堆遗址,建成了数百万平方米的大型中心聚落,开创了繁荣八百余年"三星堆一期文化",并为高度发达的三星堆文明打下了基础。

2.距今4500年左右,川西平原西南部在原有西来文化基础上,又出现了带有较多长江中游文化因素的"宝墩文化",它带来了成熟的筑城技术,以"宝墩古城"为中心,建造了一大批史前古城。它既与"三星堆一期文化"相似共存,也表现出与"三星堆一期文化"在地域和内涵上有所差别。

这二者相互促进,互相融合,共同创造了成都平原的早期文明。

二、古蜀文明各期文化的主人

从1980年三星堆第一次有计划发掘起,我们就开始注意四川考古学文化的分期,并关注各时期的主人问题。我在1983年中国考古学会上发表的《巴蜀文化的考古学分期》一文中,曾提出分早、中、晚三期的方法:早期是以月亮湾、三星堆等遗址为代表的新石器时代晚期至青铜时代前期;中期是以水观音、竹瓦街等遗址为代表的青铜时代中期;晚期是以船棺葬为代表的青铜时代后期,并指出它们"大体上分别代表了巴蜀史上传说时代的蚕丛鱼凫时期、蜀王杜宇时期、开明氏蜀国与川东巴国并存时期"[1]。

1987年三星堆第一次发掘资料正式发表,共分为四期,正式命名

---

① 赵殿增:《巴蜀文化的考古学分期》,《中国考古学会第三次年会论文集》,文物出版社,1984年。

为"三星堆文化"①，同时还测得了距今4800多年到2800年的一大批年代数据②。同年，根据多位学者在考察时提出的"三星堆一期是新石器文化"的意见，我在论文中首次提出了"三星堆一期文化"的概念③。1989年十二桥遗址第一次发掘资料正式发表，分为三期，为探索四川考古学文化年代序列创造了新的条件④。我在1991年中国考古学会年会宣读的《三星堆考古发现与巴蜀古史研究》一文中，进一步探讨了三星堆等处考古发现为巴蜀历史所勾划出来的年代序列、发展阶段、社会概貌，得出的初步结论是：

> 从考古上讲，巴蜀文化可分为三个时期五个阶段：早期为新石器时代晚期，经历约一千余年（4800～4000年），具体情况尚待探索，暂且作为第一个阶段。中期经历约一千五百余年，包括分为以三星堆为中心的第二阶段（即三星堆文化二、三期，约在4000～3200年），和以成都为中心的第三阶段（殷商西周到春秋中期，距今约3200～2600年）。晚期分为春秋战国巴蜀并存的第四阶段（BC600年左右～BC316年），和秦并巴蜀到汉武帝以前的第五阶段（BC316年～BC100年左右）。这五个文化历史阶段共同构成了密切联系又相互区别的3000多年历史进程，就是近年四川新发现的考古材料为我们展现出来的巴蜀文化的年代体系。
>
> 考古发现反映出的古代巴蜀几个中心地域的几个文化阶段，印证了传说蜀史的几个时期大体存在。但它们不是汉晋史籍上编排的那样一整齐的世袭，而是几个文化共同体或氏族部落联盟式的集团，并先后取得统治地位。在距今4000年左右、3000左右、

---

① 四川省文物管理委员会等：《四川广汉三星堆遗址》，《考古学报》1987年第2期。
② 详见《考古》历次公布的碳14测定年代数据。
③ 赵殿增：《巴蜀文化几个问题的探讨》，《文物》1987年第10期。
④ 四川省文物管理委员会等：《成都十二桥商代木构建筑遗址发掘简报》，《文物》1987年第12期。

2600年左右、2400年左右，发生过几次大的变化，可能分别代表了蚕丛、鱼凫、杜宇、开明几个主要部族统治地位交替的起止年代。三星堆文化发生期的主人或许是蚕丛氏或柏灌氏；三星堆繁荣期的主人大约是鱼凫氏；成都十二桥羊子山遗址的主人则可能是杜宇氏；船棺葬新都大墓等晚期巴蜀文化的主人为开明氏。这一序列过程的确立，为将考古材料与史籍文献结合起来研究四川早期历史，开拓了广阔的天地。[①]

近20多年来考古新发现和研究成果，证明这些想法大体是可以成立的。1992年孙华先生提出了关于"十二桥文化"的命名，并把"三星堆文化"划定在三星堆遗址的二、三期范围内[②]；2001年金沙遗址的发现，大大充实了"十二桥文化"的内涵[③]。1995年后成都发现了一批新石器时代晚期的古城址，内涵和时代与"三星堆一期文化"大体相当，已正式命名为"宝墩文化"[④]。

1999年我把四川考古学文化序列具体概括为五个阶段：第一阶段为新石器时代晚期，经历800余年（距今4800～4000年），可称为"三星堆一期文化"或"宝墩文化"。第二阶段为青铜时代前期，经历800余年（距今4000～3200年），可称为"三星堆文化"。第三阶段为青铜时代中期，经历600余年（距今3200～2600年），可称为"十二桥文化"。第四阶段为青铜时代后期，经历300余年（距今2600年～公元前316年），可称为"晚期巴蜀文化"。第五阶段为秦汉初期尚存的"巴蜀文化余波"，经历约200年（约公元前316年～公元前100年）。最后在汉武

① 赵殿增：《三星堆考古发现与巴蜀古史研究》，1991年中国考古学会年会论文，《四川文物·三星堆古蜀文化研究专辑》1992年。

② 《金沙遗址》，《中华文化论坛》1997年第4期。

③ 四川省文物管理委员会等：《成都十二桥商代木构建筑遗址发掘简报》，《文物》1987年第12期。

④ 江章华、施劲松、李明斌：《成都平原的早期古城址群——宝墩文化初论》，《中华文化论坛》1997年第4期。

帝前后融入多元一统的汉文化之中①。同时，三星堆繁荣期的主人是鱼凫氏、十二桥繁荣期的主人是杜宇氏、船棺葬的主人为开明氏等看法，也在主要博物馆和众多学术论著中被采用，基本成为学界的共识②。

但问题并没有真正解决，不仅称谓上还有不同意见，而且在分期的方法、年代的划分、内涵的确定，特别是"三星堆一期文化"与"宝墩文化"的关系问题上，尚有一些分歧，各自也都有具体的考古材料作为佐证。有几个比较突出的问题，需要认真研究，给予合理的解释。

比如年代交叉问题，各阶段文化之间存在有二三百年的交叉期，我认为这可能是源于不同文化之间存在一个交叉过渡期。又如中心转移问题，文化和政治中心在各阶段曾不断地转移，我认为可能与各阶段主导族群发生变化有关。还有三星堆与成都史前各城址的关系问题，三星堆在一期文化阶段虽然没有城墙，但整个遗址早于、大于成都各史前城址，并直接发展为强大的三星堆古国，也有可能是它最终兼并了成都平原其他各史前古城。

最后是各期文化的主人问题。"三星堆文化"繁荣时期的主人为鱼凫氏蜀王、"十二桥文化"的主人为杜宇氏蜀王、"晚期巴蜀文化"的主人为开明氏蜀王的观点，近些年来已经被广泛接受，现在可以进一步去探讨蚕丛氏蜀王与柏灌氏蜀王文化归属问题。

从目前考古发现看，蚕丛氏蜀王与柏灌氏蜀王的文化归属最有可能的是距今4800～4000年的"三星堆一期文化"，和距今4500～3700年"宝墩文化"。上述分析已表明，这二者可能是既有联系又有区别、各有其中心地域又在时间上有些重叠的两个文化类型或文化阶段。我们进一步认为，"三星堆一期文化"可能为蚕丛氏蜀王、"宝墩文化"可能为柏灌氏蜀王。

① 赵殿增：《三星堆考古发现与巴蜀文明进程探索》，中国考古学会第十次年会论文，1999年，成都。首发于《长江上游早期文明进程的探索》，巴蜀书社，2002年。后收入《三星堆考古研究》，四川人民出版社，2004年。
② 三星堆博物馆、金沙博物馆等省内主要博物馆均采用此说。

"三星堆一期文化"时间长，面积大，文物多，内涵丰富，虽然没有城墙，但地处"两河"之畔等特征，说明这里有可能是成都平原上一个长时间形成的重要集市，一处最大的聚落中心，与"蜀王之先，曰蚕丛"（《蜀王本纪》），"其目纵，始称王"（《华阳国志》），"教民农桑"，"所止之处，民则成市"（《续事始》）等记载相吻合。

在此基础上创造出的距今4000～3200年的"三星堆文化"，以突目铜面具为主要神像，说明他们是以"纵目"为特征的"蚕丛氏"的继承者，反过来证明三星堆遗址可能就是"蚕丛氏蜀王"的开国之地，时间应当就是在距今4800～4000年的"三星堆一期文化"阶段。

而"宝墩文化"的主人，则可能是柏灌氏蜀王。从时间上看，"宝墩文化"距今4500～3700年，处于"三星堆一期文化"和"三星堆文化"之间。从地区上看，"宝墩文化"处于成都平原西南部，与"三星堆遗址"分处两地，并以"宝墩古城"为其中心。从形态上看，"宝墩文化"时期的成都平原城址群，面积在10万至60万平方米左右，均有四面环合的城墙，"宝墩古城"有两圈城墙。从性质上看，"宝墩文化"时期的成都平原各城址可能是兼有防御与防水功能的邦国或酋邦。它们与"三星堆一期文化"及"三星堆文化"均有明显的不同。因此我们认为"宝墩文化"的主人，很可能就是介于"蚕丛氏蜀王"和"鱼凫氏蜀王"之间"柏灌氏蜀王"。

根据这些情况，目前我对四川考古学文化序列与古蜀文明各期主人的新认识可以概括为：

"三星堆一期文化"（新石器时代晚期），为蚕丛氏蜀王时期，距今约4800～4000年；

"宝墩文化"（新石器时代晚期后段），为柏灌氏蜀王时期，距今约4500～3700年；

"三星堆文化"（三星堆遗址二、三期，相当于夏商时期），为鱼凫氏蜀王时期，距今约4000～3200年；

"十二桥文化"（含金沙遗址，相当于商周时期），为杜宇氏蜀王时期，距今约3200～2600年；

"晚期巴蜀文化"（含船棺葬文化，相当于春秋战国时期），为开明氏蜀王时期和与川东巴国并存时期，约公元前600年～公元前316年；

"巴蜀文化余存"（相当于秦国后期与汉代初期），为秦汉时期，也是两个文化的交叉期和过渡期，约公元前316年～公元前100年。

这只是一个初步的概括意见，尚待更多的考古资料验证和更加具体的分析论证。

三、祭祀活动在三星堆神权古国的地位与作用

在2016年初四川省文物考古研究院举办的"公众考古报告会"上，三星堆工作站介绍了"十二五"期间"蜀王城"的考古收获，不仅找到了北城墙，而且初步确定在大城北部有两个小城，并提出了三星堆古城修筑过程的几种构想，还发掘出上千平方米的"青关山大房子"等重要遗址，取得了令人瞩目的成果。虽然还有一些问题需要继续探索研究，但已可以确定大城和小城都是在三星堆遗址二、三期逐步建造的，可能是三星堆文化繁荣时期古蜀国的王城。

多年来我一直认为，三星堆古国具有神权国家的性质[1]，不仅大量的文物是祭祀用品，而且一些重要遗迹现象，可能也与祭祀仪式有关。我在1998年定稿的《三星堆文化与巴蜀文明》一书中就曾指出："三星堆土堆也可能不是城墙，而是一个单独建造的土台。它们都可能与祭祀或殿堂、宗庙之类的建筑物有关，在三星堆古城中具有重要的地位。这些分析有待下一步进行有计划的较大规模的发掘来验证。"[2]近期对三星堆"青关山大房子"的发掘，和对"祭祀图玉璋"的再研究，使我认为三星堆可能是"祭台"等看法更加明确，并认为"青关山大房子"可能

---

① 赵殿增：《略论古蜀文明的形态特征》，《中华文化论坛》2005年第4期。
② 赵殿增：《三星堆文化与巴蜀文明》，江苏教育出版社，2005年。

是"神殿"，从而提出了"祭台""神殿""祭祀坑"三者共同构成了三星堆祭祀活动的基本形态的观点①。这里再从宏观的角度，来分析一下祭祀活动在三星堆古蜀文明中具有的特殊地位与作用。

（一）祭祀活动是象征国家权威、维系国家统一的重要形式，是三星堆神权国家的思想和组织基础

三星堆各种祭祀坑中出土的神像、礼器和祭品中，不仅有代表神权和王权的金杖，而且有众多真人大小的铜像，其中最大的立人像，可能是群巫之长与国王，众多人头像，可能是各等级的巫师和酋长。加上那些正在祭祀岗位上的小人像，共同组成一个巫祭集团，以不断从事祭祀活动的方式，维护着对国家的统治，这些都是三星堆文明的特有之处，是三星堆神权国家的标志。"国之大事，在祀与戎"。从三星堆出土的大量器物和祭品中，目前还未发现一件真正意义上的武器，而基本上都是祭祀用的神像、礼器和祭品，可见当时三星堆古国"戎"的成分很弱，"祀"的成分则十分突出，它以原始宗教作为号召和组织全社会的支柱，形成一个神秘的神权国家，成为一个祭祀中心。围绕原始宗教进行的祭祀活动和信仰观念，在社会中起着核心作用，又通过这样的信仰和活动来组织社会、维系其特有的社会结构，成为国家的思想和组织基础②。

三星堆时期古蜀文明的神权国家发展到了一个高峰，通过神权与王权的结合创造出独具特色的灿烂文明，这时的首领国王，是以巫师和"群巫之长"的面貌出现的。从出土文物看，三星堆遗址多神像、祭器和礼器，而没有可以实用的兵器，即使出现有玉戈、石矛、齿援铜戈等，也只具有礼仪性质。最早的巴蜀式兵器，集中出现在与中原文化交界的汉中—宝鸡地区，那里可能才是古蜀王国的前线阵地。三星堆古城

①　赵殿增：《三星堆"台"、"殿"、"坑"三位一体的祭祀形态初探》，《四川文物》2016年第5期。
②　赵殿增：《三星堆考古发现与巴蜀文明进程的探讨》，《长江上游早期文明进程的探索》，巴蜀书社，2002年。

或许曾是一个基本不设防的宗教活动祭祀中心和政治经济文化中心。因此，三星堆古国在商代晚期遇到某种内部和外部力量的冲击时，可能缺乏必要的抵抗能力，很快便被新兴起的十二桥文化所取代，政治经济文化的中心也迅速转移到了成都地区。这也许就是三星堆古国神秘消亡的重要原因之一。

继后的十二桥文化和金沙遗址，它的主人可能是古蜀传说中的杜宇氏蜀国。他们划定了边界（"以褒斜为前门，熊耳、灵关为后户"等）①，增强了兵器（如彭县等处所出）②，王权得到加强，但仍是一个带有明显神权性质的国家。杜宇氏蜀王不仅是"从天坠"的，而且死后又化为杜鹃，"升西山隐焉"③，充满神秘色彩。从出土文物看，在十二桥文化中心区的金沙遗址中央，也是一大片"祭祀区"，有数十个"祭祀坑"，在数米厚的地层中，发现了大量金器、玉器、铜器，成吨的象牙，数千枚獠牙和鹿角，大多是祭器和礼器，包括太阳神鸟、玉琮、铜人像、鱼鸟纹金带等珍品，证明在数百年间这里经常进行着高等级的宗教祭祀活动④。著名的"羊子山土台"，则有可能是十二桥文化时期的重要祭祀场地⑤；在彭县竹瓦街所出的精美青铜器群，也具有明显的祭祀性质⑥。直至春秋战国晚期巴蜀文化阶段的开明氏蜀国，虽然主要青铜器都已是巴蜀式兵器，但从船棺等葬俗、神徽等印章⑦和鳖灵"尸而复生"等传说看⑧，也还保留着明显的神权国家特征，这些因素都源自三星堆繁荣时期的神权古国。

---

① （东晋）常璩：《华阳国志·蜀志》，《华阳国志校注》，巴蜀书社，1984年。
② 范桂杰、胡昌钰：《四川彭县西周窖藏铜器》，《文物》1981年第6期。
③ （东晋）常璩：《华阳国志·蜀志》，《华阳国志校注》，巴蜀书社，1984年。
④ 《金沙遗址》，《中华文化论坛》1997年第4期。
⑤ 四川省文物管理委员会：《成都羊子山土台遗址清理简报》，《考古学报》1957年第4期。
⑥ 范桂杰、胡昌钰：《四川彭县西周窖藏铜器》，《文物》1981年第6期。
⑦ 四川省博物馆：《四川船棺葬发掘报告》，文物出版社，1960年。
⑧ （东晋）常璩：《华阳国志·蜀志》，《华阳国志校注》，巴蜀书社，1984年。

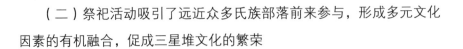
（二）祭祀活动吸引了远近众多氏族部落前来参与，形成多元文化因素的有机融合，促成三星堆文化的繁荣

在三星堆出土的大量祭祀用品中，已发现的外来文化器物，基本上都是宗教礼仪用品，包括神像、祭器和礼器，大约也是用来参加祭祀活动的。三星堆古国的宗教信仰和祭祀活动在当时具有很大的影响力和号召力，吸引着远近众多氏族部落前来参与，并带来了各地的特色文化。其中有类似良渚文化的玉琮、玉璧、玉锥形器、骑虎人像；有类似中原夏文化的玉璋、玉铖、铜牌饰；有类似商文化的铜尊、铜垒、玉石器；有类似西亚文化的人像、面具、神树、金杖、金面罩；也有类似石家河文化，乃至西北地区神木石峁文化的因素，还有象牙、海贝等来自南方和沿海地区的物品出现。三星堆不仅出土了类似古西亚、古埃及文化的金杖、金面罩、人像等器物，据说近年在埃及三千年前的木乃伊中还发现了可能是来自蜀国的丝绸，说明早在三四千年前可能就曾存在一条沟通东西方文化的"早期丝绸之路"。三星堆及成都平原在汉以前早期丝路文明中具有节点与枢纽的地位和作用。它不仅是与西方，而且在与中原、东南、西北、西南、印度等文明的交流中，都可能有这样的作用。正是多元文化的交流与融合，才促成了三星堆文明的高度发展。当然这些因素都已被吸收与加以改造，成为具有三星堆自身特色的器物。这种情况可能是由多方面原因造成的，其中不可忽视的一项就是宗教活动的因素。三星堆大量威武壮观而又神通广大的神像与祭器的出现，使这里逐渐成为一个神圣的祭祀中心。川西平原在古代被称为"都广之野"，具有优裕的自然条件，和谐的人文环境，古蜀人自己认为是处在"天地之中"，因此比较容易实现祭祀者的祈求和愿望，更显示出这个祭祀中心的灵验和神奇，从而吸引了远方的人群前来参加，并带来了各具特色的神像和器物，加速民族和文化的融合，形成一个以宗教活动为主的神圣祭祀中心和神权国家。

（三）祭祀活动促进了造型艺术和工艺技术的长足进步，加快了三星堆经济文化的发展

"艺术本身起源于宗教，因为艺术旨在艺术施行某种巫术来招引部落赖以生存的动物和神灵。"[①]为了取悦神灵和祖先，古蜀先民做出了最大的努力和奉献，既采用了当时最先进的制造技术，也发挥了高超的艺术创造力，创造出了一大批精美绝伦的造型艺术品，成为三星堆文化最具吸引力的特征之一。

青铜器的制造是三星堆文化发展的一个重要条件，当时人们把这种最先进的技术，首先奉献给对神灵的祭祀，不仅有了完整的青铜器的制造工艺，而且使用了先铸法、后铸法、磕铸法、铸接法、铆接法等独特的铸造方法，以及子母榫接法、铆孔固定法、方孔插接法、器架组装法等巧妙的连接方式[②]，建造出一批高大复杂的大型青铜艺术品，产生了强悍的威慑力和感染力。用于祭祀天地四方和人神相通的玉石礼器，其数量之众多、品种之丰富、工艺之精湛、纹饰之优美，也达到了极高的水平。以金杖、金面罩、金虎、金挂饰等为代表的金器，更是在东方古文化中独树一帜。为了充分达到祭祀神灵的崇高目的，三星堆古国时期的这些工艺技术都得到了空前的发展。

三星堆神权古国时期主要以造型艺术的手法来表现他们的信仰观念，这方面的特色尤其突出。他们以威严的面具表现主要神祇，包括突目的祖先神；以真人大小的人像表现通神的巫师；以各种动植物造型反映原始的自然崇拜和图腾崇拜等，既有丰富的社会内涵，又有传神的艺术效果，达到了古代造型艺术的又一个高峰。由于没有可靠的文献记载

---

① ［法］所罗门·雷纳克：《俄耳甫斯·宗教通史》，转引自乌格里诺维奇：《艺术与宗教》，生活·读书·新知三联书店，1987年。
② 曾宗懋：《广汉三星堆一、二号祭祀坑出土的铜器成分的分析》，《四川文物·广汉三星堆遗址研究专辑》1989年；《广汉三星堆二号祭祀坑出土的铜器成分的分析》，《四川文物》1991年第1期。

和传说故事存留下来，三星堆古国的大量社会信息和文化传统，正是蕴藏在这些生动而具体的艺术形象之中，有待于人们去深入发掘。

（四）祭祀活动提高了对自然现象和天人关系的认识，逐步形成一种独具特色的信仰观念，具有了天人合一的思想萌芽，并孕育了道教在四川的诞生

三星堆的每次祭祀活动，每个保存下来的祭祀坑，乃至每件用于祭祀的神像和祭品，都有其特定的内涵和目的，包含着古蜀先民对自然万物和人际关系的观察和理解，表现出特定的思想观念，并用形象的方式把它们保存了下来。当时的人们虽然还不能用科学的方法来认识和解释世界，而是认为万物都是有灵的。为了沟通人间和神界的联系，古蜀先民在祭拜各种神灵的时候，通过对天、地、山、川、太阳、树木、鸟兽等自然现象的观察，不仅掌握了各种事物的生态特征，而且发现其中有许多变化和关联，认为它们是可以相互沟通的。三星堆先民由此产生了对自然万物的理解和尊重，对环境生态的精心保护，形成了对自然规律和天人关系的特有认识，并且形成了天、地、人三界关系的概念，具有了天人合一的思想萌芽。他们认为事物之间的变化和关联有规律可循，可以用来表达和实现人们的意愿，当时主要方法，就是按照一定的方式把它们塑造出来，进行祭祀。他们认为三星堆一带是"天地之中"，可以在祭祀时通过"神树""神山"和"飞升"等方式，通过"天门"，进入"天国"，达到升天成仙、长生不死、与祖先和神灵同在的理想[1]。这种把感情与感受，理解与理想，适应与追求相互融合的信仰观念，在三星堆祭祀文物中得到形象化的表现。其中不少因素，成为中国本土宗教——道教的源头，并孕育了道教最初在四川的诞生。从这个意义上可以说，三星堆文化也是中华文明的起源地之一。

---

[1]　参见笔者《三星堆"祭祀图"玉璋再研究——兼谈古蜀人的"天门"观》等文。

四、古蜀文明的主要特征与基本进程

概括地说，三星堆遗址经过数百年的积蓄发展，约在距今4000年之后的"三星堆文化"阶段逐步形成一个以祭祀中心为特征的神权古国，吸引并吸收了四面八方的优秀文化和艺术技术，成为"早期丝绸之路"的枢纽，创造出独具特色的三星堆文明，在距今三千二三百年前后达到了古蜀文明的最高峰，并在人文传统和造型艺术等方面对巴蜀乃至中华文化传统产生深远影响。

我在《略论古蜀文明的形态特征》等文章中，从生态环境、经济生活、神权国家、艺术传统、文化融汇、思想基础、历史地位等方面进行了横向分析，这里依据考古学文化序列和历史发展情况，结合三星堆神权古国的主要特征，对古蜀文明的进程做一个纵向的概述。

在距今5100年左右，一些带有西北地区特征的新石器文化从岷江上游进入刚脱离水泽不久的川西平原，在什邡等地创立了"桂圆桥文化"。在距今4800年左右，又进一步前进到位置和条件都更加优越的三星堆遗址，建成了数百万平方米的大型中心聚落，开创了繁荣八百余年"三星堆一期文化"，距今约4800～4000年，为高度发达的三星堆文明打下了基础，其首领可能是"蚕丛氏蜀王"。

距今4500年左右，在川西平原西南部出现了具有较多长江中游文化因素的"宝墩文化"，距今约4500～3700年，它带来了成熟的筑城技术，以"宝墩古城"为中心，建造了一大批史前古城。它既与"三星堆一期文化"相似共存，也表现出与"三星堆一期文化"在内涵和地域上有明显的区别，其首领可能是"柏灌氏蜀王"。

三星堆遗址约在距今4000年以后逐步形成一个独具特色的神权古国的祭祀中心，以其神圣的信仰、神奇的形式和灵验的现实，创造出独具特色的"三星堆文化"，距今约4000～3200年，又可分为"酝酿期"（三星堆遗址二期，距今约4000～3600年）和"成熟期"（三星堆遗址三期，距今约3600～3200年）两阶段。他们把自然崇拜、图腾崇拜、祖先崇拜的原始宗教发展到极致，通过各种祭祀活动，把先祖蚕丛彻底神化，把自己装扮成可以通天地人神的巫祭集团，增强了古国的凝聚力和影响力。他们从各方面吸取神奇观念和艺术技术，引进和制造了大批礼器和祭器，但其主体与核心部分，仍是根据自己的传统信仰创造的神像、人像和可以通达神灵的动植物群、祭祀场景。他们集中了各方的珍宝和财物，甚至可能强行把宝墩各古城的人员集中到三星堆遗址中来，主要从事与宗教祭祀有关的劳作活动，从而出现了三星堆遗址在数百年间独大独尊、其主要遗物遗迹大多与祭祀有关的奇特景象，其首领可能是"鱼凫氏蜀王"。

过度的人力物力集中和社会财富消耗，必然导致经济的崩溃和社会的冲突。为突显奇异的观念而营造的大量神器祭器，已大大超过了古国的承受能力，大约在商代后期，三星堆神权古国逐渐失去了控制，最终发生了严重的生存灾难和社会恐慌。而在成都等地新崛起的十二桥文化集团，正伺机取而代之。在距今3200年左右，人们通过一两次盛大而奇异的"燎祭"，把平时放在神殿中的主要神器和祭器，搬到三星堆前的广场，对着西北方神山中的天神祖先，举行了最后和最大的祭典，然后打坏焚烧神器和祭器，有序地埋藏于祭祀坑中，表示送到了天上和神界。随后就把国家的中心迁到成都的金沙遗址，开始了"十二桥文化"占统治地位的"杜宇氏蜀王"时期，距今约3200～2600年前。留在三星堆遗址的人们仍在数百年间守护着自己的家园，并被十二桥文化所同化。

"杜宇氏蜀国"改变了单纯依靠宗教神权的手段，重点使用实力和武力扩大地盘。他们在汉中、宝鸡前线地区率先创造了"巴蜀式铜兵器"，可能还从这里参加了周武王伐纣灭商的战争[1]。他们大力扩张自己的领地，开始划定了边界，逐步成为以地域为基础的王权国家。杜宇氏

---

① 大约在商代晚期，汉中、宝鸡地区出现了最早的"巴蜀式铜兵器"。宝鸡的鱼国可能参加了灭商的战争，从而得到商人的礼器，并把其中一部分送到成都，被埋藏于彭州西周窖藏之中。参见相关报告资料。

蜀王仍然继承了祭祀中心的传统，也有新的创造，他们在羊子山建造了大型祭台，在金沙遗址南部进行了长期的祭祀活动，不过其体量、规模和作用都已减弱。从地点和祭祀形态来看，这一时期较多的可能是在祭水，具有一定的厌胜作用。但"杜宇氏蜀国"最终还是为水患所累，并被治水成功的鳖灵取代，在距今2600年左右进入了"开明氏蜀国"时期，约公元前600年～公元前316年。

"开明氏蜀国"更加倚重军事力量，在具有民族特色的船棺葬中，大量出现了"巴蜀式铜兵器"，并发现随葬成套铜兵器、铜礼器的大型王族墓葬。但从"巴蜀图语"和鳖灵传说等情况看，"开明氏蜀王"时期依旧具有浓厚的神权传统，在与秦国的对抗和战争中，仍然相信五丁、金牛等神力，在公元前316年被秦国轻易灭亡，从而结束了古蜀国两千多年相对独立发展的历史进程。

古蜀文明的文化习俗和信仰传统并没有从此消失，而是在民间乃至统治者中以信仰习俗等形式得以承续。李冰在修建都江堰前，仍然以蜀人的传统方式祭祀天地山川，汉代也还是这样[1]。这是两个文化的交叉期和过渡期，约公元前316年～公元前100年。从四川东汉墓被布置为"天门"天国，并大量使用由神树演变而来"钱树"等情况看，三星堆古国时期以天地人神相通为核心的"天门"等观念，在民间仍然一直盛行，并促成了道教在四川和中国的产生[2]。

总之，古蜀文明自成体系，绵延不断，独具特色，源远流长，正如苏秉琦先生所说："巴蜀文化自成体系……约从五千到三千年，上下可以串起来，成系统，有特征。"[3]特别是在三星堆古国时期，通过反复地进行着各种规模和形式的祭祀活动，不断强化了神权国家的思想理

---

① （东晋）常璩《华阳国志·蜀志》："李冰为蜀守。冰能知天文地理，谓汶山为天彭门，乃至湔氐县，见两山对如阙，因号天彭阙。仿佛若见神，从水上立祠三所，祭用三牲，硅璧沈喷。汉兴，数使使者祭之。"

② 参见笔者《三星堆"祭祀图"玉璋再研究——兼谈古蜀人的"天门"观》等文。

③ 苏秉琦：《华人·中国人·龙的传人——考古寻根记》，辽宁大学出版社，1994年。

念、向心力量和统治能力。从神像、礼器、祭品的规格、数量、形态来看，当时祭祀的规模和场面都已达到了非常宏大和热烈的程度，产生了广泛而深远的影响。加之川西平原优越的自然条件和宽松的人文环境，使祭祀的许诺和人们的愿望比较容易实现，更加强了三星堆祭祀活动的灵验性和影响力，形成对周围文化的吸引力和凝聚力。正像"奥林匹克""那达慕"等庆典活动最初都曾是祭神活动的一种仪式那样，三星堆祭祀活动就成为一次次盛大的聚会，吸引和汇聚多方面的人员和文化前来参与，促进了文化、艺术、经济、技术，乃至思想观念的交流与发展，形成了长江上游一个高度发展的古代文明中心，达到了古蜀文明的最高峰，在东方文明和世界古文明中都占有特殊的地位。它所表现出来的文化面貌，使我们对东方文化有了全新的认识，不管是文化艺术、科学技术，还是思想观念、信仰习俗，乃至于文明形态、文化交流、历史进程等各个方面，都有待人们深入细致地进行研究。正如"夏商周断代工程"首席专家李学勤先生所说："可以断言，如果没有对巴蜀文化的深入研究，便不能构成中国文明起源和发展的完整图景。考虑到巴蜀文化本身的特色，以及其与中原、西部、南方各古代文化间具有的种种关系，中国文明研究中的不少问题，恐怕必须由巴蜀文化求得解决。"①

（原载《四川文物》2017年第1期；《三星堆研究》第5辑，巴蜀书社，2019年）

---

　　① 李学勤为赵殿增《三星堆考古研究》一书所写"序言"，四川人民出版社，2004年。

从古城址特征看宝墩文化来源

——兼谈"三星堆一期文化"与"宝墩文化"的关系

关于宝墩文化的来源问题，近年学术界进行了比较集中的讨论，主要有东来说[①]、西来说[②]、东西交汇说[③]三种观点。这几篇文章均运用了文化因素分析的方法，从器物特征的比较研究入手，讲述了宝墩文化与周围文化的关系。虽然各自的侧重点和结论有所不同，其中也有些值得进一步探讨之处，但也都还是有理有据，可以自成一家之言。

我认为第三种观点比较全面恰当一些，表明宝墩文化可能是由多种文化因素在成都平原上交融而成的一种新的文化。例如何锟宇、唐淼就认为："从宝墩文化的构成要素来看，宝墩文化主要源于川西北地区史前文化的影响，宝墩文化中少量人祭坑的发现也佐证了这一判断，如在金川刘家寨、茂县营盘山遗址中均有发现。宝墩文化与重庆峡江地区同时段的史前文化有诸多相似之处，关系紧密，在此不再赘述。但是，有些器物还受到了长江中游的影响，如宝墩文化出土的泥质陶中的敛口

---

① 刘俊男、李春燕:《宝墩文化来源研究》,《中华文化论坛》2019年第2期。
② 江章华、何锟宇:《成都平原史前聚落分析》,《三星堆研究》第5辑,巴蜀书社,2019年。
③ 何锟宇、唐淼:《宝墩文化聚落形态研究》,《中华文化论坛》2020年第3期。

罐、圈足盘、圈足豆，夹砂陶中的筒形灶或器座均与石家河文化的相似。宝墩文化的盘口圈足尊外形酷似屈家岭文化中的陶甑，大溪遗址第四期也发现有泥质陶盘口器，表明四川盆地盘口圈足尊、盘口罐这一类器物当是受到了屈家岭文化的影响。挖壕筑城、水稻种植技术无疑源于长江中游，而宝墩文化墓葬中少量屈肢葬和拔除上颌侧门齿的习俗也当是受到了峡江地区甚至更东部的影响。"①

本文不再详细进行器物的比较分析，只是想就宝墩文化一些形态特征及其来源和意义谈点看法。因为社会形态和经济形态的特征，不只与器物特征的来源有关，而且可能关系到族群的社会性质、来源原因、发展方向，乃至文明程度等问题，其中古城址群的建筑技术与布局方式、水稻种植技术的传入途径等，可能就是这样一些带有决定性影响的问题。本文准备从此入手，再就宝墩文化的来源原因及相关问题，谈些个人的初步意见。

一、宝墩古城址群的形态与特征，可能主要来自长江中游

为了便于说明问题，我们先谈谈长江中游的史前古城址情况，再来分析它们与宝墩文化古城址群的关系。

距今约5000～4000年前，是我国史前考古学文化中的"龙山时代"，近年在黄河和长江流域发现了一大批古城遗址，总数已有上百处之多，主要可分为三个大的地区类型：

一个是以内蒙中南部和陕北为中心的石砌城墙类型，如新发现的神木石峁古城，就可能是一个早期国家的都邑。

一个是以黄河中下游为中心的夯筑城墙类型，后来成为中原地区各时代城址的主体形式。

第三种就是以长江中游为中心的堆筑城墙类型，如屈家岭文化、

① 何锟宇、唐淼：《宝墩文化聚落形态研究》，《中华文化论坛》2020年第3期。

石家河文化古城址群等，具有鲜明的地域文化特征①。

近几十年间，长江中游发现的史前古城址数量不断增多，何介钧2004年统计："到目前为止，长江中游在江汉平原和洞庭湖平原，已确知的史前古城有九座之多。"②万娇在2017年统计："长江中游目前发现并确认史前古城共15座。"③最近《人民日报》载文报道："迄今为止，考古工作者已发现屈家岭文化古城近20处。"④这里主要根据何介钧和万娇的文章做些介绍（图一）。

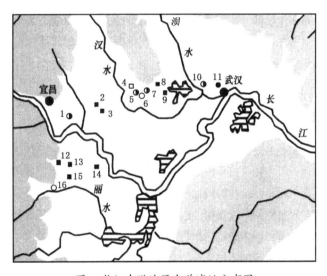

图一 长江中游地区史前城址分布图

□重要遗址 ■无正式剖面城址 ○大溪始建的城址

◑屈家岭始建的城址 ●石家河始建的城址

1.阴湘城 2.马家院 3.城河 4.屈家岭 5.石家河 6.龙嘴

7.笑城 8.陶家湖 9.门板湾 10.叶家庙 11.张西湾

12.鸡鸣城 13.青河 14.走马岭 15.鸡叫城 16.城头山

---

① 赵辉：《中国新石器时代城址的发现与研究》，北京大学中国考古学研究中心、北京大学古代文明研究中心编：《古代文明》第1卷，文物出版社，2002年。

② 何介钧：《长江中游新石器时代文化》，湖北教育出版社，2004年。

③ 万娇：《长江中游地区史前城址城墙比较研究》，《四川文物》2017年第4期。

④ 彭小军：《特色鲜明的屈家岭文化》，《人民日报》2020年3月21日第5版。

长江中游的史前古城址自身具有一些显著的地域特征，第一，它们都采用的是堆筑城墙的方法，堆土拍打而成，与夯筑城墙、石砌城墙，以及良渚古城的草包泥筑城法都有很大差异。第二，这些城址大多有城壕和水门，共同构成了此类古城的三大重要特征①。第三，这一组古城址群时代较早，延续时间较长，始建年代从大溪文化一期开始（彭头山古城，不晚于距今6000年），在屈家岭文化时期（距今5300～4600年）兴建最多，到石家河文化时期（距今4600～4000年）仍有新建，发展脉络清楚，具有完整的序列②。第四，城墙墙体大多经过增筑或补筑，即后期又从内外两侧堆土加筑，因而使墙体越来越宽（图二）③。第五，城址形状从圆形到多边形到长方形，逐步走向规范。第六，古城面积开始一般比较小，多为几万平方米，逐渐增大，后期出现一百多万平方米的大型中心城址。第七，古城址群主要密集均匀分布在山前的江汉平原和洞庭湖平原西部，城址之间一般相距几十千米，同期多为一座大城和多座小城，组成具有等级差别的一群。第八，从社会形态看，它们已经处于城邦林立的古国阶段中后期，开始进入国家文明的萌芽阶段④。

其中的城头山古城，兴建于6000年前的大溪文化早期，是我国目前所见最早的一座城。废弃于石家河文化晚期，连续使用了约2000年。城址呈圆形，面积8万平方米，墙高5～6米，护城河宽35～50米，城中发现了6000年左右的大型祭坛和水稻田，还有一个筑城奠基时的人祭坑⑤。

荆州阴湘城古城，圆形，面积20万平方米，使用年代经过了屈家岭文化早中期，石家河文化和商周时期。城墙墙心横断面为梯形，高

① 何介钧：《长江中游新石器时代文化》，湖北教育出版社，2004年，第453页。
② 何介钧：《长江中游新石器时代文化》，湖北教育出版社，2004年，第454页。
③ 万娇：《长江中游地区史前城址城墙比较研究》，《四川文物》2017年第4期。
④ 何介钧：《长江中游新石器时代文化》，湖北教育出版社，2004年，第455～464页。
⑤ 湖南省文物考古研究所：《澧县城头山古城址1997—1998年度发掘简报》，《文物》1999年第6期。何介钧：《长江中游新石器时代文化》，湖北教育出版社，2004年，第430页。

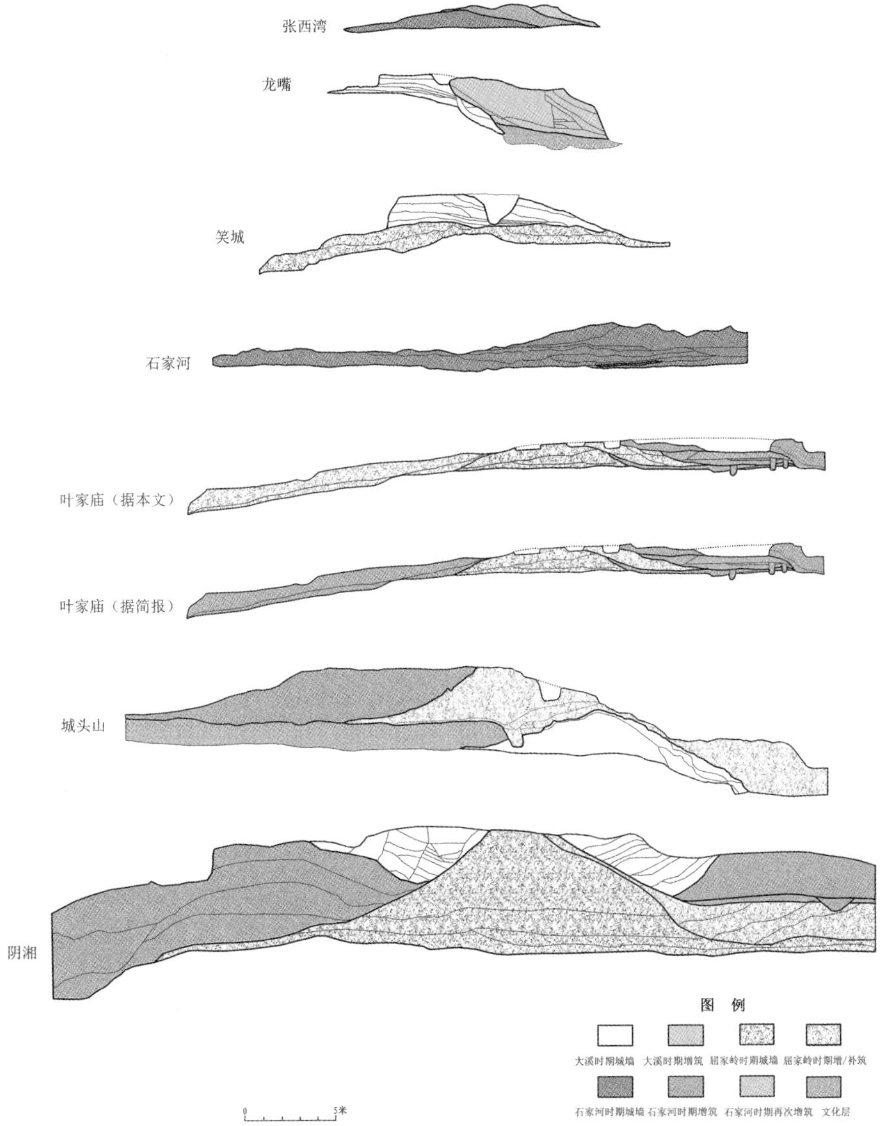

张西湾

龙嘴

笑城

石家河

叶家庙（据本文）

叶家庙（据简报）

城头山

阴湘

图 例

大溪时期城墙　大溪时期增筑　屈家岭时期城墙　屈家岭时期增/补筑

石家河时期城墙　石家河时期增筑　石家河时期再次增筑　文化层

0　　　　　5米

图二　长江中游地区史前城址城墙剖面比较图

7米，用堆筑方法筑成斜坡状，顶宽6.5米，底宽约30米。城内侧有护坡，城外有护城河①。

荆门马家院古城，保存情况最好，最为典型。它始建于屈家岭中期，平面呈长方梯形，面积24万平方米。东城墙长640米、西城墙长740米、南城墙长440米，北城墙为弧形。西城墙的墙底宽35米、上宽8米、高4～6米。护城河宽30～50米、深4～6米，西面为天然的"东港河"，另三面是人工修建。有一河道从西北方的水门流入，从东南角的水门流出，再与古河道相连通②。

天门石家河古城，位于两河汇合处三角地带上，是长江中游最大的古城之一，面积达120万平方米。其中石家河早期的遗存占古城的三分之二，是该城的繁荣时期。晚期快速衰落，距今4000年左右被彻底废弃，前后共存在了600～700年。城址呈圆角方形，城墙用堆筑方法筑成斜坡状，城墙顶宽6～8米、底宽约50米、高5～6米。护城河周长4800米，宽60～80米。城内外均有护坡，至少经过了两次补筑。大城城圈内有几个大遗址相互相连，其中最大最中心的谭家岭遗址，面积为12万平方米，经历了大溪、屈家岭、石家河几个时期，说明这里很早开始就是个中心聚落，并以它为基础和核心，发展成为石家河古城（图三）③。城内西北部的邓家湾遗址6万平方米，发现几座近圆形或方形的台基，用刻划符号篮纹缸镶边，应是祭坛。台基之间有不规则形土坑，出土了数千陶塑动物像和人像，有可能是祭祀坑，它们与墓地密切相关，形成一整套祭祀建筑遗迹。南城墙内为三房湾遗址，有三个土台，北台有较大的房屋建筑，东台出土有数万小红陶杯，可能与第二次大规模筑城后的祀典活动有关。古城之外附属有20多个遗址，包括有玉石和陶器作坊，东南方的罗家柏岭和肖家屋脊遗址，还发现有铜原料

---

① 荆州博物馆、福冈教育委员会：《湖北荆州市阴湘城遗址东城墙发掘简报》，《考古》1997年第5期。
② 湖北省荆门市博物馆：《荆门马家院屈家岭文化城址调查》，《文物》1997年第7期。
③ 任式楠：《中国史前城址考察》，《考古》1998年第1期。

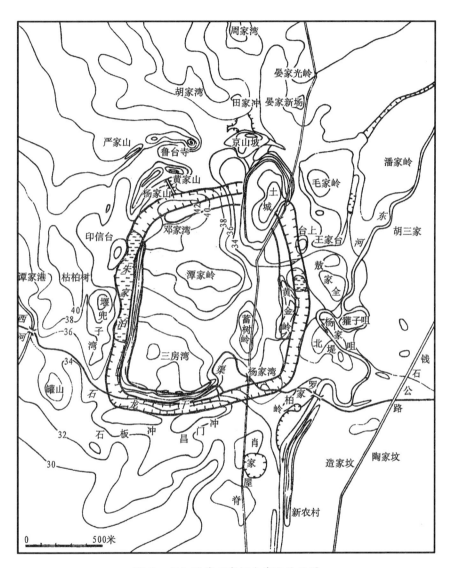

周家湾

晏家光岭

胡家湾　晏家新场

田家冲

严家山　　　　　京山坡

鲁台寺　　　　　　　　　　　　潘家岭

黄家山　　　　　　　　土城　　毛家岭

杨家山　　　　　　　　　　　　　　　　　东

印信台　　邓家湾　42　40　38　台上　　河　　胡三家

谭家港　枯柏树　　　　　　36　王家台

朱家冲　　34　　　　　　　　敖家全

堰兜子湾　潭家岭　　　　　黄金岭　獾子咀

40　　　　　　　　　　　　　杨家堤

西河　38　　　蓄树岭　　北

36

34　　　　三房湾　　　杨家湾

罐山　　　　　　　渠

石龙　　　　　　　　罗家岭

32　石板冲　昌门冲　　　柏

　　　　　　　　　肖家屋脊　　　造家坟　陶家坟

30　　　　　　　　　　　　　钱石公路

新农村

0　　　　500米

图三　长江流域石家河古城址平面图

和青铜制品。可以说石家河大城"是石家河文化早期创造的伟绩"①。

上述这些特征,在成都平原上新发现的宝墩文化古城址群中都有不同程度的明确表现,又有一定的变化和发展,说明二者之间可能存在着密切的渊源关系。

从1995年起,在成都平原的西南部逐渐发现发掘了8座史前古城遗址②,年代在距今4600～3700年前,始建年代可分为两组,早期的一组分布在岷江干流(即外江)的西岸的山前平原上,包括宝墩(图四:1、图六:1)③、高山(图四:2、图六:2)④、芒城(图四:3、图六:3)⑤和紫竹古城⑥等;晚期的一组分布在岷江干流以东,即内江的平原上,包括鱼凫城⑦、郫县古城(图五、图六:4)⑧等。它们与长江中游的史前古城址有非常相似的特征,第一,它们都是采用堆筑城墙的方法,墙体采用堆土后拍打而成的。第二,城墙墙体大多经过增筑或补筑,即后期又从内外侧堆土加筑,因而墙体越加越宽,越加越高。第三,城址形状主要为长方形,有个别多边形,从单体和总体布局到筑城技术,都更加成熟

---

① 何介钧:《长江中游新石器时代文化》,湖北教育出版社,2004年,第450页。

② 江章华、何锟宇:《成都平原史前聚落分析》,《三星堆研究》第5辑,巴蜀书社,2019年。

③ 成都市文物考古研究所等:《宝墩遗址·新津宝墩遗址发掘和研究》,有限会社阿普(ARP),2000年。

④ 成都文物考古研究所、大邑县文物管理所:《2012—2013年度大邑高山古城遗址调查试掘简报》,成都文物考古研究所编著:《成都考古发现(2013)》,科学出版社,2015年。

⑤ 中日联合考古调查队:《都江堰市芒城遗址1998年度发掘简报》,成都市文物考古研究所编著:《成都考古发现(1999)》,科学出版社,2001年;《都江堰市芒城遗址1999年度发掘简报》,成都市文物考古研究所编著:《成都考古发现(1999)》,科学出版社,2001年。

⑥ 成都文物考古研究所、崇州市文物管理所:《崇州市紫竹古城调查试掘简报》,成都文物考古研究所编著:《成都考古发现(2014)》,科学出版社,2017年。

⑦ 成都市文物考古工作队等:《四川省温江县鱼凫村遗址调查与试掘》,《文物》1998年第12期。

⑧ 成都市文物考古研究所、郫县博物馆:《四川省郫县古城遗址1997年发掘简报》,《文物》2001年第3期。

化规范化。第四，古城面积逐渐增大，多为10万～40万平方米，并在前期就开始出现了大型中心城址——宝墩古城，它始建时的长方形内城就有60万平方米，城内有几组高等级建筑群，后来加筑的外城，面积为274万平方米，外城内分布了20多个遗址，与石家河古城的情况非常相近。第五，宝墩古城雄居各城之上，与同时期的数座小城，也形成了"一大带多小"的等级格局。第六，古城址群也是主要密集均匀分布在山前平原的西部，城址间一般相距几十千米，带有主观规划性，形成一组的完整的古城址群。第七，宝墩古城址群的始建时代要晚于长江中游的史前古城址，大约开始于屈家岭文化末期到石家河文化初期（距今约4500年），延续发展到距今3700年左右，社会形态也已经处于城邦林立的古国末期阶段。

以上情况说明，宝墩古城址群从一开始就有明确的选址标准与布局规划，以及成熟的城墙建筑技术。这些规划和技术，都与长江中游古城址群极

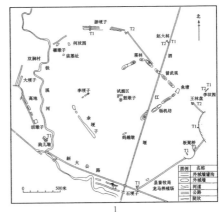

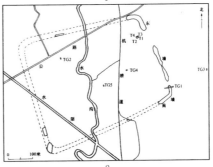

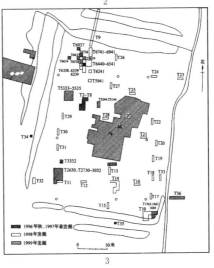

图四　宝墩文化早期始建城址

1.宝墩古城　2.高山古城　3.芒城

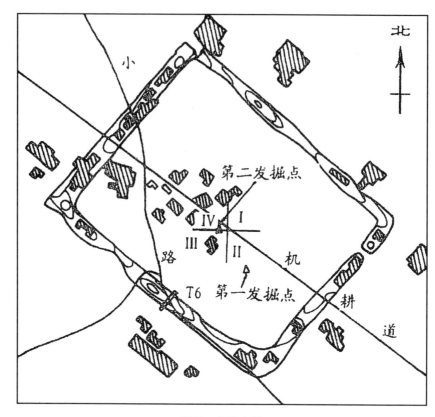

图五　郫县古城

其相似。目前这类"堆筑城墙"的古城址群，又只发现在长江中游和成都平原两处，二者应属于一个相关的文化类型。而长江中游古城的年代普遍要早于宝墩古城，它们之间可能有一定的承继关系，成都平原上的这些古城址的技术和文化，很可能就是从长江中游古城直接传入的。后文我们准备再从考古学文化和古史记载的双重角度，深入探讨宝墩古城址群从长江中游传入的时代与动因及其所具有的历史和文化意义。

二、稻作农业亦主要是从长江中下游传入成都平原的

宝墩文化从始至终都有很成熟的稻作经济，这种经济形态同样可能是来自长江中游新石器时代文化。长江中游地区"始终处于中国稻作

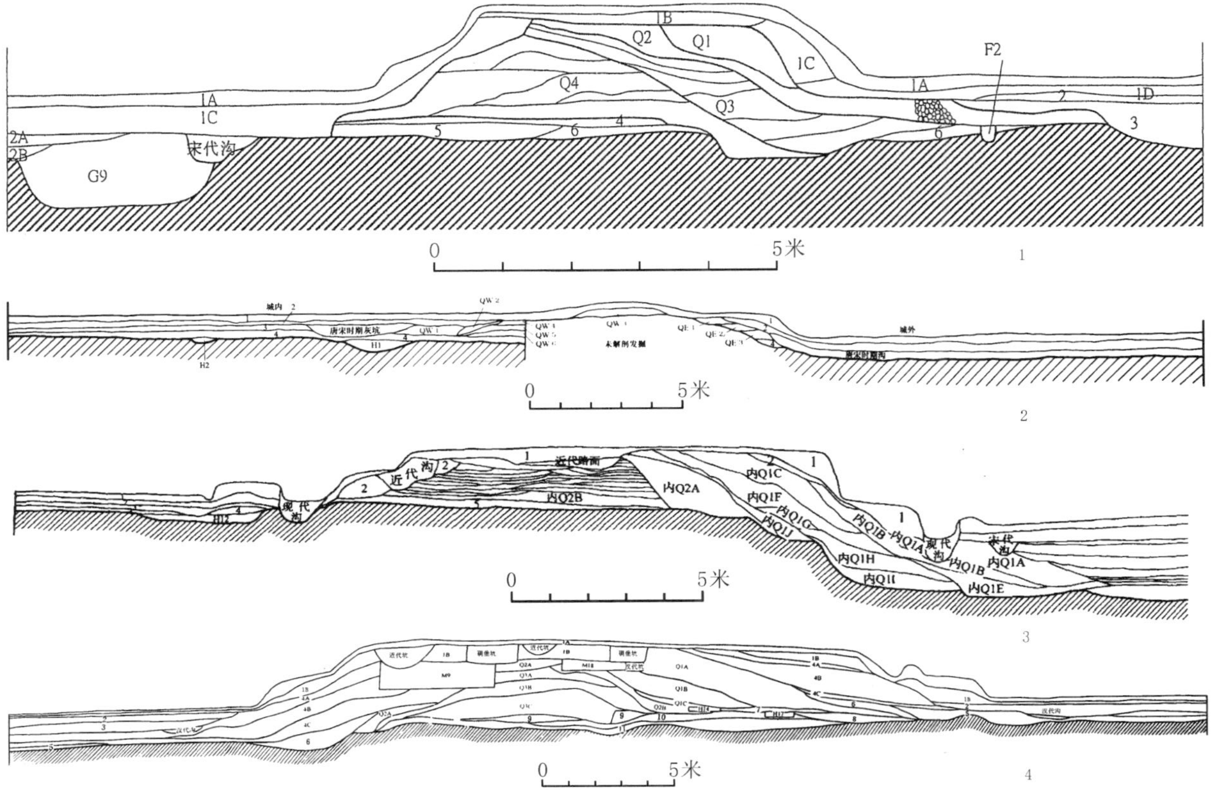

图六 成都平原城址城墙剖面图

1. 宝墩遗址蚂蟥墩墙
TG1南壁剖面 2.高山
古城址城墙咨剖面 3.郫
江埋芒城址北城墙剖面
4. 郫县古城址城墙剖面

农业发展史上的'核心'位置"，"早在1988年，湖南澧县彭头山在我国第一次发现9000年以前的稻作遗存，长江中游地区在我国稻作农业起源和发展中的作用和地位首次得到学术界的肯定"，长江中游地区早期稻作农业的分布，南到道县玉蟾岩，北到河南贾湖，中心在两湖和江西，这是长江中游地区"在中国古代文明和原始稻作农业发展史上最光彩辉煌的一页"①。

长江中游稻作农业的发展，经过了四个主要阶段：

1.萌芽期，12000年前，有三个特征：处于旧石器时代末期向新石器时代过渡阶段；居住地中发现野生稻谷；发现了最早的炊具。

2.起源期，有四个特征：处于12000年前的新石器时代早期；发现了栽培稻痕迹；产生了制陶业，以炊煮为主；定居聚落形成，以江西万年吊桶环和仙人洞遗址为典型代表。

3.兴盛期，亦有四个特征：产生了生产性经济，在8000年前的澧县八十垱遗址，发现了2万余粒稻谷稻米；出现了家畜饲养；水稻品种系原始古稻；耕作方式由"刀耕火种"演变为"耜种"。

4.发达期，在距今6000年至4000年前。"距今6000年以后……长江中游的原始文化也从此走上了一条做强做大的道路，9座城址相继拔地而起；与此同时，稻作农业……平添了几分稳重和成熟……从而显示出它在中国稻作农业中的核心地位和作用。始终也没有改变过。"②

这时长江流域原始稻作农业又跃上一个新台阶，并呈现出前所未有的规模与发达的新阶段。它也具有四个突出特征：稻作经济占据主导地位；家畜饲养与经济作物并驾齐驱；农具以石器为主，耕作方式由"锄耕"再到"犁耕"；原始古稻不断倾粳化③。

---

① 裴安平、熊建华：《长江流域的稻作文化》，湖北教育出版社，2004年。

② 裴安平、熊建华：《长江流域的稻作文化》，湖北教育出版社，2004年，第101～121页。

③ 裴安平、熊建华：《长江流域的稻作文化》，湖北教育出版社，2004年，第121～131页。

这时的稻作农业发展以滨湖平原为中心，代表性文化在长江中游两湖地区的汤家港文化（距今6800年～6300年）、大溪文化（距今6300年～5300年）、屈家岭文化（距今5300年～4600年）、石家河文化（距今4600年～4000年）等。

这些考古学文化，特别是屈家岭文化到石家河文化阶段，正与成都平原的新石器时代文化的产生时间大体同时，它们很可能就是宝墩文化开始时期就出现成熟的稻作文化的直接原因。

从目前发现的资料看，成都平原最早的新石器时代文化，是距今5000年左右开始的什邡"桂圆桥文化"。在"桂圆桥文化"一期阶段（距今约5000～4800年），农业经济仍然是以"粟作"为主，"桂圆桥一期H43浮选的粮食作物中，黍的数量占据了绝对优势，另有少量的苋科和粟，未发现有水稻"[1]。加之"桂圆桥文化"一期阶段器物的特征，都表明成都平原的新石器时代文化最初主要是从西北山区的"营盘山文化"等发展而来的。"桂圆桥文化"二、三期，即"三星堆一期文化"的早期阶段（距今4800～4500年），开始有了一些水稻出现，很可能是从长江中游地区零星传入的。"到了距今4500年前后的宝墩文化初期，长江中游的水稻种植技术传入成都平原，这时他们开始在适于种植水稻的环境里小规模种植水稻。随着对成都平原多水环境的适应，人口逐渐增多，需要不断拓展新的生存空间，于是人群逐步向平原腹心地带转移。到了宝墩文化中晚期，成都的腹心地带出现了大量密集的聚落。"[2]这种成都平原成熟的稻作文化来自长江中游的看法，基本上已经成为学界的共识。

———————————

① 江章华、何锟宇：《成都平原史前聚落分析》，《三星堆研究》第5辑，巴蜀书社，2019年。

② 江章华、何锟宇：《成都平原史前聚落分析》，《三星堆研究》第5辑，巴蜀书社，2019年。

三、江汉平原史前文化进入四川盆地的动因和意义推测

长江中游一个以掌握了堆筑城墙技术和成熟的稻作农业为显著特征的人群，在距今4500年前后很短的时间内，迅速到达成都平原西南部，并与当地已有的文化快速融合，发展成为繁荣昌盛数百年的"宝墩文化"，除了正常情况下的各地文化交流之外，其中很可能还有其特定的历史和社会原因。我认为这个动因，很有可能与中国古代文献中反复记载的"尧舜禹时代"多次征伐"三苗"，并曾"迁三苗于三危"的历史事件有关，这里试着做一些简单的分析。

根据徐旭生的研究，"中国古史的传说时代"主要有"华夏""东夷""苗蛮"三大集团[1]，"他的这一远见卓识，深为广大研究者所信服"[2]，得到了学术界的认同。其中"苗蛮"集团主要分布于长江中游的两湖地区，又常被称为"三苗"。目前考古学界大多认为屈家岭文化和石家河文化阶段，可能就是"苗蛮"集团的古文化遗存[3]。

"古史传说中三苗与中原的大冲突至少发生过两次。第一次在尧舜之际，《史记·五帝本纪》综合其情况为：'三苗在江淮、荆州数为乱。于是舜归而言于帝，请流共工于幽陵，以变北狄；放驩兜于崇山，以变南蛮；迁三苗于三危，以变西戎；殛鲧于羽山，以变东夷。四罪而天下咸服。'"[4]过去史家多认为"迁三苗于三危"是到了大西北地区，但除了敦煌附近有座"三危山"之外，尚无实据可证。何介钧认为"'窜三苗于三危'，在实际上则更是毫无踪迹可循"[5]。俞伟超曾提出"迁三苗于三危"的"三苗"可能是跑到了"三星堆文化"之中了[6]，但"三

① 徐旭生：《中国古史的传说时代（增订本）》，文物出版社，1985年。

② 何介钧：《长江中游新石器时代文化》，湖北教育出版社，2004年，第464页。

③ 何介钧：《长江中游新石器时代文化》，湖北教育出版社，2004年，第468页。

④ （汉）司马迁：《史记》，中华书局，1959年。

⑤ 何介钧：《长江中游新石器时代文化》，湖北教育出版社，2004年，第472页。

⑥ 俞伟超：《三星堆蜀文化与三苗文化的关系及其崇拜内容》，《文物》1997年第5期。

星堆文化"的存在时间可能略晚了些。

我认为尧舜之际的第一次大规模征伐"三苗",并"迁三苗于三危",很可能是发生在距今4500年前后屈家岭文化到石家河文化转变时期。"三苗"中的一支,可能就是在这个时候从长江中游迅速到达了成都平原的西南部,以其堆筑城墙的古城址群和成熟的稻作农业为主要特征,建立起了史前古城址群,并与当地原有文化快速融合在一起,共同创造出了灿烂的"宝墩文化"。

但这次尧连放"四凶"之举,并未将三苗真正征服,所以才有后来"石家河文化"的强势崛起。距今4000年前后,发生了第二次大征伐,"以后则由帝舜集团中的大禹对三苗发动了另一次更严重的打击……'苗师大乱,后乃遂几'"①。二里头文化推进到了长江岸边,当地的原有文化猛然中断。何介钧认为:"它(长江中游的史前文化)的消失同样主要是社会历史的原因,即历史上曾经多次记载的苗蛮与华夏集团在舜和禹时期的大规模冲突与战争,结果是苗蛮败北,遭遇到城摧庙毁的悲惨结局。""因此,史前时期的长江中游,社会形态只走了从氏族到简单酋邦、再到复杂酋邦这两大步。临到最后一步,即由复杂酋邦到早期国家社会,长江中游地区却无缘参与演绎这一意义无比的人类历史的话剧了。"②

如果说长江中游的古文化大举进入四川是因为尧舜第一次大举攻伐苗蛮,并"迁三苗于三危"的结果,还只是对古史传说故事的一种初步推测,那么这次入川行动则使四川盆地正式进入"龙山文化圈"之中,为中国"九州"中"梁州"的形成奠定了初步基础,从而进一步加入中华文明起源与发展的进程之中。并且可能是被近年新的考古发现与研究初步证明了的重要文化现象。

中国史前文化在距今5000年左右开始了"龙山文化形成期",不迟

① 俞伟超:《三星堆蜀文化与三苗文化的关系及其崇拜内容》,《文物》1997年第5期。
② 何介钧:《长江中游新石器时代文化》,湖北教育出版社,2004年,第464页。

于距今4500年最终进入"龙山时代"。其社会发展大体同步，从而形成了一个松散的龙山文化群体，或称龙山文化圈。

《禹贡》载于儒家经典《尚书》，就曾定为夏书。近代学者提出了异议，顾颉刚在《禹贡新解》一书中说，《禹贡》一书"作者的地理知识仅限于公元前280年以前七国所能达到的疆域"①。邵望平认为，顾氏的论证固然有其依据和道理，但他"在中国文明起源问题上却始终未突破传统的观念。原因当然有多种，重要的方面在于50年代时，考古学尚未取得足够的资料去打破中国文明起源于中原单元论的传统。时至今日，考古学的丰硕成果已为中华史前文化发展道路、中国文明起源的研究打下了全新的坚实的基础"。邵望平根据考古资料，经过深入研究之后提出："黄河、长江流域龙山时代是文明奠基期，而龙山文化圈恰恰与《禹贡》九州的范围大体相当。"文中对"九州"与"龙山时代"各地区的考古学文化做了详细的比较研究后认为："总的看来，说《禹贡》'九州'是黄河、长江流域公元前3000年间已自然形成的人文地理区系当不致十分谬误。"②我认为邵望平的看法有一定的道理，反映了当前考古学新成果对中国古史的一种新的诠释，值得进一步研究。

关于"九州"中"梁州"的地界，《禹贡》云："华阳、黑水唯梁州。"顾颉刚在《禹贡新解》中说："梁州北以秦岭为界，东至华山，西界无可考，南限于长江，即今四川盆地地区。"③邵望平认为"四川盆地在公元前2000年前也是一个独立的历史文化区。但能否归入龙山文化圈之内，尚难做结论"，同时又说"它与'早期巴蜀文化'分布区域大体相合"④。

---

① 顾颉刚注释：《禹贡》，中国科学院地理研究所编辑、侯仁之主编：《中国古代地理名著选读》第1辑，学苑出版社，2005年。

② 邵望平：《〈禹贡〉"九州"的考古学研究》，苏秉琦主编：《考古学文化论集》（二），文物出版社，1989年。

③ 见顾颉刚注释《禹贡》第1～54页。

④ 邵望平：《〈禹贡〉"九州"的考古学研究》，苏秉琦主编：《考古学文化论集》（二），文物出版社，1989年，第11～30页。

经过近30多年来的考古工作，四川地区的考古学文化面貌已经初步廓清，其中成都平原上距今4500～3700年的"宝墩文化"，就是一个突出的代表。无论是成熟的堆筑城墙技术和发达的稻作农业，还是各种器物特征和古城址群的社会形态，都证明它已经正式进入"龙山时代"，其社会发展也大体同步，成为龙山文化群体或称龙山文化圈的一个有机组成部分。它证明了《禹贡》所记述的"梁州"，在"宝墩文化"时期就已经奠定了初步的基础。苏秉琦早在1987年就把"环洞庭湖与四川盆地为中心的西南部"共同划成一个单独的"区系类型"，称它是中国史前文化"六大文化区系"之一①。1995年后宝墩文化古城址群的发现，表明"宝墩文化"与长江中游古城址群有密切的渊源关系，进一步证明了这一论断的科学性和预见性。从堆筑城墙等大量特征看，两湖和宝墩古城址之间有那么多相似之处，这种类型又只发现这两组，其动因和路径也有迹可循，二者必然有密切的关系，苏秉琦把它们划为一个区系类型，应该是有道理的。由此可以看出，宝墩文化时期已经为《禹贡》"梁州"的形成奠定了初步基础，说明从龙山时代开始，四川地区进一步融入中华文明起源与发展的总体进程之中，对我们认识巴蜀地区在中国古代文明史上的地位和价值，具有重要意义。

四、"三星堆一期文化"与"宝墩文化"的关系

　　最后我准备再简要地谈一下"三星堆一期文化"与"宝墩文化"的关系问题。这是20世纪八九十年代就出现了的老问题，也是至今还未能得到很好解决的新问题。我在近年的文章中已经谈了一些想法②，这里再从宝墩文化的一些主要形态与特征可能来自长江中游的角度，扼要谈点意见，和大家一起探讨。

---

① 苏秉琦：《中国考古学从初创到开拓》，苏秉琦主编：《考古学文化论集》（二），文物出版社，1989年，第373页。

② 赵殿增：《三星堆考古新发现与古蜀文明新认识》，《四川文物》2017年第1期。

先回顾一下问题的产生过程。1980年三星堆遗址开始连续发掘后，领队王有鹏等在根据前两次发掘资料撰写的《广汉三星堆遗址》发掘报告中，正式提出了"三星堆文化"的命名，并把它分为四期①。此后的《三星堆祭祀坑》②发掘报告和三星堆博物馆基本陈列③，都采用了这个说法，并进一步明确了各期的年代和内涵。1987年在召开的"三星堆十二桥遗址考古发掘座谈会"期间，有的学者提出三星堆遗址第一期是新石器时代文化，不应该与青铜时代遗存命名为同一个考古学文化。根据这个意见，1987年我曾首次提出："至于以三星堆下层所代表的新石器时代晚期所谓的'早期巴蜀文化'，应该用首次发掘的典型遗址将它单独命名，称为'三星堆一期文化'。"④1993年孙华将"三星堆文化"界定在三星堆遗址第二期和第三期之内，第四期则另命名为"十二桥文化"⑤，"三星堆一期文化"也开始被较多人采用。1995年后宝墩遗址等相继发掘，由于文化面貌与三星堆遗址第一期大体相同，内涵又比较单纯，就单独命名了"宝墩文化"，并被广泛接受。我常将两个名称并列在一起使用，但总感觉二者仍然有一定的差异。近年三星堆遗址第一期发掘资料的整理成果加强了这种印象，因此也提出来一些新的认识⑥。最近雷雨发表的《关于三星堆一期文化的几点认识》一文，明确指出："三星堆遗址第一期遗存，上承桂圆桥文化，下启三星堆文化，以本地文化因素为主的陶器群最具特色"，"三星堆应该是新石器时代晚期成都平原乃至四川盆地最大的一处典型遗址"，"将这一时期成都平原具有这类考古学文化面貌的遗存命名为'三星堆一期文化'较之'宝墩文

① 四川省文物管理委员会等：《广汉三星堆遗址》，《考古学报》1987年第2期。

② 四川省文物考古研究所编：《三星堆祭祀坑》，文物出版社，1999年。

③ 三星堆博物馆于1997年正式建成开放。

④ 赵殿增：《巴蜀文化几个问题的探讨》，《文物》1987年第10期。

⑤ 孙华：《试论广汉三星堆遗址的分期》，《南方民族考古》1993年第5辑。雷雨：《一年成聚 二年成邑——关于三星堆一期文化的几点认识》，《三星堆研究》第5辑，巴蜀书社，2019年。

⑥ 赵殿增：《三星堆考古新发现与古蜀文明新认识》，《四川文物》2017年第1期。

化'当更为合情合理"①。这里我再就此问题谈点儿主要观点。

首先，我认为聚落形态的差异，是这两个文化之间最大的不同点。如前所述，宝墩文化聚落形态的最大特点，是兴建了一大批古城址，而这种成熟的堆筑城墙技术和古城址群布局的经验，都来自长江中游的史前文化。处在成都平原北部的三星堆遗址一期的各个遗存，都没有修筑城墙，更没有出现古城址群，而是采用沿河而居或在两河流域长期定居的聚落方式，表明它们各自有其传统的社会习俗和聚落形态。

至于三星堆古城址，现有城墙是在二、三期的"三星堆文化"阶段逐步建成的，与长江中游及宝墩的古城址时间比，又晚了六七百年。虽然它采用了堆筑城墙技术，但已经有了较大的变化，如在东西城墙墙芯顶部，出现了土坯建筑等。它可能是在吸纳了宝墩文化的筑城技术之后，根据需要，由小城到大城逐步建成的。三星堆现存城墙之下没有"一期"的城墙，而三星堆遗址的其他地方再发现"一期"城墙的可能性也很小。从现有资料分析研究，三星堆古城应该是夏商时期兴建的三星堆古国的都城。正如陈德安所言："三星堆城址的出现，一改过去的传统结构，由单环或重环转变为分隔式结构，体现了这一时期城内区域分工明确化和复杂化，具有划时代意义。"②

第二，这些差异的原因，可能是由于各自最初的来源和发展脉络有所不同。"三星堆遗址第一期遗存，上承桂圆桥文化，下启三星堆文化，以本地文化因素为主的陶器群最具特色"③，说明它们一直保持着从

---

① 雷雨：《一年成聚　二年成邑——关于三星堆一期文化的几点认识》，《三星堆研究》第5辑，巴蜀书社，2019年。
② 陈德安：《三星堆古城再认识》，《三星堆研究》第5辑，巴蜀书社，2019年。
③ 三星堆遗址的"三星堆文化"阶段，从两个大型祭祀坑发现了大量的青铜雕像和面具，研究者多认为它们可能是"鱼凫氏蜀国"时期的遗存。其中以"纵目铜面具"为代表的"神像"，大多数人认为很可能是"鱼凫氏蜀国"先民对以"纵目"为主要特征的"蚕丛氏"进行"祖先崇拜"的标志物，说明"鱼凫氏蜀王"可能与"蚕丛氏蜀王"有着直接的传承关系。"三星堆一期文化"在三星堆遗址直接发展为"三星堆文化"，也从实物方面做出了佐证。

西北山区带来的本地文化因素，虽然与各方文化有所交融，但从桂圆桥、箭台村直到三星堆诸遗址的连续发展脉络可以看出，这支文化序列是一脉相承地发展过来的（图七）。

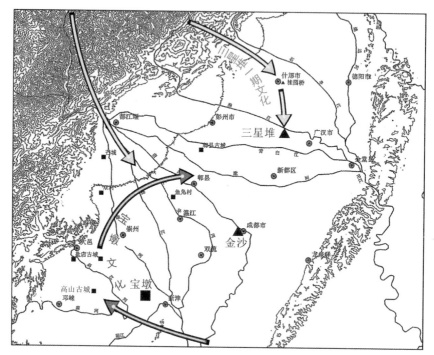

图七　"三星堆一期文化"与"宝墩文化"分布图及进入成都平原路线图

　　第三，三星堆一期文化比宝墩文化的时间略早，并通过桂圆桥文化与西北山区更早的文化衔接起来，而不是像宝墩文化那样是在距今4500年左右突然出现快速发展起来的。虽然测定的个别年代可能会有所差错，但整个"三星堆一期文化"及其与上下期文化的年代关系和发展序列，则是连续的和稳定的。

　　第四，我认为产生这些差异的关键原因，可能是三星堆一期文化与宝墩文化的主人有所不同。当时四川盆地也正处于城邦林立的古国阶段，最初可能尚未产生统一的政权。后来在成都平原的南北两地，逐步形成了三星堆与宝墩两个大型中心聚落，二者可能分属于两个不同族群。我们认为以三星堆遗址为中心的"三星堆一期文化"时期的主人，很有可能是蜀史传说中的"蚕丛氏蜀王"，并且在数百年后，在三星堆遗址上直接传承给了"三星堆文化"时期的"鱼凫氏蜀王"；而"三星堆文化"的主人"鱼凫氏蜀王"，则把"蚕丛氏蜀王"尊为他们的直系祖先[①]。至于"宝墩文化"，从地域、特征、来源、聚落形态等多种因素看，它的主人很有可能是传说中的另一代蜀王——"柏灌氏蜀王"。它们曾与"蚕丛氏蜀王"并存过一段时间，后期则被逐步融入"三星堆文化"时期的"鱼凫氏蜀国"之中（表一）。这个问题本文只是提出一个初步设想，还需要做更加深入具体的研究与论证。

表一 "三星堆一期文化"与"宝墩文化"对比表

	三星堆一期文化	宝墩文化
距今年代	4800～4000年前	4500～3700年前
分布地域	平原北部	平原西南及中部
最初来源	西部山区	长江中游
聚落形态	两河聚落	修墙筑城
农业作物	初为粟作	带来稻作
器物特征	大体相似	有所差异
核心遗址	三星堆遗址	宝墩古城
中心面积	500万平方米	274万平方米
社会性质	处于酋邦林立的古国阶段，逐步形成了三星堆与宝墩两个大型中心聚落（都邑）	
发展去向	在三星堆遗址直接发展为"三星堆文化"	各城址后来逐步汇入"三星堆文化"之中
主人推测	蚕丛氏蜀王	柏灌氏蜀王

有学者认为考古不宜与古史传说相联系，但我从在四川开始考古工作之时，就在老同志帮助下，树立起了以考古资料和方法探索蜀史的

---

① 雷雨：《一年成聚 二年成邑——关于三星堆一期文化的几点认识》，《三星堆研究》第5辑，巴蜀书社，2019年。

信念，认为这是考古学的重要任务之一，也较早开始做了一些尝试①。经过大家数十年的共同努力，通过大量的考古发现发掘和反复的研究论证，采取从后向前推衍探寻的方法，蜀史传说中"五代蜀王"的后面三代（开明、杜宇、鱼凫）所属的考古学文化遗存，已经初步得到证实。目前学界基本上认同：在公元前316年秦灭巴蜀之前，以船棺葬和"圜底罐器物群"为代表的"晚期巴蜀文化"（距今约2600年～公元前316年），可能是"开明氏蜀国"时期的文化遗存；以金沙等遗址和"尖底罐器物群"为代表的"十二桥文化"（距今约3200～2600年），可能是"杜宇氏蜀国"时期的文化遗存；以三星堆古城和"小平底罐器物群"为代表的"三星堆文化"（距今约4000～3200年），可能是"鱼凫氏蜀国"时期的文化遗存②。只是对各代蜀王所属考古学文化的名称、年代和内涵的认识上，还存在着一定的差异。本文进一步提出了"蚕丛氏蜀国"与"柏灌氏蜀国"时期所属的考古学文化遗存问题，希望与同仁们一起继续进行探索。

（原载《四川文物》2021年第1期）

---

① 笔者曾提出了"早期、中期、晚期巴蜀文化"三期说，认为它们的主人可能分别是蚕丛及鱼凫、杜宇氏蜀王、开明氏蜀国的遗存。参见赵殿增：《巴蜀文化的考古学分期》，中国考古学会编：《中国考古学会第四次年会论文集（1983）》，文物出版社，1985年。后又提出了"五阶段说"，把新石器晚期和秦统一巴蜀之后至西汉中期最终融合为一体的时期，也各划为一个阶段。参见赵殿增：《三星堆考古发现与巴蜀古史研究》，《四川文物·三星堆古蜀文化研究专辑》1992年。

② 赵殿增：《三星堆考古新发现与古蜀文明新认识》，《四川文物》2017年第1期；《三星堆神权古国研究》，《四川文物》2019年第1期。

略谈三星堆文化与长江中游古文化的关系

    三星堆古蜀文明具有独特的文化面貌，充满着许多未解之谜，其中最大的谜团之一，就是这种内涵奇特的文化是从哪里来的。近年来研究的情况表明，三星堆的文化因素是由中原等多方面的影响下逐步发展而成的，其中长江中游古文化的影响是其中一个非常重要的方面。笔者曾撰文从宝墩文化八座古城的建筑特征与长江中游的史前古城址群的比较研究入手，提出"宝墩文化"很可能主要是来源于长江中游的新石器时代晚期文化[①]。本文准备就夏商时期的"三星堆文化"与长江中游古文化的关系，再谈点认识。

一、"三星堆文化"与长江中游古文化的关系

    我们认为不仅"宝墩文化"可能主要来自长江中游，而且其后的"三星堆文化"，也包含有大量的长江中游古文化因素，使之成为高度发达的古蜀文明的重要文化源头之一。

---

① 赵殿增:《从古城址特征看宝墩文化来源——兼谈"三星堆一期文化"与"宝墩文化"的关系》，《四川文物》2021年第1期。

由于水患等原因，川西平原的古文化产生的时间比较晚，它们主要是由盆地周边一些新石器时代晚期的古文化逐步汇合而成的。成都平原上最早的蜀文化，可能是来自西北山区下到成都平原来的一支古文化，距今5000年前后在什邡地区首先创立了"桂圆桥文化"①。距今4800年前后，他们进一步前进到条件更好的三星堆遗址，并在此处连续发展了两千多年，从距今4800年直至2600年前后。根据四川省文物考古研究院等发掘单位的意见，将三星堆遗址分为了四期，具体年代分别推定为距今4800～4000年、4000～3600年、3600～3200年、3200～2600年前②。其中距今为4800～4000年前新石器时代晚期的"第一期"，定名为"三星堆一期文化"③；距今4000～3600年和3600～3200年的"第二期"和"第三期"，定名为"三星堆文化"；距今为3200～2600年前的"第四期"，定名为"十二桥文化"④。本文重点研究一下相当于夏商时期的"三星堆文化"与长江中游古文化的关系。

　　"三星堆文化"以第二期新出现的一组具有地方特点的陶器群为代表，其中以夹砂灰褐陶小平底罐为主体，数量最多，变化最明显，最有代表性，成为"三星堆文化"典型器物。其他典型器物还有高柄豆、圈足豆、平底盘、圈足盘、鸟头形器柄、盉、缸、瓮、器盖等，器盖上多有动植物造型的器钮。第三期陶器的典型器物主要部分与第二期基本相

①　四川省文物考古研究院、德阳市博物馆、什邡市博物馆：《四川什邡桂圆桥新石器时代遗址发掘简报》，《文物》2003年第9期。万娇、雷雨：《桂圆桥遗址与成都平原新石器文化发展脉络》，《文物》2003年第9期。

②　四川省文物考古研究所编：《三星堆祭祀坑》，文物出版社，1999年。陈显丹：《广汉三星堆遗址发掘概况、初步分期——兼论"早蜀文化"的特征及其发展》，《南方民族考古》1990年第2辑。赵殿增：《三星堆考古发现与巴蜀古史研究》，《四川文物·三星堆古蜀文化研究专辑》1992年。

③　雷雨：《一年成聚二年成邑——关于三星堆一期文化的几点认识》，《三星堆研究》第5辑，巴蜀书社，2019年。

④　赵殿增、陈德安：《巴蜀考古学文化研究的新进展》，《三星堆考古研究》，四川人民出版社，2004年。关于三星堆遗址分期和年代问题，我一直是使用原发掘单位最初的测定年代和意见，是否需要做出修改和完善，将以今后正式发表的综合发掘报告为准。

同，但数量种类纹饰更多更丰富，新出现的器型有尊形器、觚形器、三袋足炊器等，稍晚出现尖底盏和器座①。另一个重要区别是，在第二期中基本没有发现青铜器，而第三期则出现了大量的青铜器，并迅速发展到了古蜀青铜文明的最高峰。

20世纪八九十年代开展的"三峡水利枢纽工程"的大规模文物保护和考古发掘工作中，考古人员在三峡出口的鄂西地区，发现了一种被称为"长江沿岸夏商时期一支新的文化类型"的古文化遗存，共有二十多处，可分为两期，分别相当于夏时期和商时期。遗址中出现了一组比较新颖的陶器群，也是以小平底罐为主体，数量最多，最有代表性，有些学者称之为"有肩小平底罐""有肩罐""鼓肩罐""收腹小底罐"等②。典型器物中还有细长高柄豆（灯形器）、鸟头形器把、鬲形器、陶盉等，并且盛行花钮器盖和动物状塑形器，还包含有一些具有本土特征的釜罐类的器物。这些器物与"三星堆文化"陶器群的特征很相似，过去一般都认为它们可能是巴蜀文化的一个分支，称为"路家河类型"③，或称为"三星堆文化"的"鄂西类型"④。

也有学者从陶盉、陶竹节柄豆之类的器物是在江汉地区率先出现等现象分析，认为"这种交流从一开始就是双向的"，"二者互相交流，互为补充"，"川东—宜昌地区恰处于这二者之间，这里正是两种文化交汇

① 四川省文物考古研究所编：《三星堆祭祀坑》，文物出版社，1999年。陈显丹：《广汉三星堆遗址发掘概况、初步分期——兼论"早蜀文化"的特征及其发展》，《南方民族考古》1990年第2辑。赵殿增：《三星堆考古发现与巴蜀古史研究》，《四川文物·三星堆古蜀文化专辑》1992年。

② 王劲：《鄂西峡江沿岸夏商时期文化与巴蜀文化关系》，《三星堆与巴蜀文化》，巴蜀书社，1993年。林春：《宜昌地区长江沿岸夏商时期的一支新文化类型》，《江汉考古》1984年第2期。

③ 王劲：《鄂西峡江沿岸夏商时期文化与巴蜀文化关系》，《三星堆与巴蜀文化》，巴蜀书社，1993年。林春：《宜昌地区长江沿岸夏商时期的一支新文化类型》，《江汉考古》1984年第2期。

④ 赵殿增：《三星堆文化与巴蜀文明》，江苏教育出版社，2005年。

之处"①。考古新发现证明这些看法可能更接近于历史的实际。特别是从近些年来的石家河文化和"后石家河文化（肖家屋脊文化）"的新发现和研究成果来看，江汉地区这时的古文化对"三星堆—十二桥文化"的形成和影响有可能要更多一些，更大一些，而川东—宜昌地区可能就是这种交流的一条重要渠道。下面我们准备从几个方面再做些探讨。

首先说一下"三星堆文化"一些特征明显的器物来源问题。陶盉与竹节柄豆的原型可能出于大汶口文化和二里头文化，它们率先出现于江汉地区，很可能是再经由长江三峡传入巴蜀的②。釜罐类的一组器物，也具有江汉地区古文化的传统特征，三星堆文化中出土的众多高柄豆，已经与石家河文化晚期的高柄豆非常相似。至于在三星堆遗址中发现的类似于二里头文化的铜牌饰，很有可能是经由江汉地区辗转传入四川的。这些器形在"三星堆一期文化"与"宝墩文化"阶段都没有出现，因此很可能是在夏商时期由江汉地区经三峡发展到"三星堆文化"之中的。

更值得关注的一种现象是：在"三星堆文化"阶段快速出现的浓烈的原始宗教信仰和祭祀习俗，除了本地原有的传统观念之外，也可能是受到了外界文化的强烈影响后才形成的，其中江汉地区的石家河文化和"后石家河文化（肖家屋脊文化）"，可能就是其中一个重要的源头。近年在120万平方米的"石家河古城"西部的"印信台"遗址，发现了一个6000多平方米的方形祭台，上面有数十件大型套缸组成的台边，套缸上有一些神秘的划纹符号。祭台上的瓮棺葬中，出土了数百件精美的玉雕神人像和凤鸟等饰件。在石家河古城遗址中，曾发现了大量的陶塑动物和数以万计的尖角状小陶杯，都是一些专门的祭祀用品，说明当时"石家河古城"已经是一个重要的祭祀活动中心③。特别是石家河文化和"后石家河文化（肖家屋脊文化）"中发现了一大批"玉雕神人头

① 郭德维：《蜀楚文化发展阶段试探》，《三星堆与巴蜀文化》，巴蜀书社，1993年。
② 郭德维：《蜀楚文化发展阶段试探》，《三星堆与巴蜀文化》，巴蜀书社，1993年。
③ 方勤：《寻找古老的中国（三）：石家河》，中央电视台《考古公开课》讲座，2021年2月16日。

像"，如谭家岭9号瓮棺出土的神人头像等，就与"三星堆文化"中出现的"青铜人头像"有极其相似的装束和神态，它们很可能就是三星堆青铜神像造型和内涵的一个重要源头和依据①。进一步推测，红山文化、凌家滩文化出土的"玉雕立人像"，从造型和内涵，也可能是经由"石家河文化"进入四川，并成为"三星堆文化"中"青铜大立人像"的一个源头与依据的。三星堆时期狂热的宗教祭祀习俗，或许有很多就是从江汉地区传入的，因而带有石家河文化和"后石家河文化（肖家屋脊文化）"深厚的祭祀文化遗风。

二、长江中游古文化进入"三星堆文化"的动因

关于江汉地区的"石家河文化""后石家河文化"，以及"长江沿岸夏商时期一支新的文化类型"即"路家河类型"等进入四川，对"宝墩文化""三星堆文化"的形成产生影响的社会动因，我认为很可能还是与中国史中著名的尧舜禹征"三苗"的历史事件有关。

根据老一代学者徐旭生的研究，在"中国古史的传说时代"，主要有"华夏""东夷""苗蛮"三大集团，共同创造了中华文明②，他的这一远见卓识，得到了学术界的认同，其中"苗蛮"集团主要分布于长江中游的两湖地区，又被称为"三苗"。目前考古学界大多认为从屈家岭文化到石家河文化阶段，可能就是"苗蛮"集团的主要文化遗存③。

"古史传说中三苗与中原的大冲突至少发生过两次。第一次在尧舜之际，《史记·五帝本纪》综合其情况为：'三苗在江淮、荆州数为乱。于是舜归而言于帝，请……迁三苗于三危，以变西戎。'"④过去史家曾

---

① 方勤:《寻找古老的中国（三）：石家河》，中央电视台《考古公开课》讲座，2021年2月16日。
② 徐旭生:《中国古史的传说时代》，文物出版社，1985年。
③ 何介钧:《长江中游新石器时代文化》，湖北教育出版社，2004年。
④ 何介钧:《长江中游新石器时代文化》，湖北教育出版社，2004年。

多认为这次"迁三苗于三危"是迁到了大西北，但除了敦煌附近有座"三危山"之名以外，尚无其他实据可证。

我们认为尧舜时期进行的第一次征"三苗"，并"迁三苗于三危"，促使一部分"三苗"人来到了成都平原，创建了"宝墩文化"[①]。但这次征伐并未将三苗真正征服。到了大禹时期，又进行了第二次更大规模征伐，才使三苗受到了致命的打击。《墨子·非攻下》云："昔者有三苗大乱，天命殛之……禹亲把天之瑞令以征有苗……苗师大乱，后乃遂几。"[②]所谓"遂几"，就是说并未完全被消灭，而是被分散或赶走了。其中的很大一部分人，可能就是在这时候经由三峡地区，再次进入成都平原，在三星堆遗址扎下根来，并把他们比较成熟的信仰观念和祭祀形式也引进了三星堆原有的祭祀文化之中，使之逐步发展成为高度繁荣的三星堆文明。而先前到来的"宝墩文化古城址群"中的居民，很可能是因为有族群的认同和祭祀活动的吸引，加之水患的影响等原因，逐渐集中到了三星堆遗址之中，最终形成了此后的数百年间一座三星堆古城独尊独大，而宝墩文化的各个城址却被放弃了的情况。

关于三星堆蜀文化与三苗文化的关系问题，俞伟超先生发表在《文物》1997年第11期上的《三星堆蜀文化与三苗文化的关系及其崇拜内容》一文中就曾经指出："三星堆等地的早期蜀文化，就是借此契机迅速发展而成的。三星堆早期蜀文化中大量存在的封口陶盉，最初出现于二里头文化遗存中，也应当是通过三苗的媒介而传入的。"[③]

三、三星堆文化后期高度发达的青铜文化的来源

关于三星堆文化后期高度发达的青铜文化的来源问题，俞伟超先

---

① 赵殿增：《从古城址特征看宝墩文化来源——兼谈"三星堆一期文化"与"宝墩文化"的关系》，《四川文物》2021年第1期。

② 《墨子·非攻下》，中华书局，2011年。

③ 俞伟超：《三星堆蜀文化与三苗文化的关系及其崇拜内容》，《文物》1997年第11期。

生也曾敏锐地指出："到了商后期，洞庭湖周围及其附近的三苗余部，在商文化的影响下，青铜工艺极为发达，铸造出许多体型高大和厚重的铜铙和铜鼓，以及动物造型的礼器如乳虎卣、象尊、猪尊和人面方鼎等，一般形态的青铜礼器，则有尊、罍、卣等，而尤以尊和罍为多，成为这一带的文化特色。

"非常有意义的现象是，在三星堆和彭县竹瓦街等早期蜀文化的遗存中，其青铜礼器都是尊和罍，这显然又表示出与同时期的湖南等地的三苗文化，依然存在着一种特殊密切的关系。另外，在近十多年中，在湖北宜昌地段的清江之中和四川巫山大宁河畔又分别出了类似于三星堆遗物的商时期的铜罍和铜尊各一件，又多少暗示出那时的巴人也和三苗余部存在着相当的文化联系。"①

俞伟超先生的这些论断，提出了两个重要的学术观点：一是苗蛮集团在商文化的影响下，曾创造出长江流域具有自身特色的青铜文明；二是三星堆璀璨的青铜文化，很可能主要是从中原经由江汉地区传入的。这两点我都很赞同，这里再结合新的考古发现做一些补充说明。

近年来湖北盘龙城考古取得重大进展，证明它是商代前期在长江流域建立的一个带都邑性质的政治中心和军事基地，从距今3500年左右开始，存在了300余年。这里不但有完整的城池、高大的宫殿、高等级墓葬，而且有了成熟的青铜铸造产业。是它把商王朝先进的青铜铸造技术带到了长江流域，还通过这里控制了当地富有的铜矿资源②。后来因为某种原因商人从这里撤走了，但其青铜铸造技术却被当地的三苗等人学习继承下来了，青铜工艺极为发达，并结合各自生活习惯和民俗信仰，相继创造出了一大批具有地方特色的青铜文化，如大洋堆铜器群、炭河里铜器群等。他们所共同选择的青铜礼器，则主要是铜尊和铜罍③，而与中原地区以鼎豆簋为主要组合的成套青铜礼器传统有所不同，

---

① 俞伟超：《三星堆蜀文化与三苗文化的关系及其崇拜内容》，《文物》1997年第11期。
② 张昌平：《关于盘龙城的性质》，《江汉考古》2020年第6期。
③ 俞伟超：《三星堆蜀文化与三苗文化的关系及其崇拜内容》，《文物》1997年第11期。

从而创造出了具有自身特色的长江流域青铜文明，并与黄河流域的青铜文明一起，共同构建了中华民族所特有的青铜文化体系。

由于三苗曾几次被迫迁入成都平原，并在那里遇到了良好的自然和人文条件，发展成繁荣昌盛的宝墩文化和三星堆文化，三苗的余部可能与三星堆文化仍然存在着相当的文化联系。当他们掌握了商王朝先进的青铜铸造技术之后，自然会把青铜工艺很快传播到成都平原的三星堆遗址。这时的三星堆文化已经快速发展成为一个充满着宗教狂热的神权国家，正好利用这种新鲜的先进材料和技术，铸造出大批青铜神像和祭祀用具，从而创造出灿烂夺目的三星堆青铜文明。三星堆文化不但在器物特征上与长江中游在古文化有密切的关系，而且从生活习惯和宗教信仰上也有相当多的联系，从而在青铜礼器的选择和神像与祭器的制造方面也有很多相似之处，共同创造出具有地域特色的长江流域青铜文明，成为"多元一体"的中华文明共同体中的一个重要组成部分。

总而言之，三星堆文化是由多方面因素逐步汇集发展起来的，而长江中游古文化的多次影响，可能就是其中一个非常重要的方面。

余论：《天问》与三星堆

近年不少研究者已经开始认为：三星堆祭祀坑中的众多奇特文物，原来主要是放置在蜀国的"神庙""宗庙"之中的[①]。这些神庙的图像器物和气氛环境，可能与屈原当年创作《天问》时的场所和氛围有些类似。

关于屈原构思和创作《天问》的社会背景与环境情况，东汉时期将《天问》编纂成书的王逸曾记述道："屈原放逐，忧心愁悴，徬徨山

---

① 赵殿增：《浅谈三星堆遗址青关山F1的结构与功能——兼与杜金鹏先生商榷》，《四川文物》2021年第1期。冉宏林：《关于三星堆祭祀坑的三个猜想》，《重庆考古》2022年1月14日。赵殿增：《三星堆祭祀坑为"神庙失火说"的几点疑问》，《南方文物》2022年待刊。

泽，经历陵陆，嗟号昊昊，仰天叹息；见楚有先王之庙及公卿祠堂，图画天地山川神灵，琦玮佹僪，及古贤圣怪物行事，周流罢倦，休息其下，仰见图画，因书其壁，何以问之，以渫愤懑，舒泻愁思。"①这种在"图画天地山川神灵，琦玮佹僪，及古贤圣怪物行事"的"先王之庙及公卿祠堂"中进行研究和创作的场景，与我们今天面对三星堆文物时的情况，或许有某种相仿之处。

屈原和三星堆人都生活在长江中游和上游，这里的古代人们对自然世界和人类社会充满丰富的艺术想象力，曾创造出了灿烂夺目的物质财富和精神文化，后来成为我国道家思想的重要发祥地。两地之间也一直有着密切的文化联系，有着相似的思想文化发展史。《天问》开篇即问道："遂古之初，谁传道之？上下未形，何由考之……"表达出对"我是谁？从哪里来？到哪里去？"这些人类终极哲学问题的深刻思考，进而对世界的初始、万物的关联、人类的起源、先祖的事迹、历史的进展、社会的构建，乃至天地人间各种自然和社会现象的变化，提出了广泛的思辨，描绘出大千世界和人类社会的一幅幅生动画卷。三星堆人则是用放置于神庙宗庙中的神坛、神像、器具、图像等艺术形象，来寻求回答和具体表述这些问题，二者有异曲同工之妙，可以作为互相提出和解答问题的具体线索。我们或许可以循着屈原的思路和方法，参照《天问》提出的问题，去探寻和复原三星堆祭祀坑中所埋文物原来放置在"神庙""宗庙"中的具体情况，探讨三星堆众多神奇文物原有的文化内涵和组合主题，努力去解开这些千古之谜，进一步深入研究三星堆文化在多元一体的中华文明中的地位和价值。

（原载《江汉考古》2022年第2期）

赵殿增卷

---

① 东汉王逸编纂《天问》撰写的序言。转引自游国恩主编：《天问纂义》，中华书局，1982年。

文明形态研究

略论古蜀文明的形态特征①

　　近几十年三星堆等大量考古发现表明，蜀地曾有一个特色鲜明的古代文明。它与中原等地的早期文明既有相似性，又有特殊性。从地域上看，古蜀文明主要分布于以成都平原为中心的四川盆地西部，有时延伸到三峡内外、云贵高原、汉中等地。从时间上讲，古蜀文明大约从距今4000多年的新石器时代晚期到2000年前的西汉初期，可分为宝墩文化（三星堆一期文化，距今约4800～4000年）、三星堆文化（三星堆遗址二、三期文化，距今约4000～3200年）、十二桥文化（金沙遗址等，距今约3200～2600年）、晚期巴蜀文化（约公元前600年～公元前316年）、与秦汉文化融合（约公元前316年～公元前100年）等五个阶段②。在这广阔的时空框架里，古蜀人创造了独具特色、自成体系、源远流长的早期文明，最终汇入了华夏文明之中。正确认识古蜀文明的形态特征，有助于深入探讨它的价值及其在中华文明乃至世界文明发展史中的地位和作用。本文拟对此作初步探讨。

①　本文为国家社会科学基金项目"长江上游古文化与中国文明起源——从宝墩文化、三星堆文化到金沙遗址"（批准号04XKG002）的阶段性成果。
②　赵殿增：《四川考古的世纪回顾与展望》，《考古》2004年第10期。

一、与生态环境协调的经济生活——稻作文明

四川盆地是一个自然条件优越的内陆盆地，为人类的生存发展提供了良好的环境。这里气候温暖，雨水充足，四季常绿，加之资源丰富，物产繁荣，动物众多，"有璧玉、金、银……桑、漆、麻、纻之饶"[①]，自古就被誉为一方乐土。《山海经·海内经》载，"西南黑水、青水之间，有都广之野（引者按：即成都平原），后稷葬焉。其城方三百里，盖天地之中，素女所出也。爰有膏菽、膏稻、膏黍、膏稷，百谷自生，冬夏播琴。鸾鸟自歌，凤鸟自舞，灵寿华实，草林所聚。爰有百兽，相群爰处。此草也，冬夏不死"，一派天国胜境。《史记·货殖列传》称"巴蜀亦沃野，地饶"。《华阳国志·蜀志》说这里"地称天府，原曰华阳"，"山林泽渔，园囿瓜果，四节代熟，靡不有焉"。

古蜀人在此经营多年，形成了一套与生态环境协调的经济生活方式。农作物有稻、麦、黍、稷、豆、芋；园艺有"四季瓜果"；牲畜有鸡、犬、猪、马、牛、羊；采集有药材、蕨、藻；狩猎有犀、象、熊、鹿[②]，形成以水稻作物为主的稻作文明。我国的水稻种植大约起源于长江中下游地区[③]，在江西、浙江、湖南等地已发现了七八千年前乃至上万年的水稻标本。成都平原新石器时代晚期的宝墩文化（三星堆一期文化）受到长江中下游文化的强烈影响，水稻作物可能是这时传入的，并逐步形成典型的稻作文明。

从三星堆文化的经济情况看，经过上千年的长期定居，农业有了很大发展，使用着多种耕作工具，也有一定的防洪和灌溉技术（早期城墙壕沟多与防洪用水有关）。大量的酒器发现，既反映了酿酒技术的发展，也表明有较多的粮食剩余。成堆的兽骨，表现出畜牧业的发展。宏大精美的青铜器群，规整细致的玉石礼器，反映了手工业、青铜铸造业

---

① （东晋）常璩：《华阳国志·蜀志》，《华阳国志校注》，巴蜀书社，1984年。

② 林向：《巴蜀文化区导论》，《巴蜀考古论集》，四川人民出版社，2004年。

③ 严文明：《中国稻作农业的起源》，《农业考古》1982年第1期。

等技术高度发达，冶炼、铸造、连接技术先进，具有相当大的规模和很高的水平。从泥范和石器半成品看，制作的作坊就在遗址群内。制陶业继续进步，并形成自己一套造型特征和艺术风格。夯土、土坯砖、木构梁架的使用表明，建筑技术也达到很高的水平。三星堆出土的大量生产生活用品，众多的装饰品，礼器和祭祀用神器，证明当时已完成第二次社会大分工：手工业从农业中分化出来成为独立的行业。海贝、玉石璧瑗的大量出现，反映了商品货币经济已经开始，财产和货币的占有逐步集中。器物群中多种文化因素和遥远的海洋产品的发现，说明贸易和交通也取得很大发展，第三次社会大分工也已开始。绘画、雕塑、装饰和多种礼仪用品的发现，表现了三星堆时期美术、舞蹈、音乐等方面发展到一个高峰。这些出土文物反映出当时人们对天象、地理、动物、植物乃至物理、天文、数学等方面有了相当水平的观察和认识，在利用和改造自然方面取得了不少科学技术成果[①]。

这种稻作文明的一个突出特征，就是与自然生态环境的相协调，较好地利用了自然条件，又较少地造成生态环境的破坏。因而才有"百谷自生，冬夏播种。鸾鸟自歌，凤鸟自舞。灵寿华实，草林所聚。爰有百兽，相群爰处"的天府之况，并在此基础上创造出了灿烂的古蜀文明。

二、适应自然的文化传统——神话古史

古代蜀人没有留下自己的历史文献，他们的传说故事散见于汉晋前后的某些书籍之中，比较杂乱，而且多是以神话传说的形式出现。这一方面可能是由于古蜀文字尚未破译识读，另一方面也反映出古蜀文明的神奇特色，具有一种适应自然与环境相协调的良好人文传统。

①　赵殿增：《三星堆考古发现与巴蜀古史研究》，《四川文物·三星堆古蜀文化研究专辑》1992年。

关于文献古籍中的蜀史传说，前辈学者已做过较好的整理①。传说蜀人在远古时期就与黄帝、颛顼等中原部落首领有关联。《史记》云"昌意娶蜀山氏女生颛顼"，蜀山氏可能是目前所知最早的蜀人首领之一。《蜀王本纪》云："蜀王之先名蚕丛、柏灌、鱼凫、蒲泽（杜宇）、开明"，"蜀王之先名蚕丛，后代曰柏灌，又次者曰鱼凫，此三代各数百岁"。《蜀记》云："上古时，蜀之君长治国久长，后皆仙去，自望帝（杜宇）以来，传授始密。"《华阳国志》云："开明氏凡王蜀十二世。"直到公元前316年蜀被秦所灭，蜀国已有自己数千年的发展史。

蜀史传说中一直带有浓厚的神话色彩。如蜀山氏只知其与"蜀山"有关。蚕丛氏蜀王以"纵目"为突出特征，着"青衣"为神，或曾教民养蚕。鱼凫"田于湔山，得仙"。《蜀王本纪》云："此三代各数百岁，皆神化不死。其民亦颇随王化去。"杜宇氏"从天而下，自称望帝"，死后化为杜鹃。开明王鳖灵"死，其尸溯流而上，至汶山忽复生。杜宇神之，以为相"。此类故事还有很多。

这种以神话传说形式出现的历史，也在某种程度上反映了蜀人具有与自然相适应的文化传统。他们的祖先可能来自山区，对大山有一种本能的依赖和崇拜，死后（失败后）也往往是"升西山隐焉"②。他们与大自然长期和睦相处，部落首领多以鸟兽为名，如柏灌、鱼凫、杜宇，可能都是鸟名或鱼鸟合名。他们从事采集、渔猎、稻作农业生产，因而在古史中留下了许多与动植物相互交融乃至互相转化的传说，反映出原始宗教信仰习俗与历史故事相互渗透的文化面貌。蜀人的历史正是在这种适应和尊重自然的传统中形成和发展起来的。

---

① 蒙文通：《巴蜀古史论述》，四川人民出版社，1981年。徐中舒：《论巴蜀文化》，四川人民出版社，1981年。
② （东晋）常璩：《华阳国志·蜀志》，《华阳国志校注》，巴蜀书社，1984年。

三、以原始宗教维系的古国——神权国家

在3000至4000年前三星堆文化繁荣时期，三星堆已形成了一个高度发达的古代文明中心。从政治体制社会性质看，三星堆繁荣期反映出一个具有国家形式的政治实体已经形成。巨大的城区，面积仅次于同时期的郑州商城，居全国前列。城区有密集的建筑，有一组建筑面积达数百平方米，虽然还不能确定是宫殿，但它已超过一般居室的功能。祭祀坑多处发现，出土文物异常丰富，三星堆经常举行大型祭祀活动，祭天地祖先，以此表示主持者具有代表公众讲话的权威。出土的金杖上有带王冠的头像和鱼鸟图案，是国王的权杖，或许就是鱼凫王的标志。三星堆可能就是古蜀鱼凫王的都邑。私有财产的发展，财富的集中，必然导致阶级的产生。兵器、礼器的出现，反映了政权的力量。三星堆遗址内曾发现两个反缚跪立的石像，是当时进入奴隶制社会的佐证之一。大量资料证明，三星堆遗址可能是早期蜀国的一座都城[1]。

这个早期文明的突出特征，就在于它可能是一个以原始宗教维系的古国——神权国家。三星堆遗址出土的大量文物证明，这里是一个以宗教祭祀活动为主的古蜀文明中心。遗址中除了生活用品之外，还出土了大批祭神用的祭器和礼器，最有代表性的是1986年发掘的一号祭祀坑和二号祭祀坑。两坑共出土青铜器、玉器、金器、象牙等1800多件，包括立人像、大面具、青铜神树、金杖、祭山图玉璋等珍宝，反映出当时存在着以太阳、树崇拜为代表的自然崇拜；以鸟、鱼为突出表现的图腾崇拜；以"眼睛崇拜"形式表现出来的对"纵目神"蚕丛的祖先崇拜；并通过以雕像群体所表现的巫祭集团组织原始宗教活动，建成以神权为主体的早期国家，形成三星堆古国的一个重要特征[2]。古人云"国之大事，在祀与戎"。三星堆古国的祭祀器物丰富，而兵器极少，即使

---

① 赵殿增：《三星堆考古发现与巴蜀古史研究》，《四川文物·三星堆古蜀文化研究专辑》1992年。

② 赵殿增：《三星堆文明原始宗教的构架特征》，《中华文化论坛》1998年第1期。

有玉戈、齿援铜戈等器物，也质地脆弱，未曾开刃，成为礼器和祭器。

除一号和二号祭祀坑外，三星堆遗址内外还发现过四五个埋藏玉石礼器的土坑，如月亮湾器物坑、仓包包祭祀坑、高骈乡器物坑、盐亭县麻秧乡器物坑等，我曾提出它们也应是祭祀坑，在1990年初的两篇文章中做过初步分析[①]。这种观点逐渐得到认同，并在实践中得到进一步的佐证。如2000年月亮湾发掘出七八座形状各异的土坑，内存完损不等的大量器物。有的浅圆坑中放满红烧土块、碎陶器和璧、琮、瑗等玉石礼器残件；有的长方形坑中放置100多件小平底罐等较完整的陶器；有的在很浅的圆坑中部堆放各类陶器，已突出于坑口，可能是平地堆埋的。这些坑既不是墓葬，也不是窖藏，还不同于盛垃圾的灰坑。我们当时就认为它们可能与祭祀活动有关。参考近两年金沙遗址中心的祭祀区中土坑和地层中器物出土的情况，将月亮湾发现的器物坑定为祭祀坑应是可以成立的。联想到1980年以来三星堆遗址发现的众多红烧土坑、浅器物坑、灰坑的相似情况，我们认为三星堆遗址中曾出现过许多形式与等级不同的祭祀坑，它们可能就是三星堆文化时期这里经常进行祭祀活动的产物和实证。

三星堆神权国家的形成发展和影响，可能是研究古蜀文明形态特征的关键所在。如果说与生态环境协调的经济生活——稻作文明、适应自然的文化传统——神话古史是前提条件，而以原始宗教维系的古国——神权国家，则是问题的核心。由此派生出古蜀文明另两个显著特征，即注重人物造型的艺术传统、多元文化的有机融汇的社会构成，进而在神权与王权的统一和矛盾之中，影响着古蜀历史的发展，并因其人神相通的神仙观念，成为道教思想的重要源头。古蜀文明如此鲜明的形态特征，使其在统一的进程中成为汉民族根基之一，在中华文明乃至世界文明发展史上都有特定的历史地位。

---

① 赵殿增：《三星堆祭祀坑文物研究》，《三星堆与巴蜀文化》，巴蜀书社，1993年；《人神交往的途径——三星堆文物研究》，《四川考古论文集》，文物出版社，1996年。

四、用人物造型来展示权威——艺术传统

三星堆尚未发现可识读的文字和可靠的历史记载。它的大量文化信息，主要是通过一批具体形象的造型艺术作品表现出来的。重视人像及动植物造型的习俗，用人物造型来展示权威，是古蜀文明又一个显著的艺术特征。

根据三星堆祭祀坑的发掘报告分类统计，一、二号祭祀坑共出土具有造型艺术风格的文物六七百件。其中青铜人头像57件（包括戴金面罩的6件），大小人像20多件（有些组装在神器之上），人面具25件，兽面具9件，铜树6件，神坛神殿5件，龙、虎、鱼、鸟等动物雕像或饰件100余件，还有太阳形器6件，铃铛挂饰185件，"眼"形饰件109件。金器中有虎、鱼、杖等数十件。玉器中也有鱼形璋、鸟形璋等上百件雕塑作品。加之大量的青铜、玉石礼器，组成了一个庞大的造型艺术宝库。

最令人惊叹的是数十件大小不等的青铜雕像作品，包括立人像、人头像、人面具、铜树和鸟兽造型。古国先民们运用了圆雕、浮雕、线刻、组装等艺术手法，使之产生出强烈而生动的艺术效果。又如金杖上的鱼、鸟和人头像，线条准确，形象生动。玉边璋上的一幅"祭山图"，用极细的线条刻绘出22个人物像、16座大山，以及云层、祭器等，具有完整的绘画构图和主题思想。

三星堆古人的信仰习俗，三星堆古国的权威，大都是用动植物或人物造型展示出来的。太阳轮、大山、神树等，可能是自然崇拜的象征物；形态多样的各类动物，反映了人与自然的和谐，也是图腾崇拜的表现；巨大的面具和眼形饰件，表现了神灵的奇异与威严，或许就是祖先神蚕丛的神像；与真人大小相仿的人头像，既有人的形态，又有神的气派，可能是一群具有通神能力的巫师和首领；而那具26米高的全身大铜像，其突出的装束、体量、动作和材质，表明它具有超凡的地位和作用，可能是群巫之长，用指挥祭祀活动展示出高度权威；具有综合表现

方式的铜树、神坛和"祭山图"玉边璋，更是表达了丰富的崇拜习俗，产生了强烈的艺术效果。

三星堆的发现，"使人们对东方艺术重新评价"，"对中国金属制造的认识上升到了一个新的高度"，这一朵古代艺术上的奇葩，无论从技术上还是从艺术上，都有待人们去研讨。从思想内容看，这是古代蜀人"万物有灵"的原始宗教信仰和祖先崇拜习俗的表现。关于艺术与宗教的关系，有的学者认为：艺术本身起源于巫，因为艺术旨在施行某种巫术来招引部落赖以维生的动物。不管这种观点是否普遍成立，至少在三星堆巫师主持的祭祀活动中，优美的艺术造型起着召唤各种神灵的作用。正像秦汉时期神仙思想促进了汉画艺术的成熟，南北朝隋唐佛教盛行使石刻造像艺术达到顶峰一样，三星堆原始宗教信仰造就了丰富灿烂的古代巴蜀造型艺术，这种擅长形体塑造的艺术作风，是巴蜀古代先民自然而淳朴的精神面貌的体现，又形成了四川造型艺术发达的传统艺术风格。这一传统在汉代丰富的陶俑画像、唐宋神奇的石窟造像上得到进一步的发扬。

五、多元文化的有机融汇——开放与创新

三星堆文化是由多种文化成分有机汇合而成的，表现出由部落联盟发展而成的"三星堆古国"的社会结构特点。三星堆有不少出土文物形制奇特，不仅在四川首次发现，而且在全国也较为罕见。还有些器物似乎又与其他文化有着密切的联系，与中原、东南、西南，乃至西亚都有一定关系。有的论者以其中某一些特征为据，就推测三星堆文化来源于某个族系。我们认为，到以祭祀坑为代表的三星堆古国繁荣期，该文化至少已在本地存在发展1000多年，其主体为本地土著文化应是肯定的。多种文化的存在，特别是在祭祀坑器物群中汇合，反映的似乎是以部落联盟形式构成的古国的结构特点，是各地各氏族部落，乃至各民族聚集到一起形成的文化。他们带来的不同文化，汇合在一处，为三星堆

文化所吸收，以实物形式存留了下来。祭祀坑中出土的大铜人和50多件人头像，与真人大小相似，我们认为它所表现的是参加盟会的各部落酋长首领的形象，同时也是各自的宗教首领（巫师）。大铜人全身铜铸，高踞方形祭台之上，应为"群巫之长"，也就是国王。其他铜像颈下呈三角形尖形，应是装在木质身体之上的，它们的地位低于大铜像，可能代表了各氏族部落。从头像特征看，大部分与铜人像相同，头戴方帽，颈后一根长长的独辫，它们可能属于同一个主体民族集团；但也有十多件有不同的脸形，头饰发饰具有明显的民族差别，正是不同部落参加会盟的生动表现。这一时期的国家，可能主要以结盟方式和宗教信仰习俗来维系，其地域范围大约是不明确不固定的，或许尚没有形成明确的国界。这种联盟式的蜀国，主要可能是以其文化和宗教的力量来吸引远方的部落前来参加盟会。从大量海贝、象牙、金器、玉器的发现，证明广大西南山区甚至南方沿海，都在三星堆古国的交往范围之内。吸收众多的氏族部落和多种文化，正是三星堆古国的又一特点[1]。

　　三星堆文化与周围其他文化曾有过某些特定的关系。如三星堆一号祭祀坑出土的骑虎铜人像，经研究其原型可能是良渚文化中盛行的人面神像，说明两地、两个文化之间曾有过某种特殊的关系[2]；三星堆铜牌饰和陶器群的研究证明，它与河南二里头文化有过密切的关系[3]；三星堆铜器群和玉器群研究证明，它与商文化有过直接的关系[4]；有些学者认为三星堆金杖、金面具、神树等可能与西亚文明有某种的关系[5]；

①　赵殿增：《三星堆考古发现与巴蜀古史研究》，《四川文物·三星堆古蜀文化研究专辑》1992年。

②　张明华：《良渚兽面为虎纹的又一重要例证》，《中国文物报》1998年9月9日。赵殿增：《骑虎铜人像与玉琮线刻人像》，《成都文物》2004年第3期。

③　杜金鹏：《三星堆文化与二里头文化的关系及相关问题》，《四川文物》1995年第1期。赵殿增：《三星堆与二里头铜牌饰研究》，《殷商文明暨三星堆遗址发现七十周年国际学术研讨会论文集》，社会科学文献出版社，2003年。

④　四川省文物考古研究所编：《三星堆祭祀坑》，文物出版社，1999年。

⑤　霍巍：《广汉三星堆青铜文化与古代西亚文明》，《四川文物·广汉三星堆遗址研究专辑》1989年。

而三星堆出土的海贝和象牙则与西南及东南亚地区有一定关系①。我认为这些关系都可能存在，其具体程度和原因可能是相当复杂的，要分别做具体分析。它们至少说明影响三星堆文化的因素是多方面的，不能简单抓住某个因素就说三星堆文化是从哪里传来的。应当说高度发达的三星堆文化，是多元文化相互撞击与融合的结果。具体分析它与各种文化的关系，将有助于多层面、多角度地揭示三星堆文化的丰富内涵。三星堆灿烂辉煌的古代文明，正是通过吸收汇纳多种文化才得以形成并发展繁荣起来的。

造成这种融合现象，可能有历史、地理、民族、经济、军事、政治等诸多方面的原因，其中宗教信仰和祭祀活动形成的联系，可能是不容忽视的重要因素之一。三星堆古城由于经常举行宏大而神圣的宗教祭祀活动，加上它强大的经济文化实力，吸引了远近众多族群和国家前来交往，使三星堆古城成为多种文化交汇在一起的古代文明中心。三星堆铜人像的形象、装束、大小有很多不同，可能反映了参加祭祀者来自许多不同的民族或群体，众多的动物雕像则可能是代表不同氏族部落的图腾。外来文化的加入又大大促进了三星堆古蜀文明的发展。各种文化往来的时间和情况可能有所不同，但大型宗教活动的吸引力产生的强大凝聚作用或许是其中的一个重要原因。三星堆古城大约已经成为一个兴盛的宗教祭祀中心，它以祭祀活动的形式实现了文化的融合和社会的繁荣。正是它以开放的姿态实现了多元文化的撞击和融合，在吸收众多外来因素时，进行了实质性改进和创新，才创造出独具特色而又光彩夺目的古蜀文明。

---

① 罗开玉:《三星堆遗址与古代西南文化初论》；张善熙、陈显丹:《三星堆文化的币初探》，均载于《四川文物·广汉三星堆遗址研究专辑》1989年。

六、神权与王权的统一和矛盾——神奇与落伍

三星堆时期古蜀文明的神权国家发展到了一个高峰，通过神权与王权的结合创造出独具特色的灿烂文明。这时的首领国王大约是以巫师和"群巫之长"的面貌出现的。从出土文物看，三星堆遗址多祭器礼器而少有兵器，即使出现有玉戈、石矛、齿援铜戈等，也只具有礼仪性质。最早的巴蜀式兵器集中出现在与中原文化交界的汉中—宝鸡地区，那里可能曾是商周时期古蜀王国的前线阵地。三星堆古城或许曾是一个基本不设防的政治经济和宗教活动中心。因此，三星堆古城在商代晚期遇到某种内部和外部力量的冲击时，缺乏必要的抵抗能力，很快便被新兴的十二桥文化所取代，古蜀的政治经济文化中心也转移到了成都地区。这可能就是三星堆古国迅速神秘消亡的重要原因之一。

继后的十二桥文化，它的主人可能是古蜀传说中的杜宇氏蜀国。他们虽然可能划定了边界（"以褒斜为前门，熊耳、灵关为后户"等）[1]，增加了兵器，但仍是一个带有明显神权性质的国家。杜宇氏蜀王不仅是"从天坠"的，而且死后化为杜鹃，"升西山隐焉"[2]，充满神的色彩。从出土文物看，在十二桥文化中心区的金沙遗址中央，也是一大片"祭祀区"，在数米厚的地层中，发现了大量金器、玉器、铜器，成吨的象牙，数千枚獠牙和鹿角，大多是祭器礼器，包括太阳鸟金饰、玉琮、铜人像、鱼鸟纹金带等珍品，证明在数百年间这里经常进行着国家级的宗教祭祀活动。羊子山土台可能是十二桥文化时期的祭天场所，彭县竹瓦街所出的铜器群也有明显的祭祀性质。成都平原的十二桥文化类型遗址大多被水冲毁，表明这个带有神权性质的国家在自然灾害面前的无力，杜宇氏蜀国最终被善于治水的开明氏所取代。

开明氏蜀王统治的晚期巴蜀文化时期，巴蜀式兵器大量出现，分

---

① （东晋）常璩：《华阳国志·蜀志》，《华阳国志校注》，巴蜀书社，1984年。

② （东晋）常璩：《华阳国志·蜀志》，《华阳国志校注》，巴蜀书社，1984年。

布广泛，表明这是一个尚武的国家。据说他们也曾立宗庙，设礼乐，改帝为王[①]，努力向中原诸侯国看齐，但它仍然保持了古蜀文明神权国家的很多传统与基本内核，依旧是一个神权色彩浓厚的国家。开明氏的祖先鳖灵"死，其尸溯流而上，至汶山忽复生"，曾"决玉垒山以除水患"。开明氏蜀国有移山的"五丁力士"，纳妃为武都山精，信秦王有"便金"的石牛，修石牛道以迎。迁都则要"自梦郭移"[②]。从考古发现看，晚期巴蜀文化时期盛行"船棺葬"，企望以船渡亡者到天国或祖先之处。即使是兵器之上，也大量刻铸具有祈祷咒语性质的"巴蜀符号"，力图借助神灵的力量取胜。这种"巴蜀符号"，已具有了文字的一些特征，但由于主要用于咒语或宗教活动，可能未在日常生活中发挥实际效用，没有发展成可通用的文字，在秦汉时被弃用之后，成了至今未能识读的一种死文字。春秋战国时，中原各诸侯国在争雄和百家争鸣中纷纷变法，创立了儒、法、墨等较系统的思想理论和经世学说时，蜀国仍安然停滞在神权国家的幻梦之中。虽然"其国富饶"，但体制和国力都大大落后了，加上蜀王荒淫无度，"有桀、纣之乱"[③]，巴蜀争战引狼入室等原因，最后在公元前316年被力图统一全国的秦国所灭，成为秦"兼并天下"的后方保障和前进基地。

古蜀文明的神权国家曾经以其特有的面貌创造了灿烂的文明，留下了大量文物珍宝。但它在历史潮流中逐渐落伍，也是一种必然的结果。这正是神权国家的神奇与落后之间矛盾统一的具体反映。

七、神仙思想的重要基础——道教之源

以神权国家为特征的古蜀国在与中原争战中失败，最终融汇于秦汉文明之中。这既是中华诸多文明数千年间不断交融的必然结果，也表

---

① （东晋）常璩：《华阳国志·蜀志》，《华阳国志校注》，巴蜀书社，1984年。

② （东晋）常璩：《华阳国志·蜀志》，《华阳国志校注》，巴蜀书社，1984年。

③ （东晋）常璩：《华阳国志·蜀志》，《华阳国志校注》，巴蜀书社，1984年。．

现出古蜀文明的弱点和神权国家的特性。但相对独立发展了上千年的古蜀文明，不是被简单地同化或消灭了，而是作为华夏文明的有机部分，汇入了中华文明之中，并对中华文明的发展产生了积极的影响。这种影响是多方面的，其中古蜀人的许多思想观念和信仰习俗，就成为中国本土宗教——道教的重要源头之一。

从现有的考古发现和文献记载中可以看出，古代蜀人崇尚自然，信奉万物有灵的原始宗教，相信人神相通，人与动植物可以相互转化，可以通过宗教活动使人升天成仙，并创造出许多表示精灵、神怪、巫师、祖先，乃至通天的神树、天地人三界的神坛等祭器和礼器，表达出丰富完整的信仰观念和崇拜习俗。他们对自然界和人类社会有一种朴素而充满生机活力的认识。秦汉时期通过文化的融合，这些思想观念不但未消失，反而以更民俗化的形式发扬光大，成为神仙思想的重要发源地之一，从历史和现实两方面促进了中国道教的产生。

秦汉之前，古蜀人的这些思想曾对楚文化的发展有过较大影响，而神奇、灿烂的楚文化，被认为和齐人神仙思想一样，是道教产生的重要根基。可见蜀文化对中国传统文化的形成和发展具有独特的影响。秦汉之后，四川地区受古蜀文化传统影响，盛行长生不死、升天成仙等信仰观念，从出土大量汉画像砖、摇钱树等文物中，也可以看出一种以升入天国、极乐长生为主题的崇拜习俗。东汉后期四川兴起的"五斗米教"，正是在这些思想支配下产生的，并成为道教起源的重要基础。东汉末年张道陵在川西鹤鸣山—青城山最终创立了道教，应该说是与古蜀文明的传统思想和社会基础有着密切关系的。

八、统一的汉文化的根基之一——历史地位

古蜀文明在中国国家起源和发展的三部曲，即"古国—方国—帝国"的进程中，经历了一个比较完整的发展过程，最后成为多元一统的中华文明的一个组成部分。它与中原等地文化之间有长期的文化联

系，经过3000余年的自身发展，在2000年前融合为统一的汉文化。古蜀文化绵延不断，脉络基本清楚，特征十分突出。正如苏秉琦先生所说："巴蜀文化自成体系，特征不是表面的，而是内在的。"古蜀文明的形态特征，包括有原始宗教盛行、造型艺术发达、多元文化有机融合等内容，其核心部分可能是建立起具有神权性质的国家，从而创造出大量以雕塑艺术形式出现的文物珍品，形成许多朴素的信仰习俗，成为我国传统思想的源头之一。

古蜀文明对中华文明的贡献是多方面的。它在较封闭的四川盆地发展了早期农业，开展了蚕桑和酿酒，通过栈道、笮桥等，沟通了四面八方的文化联系。它积累了长期的治水经验，促成了都江堰的兴建，创造出"天府之国"。它在造型艺术、歌舞音乐方面多有创建，在天文、地理、冶炼、建筑等方面也颇有成就。它还在神话传说、哲学思想、文学艺术上为我们留下许多宝贵的遗产，构成了中华文明的有机组成部分。

古蜀文化也是汉文化的重要发祥地之一。中国狭义的"汉文化"，是从汉王刘邦在汉水上游汉中地区的兴起开始的。秦岭以南的汉中地区，先秦时代曾经是华阳国，即古蜀王国的一个组成部分。汉高祖刘邦统一全国时，也直接借重于巴蜀地区的人力和物力。从汉朝到汉族到汉文化的形成和发展，都带有巴蜀文化的许多因素在内。从某种意义上可以说，古蜀文化是统一的汉文化的根基之一。

（原载《中华文化论坛》2005年第4期）

三星堆神权古国研究

一、绪论

通过几十年来的发掘和研究，人们对于广汉三星堆的诸多方面如时代、遗迹、遗物，已经有了一个基本的认识[①]。但对于广汉三星堆出土的众多奇特文物的性质、作用、来源、去向、原因、结果等，还有不少费解之处。

目前对它的来源性质等问题，大体有本土文化说、夏商殖民说、外域侵入说三种意见。我们倾向于第一种意见，已经做过一些论述[②]。

本文准备从中华文明进程的视角，采取理论和实际相结合的方法，正面阐述一下三星堆文明的主要特征、变迁过程、原因结果，力求从"本土文化说"的角度，对独具特色的三星堆文化做出一个较有说服力

---

① 参见四川省文物管理委员会等:《广汉三星堆遗址》,《考古学报》1987年第2期。四川省文物考古研究所编:《三星堆祭祀坑》,文物出版社, 1999年。《四川文物·广汉三星堆遗址研究专辑》1989年。《四川文物·三星堆古蜀文明研究专辑》1992年。《三星堆研究》第1～5辑, 2006～2019年。
② 赵殿增:《三星堆考古研究》,四川人民出版社,2004年;《三星堆文化与巴蜀文明》,江苏教育出版社,2005年。

的解释。

关于三星堆文化的特点，或可以概括为一个字：神（包括神圣的信仰、神奇的艺术、神秘的历史）①。神权国家是整个问题的核心，特别是在进入青铜时代之后，三星堆可能还停留在神权统治的古国时代②。

因此我们认为，三星堆神权古国特殊而又滞后的社会形态和历史进程，可能是造成三星堆文化神奇面貌的关键所在。

二、近年来学界对"中国"文明起源的一些新认识

1980年代以来，中国考古学发展进入黄金时代，不但有一大批重大考古发现，而且有一系列重要的研究成果与理论创新，使中华文明进程的研究工作进入全新的发展阶段。

其中苏秉琦提出来的中华文明进程的"古国、方国、帝国"三阶段理论，和"多元一体中华文明的文化认同进程"的论述等，就是其中具有指导意义的重要代表③。

苏秉琦认为，"国史的核心是一立体交叉，多次重复的'古国—方国—帝国'三部曲"，"五千年前出现了由氏族向国家的转变"，"不迟于四五千年前都进入了古国时代"，"早期古国在4000年前发展为方国"，"在2000年前汇入多源一统的中华帝国，这一国家早期发展的'三部曲'，是最具典型意义的中国的国家发展道路"④。"中国"的概念，也相应地经历了由"万邦林立"时期出现的"共识的中国"，到

---

① 赵殿增：《三星堆文化的一个重要特色——神》，《中华文化论坛》2002年第1期；《三星堆文明原始宗教的构架特征》，《中华文化论坛》1998年第1期。

② 赵殿增：《略论古蜀文明的形态特征》，《中华文化论坛》2005年第4期；《三星祭祀形态探讨》，《四川文物》2018年第2期。

③ 苏秉琦：《苏秉琦考古学论述选集》，文物出版社，1984年；《华人·龙的传人·中国人——考古寻根记》，辽宁大学出版社，1994年。

④ 苏秉琦：《迎接中国考古学的新世纪》，《华人·龙的传人·中国人——考古寻根记》，辽宁大学出版社，1994年，第246～247页。

夏、商、周三代追求的"理想的中国"，再到秦汉帝国形成的"现实的中国"这样一个"三部曲"。正因为有了这样一个相互团揉的历史过程，所以它具有强大的凝聚力和向心力，最终形成了数千年绵延不断的多元一体的中华文明和统一多民族的强大中国。这种论述，已为众多考古发现不断证实，成为中华文明发展史的经典概括。

苏秉琦还特别注意到各地区各民族的不平衡性，但最终都走的是大体相同的道路。他以最后一个"清帝国"的快速形成过程为例作了说明，指出："值得注意的是，中华民族的各支祖先，不论其社会发展有多么不平衡，或快或慢，但大多经历过古文化、古城、古国这一从氏族到国家的发展道路，经历了从古国到方国，然后汇入帝国的国家发展道路。"①

苏秉琦、严文明、张忠培、李伯谦、王巍等都赞成中华文明进程的"三部曲"之说，并做出了各自的论述②，构成了中国考古学界的主流观点。

其中李伯谦提出：古国阶段的国家，可分为"崇尚王权"与"崇尚神权"的两大类。"文明模式的不同选择导致了不同的发展结果"，"红山古国走的是通过铺张的祭祀活动崇尚神权的道路，一切由神的意志来决定"③。"在这些文化遗址中，存在着大型祭坛，表明这时的社会充满宗教狂热，主持宗教事务者就是社会的主宰。神权支配一切，这是古国阶段的特征。"④"良渚文化……开始接受红山文化、凌家滩遗址崇尚神权的宗教观，把大量社会财富贡献给神灵，越陷越深，不能自拔，

① 苏秉琦：《迎接中国考古学的新世纪》，《华人·龙的传人·中国人——考古寻根记》，辽宁大学出版社，1994年，第249页。
② 转引自林沄：《中国考古学中"古国""方国""王国"的理论与方法问题》，《中原文化研究》2016年第2期。
③ 郑彤整理：《中国古代文明演进对历史的八点启示》，《光明日报》2017年2月8日第16版。
④ 转引自林沄：《中国考古学中"古国""方国""王国"的理论与方法问题》，《中原文化研究》2016年第2期。

因此垮下去了"①。"仰韶古国走的是崇尚军权、王权的道路。实践证明，崇尚军权、王权的仰韶古国，因比较简约并注重社会的持续发展而延续下来了。"②而夏商周时期中原等地兴盛起来的各个"方国"，都是依靠军权、王权和宗族传承建立起来的"崇尚王权"的国家，在国家机器和社会文化建设上不断取得进步，直到秦汉以后统一中华帝国的形成。"事实告诉我们，作为一个民族、一个国家，选择怎样的道路是决定其能否继续生存发展的关键。"③

对于三星堆文化，李伯谦也曾说："我完全同意三星堆王国是'神权国家'的观点，三星堆遗址基本不见象征军权的青铜兵器而随处可见宗教性质的用于祭祀的遗物，已完全可以证明这一点。"④

根据上述理论，我认为古代的蜀国走过的也是一条大体相同的道路，经历过古文化、古城、古国这一从氏族到国家的发展过程，也经历了从古国到方国，最后汇入秦汉帝国的国家发展道路。但由于它在自己漫长的发展过程中，享有良好的自然条件，较长时期处于相对闭塞而又自在的状态，特别是在进入青铜时代之后，三星堆文化仍停留在以"神权"治国的"古国"阶段，具有"主持宗教事务者就是社会的主宰"，"神权支配一切"，这些"古国阶段的特征"，并利用新材料和新技术，制造出独具特色的大量神器，从而创造了精彩奇异的三星堆文明。

三星堆可能是"神权古国"这种文明发展形式最后和最高的辉煌。这个神权国家独特而又滞后的社会文明形态，可能就是造成三星堆文化神奇面貌的关键。

---

① 郑彤整理：《中国古代文明演进对历史的八点启示》，《光明日报》2017年2月8日第16版。

② 郑彤整理：《中国古代文明演进对历史的八点启示》，《光明日报》2017年2月8日第16版。

③ 郑彤整理：《中国古代文明演进对历史的八点启示》，《光明日报》2017年2月8日第16版。

④ 李伯谦为笔者《三星堆考古研究·续集》所写的"序言"（初稿）。

三、"三星堆神权古国"的主要特征

三星堆文明是由复杂多样的文化因素造成的，其中本土特有的文化传统、信仰观念和社会结构，则是神权古国的主体和根基。我们首先从几组三星堆特有器物的特征，来观察三星堆古国的文化核心和主体观念[①]。

（一）眼睛崇拜——古蜀人创造的主神与祖神

三星堆祭祀坑出土的宽1.36米的"青铜纵目大面具"，绝大多数学者都认为它可能是古代蜀人"眼睛崇拜"的标志物[②]（图一）。同出的还有"勾云纹突目面具"2件、"人面具"23件、"眼睛形铜饰"109件，可分为菱形、三角形、圆泡形等多种，分别代表眼睛的一部分[③]（图二、图三）。"眼睛"的形象，还出现在立人像的法衣、人头像的冠饰、兽首的头部等凸出的位置。这些"纵目面具""眼睛形饰件"的群像组合在一起，形成了一种具有强烈压迫感的宗教氛围，表明三星堆先民具有一种极其普遍而神圣的"眼睛崇拜"观念，在世界各地有"眼睛崇拜"的古代文化中，不仅数量和个体特别突出，而且形象与技法独具特色，成为三星堆文明最显著的特征之一。

三星堆这种"眼睛崇拜"观念，可能是源自古蜀人对其创始者"蚕丛"的"祖先崇拜"[④]。《华阳国志》云"蜀侯蚕丛，其目纵，始称王"，"纵目"是文献中留下的蜀祖"蚕丛"形象首要和唯一的特征。

[①] 关于三星堆遗址和出土器物的特征与作用，已有众多学者和论著进行过详细研究，本文多采用既有结论，不再做具体的分析。

[②] 四川省文物考古研究所编：《三星堆祭祀坑》，文物出版社，1999年，第195～200页。范小平：《广汉商代纵目青铜面像研究》，《四川文物·广汉三星堆遗址研究专辑》1989年。

[③] 四川省文物考古研究所编：《三星堆祭祀坑》，文物出版社，1999年，第201～217页。

[④] 徐学书：《关于三星堆出土青铜人面神像之探讨》，《四川文物·广汉三星堆遗址研究专辑》1989年。

图一　三星堆二号祭祀坑出土纵目大面具

这三件纵目大面具可能是三星堆主神之像

图二　三星堆二号祭祀坑出土纵
目人面具

图三　三星堆二号祭祀坑出土纵
人面具

三星堆出土的大量"眼睛崇拜"的标志物，就是对蜀祖"蚕丛"进行"祖先崇拜"的具象化，是我们研究古蜀先民原始宗教信仰观念和历史进程最为具体生动的实物标本。

古代蜀人这种"眼睛崇拜"的标志物，还为我们研究"蜀"字的本义与起源，揭开甲骨文中"蜀"字的秘密，提供了新的线索。对"蜀"字的意义曾有多种解释，尚无定论。它最早出现于殷墟甲骨文中，有20多种写法，最初是一个大眼睛下接一条身躯，有可能是商朝的卜人，用蜀人表示"眼睛崇拜"与"祖先崇拜"的"眼睛形器"，加上一个支撑的长身，创造出了"蜀"字的字形；而"蜀"字的字义，就是指以"眼睛形象"为标志物的这一人群[①]。因此我们可以较为合理地提出一种新的诠释："甲骨文中的'蜀'字，起源于对蜀人主神——始祖神'纵目人'蚕丛的客观描绘和形象记录。"[②]此后古代蜀国虽然经过几代蜀王的变迁，但对始祖却有着共同的认同和传承，各代蜀王都认为自己是蜀祖蚕丛的传人，"蜀"字也就成为特指这个族群的专用称谓。

（二）"巫祭集团"——三星堆古国的实际统治者

三星堆祭祀坑出土的一件2.62米高的"青铜立人像"，是3000年前世界罕见的大型青铜雕像。立人像头戴华冠，身穿法衣，笔直挺立，赤脚站在由四个象头支撑的云纹方座上，象头支座下面还有一个方形高台[③]。大多数学者认为它可能是个"大巫师"，从它个体巨大、全身铜铸、立于高台等情况看，可能就是一个"群巫之长"，两只环形大手举在胸前，高举法器（已失），正在指挥着重大的祭祀仪式。在"神权古国"时代，这种"群巫之长"，也就是"国王"[④]（图四）。

① 赵殿增：《从"眼睛"崇拜谈"蜀"字的本义与起源——三星堆文明精神世界探索之一》，《四川文物》1997年第3期。

② 赵殿增：《三星堆文化与巴蜀文明》，江苏教育出版社，2005年，第314页。

③ 四川省文物考古研究所编：《三星堆祭祀坑》，文物出版社，1999年，第162～166页。

④ 沈仲常：《三星堆二号祭祀坑青铜立人像初记》，《文物》1987年第10期。

图四　三星堆二号祭祀坑出土"青铜大立人像"照片与线图

祭祀坑中同出的还有与真人大小相仿的"青铜人头像"57件，头像的颈部均呈倒三角形，原来可能曾装置在木质或泥质的身躯之上。"青铜人头像"的头饰冠带和发型多种多样，但面容则大多相同，除了脸颊削瘦，颧骨凸出之外，最突出的特征是都有一对呈三角橄榄形的立眼，威严神圣①。有些人想通过面容去寻找这些人的来源和族属，但未能如愿。我们认为，这些人像不完全是写实的作品，而是被变异夸张了的结果，因为这些"青铜人头像"，都是能通神通天的"巫师"，具有半人半神的灵性，所以他们才被做出一双与大多数"面具"相似的眼睛，即与"神"相同的立眼，表示只有他们才具有与"神"相通的能力。有的学者认为这些头像是戴着面具作法的巫师，所以才有与"青铜面具"相似的大眼睛，或许有一定道理②。祭祀坑中同出的一组小型人像，也都具有一对立眼，通过跪在神树座上、支撑在神坛中部、顶尊跪于云团之上等形式，在参与相应的祭祀活动③。这个由"青铜立人像"、"青铜人头像"、小型人像共同构成的庞大而有序的"巫祭集团"，正是三星堆神权古国的实际统治者。

也有的学者试图从"青铜人头像"是否"编发"，将他们分为"世俗集团"和"僧侣集团"④。这可能与尚处于"神权支配一切"阶段的三星堆神权古国情况不符，也不能合理地解释"青铜人头像"复杂的式样与组合关系。祭祀坑出土的"平顶冠独辫式人头像"共计47件，约占全部人头像（57件）的82.5%，若他们是"世俗集团"，早应该是主要统治者了。其他10件占17.5%的"青铜人头像"，不仅大小不一，而且冠带和发型也是多种多样的⑤，不可能再构成一个强大统一而又与"世

---

① 四川省文物考古研究所编：《三星堆祭祀坑》，文物出版社，1999年，第23～32、169～184页。

② 四川省文物考古研究院研究馆员陈德安曾对笔者表达此观点。

③ 四川省文物考古研究所编：《三星堆祭祀坑》，文物出版社，1999年，第164～170页。

④ 孙华：《三星堆遗址与三星堆文化》，《文史知识》2017年第6期。

⑤ 四川省文物考古研究所编：《三星堆祭祀坑》，文物出版社，1999年，第169～184页。

俗集团"对立的"僧侣集团"。如果独辫的"世俗集团"是权力斗争的胜利者,他们肯定不会把自己的头像也一起打坏烧毁埋掉。从两个祭祀坑的埋藏情况看,都是有计划、有目的、有秩序地进行隆重燎祭瘗埋仪式后的结果,不会是动乱中的仓促所为。我们认为所有这些人像,都属于三星堆神权古国的"巫祭集团"。"青铜人头像"头饰冠带和发型姿态的复杂差异,以及众多小型人像在祭祀活动中位置姿态的差别,是说明在这个"巫祭集团"中,既有不同等级和功能的区分,也还有不同地域和族群差别。当时可能有众多地区和民族的人们前来参加,共同构成了一个神圣的三星堆祭祀中心(详后),数量最多的"平顶冠独辫式人头像",可能代表的是三星堆神权古国时期的主体人群。其中有几个身份更为特殊的高贵者,还在面部装上了黄金的面具①(图五)。

图五　三星堆五号祭祀坑出土金面具

三星堆一号祭祀坑出土的长143厘米的"金杖",是用黄金做成包在法杖或权杖上的一段金皮,上面刻有四组用箭相连的鱼、鸟纹,以及

---

①　四川省文物考古研究所编:《三星堆祭祀坑》,文物出版社,1999年,第178～187页。

两个戴冠的人头像①，大多学者认为它可能代表着古蜀国的"鱼凫王"②，它是"群巫之长"和"国王"双重身份的标志物，也表明三星堆繁荣时期这个神权古国的统治者，可能就是以"鱼凫王"为首的联盟集团③。他们把自己看作是蚕丛氏蜀王的继承者和传人，用"眼睛崇拜"的方式创造出蜀人的主神与祖神，并以"巫祭集团"的形式，统治着繁荣的三星堆神权古国。

（三）万物有灵——三星堆人的宽宏世界观

三星堆祭祀坑出土的高4米多的"青铜神树"，可能是青铜时代最高大的单体青铜器之一，它表现出的丰富文化内涵，充分反映了三星堆先民的信仰观念，并与众多神器祭器一起，为我们展示了三星堆时期以"万物有灵观"为核心的原始宗教"自然崇拜"面貌④。

这棵"青铜神树"首先被当作"生命之树"，代表着生长、繁衍、传承等意义，成为三星堆人的"社树"；它又通过"青铜神鸟"和圆涡纹，表达出"太阳崇拜"信仰，具有"扶桑""若木"等太阳居所的含义；通过巨龙攀援，表示它也是可以上天下地的"天梯"，可能还是居于天地中心，能供人神交往的"建木"。加之它高大突出，装饰华丽，本身就成为一座"祭坛"，在神圣的祭祀仪式上被置于中心崇拜物的地位⑤。

三星堆人还创造出"太阳形器"、树木、灵鸟、怪兽和神坛、祭祀图中的山川、器物、自然现象，来表达他们"万物有灵"的"自然崇

① 四川省文物考古研究所编：《三星堆祭祀坑》，文物出版社，1999年，第60～62页。

② 四川省文物考古研究所编：《三星堆祭祀坑》，文物出版社，1999年，第60～62页。

③ 胡昌钰、蔡革：《鱼凫考——也谈三星堆遗址》，《四川文物·广汉三星堆遗址研究专辑》1989年。

④ 赵殿增：《三星堆青铜神树——早期文明的"自然崇拜"》，《文史知识》2017年第6期。

⑤ 赵殿增：《三星堆青铜神树——早期文明的"自然崇拜"》，《文史知识》2017年第6期。

拜"观念。特别是在一件"青铜神坛"之上，还表明他们对"天、地、人"三界已经有了清楚的认识。他们出于对大自然赐予的感恩，也出于对自然界破坏的畏惧，认为世间万物都和人一样是有灵魂的，是可以相互理解和包容的，甚至是可以相互变换和交往的。他们制造出神树、太阳形器等大量神器祭器，来表达对大自然的敬重和崇拜，通过隆重的祭祀仪式来与天地万物进行沟通，以求和谐地共同生活在这个美好的世界之上，说明在优厚的自然环境和虔诚的信仰观念下，三星堆人已经通过"自然崇拜"的方式，形成了一种自成一体又宽宏仁厚的世界观。

（四）祭祀为大——三星堆时期的特有祭祀形态

三星堆古国是依靠经常进行神圣的祭祀活动，维护着国家和民族的凝聚力和向心力，成为以祭祀中心为特征的神权国家的。三星堆不但出土了大量表现祭祀内涵的神像、人像和祭祀用具，而且发现了"青铜神坛""祭祀图玉璋"和众多"祭祀坑"等能综合反映古国具体祭祀形态的遗物和遗迹，为我们探讨三星堆时期的祭祀场所、祭祀方式、祭祀结果，提供了珍贵的实物依据[1]。

三星堆二号坑出土的"青铜神坛"（K2③：296）虽然未完全修复，顶部尚有残缺，但仍能反映出一系列重要祭祀场景和信仰观念。它以两只怪兽代表地下，以圆盘上四个作法的巫师立像代表人间，以巫师头顶的四座神山上的方形"神殿"代表天上和神界。"神殿"正面和四角饰有"人首鸟身像"和"神鸟"，可能是三星堆人所崇拜的"图腾"。它表明三星堆时期已经有了对"天、地、人"三界的观念，也表现出"神殿"这一祭祀场所在整个祭祀活动中，具有至高无上的地位，因为"神殿"不仅位置高贵突出，而且在它四周有20个双手平举的跪拜人像，正在此进行虔诚的祭祀仪式[2]。

① 陈显丹:《三星堆一、二号坑几个问题的研究》,《四川文物·广汉三星堆遗址研究专辑》1989年。

② 赵殿增:《三星堆青铜神坛赏析》,《文物天地》2001年第5期。

近年来在三星堆西北部最高点的"青关山"高地上，发掘出一座上千平方米的"青关山一号大房子"①，从它的大小、结构、方向、形态等特征来看，很可能就是一座具有"神殿"之类性质的特殊建筑物。"青关山一号大房子"长65米、宽16米，足以放得下一、二号祭祀坑中的器物；废弃时间与一、二号祭祀坑相当，很可能在最后的燎祭以前，这些神像祭器是摆放在这座"大房子"之中的。大房子两侧墙体厚重加固，可以支撑住高大的屋顶；房子两端开大门，房内有一条中轴通道，呈北偏西45°左右的方向直指西北的岷山，也与两座祭祀坑的方向一致，可能是代表着祭祀目标的方向；通道两侧各有三排小柱洞，可能是搭建摆放神像祭器的平台，人们可以在通道上，对众神和祖先首领进行经常性的祭祀活动。因此我们认为，"青关山一号大房子"很可能是三星堆古国用来摆放供奉神像祭器和进行日常祭祀活动的"神殿""神庙"之类的神圣宗教场所，并与两座大型祭祀坑同时被毁坏废弃②。

三星堆二号祭祀坑中出土的一件玉璋（K2③：201-4），上面刻有四组祭祀图像，线条精确熟练，动作完全一样，说明是有计划有规律地表达出一种常见的祭祀活动场面和信仰理念，是一幅幅完整而典型的三星堆"祭祀图"。每组画面的中央，都有一道云纹条带，将画面分为"天上"和"地上"两个部分。"天上"并列有两座"神山"，神山之上，站立着三个衣着华丽的人像，可能是天神或祖神，正在天上接受崇拜和祭祀。"云气"之下，可能是代表"地上"或"人间"，画面的上部，也刻有三个盛装的人像，可能是正跪在小"山"上进行祭祀活动的巫师或祭司。下层的跪拜人像与天上的站立人像，采用的是相同的手势和眼神，表明他们相互之间是可以通过手势和眼神互通信息，实现"人神相通"，以达到祭祀的目的。在"地上"跪拜的人像之下，有两座小山，山的两侧各插一个牙璋，两山之间横放一只象牙。这些礼器

————————

① 资料现存四川省文物考古研究院三星堆遗址工作站。

② 赵殿增：《三星祭祀形态探讨》，《四川文物》2018年第2期。

和祭品的出现，说明下层的山丘不是被祭祀的对象，而是举行祭祀的场所。我们认为下层的两座小"山"，可能是供巫师在上面进行祭祀活动的"高台"式祭坛。而"三星堆土堆"本身，或许也是这种可供祭祀使用的"高台"，虽然它是用筑城的方法建造的。三星堆两座大型祭祀坑与"三星堆土堆"方向一致，距离相近，瘗埋之前曾举行的盛大的"燎祭"，或许就是站在三星堆之上指挥进行的。三星堆二号祭祀坑中出土的作为"群巫之长"和"国王"的"青铜立人像"，就是站在一个高高的"祭台"之上，主持指挥祭祀活动的[①]。在三星堆的东西城墙之上，发现有用土坯垒砌的台基；在月亮湾城墙的西侧，曾发现有许多祭祀坑，说明这些城墙，也都可能曾被当作观象与祭祀使用的高台地。

三星堆经常进行不同形态的祭祀活动，最后大多以"祭祀坑"的形式保存了下来，为我们研究三星堆信仰习俗和社会性质提供了重要实物资料。不但三星堆一、二号祭祀坑的性质已得到普遍认同，而且三星堆遗址还有许多不同时期不同形态的祭祀坑，大体可以分为"大型长方形祭祀坑"（出土器物数百上千件）、"中型长方形祭祀坑"（出土器物数件、数十件）、"红烧土祭祀坑"（曾出玉石礼器等）、"不规则浅坑"（出土陶器、石器、玉器、金器）、"圆形小坑"（出土陶器、石块）等类型，时代从三星堆遗址的一期末到第四期都有，以第三期最多最大。祭祀坑内的器物，都是用于祭神的神像、礼器和祭品；祭祀坑的建造和瘗埋方式，具有特定的宗教内容含义；这些祭祀坑本身，又是特定宗教活动的最终结果，说明三星堆是一个以祭祀活动为主要特征的神权国家，这里曾是一个神权古国的祭祀中心[②]。

---

① 陈德安：《浅释三星堆二号祭祀坑中出土的玉璋图案》，《南方民族考古》1991年第3辑。赵殿增：《三星堆"祭祀图"玉璋再研究——兼谈古蜀人的"天门"观》，《三星堆研究》第5辑，巴蜀书社，2019年。

② 赵殿增：《三星祭祀形态探讨》，《四川文物》2018年第2期。

（五）以形传“神”——古蜀人的超凡艺术才华

三星堆遗址和三星堆文物没有任何文献记载和传说故事留存下来。除了用现代考古学方法进行分析探索之外，人们主要是通过青铜人像、面具等造型艺术品，来认识这个神奇的文化。用人像、动植物等造型艺术品来表达神圣的宗教观念和信仰习俗，成为三星堆文化的又一个显著的特征。

三星堆青铜人像群，被称为是“真正具有独立雕塑意义的人的形象作品”。它具有“神”与“奇”并重的特点，采用了娴熟多样的艺术手法，蕴含着神秘深邃的文化内涵。它以高大而众多的神像、怪兽、灵物组合在一起，产生了强烈的群体气势和震撼效果，把原始宗教的信仰观念，形象充分地展示了出来，成为神权国家影响力和统治力的具体体现。在中国和世界古代文明中，三星堆造型艺术不但形象独特、体量高大、数量众多，而且它的主要思想观念和社会历史情况，都是用形象生动的艺术手法表现出来的，因而成为中外文化史上的一朵奇葩①。

上述这些特征，代表了三星堆文化的主体，决定着三星堆文明的性质。它只能是在三星堆本土文化的基础上长期孕育而成的，是古蜀先民悠久的信仰与习俗的集中体现，也是三星堆文明独具特色的民族文化和历史面貌的具体反映。这些特征不可能是已经有了军权王权和礼制社会的夏商移民，完全抛弃原有的风俗习惯和思想观念，倒退到神权社会，另外造出一整套的特殊的信仰与神灵出来；也不可能是由个别的外界侵入者，可以在短期内凭空整体创造出来的。

四、“三星堆神权古国”的文化变迁

那么三星堆文化许多具有外来文化因素的文物和技术又是怎么来

① 参见赵殿增《三星堆文化与巴蜀文明》，江苏教育出版社，2005年，第430～447页。

的呢？下面我们就以古蜀考古学文化序列的研究为基础，从文化信仰和经济交流两方面作些分析研究。

（一）文化序列——三星堆研究的基础与框架

几十年来三星堆遗址等地考古发掘研究的最重要的成果之一，就是基本建立起了古蜀各个阶段密切相接的"考古学文化发展序列"。三星堆遗址的地层堆积分为四期，已分别定名为三个考古学文化：距今4800～4000年，以"宽沿平底罐（尊）器物群"为特征的"三星堆一期文化"（大体共存的还有距今4500～3700年成都平原西南部的"宝墩文化"）；距今4000～3600年的第二期和距今3600～3200年的第三期，是以"小平底罐器物群"为特征的"三星堆文化"；距今3200～2600年以"尖底罐（杯）器物群"为特征的第四期，已按首先发现的典型遗址，定名为"十二桥文化"，中心转移到了成都金沙遗址。向后延伸，连接到距今2600年左右至公元前316年秦并巴蜀之前以"圜底罐（釜）器物群"为特征的"晚期巴蜀文化"（延续到西汉中期），共同构成了2000多年古蜀考古学文化连续发展的完整序列①。

目前学术界已基本认同"三星堆文化"的主人是"鱼凫氏蜀王"，"十二桥文化"的主人是"杜宇氏蜀王"，"晚期巴蜀文化"的主人是"开明氏蜀王"，从秦统一到汉武帝前后，古蜀文化逐步融入汉文化之中②。1987年我们首次提出了"三星堆一期文化"的概念③，1995年"宝墩文化"发现后，我们曾认为二者可以合为一体，并认为它们可能与蚕丛、柏灌等早期蜀王有关，"具体地说，'三星堆一期文化'与'宝墩文

---

① 赵殿增：《三星堆考古发现与巴蜀文明进程的探索》，霍巍、王挺之主编：《长江上游早期文明的探索》，巴蜀书社，2002年。赵殿增、陈德安：《巴蜀考古学文化序列研究的新进展》，霍巍、王挺之主编：《三星堆与长江文明》，四川文艺出版社，2005年。

② 参见三星堆博物馆、金沙博物馆展览说明等。赵殿增：《巴蜀文化的考古学分期》，中国考古学会编：《中国考古学会第四次年会论文集（1983）》，文物出版社，1985年。《三星堆考古发现与巴蜀古史研究》，《四川文物·三星堆古蜀文化研究专辑》1992年。

③ 赵殿增：《关于巴蜀文化几个问题的探讨》，《文物》1987年第10期。

化’，很有可能就是蜀国开创者‘蚕丛氏’或‘柏灌氏’时期的文化遗存①。最近我们研究发现，“三星堆一期文化”与“宝墩文化”虽然有密切的交融和相似性，但在地域、年代、特征上，却保持了明显的差异和独立性。“三星堆一期文化”及其前身“桂圆桥文化”，最早是在距今5100～4800年后来自西部山区，以粟作为主，主要分布在成都平原北部；“宝墩文化”可能是在距今4500年左右主要来自长江中游，带来了稻作文化，分布于成都平原西南部。特别是“宝墩文化”带来了成熟的城墙建筑技术，不仅8个城址都已有了数十万平方米的规整城墙，而且在宝墩遗址建造了有内外两重城墙、面积达270万平方米的大型中心城址。“三星堆一期文化”时期，虽然三星堆遗址在马牧河—鸭子河畔逐步建成了300多万平方米的大型中心聚落，比宝墩古城年代更早，面积更大，建筑更密集，文物更丰富，但却一直未修筑城墙。上述情况说明，它们是两个有所交叉又相互独立、可以适当加以区分的文化类型，可能分属于两个各有统治中心的古代族群。因此我们提出了“三星堆一期文化”的主人可能是“蚕丛氏蜀王”，“宝墩文化”的主人可能是“柏灌氏蜀王”的新观点；而以“鱼凫氏蜀王”为主人的“三星堆文化”，则是在三星堆遗址上由“三星堆一期文化”直接发展而来的，他们把“纵目人”蚕丛奉为祖神和主神，并在距今4000～3700年把宝墩文化逐步纳入其中，开始修筑城墙，在距今3600～3200年间达到了古蜀文明的最高峰②。这个发展序列，相互衔接，有所交叉，逐渐变化，并无缺环，表明它们可能是在本土发展起来的古蜀文化的不同历史阶段，是蜀族古代文化发展过程中的几个主要组成部分。这可能是在综合各发掘单位关于主要遗址年代分期意见的基础上，对古蜀文明发展做出的较为合理的历史溯源。

---

① 赵殿增：《三星堆文化与巴蜀文明》，江苏教育出版社，2005年，第165页；《三星堆考古发现与巴蜀文明进程探索》，霍巍、王挺之主编：《长江上游早期文明的探索》，巴蜀书社，2002年。

② 赵殿增：《三星堆考古新发现与古蜀文明新认识》，《四川文物》1993年第3期。

再向前追溯，这支文化最初主要可能是来自西部山区。成都平原由于水泽密布等原因，新石器文化的形成和发展都比较晚。近年来的考古发现证明，在距今5000年前后，一支带有西北彩陶文化特征的人群，从岷江上游翻过岷山进入川西平原，在什邡创立了"桂圆桥文化"，以粟作为主①；距今4800年左右，再前进到条件更好的三星堆，创造了"三星堆一期文化"。距今4500年前后，又有一支会筑城的人群，可能是从长江中游来到成都平原西南部，与当地居民一起，创造了以宝墩为中心的史前古城址群，并带来了稻作文化。距今4000年以后，"三星堆一期文化"在三星堆遗址直接发展成为"三星堆文化"，逐渐建立起一个神权古国的祭祀中心，并逐步把宝墩文化的各个史前古城纳入其中，主要去从事与祭祀有关的活动与劳作，最后形成距今3600～3200年间"三星堆文化"在成都平原上独大独尊、空前繁荣的局面。这就是我们通过古蜀考古学文化序列的研究，得出的对"三星堆文化"来源与发展过程的基本认识②。

　　关于考古学文化序列与古蜀文明进程，目前可以概括为：

　　"桂圆桥文化"（距今5100～4600年，新石器时代晚期）——初入平原；

　　"三星堆一期文化"（距今4800～4000年，新石器时代晚期）——蚕丛；

　　"宝墩文化"（距今4500～3700年，新石器时代晚期后段）——柏灌；

　　"三星堆文化"（距今4000～3200年，夏商）——鱼凫；

　　"十二桥文化"（距今3200～2600年，商周）——杜宇；

　　"晚期巴蜀文化"（距今2600年～公元前316年，春秋战国）——

---

①　四川省文物考古研究院等：《四川什邡桂圆桥新石器时代遗址发掘简报》，《文物》2003年第9期。万娇、雷雨：《桂圆桥遗址与成都平原新石器文化发展脉络》，《文物》2003年第9期。

②　赵殿增：《三星堆考古新发现与古蜀文明新认识》，《四川文物》1993年第3期。

开明；

"巴蜀文化余存"（公元前316～公元前100年，秦国汉初）——秦汉。

这些文化的年代常有交叉或重叠，说明它们之间，在不同的地区曾有过共存或过渡时期，后者是逐步取代了前者的，这或许是古蜀文化的一个特征，在"三星堆文化"与"十二桥文化"之间，也存在这种情况。

我认为，应把两个祭祀坑的埋藏时间（距今3200年左右）作为"三星堆文化"与"十二桥文化"的分界，因为这是古蜀历史上一次重大文化和历史事件的标志。

它既是古蜀国中心从三星堆转到金沙的标志，也是三星堆文化正式向十二桥文化过渡的标志；既是鱼凫氏蜀国被杜宇氏蜀国取代的标志，也是古蜀文明从"神权古国"开始向"王权方国"转变的标志。在此之前已经出现的"十二桥文化"因素应如何称呼，尚值得进一步研究。

（二）信仰神权——多地文明汇聚三星堆

在距今4000～3200年的"三星堆文化"阶段，三星堆遗址逐渐出现了一些具有外来文化因素的器物。它们以礼器、祭器居多，从四面八方渐次传入，在进入三星堆古国时，似乎经过了有意识的选择，有些在外地已经是"以玉载礼"的玉礼器，或作战使用的铜兵器，到这里却被改变了形式和用法，又退化成了"以玉事神"的祭器。三星堆古国这个由原始宗教信仰支撑起来的神权国家，社会中充满了宗教狂热，形成一个神圣的宗教祭祀中心。这些情况说明，三星堆神权古国祭祀中心逐步增强的影响力和凝聚力，是吸引和吸收众多外来文化因素的一个重要原因，也表明这个神权国家的信仰观念既是自身的产物，又是多种文化交流的结晶。这是一个值得深入研究的重大课题，这里先做一下简要的说明。

首先要说的是良渚文化。在距今4000年前左右的三星堆仁胜墓地祭祀坑中，就发现了玉锥形器、玉泡形器等良渚文化的典型器物①，祭祀坑中也有与良渚文化相似的玉器；金沙遗址出土的良渚文化的标准器"十节玉琮"，射部线刻人像头戴"菱形眼饰"，很可能是在三星堆时期刻上去的作法于天地之间的巫师②；三星堆一号祭祀坑中出土的"跪坐人像"，可以与"虎形器座"组合成"骑虎铜人像"，被认为是良渚文化神微"骑虎神人像"的变异，前来三星堆参加了祭祀活动③。这些情况表明良渚文化曾对三星堆神权古国有过强烈的影响。

在三星堆"青铜人头像"的形象上，可以看到石家河文化"玉雕人头像"的影子；而三星堆"青铜立人像"的形态和作用，也可能从凌家滩文化"玉雕立人像"④乃至红山文化"玉雕立人像"⑤上寻找到最初的渊源。上述这些情况说明，三星堆古国与四五千年前中国的一组早期神权古国，可能有着某种内在的文化联系，从而促进了三星堆神权古国的形成。

距今约4000年石峁文化出土的大型"双叉刃玉璋"，与三星堆的"双叉刃玉璋"形状、大小、数量都很相似，可能是其主要的来源⑥。同时齐家文化出土的"玉璧""玉环""玉斧""玉琮"等，也与三星堆的同类器物相仿，可能有一定的渊源关系⑦，说明三星堆的玉器有多方面的来源。

三星堆祭祀坑中出土的外来玉石器青铜礼器中，数量和种类最多

① 四川省文物考古研究所三星堆遗址工作站：《四川广汉市三星堆遗址仁胜村土坑墓》，《考古》2004年第10期。
② 赵殿增：《骑虎铜人像与玉琮线刻人像》，《中华文化论坛》2006年第3期。张明华：《良渚兽面为虎纹的又一重要例证》，《中国文物报》1998年9月9日第3版。
③ 赵殿增：《骑虎铜人像与玉琮线刻人像》，《中华文化论坛》2006年第3期。张明华：《良渚兽面为虎纹的又一重要例证》，《中国文物报》1998年9月9日第3版。
④ 凌家滩文化出土的"玉雕立人像"，1987年凌家滩遗址87M1出土。
⑤ 红山文化出土的"玉雕立人像"，2003年牛河梁遗址16地点中心大墓出土。
⑥ 石峁文化大型"双叉刃玉璋"与三星堆文化"牙璋"，成都金沙博物馆、中国社会科学院考古研究所：《玉汇金沙——夏商时期玉文化特展》，四川人民出版社，2017年。
⑦ 参见齐家文化出土的"玉璧"等。

的当然还是二里头文化、商代文化的器物，证明夏商时期它们与三星堆有着密切的关系[①]。不过这些在内地已经是开始作为"以玉载礼"的玉礼器，到三星堆后则又被强化了其"以玉事神"的作用，主要被用于祭神的法器，或握在跪坐人像（巫师）的手中，或插在土丘（祭台）的两边。在一件精心制作的"玉边璋"上，还仔细地刻上四组典型的"祭祀图"，说明这些玉器都被改造成神权古国使用的神器。例如"玉璋"引入之后，被当成了沟通天地人神的最主要工具，在祭祀活动中，具有了最方便最重要的人神媒介的特殊功能。加之附近有良好的玉矿（如彭州龙溪玉矿，相距约百里），得以大量制作、仿制，甚至创造出"鱼形璋""鸟形璋"等蜀人特有的造型。它们被赋予了"神"力，被经常使用，并多次大量瘗埋于祭祀场所和祭祀坑中，成了祭神通神的最主要中介物，因而在三星堆金沙为代表的古蜀文明中，玉璋的数量、种类、作用、影响力都大大超过了来源地，玉璋的发展也达到了一个全新的高峰。至于在中原地区作为主要兵器的"铜戈"，传到三星堆后，也被做成了完全不能实用的"齿刃形铜戈"，献祭给神灵[②]。

上述情况说明，三星堆遗址出现的外来文化因素的器物，主要是用于祭神的祭器和神像，大多是被神权古国的祭祀活动吸收或吸引而来的神器礼器。正是因为三星堆古国作为一个神圣而灵验的祭祀中心，受到远近各地族群的敬仰和向往，纷纷前来参与祭祀活动，通过多地文化相互汇聚，共同创造了神奇的三星堆文明。

（三）早期丝路——海纳百川，共创繁荣

以神灵祭祀为先导，三星堆还加强了与各地早期文明之间的经济技术文化来往交流。三星堆文化密集地分布在三星堆遗址附近，在三星

---

① 三星堆祭祀坑出土有许多与夏文化、商文化相仿的文物，各位学者已有众多研究成果，这里不再一一列举。

② 四川省文物考古研究所编：《三星堆祭祀坑》，文物出版社，1999年，第54～60、283～291页。

堆遗址中基本不见象征军权的青铜兵器，而随处可见宗教性质的用于祭祀的遗物，说明它可能曾是一个高度集中又基本不设防的开放式的神权古国的祭祀中心，吸引了远近众多的人群前来参加，从而由对"神灵"的追崇与敬重，发展到物质与文化的交流，带来了各种新器物、新技术和新文化。在2017年成都举办的"丝路之魂"国际学术研讨会上，许多学者认为成都曾是南、北，陆地、海上"丝绸之路"的中枢[1]，这种作用可能在3000年前的三星堆古国时期就已经形成，成为三星堆文化多元文化的重要来源，可以称之为"早期丝绸之路"。

蜀地是中国最早的丝绸产地之一，蚕丛和嫘祖就被认为是蚕丝的早期发明者。三星堆"青铜立人像"华丽的法衣，可能就是丝绸制成品，成都蜀锦厂曾用古法复制了立人像的法衣。丝绸当时就已成为对外交流的重要物品，曾经出现在3000年前埃及法老王后的头饰之上[2]，而埃及及西亚的金面具、权杖等，也影响到三星堆古蜀文明。但这些金器不是直接传送过来的，而是前来的人们带来了当地的观念和技术，被蜀人所接受，在三星堆制作出来的。他们在金杖上还刻画出鱼、鸟等蜀国的"图腾"，成为国王的权杖和法杖[3]。金面具也被做成薄片，装在特殊身份的巫师面部，它们是否还具有埃及法老金面具那种"死者灵魂的居所"和"供亡灵再生的躯壳"的双重作用，也值得研究。

三星堆出土的大量海贝，经研究是来自南海等地[4]。众多象牙除本地所产外，也可能有些来自东南亚地区。而南亚等地盛行的神树造型和天地人三界、阴阳门升天等观念，也在某种程度上影响到三星堆，促进了青铜神树、神坛的形象和"天门"等观念的产生。

与三星堆交往的各种文化因素还有很多，其中以二里头和殷商文

---

[1] 2017年成都博物馆举办的"丝路之魂"展览及国际学术研讨会报道。
[2] 2017年成都博物馆举办的"丝路之魂"展览及国际学术研讨会报道。
[3] 四川省文物考古研究所编：《三星堆祭祀坑》，文物出版社，1999年，第60～62页。
[4] 张善熙、陈显丹：《三星堆文化的贝币试探》，《四川文物·广汉三星堆遗址研究专辑》1989年。

化的影响最大最多。这一方面说明中原文化与三星堆文化有密切的关系，也证明三星堆文化是中华文明体系的一个组成部分（详后）。如前所述，我们认为三星堆文化是在本土文化基础上发展起来的，主要神器和观念是自身体制的表现。他们对夏商文化与人员既大量引进和吸收，又有所选择和改造。三星堆古国崇拜的主要神像和法器，都与夏商有较大的不同。而二里头文化传入的主要神像"兽面纹铜牌饰"，可能只在本族的人群中得以遗传，并慢慢退化为只有某种象征意义[①]。在商代青铜器中，三星堆古国主要选择了铜尊和铜罍为主要礼器，有时还把它们顶在头上作为敬献给神灵的祭器。夏商的玉礼器，被三星堆人大量引入和仿制，被拿在手中或插在山上去祭神，还在玉璋上刻画出标准的祭祀场面图像。三星堆文化中也出现了陶盉等与二里头文化相似的日用陶器，表明是有二里头文化的人群进入。但它们在"小平底罐器物群"为特征的"三星堆文化"并不占主导地位，也不具有"鸟头形器把"那么突出的文化特征，只能说明二里头文化是曾经加入"三星堆文化"之中的众多外来文化之一。"三星堆文化"之中的西亚、南亚等外来文化因素，同样也只是相互之间进行交流的结果。

"三星堆文化"正是在这种海纳百川的多元文化交融中，创造了空前的繁荣。正如苏秉琦所说："中国历史……事实上的内外交流几乎一天也没有停止过。陆上的丝绸之路如此，海上丝绸之路、陶瓷之路如此，不见经传的条条通衢更是如此。"[②] "三星堆文化"时期的"早期丝绸之路"，可能就是其中一个比较突出的典型。

（四）盛极而衰——三星堆消失之谜

三星堆古国为什么消失？大量神器祭器为什么被打碎焚烧，埋藏

① 赵殿增：《三星堆与二里头铜牌饰研究》，《三星堆考古研究》，四川人民出版社，2004年，第314～327页。
② 苏秉琦：《迎接中国考古学的新世纪》，《华人·龙的传人·中国人——考古寻根记》，辽宁大学出版社，1994年，第250页。

到了祭祀坑中了呢？这里可能有一个过度崇拜和过度消耗的问题，即三星堆古国后期违背了人与自然、人与社会协调发展的规律，最终受到了自然与社会的惩罚。

三星堆神权古国为突显奇异的观念而营造的大量神器祭器，已大大超过了国家的承受能力，过度的人力物力集中和财富消耗，必然导致经济的崩溃和社会的冲突。这种不注意发展经济，扩大实力，全靠宗教狂热信仰观念维持的神权古国，越来越经不起社会的发展动荡和新思想新事物的冲击。大约在商代后期，三星堆神权古国逐渐失去了控制能力，最终发生了严重的生存灾难和社会恐慌。而在成都等地通过"教民务家"等措施新崛起的十二桥文化集团，正伺机取而代之。在距今3200年左右，三星堆的人们认为是自己的这些宝器已经"失灵"①，于是通过一两次盛大而奇异的祭祀活动，把平时放在神殿中的主要神器和祭器，搬到三星堆前的广场，对着西北方神山中的天神和祖先，举行了最大和最后的祭典，然后打坏焚烧了全部神器和祭器，把它们有序地埋藏于祭祀坑中，表示送回到了天上神界和祖先之处，神殿等建筑也同时被毁。随后把国家的统治中心迁到成都的金沙遗址，开始了"十二桥文化"占统治地位的"杜宇氏蜀王"时期②。

（五）国体演变——从神权古国到王权方国

"杜宇氏蜀国"改变了单纯依靠宗教神权的手段，重点使用实力和武力扩大地盘。他们在汉中、宝鸡前线地区率先创造了"巴蜀式铜兵器"，建立了自己的军队，可能还从这里参加了周武王伐纣灭商的战争。杜宇王不再是一味地去祭神，而是积极"教民务农"，发展生产，壮大实力，因而"十二桥文化"时期遗址区的分布范围，比"三星堆文

---

① 四川大学教授林向在接受中央电视台一次采访时持此观点。

② 四川省文物考古研究院等：《四川什邡桂圆桥新石器时代遗址发掘简报》，《文物》2003年第9期。万娇、雷雨：《桂圆桥遗址与成都平原新石器文化发展脉络》，《文物》2003年第9期。

化"有了大幅度的扩展。有些文献记载，杜宇氏蜀王还曾明确划定了自己的统治范围和边界，说明"杜宇氏蜀国"已经发展成了以地域为基础的国家，成为用强权和军权进行统治的王权"方国"。

杜宇氏蜀王仍然继承了祭祀中心的传统，也有新的创造，他们在羊子山建造了大型祭台，在金沙遗址南部进行了长期的祭祀活动，不过其体量、规模和作用都在减弱。从地点和祭祀形态来看，这一时期较多的可能是在祭水，具有一定的厌胜作用。但"杜宇氏蜀国"最终还是为水患所累，被带领民众治水成功的"鳖灵氏"所取代，在距今2600年前左右进入了"开明氏蜀国"时期，直至公元前316年被秦国所灭①。

五、文明标本——神权古国发展的完整面貌

我们说三星堆文化是本土文化发展起来的古代文明，只是说它不是外来的文明，不是中原某个文明的分支，但绝不是说它不是中华文明共同体的一个组成部分。恰恰相反，三星堆的考古发现，进一步证明了中华文明的丰富多彩和生机勃勃，它是"中华民族的各支祖先"之一，为我们研究多元一体到多元一统的中华文明发展历程提供了新的资料和新的课题。这里我们再从古蜀与华夏文明的关系、对中华文明发展的贡献、三星堆文化对中华文明发展史研究的价值等方面简要做些分析。

（一）汇入中华——古蜀与华夏文明的交融②

首先谈谈古蜀文化的上源。川西平原新石器文化的形成和发展较晚，大约在距今5000年前之后，才从西北山区和长江中游等处逐步进入。川西北山区带有西北彩陶特征的营盘山文化，可能来源于被认为可

---

① 四川省文物考古研究院等：《四川什邡桂圆桥新石器时代遗址发掘简报》，《文物》2003年第9期。万娇、雷雨：《桂圆桥遗址与成都平原新石器文化发展脉络》，《文物》2003年第9期。

② 蒋成、陈剑：《岷江上游考古新发现述析》，《中华文化论坛》2001年第3期。

能是中华民族发源地之一的"大地湾文化—马家窑文化"体系的一个分支，在从岷江上游翻过岷山进入川西平原时慢慢发生了变化，先创立了"桂圆桥文化"，再前进三星堆创造了"三星堆一期文化"。而距今4500年前后从长江中游进来的一支会筑城的人群，则与同样是中华民族重要起源地之一的长江中下游古文化有直接的关系。而作为三星堆神像渊源的红山、良渚、石家河文化等，则是中国文明的重要发源地。它们都是在相似的自然地理和社会形态大环境下，出现在"万邦林立"时期"共识的中国"的组成部分。

进入青铜时代的夏、商、周三代，各地都在以自己的方式去追求"理想的中国"，在交流中又不断产生碰撞融合，逐步形成更多的文化认同。三星堆古国虽然在相对闭塞的地理环境和比较滞后的社会形态之下，继续保持了神权国家的面貌，但它仍以特有的方式，与中原及周围各地文明产生了密切的联系与交往，吸引并吸收了大量优秀文化因素和新材料新技术，促进了本身的繁荣发展。商代甲骨文根据其主神的"纵目"形象，开始将三星堆古国记录为"蜀"。

到了"杜宇氏蜀国"时代，古蜀国吸取了三星堆的教训，在与商周的频繁交往中学习，创造兵器，建立军队，发展生产，划定边界，逐步赶上时代的步伐，发展成用强权和军权进行统治的王权国家，还参加了伐纣灭商的战争，成了为"理想的中国"而奋斗的"方国"之一。进入"开明氏蜀国"时期，与秦楚等国的交往更加密切，发展成为春秋战国时期具有独特礼仪制度的军事强国。直至在公元前316年蜀国被秦国所灭，并在汉武帝前后最终融入了汉文化之中，成为多元一统的"现实的中国"中一个有机组成部分。这就是古蜀文明汇入中华文明的大体过程。

（二）地位贡献——古蜀文化是中华文明的重要起源地之一

天府之国在地理历史经济文化上的特殊地位与作用，促进了中国的统一和多元一体中华文化的形成。首先，秦国以高超的战略思考，从灭蜀开始实现了中国的统一，证明了蜀国作为中华民族兴起与发展中具有战略重地和后勤基地的历史地位；汉高祖也是从蜀地汉中出发，再次统一了天下；蜀汉刘备据此成就了三国鼎立之业；直至近代的抗日战争，四川仍然是全国战略大后方。这些当然得益于四川优越的地理形势和资源条件，也与古蜀文明的开辟之功有密切的关系，更表明它是中华文明发展中不可或缺的一个重要组成部分。

"天府之国"的建设与发展也是如此。秦国蜀守李冰带领蜀人修建都江堰，使川西平原成为"不知饥馑，时无荒年"的"天府之国"。这个成果也是在古蜀先民长期治水斗争的经验与成果的基础上取得的。在三星堆、宝墩城址时期选址修建时，就已考虑到了与河流水系的关系，尽量顺势而为；十二桥文化曾与水患展开长期斗争，并令"其相开明决玉垒山以除水患"①，形成了"岷山导江，东别为沱"②的格局，为修建都江堰打下了基础。鳖灵氏也因治水成功取代了杜宇氏，开创了"开明氏蜀国"。

古蜀文明可能曾长期处于全开放的神权古国状态，以包容的心态和积极的努力加强与四面八方交流，使众多不同地区和文化的器物与因素出现在三星堆，采用新技术新材料创造出大量独具特色的神像祭器，也把丝绸等产品输送到各地，形成了"早期丝绸之路"的重要节点和枢纽③。研究好这些历史情况，对我们弘扬"丝路文化"传统，努力开创新时代的"一带一路"，有着积极的促进作用。

古代蜀人通过对天地万物的仔细观察思考，认识了众多自然现象及其变化情况。他们以信仰崇拜的形式把日月星辰、动物植物、山川云层等，用青铜玉石器等塑造出来，祭祀膜拜，以便与它和谐相处。这种

① （东晋）常璩撰，刘琳校注：《华阳国志校注》，巴蜀书社，1984年。
② （汉）孔安国传，（唐）孔颖达正义，黄怀信整理：《尚书正义》卷六《夏书·禹贡》，上海古籍出版社，2007年，第234页。
③ 参见段渝：《三星堆古蜀文明与南方丝绸之路》，《三星堆研究》第2辑，文物出版社，2007年。

万物有灵的原始宗教，虽然是幼稚和迷信的，但也增强了古蜀人对自然万物的了解，开始形成了天地人三界的观念，人神相通、天人合一的意识，和尊重自然、顺应自然的信仰核心，具有原始的道家思想因素，进而促进了道教在四川和中国的产生，成为中国优秀传统文化的重要组成部分。

古蜀文明在造型艺术的创新与塑造上，更是取得令全世界瞩目的辉煌成就。三星堆古国时期铸造出上百件大小不等的人像、人面具和数十件动植物，神奇怪异又生动逼真，在世界雕塑史上占有重要的地位。它还用复杂的组合方法铸造多层次的青铜神坛，表达对天地人三者的认识和对神灵的崇拜方式，用成熟的线刻技法绘制了四组典型的祭祀场面，具有反复强化绘画主题的主观意识和客观效果。它们在圆雕、线刻、大型雕像、组合作品、主题表述等高超的技艺手段方面，都取得了重要成果，大大丰富了中华文明的艺术宝库。

古蜀文明还在神话传说、宗教观念、民风民俗乃至科学技术等方面取得了特有的成就，对后世社会产生了久远的影响。

（三）研究价值——中国古代文明发展史中的一朵奇葩

中华文明是在一个特定的自然环境、文化传统、历史进程情况下逐步形成的。它处于东亚大陆东部的扇形阶地带，同属于东南季风区，又被黄河、长江等大河所贯连，是个典型的农业生态区。大约在距今6000年前的仰韶文化中晚期阶段，各地逐渐开始了文明化的进程，距今5000年左右呈现出"万邦林立"时期"共识的中国"的局面。经过反复的交融与团揉，在距今4000年左右逐步走向以夏商周为核心的"方国争雄"的"理想的中国"时期，距今2000年左右的秦汉时期最后进入"多源一统"的"现实的中国"①。这是一个相互融合的历史过程，

① 苏秉琦：《迎接中国考古学的新世纪》，《华人·龙的传人·中国人——考古寻根记》，辽宁大学出版社，1994年，第250页。

古蜀文明在这个发展进程中，既有它与各地相一致的普遍性，又有其独具特色的特殊性。三星堆等地的考古新发现，为我们提供了新的资料，也提出了新的课题。

"三星堆是神权国家"，这是许多观众和学者从不同角度观察研究后得出的共同结论。这种以神权进行统治的国家，与"古国阶段""崇尚神权"的早期国家是什么关系？它是不是中华文明在发展过程中的一个特有阶段？进入青铜时代之后，三星堆文化仍能停留在以"神权"治国的"古国"阶段，是哪些地理历史和社会人文条件所促成的？这是需要我们从理论和实践上深入研究和解决的问题，是认识三星堆古蜀文明特征和价值的重要问题。

其次，从神像特征等情况看，三星堆古国在形成过程中曾受到红山文化、凌家滩文化、石家河文化、良渚文化等神权古国的思想影响。这些因素是何时从何处以何种方式传播和影响到三星堆的？在古国阶段，除了王权国家之外，这些神权古国是否也存在某种内在的联系和交往？还有哪些文化中存在这种情况？这些都是需要仔细探寻的问题。

三星堆神权古国曾以开放的形式，通过"早期丝绸之路"，吸引和吸收了众多外来文化因素，创造了空前的繁荣，其具体情况和时间途径是什么？哪些器物和技术是从哪里引入或传出的？说丝绸是三星堆古国与外界交流的主要物品，除了历史传说和古埃及等个别丝绸发现之外，还有哪些实物证据？都是需要认真探求的问题，我们期待有更多更有说服力的证据出现。

从现有资料来看，在秦灭巴蜀之前，蜀地似乎没有出现过大规模的外力入侵；几代蜀王的交替，似乎也是平稳进行的，因而他们也就有了共同的习俗和祖先认同。如前所述，"三星堆一期文化"的主人"蚕丛氏蜀王"可能是在三星堆遗址直接过渡到"三星堆文化"时期的"鱼凫氏蜀王"的；"宝墩文化"各城址的主人，有可能是被"鱼凫氏蜀王"逐步纳入其中，主要去从事与祭祀有关的活动与劳作；而三星堆的人们，最后是认为自己的宝器已经"失灵"，在举行了最后的祭祀仪式之后，把国家的统治中心迁到成都的金沙遗址，开始了"十二桥文化"占统治地位的"杜宇氏蜀王"时期的；"杜宇氏蜀王"则是被治水成功的"鳖灵氏"乘势取代，开创了最后的"开明氏蜀国"。这种情况出现的历史和社会原因是什么？三星堆是神权古国及其文化传统在青铜时代得以保存下来的重要原因和具体情况又是什么？同样值得仔细研究。

至于三星堆古国的社会面貌和文明形态，从文化发展到遗迹分布，从社会结构到各种器物的性质作用，还有很多问题需要进行深入细致的分析研究①。正是这些特殊的研究价值，使得三星堆文明成了中国古代文明发展史中的一朵奇葩。

六、结语

总之，以三星堆文化为代表的古蜀文明，作为"中华民族的各支祖先"之一，从原始部落发展到神权古国，再逐步过渡到王权方国，最后融入秦汉帝国之中，是一个具有2000多年连续发展完整历程的独特的典型标本，对我们今天研究中华文明发展史具有特别重要的价值。正如李学勤所说"没有对巴蜀文比的深入研究，便不能构成中国文明起源与发展的完整图景"，"中国文明研究中不少问题，恐怕必须由巴蜀文化求得解决"②。

三星堆文化是中华文明的有机组成部分，具有特殊的神秘之处，需要进行深入的探索和解析，这正是三星堆最能吸引人的魅力所在，也是它重要的研究价值。

（原载《四川文物》2019年第1期）

---

① 已有成果可参见四川省文物考古研究院编：《古蜀文明研究论著目录（1930—2017）》，四川人民出版社，2018年。

② 李学勤：《略论巴蜀考古新发现及其学术地位》，《三星堆考古研究》序言，四川人民出版社，2004年。

略谈巴蜀文化与巴蜀文明

"巴蜀文化"正式提出六十多年了，几代学者为巴蜀文化研究均作出了重要的贡献。从考古学角度深入研究巴蜀文化，在1984年首次"全国考古汇报会"期间考古界多位先生来川指导工作之后，进入了一个新的阶段。例如中国考古学会理事长苏秉琦先生当时就指出：

> （这次来川）我看到巴蜀文化了。这就是月亮湾、三星堆，还有成都方池街的标本，还有在博物馆陈列的忠县瓷井沟的尖底器等。……（三星堆）分了七层，三大段。……这个发现不能小看，关键是自成系统。……大约相当于新石器时代到商或商周，我看它跨越的时代还不仅如此。……这就是生产点。过去四川的材料也积累了不少，为什么不是生长点呢？因为不成系统。成系统，问题就多了，需要我们重新认识：它的渊源特征，发展道路，跟周围文化的关系，等等。[①]

---

① 苏秉琦：《华人·龙的传人·中国人——考古寻根记》，辽宁大学出版社，1994年，第161～162页。

十多年来四川考古沿着这个主要方向做了一些工作，也还存在一些问题，值得加以研究和归纳，以求促进四川考古事业更进一步。这里谈几点个人的初步看法。

一、巴蜀文化研究的进展

从考古工作的角度，主要可以分为四个阶段：

（一）初期发现阶段（1929～1949年），包括1929、1931年广汉器物群发现，1933～1934年月亮湾首次发掘，1936年发表"汉州发掘的最初报告"到1942年《说文月刊·"巴蜀文化"专号》的出版，1946年出版《四川古代文化史》等，开始发现了商周与战国的一些典型器物，提出了"巴蜀文化"的概念。

（二）主动探索阶段（1949～1980年），省内文博研究者主动进行了探寻，包括1953～1954年船棺葬发掘，1956、1958、1960年广汉的调查与文物征集，1957年新繁水观音遗址发掘，1959、1980年彭县铜器群发现，1976年广汉高骈器物群发现，1972、1980年涪陵小田溪和新都马家大墓发掘等，开始找到各地各时代巴蜀文化的重要线索，进行了初步试掘。其中以1963年冯汉骥先生组织川大考古专业师生到月亮湾遗址进行第一次考古实习最为重要，可惜因故未能完成研究报告。

《冯汉骥考古学论文集》《巴蜀考古论文集》等书的出版，对这段工作做了一个小结。

（三）科学发掘阶段（1980～1995年），以1980年广汉三星堆遗址正式开始系统发掘为标志。16年中在这里连续进行了13次发掘，包括三星堆遗址Ⅰ、Ⅱ、Ⅲ区的发掘（1980～1986年），两个祭祀坑的发掘（1986～1987年），东、西、南城墙的发掘（1989～1995年）等。还有十二桥遗址（1985～1986年，Ⅰ区；1987～1989年，Ⅱ区）、抚琴小区遗址（1990年）、指挥街遗址（1986年）、上汪家拐遗址（1991年）、阆中坪上遗址（1990年）、忠县中坝遗址（1991年）、雅安沙溪遗址（1986年）以及什邡、荥经船棺葬墓群（1986～1990年）、绵阳边堆山遗址（1989～1990年）、广元张家坡遗址（1990年）、通江擂鼓寨遗址（1993年）的发掘等，科学地揭示了一批典型遗存。

1984年"全国考古发掘工作汇报会"、1987年"三星堆十二桥遗址考古座谈会"的召开，对这些发掘工作起了关键性的指导作用。

（四）深入发掘研究阶段（1995年至今），以成都平原古城址群发掘和一系列成果的出版为标志。包括宝墩（1995～1996年）、鱼凫村（1996年）、芒城（1996年）、双河（即下芒城，1997年）、郫县三道堰古城（1997～1998年）等城址的发掘，郫县"大房子"的发现，三星堆中部城墙的发现、西区墓群的发掘（1998年），以及三峡库区众多遗址的全面发掘等。

在研究出版方面，《四川文物》专门出版了《广汉三星堆遗址研究专辑》（1989年）、《三星堆古蜀文化研究专辑》（1992年）。全省先后举办了两次"巴蜀文化与历史国际学术讨论会"，出版了《巴蜀历史·民族·考古·文化》（1991年）、《三星堆与巴蜀文化》（1993年）两个论文集。正式完成了《三星堆祭祀坑发掘报告》（1997年），最近又出版了《四川考古论文集》（1996年）、《四川考古研究论文集》（1997年，《四川文物》增刊）、《四川考古报告集》（1998年）。加上其他一些刊物发表的文章和著作，如《中国文物考古之美·四川广汉三星堆遗迹》（1995年）、《三星堆文化》（1993年）等，初步统计共发表了各类论文著作300多篇（部）。

至此，巴蜀文化研究的范围大大扩展了。时间上从战国前后扩展到4000年前（从新石器晚期到商周战国）；空间上从成都、广汉扩展到四川盆地全境及附近省份；深度上从战国小国扩展为古代文明起源地之一；广度上从青铜器扩展为整个社会形态的研究。

二、巴蜀文明自成体系

"文化与文明起源问题，这是当代中国考古学的大课题。考古学研究的对象和一项重要任务，就是文化与文明，这是我们学科的性质所决定的。"[1]目前四川已初步具备了探索巴蜀文明的条件，开始较系统地研究地区文化的序列与文明发展的形态等问题。

巴蜀文化研究近些年产生了质的飞跃，它不再仅仅是指一种地方性文化，或一个具体的考古学文化，而是一个自成系统的文化体系，一个古代文明形成与发展的完整过程。目前已经可以用"巴蜀文明"代表4000年前到2000年前四川古代文化的进程，用各阶段各地区的具体考古学文化研究各时期的文明发展情况和变化过程。

时间范围：距今约4800～2000年。

"巴蜀文明"发展大体可以分为五个主要阶段，每个阶段既有自己的特点，又相互衔接延续。正如苏秉琦先生所说："四川的古文化古城古国，从无阶级到有阶级，不是一夜之间形成的，各地有各地的发展过程，都在继承前代文明，创造新的文明。"[2]

（一）宝墩文化（三星堆一期文化），距今约4800～4000年

文化面貌：陶器以宽沿平底为主，典型器物有花边口绳纹罐、宽平沿尊形器、喇叭口高领罐、镂孔圈足豆等。

社会性质：古城址群出现，酋邦林立，大约处于治水时代——古国时代，是巴蜀文明的起源阶段。

---

① 苏秉琦：《华人·龙的传人·中国人——考古寻根记》，辽宁大学出版社，1994年，第94页。
② 苏秉琦：《华人·龙的传人·中国人——考古寻根记》，辽宁大学出版社，1994年，第16页。

（二）三星堆文化（三星堆遗址二、三期），距今约4000～3200年

文化面貌：陶器以小平底和高柄器为主，典型器物有小平底罐、高柄豆、鸟头形器柄、瘦足盃、器盖等。

社会性质：宗教祭祀活动盛行，青铜器繁荣，出现大型雕像群，三星堆建成宏伟的古城，成为古代文明中心，是巴蜀文明的形成阶段。

（三）十二桥文化，距今约3200～2600年

文化面貌：以尖底器为主，典型器物有尖底杯、尖底盏、尖底罐、高颈壶、短领罐、灯形器等。

社会性质：出现巨大的土台式祭坛、大型木构建筑群、成组的精美青铜礼器，划定了国家疆域，是巴蜀文明的发展阶段。

（四）晚期巴蜀文化（暂名），约公元前600年～公元前316年

文化面貌：陶器以圜底为主，典型器物有釜、罐、鍪、甑，喇叭状矮圈足豆，还有一定数量的尖底器，如尖底盏等。青铜兵器以柳叶剑、圆刃钺、长骹矛、三角形戈、中胡戈为典型组合。炊器有釜、鍪、甑。还有大量仿中原式和楚式的铜礼器。

社会性质：形成了巴、蜀两个王国，发现了新都、涪陵大墓，发掘了众多船棺葬墓群，出现了"巴蜀符号"等象形文字，是巴蜀文明第二个发展高峰。

（五）与秦汉文化融合阶段，约公元前316年～公元前100年

文化面貌：巴蜀式铜器和陶器在新技术影响下得到进一步发展，但秦汉文化因素逐渐占据了主导地位，在汉武帝前后融合成统一的汉文化。

社会性质：秦国兼并巴蜀之后，先由郡守与蜀侯共管，后以郡守

直接管理。经过大兴水利（都江堰等），兴建成都城，营造天府，巴蜀成为统一全国的基地，又成为汉文化的发祥地之一。这是巴蜀文明最终融入统一多元的中华文明之中的历史阶段。

三、巴蜀文明的历史地位

（一）在四川盆地古代文明发展中的地位

巴与蜀是相关联的一个文化共同体。在新石器晚期阶段川西的宝墩文化（三星堆一期文化）就与三峡内外的同期文化有许多相似之处，可能分别为巴与蜀的源头之一。夏商时期共同受到二里头、二里岗、殷商文化的影响，形成一套独立的文化特征，建成三星堆古文化古城古国，从而进入了文明的形成阶段。当时的文化主体是蜀，但同时不可否认巴的存在。西周前后十二桥文化与川东以尖底器为代表的文化共存，可能是同一文化的两大类型，川东地区文化中还包含一定数量的圜底器。春秋战国时期以圜底器为特征的器物群，成为巴蜀各地文化的共同特点，可能反映了巴族文化成为整个巴蜀文化的主体部分。

总之，巴和蜀是长期共存的文化集团，早期以蜀为主体，晚期以巴为主体，同时还有其他一些地方类型，代表了在巴蜀影响下的一些较小民族的文化。巴蜀本身也有多种文化分支，如巴有"廪君五姓""板楯七姓"等。

（二）在长江文明中的地位

巴蜀文明是长江上游的古文明中心。中华文明由两河（黄河、长江）共同组成，相互既有区别又联为一体。长江的上、中、下游之间有密切联系，又有一定的独立性，形成三个古代文明中心，分别以三星堆、屈家岭—石家河、良渚文化等为代表。四川地区的巴蜀文明形成时代较晚，但特色鲜明，序列完整，在长江文明发展中具有重要地位。

（三）在中华文明中的地位

巴蜀文明在中国国家起源和发展的三部曲，即古国—方国—帝国的进程中占有一席之地。它经历了一个较完整的全过程，最后成为多元一统的中华文明的一部分。它与中原等地文化之间有5000年的文化联系，又分别经过3000余年的自身发展，在2000年前融合为统一的汉文化。巴蜀文化还是汉文化的重要发祥地之一。从某种意义上说，中国的"汉文化"，从汉中地区汉王兴起，到汉朝建立，再到汉文化统一全国的整个过程，都与巴蜀有一定关系。

（四）在东方文明中的地位与特点：自成体系、独具特色、源远流长

自成体系：从上述几个发展阶段看，巴蜀地区数千年间文化绵延不断，脉络基本清楚。苏秉琦先生认为："巴蜀文化自成体系，特征不只是表面的，而是内在的"，"约从五千年到三千年，上下可以串起来，成系统，有特征。"[1]

独具特色：在巴蜀文明发展的各个阶段，都具有强烈的时代和地区特点，如原始宗教盛行、造型艺术发达、多元文化有机融合等，从而创造出大量雕塑艺术作品和各类精美的文物珍品。"从西南地区看，巴蜀是龙头；从中国与东南亚关系看，四川又是东南亚的龙头。"[2]

源远流长：巴蜀文明孕育于新石器时代，形成于青铜时代，融合于铁器时代。秦汉以后仍保持着自身的风格与神韵，在战国青铜器、汉代画像砖摇钱树、唐宋石刻造像，乃至现代造型艺术中，仍可见到巴蜀文化之遗风，"说明了四川古文化的成功。这个成功是全方位的"[3]。

---

[1] 苏秉琦：《华人·龙的传人·中国人——考古寻根记》，辽宁大学出版社，1994年，第16页。

[2] 苏秉琦：《华人·龙的传人·中国人——考古寻根记》，辽宁大学出版社，1994年，第16页。

[3] 苏秉琦：《四川考古论文集·序》，文物出版社，1996年。

苏秉琦先生曾深情地说，"四川考古学是大学问"，大文章。要一步步地走，一字字地写①。从何着手呢？他说："区系观点是个纲，纲举目张"；"文明开始是把金钥匙，是要大力开拓的课题"，要"由近及远，一个课题、一个课题逐步积累"②。目前四川的工作，刚刚开始有了一点眉目。但其中的问题仍然不少，需要认真总结，不断探索前进，"一步一步地开拓出四川考古的崭新局面"③。下一步研究方向，从考古学角度讲，主要仍然是这三方面：区系类型——各期各地各类型文化的时空关系，文化谱系；文明形态——政治经济文化艺术的特征，社会性质及其发展变化；文化关系——与各地各类文化的具体关系，渊源与去向等。

　　（附注：本文原为讲座大纲，主要是谈框架意见，应编者之聘先作发表。由于要求篇幅有限，对分期等诸多问题未再作详细论证，有待以后补充，特此说明。）

　　　　　　　　　　　　　　　　（原载《巴蜀文化论集》，四川民族出版社，1999年）

① 苏秉琦：《四川考古论文集·序》，文物出版社，1996年，第1页。
② 苏秉琦：《华人·龙的传人·中国人——考古寻根记》，辽宁大学出版社，1994年，第122页。
③ 苏秉琦：《四川考古论文集·序》，文物出版社，1996年，第1页。

我对三星堆文化特征成因的认识

近年在三星堆西南方的广场上，又发现了六个方形土坑，四大两小，形状和方向都与三星堆一、二号祭祀坑相近，大小相仿，发掘工作已经开始，将为三星堆古蜀文明考古研究带来重大突破。目前再去炒作祭祀坑名称等老问题，或许显得有些不合时宜，因为正式的报告和出版物，也包括各次国内外展览，都是用的祭祀坑之名；而新的发现将会做出更加明确的答案，这里很可能曾是一个大型的祭祀区，从而再次证明一、二号祭祀坑的定名可能是正确的。

现今研究者的任务，应该是对这个灿烂文化的形成原因和意义，努力做出合理的解析，以便使更多的观众了解和信服。从事三星堆考古发掘和研究工作40年来，我对三星堆文化特色原因的认识有着逐渐深入的过程，也有一些自己的思考，现将其中的主要观点做简要归纳，供大家研究讨论，也希望能为下一步的深入发掘研究工作提供一点参考意见。

一、我对三星堆文化的认识过程

我对三星堆的认识过程，经历了20世纪90年代的"三星堆文化的

赵殿增卷

157

一个重要特色——神"①、21世纪初的"神权国家是整个问题的核心"②到近年纪念祭祀坑发掘三十年时的"三星堆文化阶段仍然是神权古国"③这样三个逐步深化的过程，概括出"神圣的信仰是精神主体、神奇的艺术是其表现形式、神秘的历史是所产生的后果"④，共同形成了一个"三星堆神权古国"的文化思考。

三星堆文化在良好的自然社会环境和比较封闭的地理条件下，造成了特殊而滞后的社会形态，形成了一个具有自身特色和文化传统的"三星堆神权古国"，这可能是出现神奇的三星堆文化的内在原因；而"早期丝绸之路"所产生的广泛文化交流，则是三星堆文化面貌丰富多彩的外部原因⑤。

二、"神权古国"说的理论依据

我提出"三星堆文化阶段仍然是神权古国"，主要有两个依据。一是苏秉琦先生提出来中华文明进程经历"古国—方国—帝国"三阶段的理论，并在此基础上提出了"三星堆古文化古城古国"的概念；二是李伯谦先生关于古国阶段的国家可分为"崇尚王权"与"崇尚神权"的两大类的论述，以及"完全同意三星堆王国是'神权国家'的观点"。

苏秉琦先生认为，"国史的核心是一立体交叉，多次重复的'古国—方国—帝国'三部曲"，"五千年前出现了由氏族向国家的转变"，"不迟于四五千年前都进入了古国时代"，"早期古国在4000年前发展为方国"，"在2000年前汇入多源一统的中华帝国，这一国家早期发展

① 赵殿增：《三星堆文化的重要特色——神》，《中华文化论坛》2002年第1期。

② 赵殿增：《略论古蜀文明的形态特征》，《中华文化论坛》2005年第4期。

③ 赵殿增：《三星堆神权古国研究》，《四川文物》2019年第1期。

④ 赵殿增：《三星堆文化的重要特色——神》，《中华文化论坛》2002年第1期。

⑤ 赵殿增：《三星堆神权古国研究》，《四川文物》2019年第1期。

的'三部曲'，是最具典型意义的中国的国家发展道路"①。苏秉琦先生还特别注意到各地区各民族发展的不平衡性，但最终都走的是大体相同的道路。他以最后一个"清帝国"的快速形成过程为例做了说明："值得注意的是，中华民族的各支祖先，不论其社会发展有多么不平衡，或快或慢，但大多经历过古文化、古城、古国这一从氏族到国家的发展道路，经历了从古国到方国，然后汇入帝国的国家发展道路。"②苏秉琦先生1987年在"三星堆十二桥遗址考古座谈会"上，正式提出了"三星堆古文化古城古国"的命题③。

苏秉琦、严文明、张忠培、李伯谦、王巍等考古专家都赞成中华文明进程的"三部曲"学说，并做出了各自的论述，构成了中国考古学界的主流观点④。

李伯谦先生在苏秉琦提出的"古国—方国—帝国"三部曲基础上进一步提出"古国阶段"的国家，分为"崇尚神权"与"崇尚王权"的两大类，"红山古国走的是通过铺张的祭祀活动崇尚神权的道路，一切由神的意志来决定"，"在这些文化遗址中，存在着大型祭坛，表明这时的社会充满宗教狂热，主持宗教事务者就是社会的主宰。神权支配一切，这是古国阶段的特征"。这些神权古国"把大量社会财富贡献给神灵，越陷越深，不能自拔，因此垮了下去"。"仰韶古国走的是崇尚军权、王权的道路。实践证明，崇尚军权、王权的仰韶古国，因比较简约并注重社会的持续发展而延续下来了。""事实告诉我们，作为一个民族、一个国家，选择怎样的道路是决定其能否继续生存发展的关

---

① 苏秉琦：《迎接中国考古学的新世纪》，《华人·龙的传人·中国人——考古寻根记》，辽宁大学出版社，1994年。
② 苏秉琦：《迎接中国考古学的新世纪》，《华人·龙的传人·中国人——考古寻根记》，辽宁大学出版社，1994年。
③ 苏秉琦为1987年5月为"三星堆十二桥遗址考古座谈会"的题词。
④ 林沄：《中国考古学中"古国""方国""王国"的理论与方法问题》，《中原文化研究》2016年第2期。

键。"①对于三星堆文化，李伯谦先生也曾说过："我完全同意三星堆王国是'神权国家'的观点，三星堆遗址基本不见象征军权的青铜兵器而随处可见宗教性质的用于祭祀的遗物，已完全可以证明这一点。"②

因此我认为，"三星堆文化"时期曾是个"神权国家"，即使是进入青铜时代之后，它可能仍然停留在了"主持宗教事务者就是社会的主宰"，"神权决定一切"的"神权古国"阶段，进而用新材料和新科技创造出大量祭神使用的精美又奇异的艺术作品，创造出了璀璨夺目的三星堆文明。

也就是说，三星堆文化一直停留在了以神权进行统治的古国时代，"三星堆神权古国"这种特殊而又滞后的社会形态和历史进程，可能是造成三星堆文化神奇面貌的关键所在。

三、三星堆文化的特征与形成原因

在三四千年前的三星堆文化时期，以三星堆遗址为中心，逐步形成了一个以原始宗教信仰为基本特征的神权古国，它用经常进行祭祀活动的方法，维护着民众思想的统一和国家权力的集中，为此创造出一大批充满灵气的神圣造型艺术崇拜物和一整套神秘庄重的祭祀活动仪式，在良好的自然条件和比较封闭的社会环境中，创造出了独具特色的三星堆文化。它的基本情况和主要特征，可以从祭祀的内容与用具、祭祀的人员与组织、祭祀的形式与场所、祭祀活动的结果等方面充分体现出来。

（一）祭祀的内容与用具

人类早期社会中，曾普遍存在过原始宗教信仰习俗，包括自然崇

---

① 李伯谦：《中国古代文明演进对历史的八点启示》，郑彤整理，《光明日报》2017年2月8日。

② 李伯谦为《三星堆考古研究·续集》所写的"序言"（初稿）。

拜、图腾崇拜、祖先崇拜等三个方面的基本内容①，三星堆文化主要是通过造型艺术崇拜物的形式把它们表现出来，更加形象生动，更具有表现力和说服力。三星堆文化的原始宗教信仰包括以太阳形器、青铜神树为代表的"自然崇拜"；以鱼鸟龙蛇为代表的"图腾崇拜"；以凸目面具为代表的"祖先崇拜"等②。由于三星堆文化时期人们已经熟练掌握了青铜器和玉器的制造技术，又具有虔诚的信仰、丰富的想象力和高超的技艺，从而创造出了一大批人像和动植物塑像。这正是三星堆文化最突出的文化特征。

（二）祭祀的人员与组织

三星堆一、二号祭祀坑中出土了54个真人大小的青铜人头像和一座青铜立人像，似人似神，精美传神，研究者多认为他们是巫师。其中站立在高台之上，并被神兽和彩云托举起来、身高达1.72米的青铜立人像，则是他们的"群巫之长"，在"神权古国"中，这种"群巫之长"，也就是国王③。此外还发现了几十个小人像，或跪或立，或手执法器，或头顶祭品，正在从事祭祀活动。他们是各种祭祀活动的组织者，以宗教首领的身份出现，代表着神灵和祖先来管理国家和各个群体，共同组成了"三星堆神权古国"的统治集团。

（三）独具特色的祭祀形态

三星堆祭祀坑中发现了一些表现祭祀活动场景的图像和器物，形象地表现了三星堆古国的祭祀形态。如二号祭祀坑中出土的祭祀图玉璋（K2③：201-4），上面刻有四组完整的祭祀图，每组画面的中央，

---

① ［英］泰勒：《原始文化》，上海文艺出版社，1992年。苗启明、温意群：《原始社会的精神历史构架》，云南人民出版社，1993年。
② 赵殿增：《三星堆文明原始宗教的构架特征》，《中华文化论坛》1998年第1期。
③ 赵殿增：《三星堆祭祀坑文物研究》，《三星堆文化与巴蜀文明》，巴蜀书社，1993年。

都有一道云纹条带，"云气"之上为"天上"的世界，有两座"神山"，上面站立着三个衣着华丽的天神或祖先神，正在天上接受崇拜和祭祀。"云气"之下，代表"地上"或"人间"，在两座小山上，插着牙璋和象牙，说明它们可能是"祭台"或"神坛"，有三个赤足的巫师，正长跪在上面进行祭祀活动。祭祀坑旁边的"三星堆"土台等，或许也曾经具有这种"祭台"与"神坛"的作用①。

三星堆二号祭祀坑中出土的"青铜神坛"（K2③：296），用四座云气缭绕的"神山"，把"天上"和"人间"分开。"人间"站有四个"祭师"，头顶神山，手持祭器，正在"作法"。"神山"之上，是一座四方形的"神殿"，四面各有五个"祭师"正在跪拜祭祀，上方则有"人首鸟身"的图腾神像。"青铜神坛"不仅表现了三星堆古人已具有"天""地""人"三界的观念，也反映出"神殿"等构成的祭祀中心，在三星堆祭祀仪式中具有极为重要的神圣地位②。

我认为三星堆遗址青关山新发现的"大房子"（即"青关山F1"），可能就是一座位于高台之上的"神庙"或"神殿"。它可能是一座两面坡重檐屋顶的大型单层单体建筑，顺着长条形大房子的纵轴，有一条笔直宽敞的"穿堂过道"贯穿全屋，房屋两端的中央开有两座大门，使整个建筑物的主轴与通道呈东南—西北走向，指向西北方的大山，可能具有特定的宗教意义。通道的两边，搭建有木构平台，朝向中轴通道，用于摆放神像祭器等器物，供人们在中央通道上进行祭祀与供奉。平台中还各夹有两个用"U形红烧土墙基"构建的单间，可能用来放置大型的神像或祭器。大房子的两端还各有一个较大的空房间，可以供人们进行集体祭祀和集会议事，因此这座大房子也就具有了"殿堂"的性质和作用。总之，它是一座既可以安放和保护大量神像和器物，又能够保证人们在此经常进行祭拜活动和集会议事，具有保存场所和活动场地双重功

① 赵殿增：《三星堆"祭祀图"玉璋再研究——兼谈古蜀人的"天门"观》，《三星堆研究》第5辑，巴蜀书社，2019年。
② 赵殿增：《三星堆青铜神坛赏析》，《文物天地》2001年第5期。

能的大型宗教活动和礼仪性建筑^①。

（四）祭祀活动的结果：祭祀坑的类型

三星堆遗址中经常举行各种祭祀活动，最后大多以"祭祀坑"的形式保存了下来。这些不同形式、内容、时代、等级的各式祭祀坑，成为三星堆文化存留下来的主要实物见证。三星堆的祭祀坑有其鲜明的个性和特征，主要表现在坑内器物基本上都是用于祭祀的神像和礼器祭品，建造与瘗埋的方式本身就具有独特的内容和含义，祭祀坑是宗教礼仪活动的最终形成的结果这三个方面。三星堆祭祀坑的形制大致可分为大型长方坑、中型长方坑、红烧土坑、不规则浅坑、小型圆坑等种类，在三星堆遗址各期文化中均有，以第三期最多最大。它们既是各次祭祀活动的最终结果，又是"三星堆神权古国"神奇文化面貌的具体反映^②。

（五）"三星堆神权古国"的形成原因：祭祀活动中心

三星堆遗址在距今三四千年前逐步形成一个独具特色的神权古国。这时的社会中充满了宗教狂热，主持宗教事务者就是社会的主宰，由神权来支配一切。他们把自然崇拜、图腾崇拜、祖先崇拜的原始宗教发展到极致，通过各种祭祀活动，把先祖蚕丛彻底神化，把自己装扮成可以通天地人神的巫祭集团，以此来增强古国的凝聚力和影响力。他们从各方面吸取神奇观念和艺术技术，引进和制造了大批礼器和祭器，但其主体与核心部分，仍是根据自己的传统信仰创造的神像、人像和可以通达

---

① 《四川文物》2020年第5期发表了《四川广汉市三星堆遗址一号建筑基址的发掘》报告，同时发表了杜金鹏先生的《三星堆遗址青关山一号建筑基址初探》一文，认为这"是一座具有上下两层建筑的楼阁式建筑物"。我对这座建筑是否就"是一座具有上下两层建筑的楼阁式建筑物"尚有些疑问，写了篇《对〈三星堆遗址青关山一号建筑基址初探〉一文的商榷》，准备发表在《四川文物》上。本文中使用的就是我自己的观点。
② 详细论述可参考笔者近年发表的《三星堆神权古国研究》（《四川文物》2019年第1期）；《三星堆祭祀形态研究》（《四川文物》2018年第2期）等文。

神灵的动植物群、祭祀场景。他们集中了各方的珍宝和财物，甚至可能强行把宝墩等地的人员也集中到了三星堆遗址中来，主要去从事与宗教祭祀有关的劳作活动，从而出现了三星堆遗址在数百年间独大独尊、其主要遗物遗迹大多与祭祀有关的奇特景象，逐步形成一个神权古国的祭祀活动中心，创造出独具特色的三星堆文明，在距今3200年前后，达到了古蜀文明发展的最高峰①。

（六）"三星堆神权古国"衰亡原因：过度消耗

过度的人力物力集中和社会财富消耗，必然导致经济的崩溃和社会的冲突；为凸显奇异的观念而营造的大量神器祭器，已经大大超过了古国的承受能力。距今3200年左右，三星堆因此发生了严重的生存灾难和社会恐慌，神权古国逐渐失去了控制，人们认为这些神器已经"失灵"，最终通过几次盛大而奇异的"燎祭"，把平时放在神殿中的主要神器和祭器，搬到三星堆前的广场，对着西北方神山中的天神祖先，举行了最后和最大的祭典，然后打坏焚烧神器和祭器，有序地埋藏于祭祀坑中，表示把它们都送回了天上和神界，随后就把国家的中心迁到成都的金沙遗址，三星堆古国从而逐渐衰亡。过度的社会财富的消耗和由此而引起的生存灾难和信仰危机，可能就是"三星堆神权古国"衰亡的主要原因②。

四、多元文化因素的来源分析

（一）从考古学文化序列看古蜀文明的发展进程

经过大家数十年的共同努力，已初步建立了四川考古学文化的发展序列，只是在对各阶段考古学文化的名称、年代、内涵及其与各代蜀

---

① 赵殿增：《三星堆考古新发现与古蜀文明新认识》，《四川文物》2017年第1期。

② 赵殿增：《三星堆考古新发现与古蜀文明新认识》，《四川文物》2017年第1期。

四川省文物考古研究院名家学术文集

王关系上，还存在着一定的认识差异。其中蜀史中"五代蜀王"的后面三代（鱼凫、杜宇、开明）所属的考古学文化遗存，已经初步得到证实和认同。我在最近的文章中，进一步提出了"三星堆一期文化"与"宝墩文化"的关系，及其与"蚕丛氏蜀国""柏灌氏蜀国"的关系问题，供大家参考①。关于四川考古学文化的发展序列及其与蜀史的关系，大体可以简单概括如下②，从而为古蜀文明发展进程的研究，奠定一个初步的基础。

"桂圆桥文化"（约距今5000～4800年，新石器时代晚期）——初入平原；

"三星堆一期文化"（约距今4800～4000年，新石器时代晚期）——蚕丛氏蜀国；

"宝墩文化"（约距今4500～3700年，新石器时代晚期后段）——柏灌氏蜀国；

"三星堆文化"（约距今4000～3200年，青铜时代早期至夏商）——鱼凫氏蜀国；

"十二桥文化"（约距今3200～2600年，青铜时代中期至商周）——杜宇氏蜀国；

"晚期巴蜀文化"（约距今2600年～公元前316年，青铜时代晚期至春秋战国）——开明氏蜀国；

"巴蜀文化余存"（约公元前316年～公元前100年，秦至西汉）——融合入汉文化。

（二）"早期丝绸之路"的形成和发展促进了各方文化的交流

可能是由于水患严重等原因，成都平原的新石器文化出现得较

---

① 赵殿增：《从古城址特征看宝墩文化来源——兼谈"三星堆一期文化"与"宝墩文化"的关系》，《四川文物》2021年第1期。
② 详细论述可参考笔者近年发表的《三星堆神权古国研究》（《四川文物》2019年第1期）、《三星堆祭祀形态研究》（《四川文物》2018年第2期）等文。

晚，本土文化最初也多是从外面逐步进入的，如距今5000年左右的什邡"桂圆桥文化"，可能主要是来自西北的山区；宝墩文化古城址群的建筑技术和社会形态，带有较强的长江中游文化因素等。但总体上看，在秦灭巴蜀之前，古蜀文明基本上是连续发展过来的，其间似乎没有发生过大规模的入侵战争。在三四千年前的"三星堆神权古国"时期，在三星堆遗址中又出现了大量的外来文化因素，与特色鲜明的本土文化一起，共同创造了灿烂辉煌的"三星堆文明"。我们认为这很可能是在多种原因的共同作用下，开始出现了一条多方位的"早期丝绸之路"，"三星堆神权古国"正是通过这些道路与各地区各方面产生了广泛的经济技术和社会文化交流，从而共同促成了三星堆古国的繁荣昌盛。

对三星堆文化影响最大的，首先就是同时代的夏商文化，无论是青铜和玉器铸造技术，还是重要礼器祭品的造型，都和二里头文化、二里岗文化、殷墟文化有着密切的关系。大型玉璋和玉璧等器物中，可以看到有石峁文化、齐家文化的特征。从某些文物上，还可以看到一些更远更早的文化影响，如三星堆青铜大立人像身上，可以看到红山文化、凌家滩文化、石家河文化玉人像的影子；三星堆仁胜村出土的玉锥形器，可能与良渚文化有联系。这种交流可能还发生于更远的地方，如大量的海贝与象牙可能来自东南亚沿海，金杖和金面具的习俗可能与西亚文化有关，等等。

产生这种交流的原因，主要是由于各地经济技术社会文化的发展，有交流和交换的需要，而一些相邻地区道路的分段渐次开通，也使这样的交流成为可能。其中也不能排除"三星堆古国"作为一个神权国本身的强烈需求所产生的作用。由于当时古蜀人在三星堆经常进行各种规模的祭祀活动来敬奉他们的神灵，就需要创造出更多更好更奇异的神像和祭品。他们很可能是用自己的丝绸等特产，去到外面进行交换，如在3000年前古埃及法老头发上就发现了丝绸，很有可能就是三星堆时期的输出品。三星堆神权古国也对外界产生了较大吸引力和影响力，使外地人们有了来三星堆进行交流与交换的积极性。可能正是这些在比较和平的环境下发生的交流，促成了"早期丝绸之路"的产生，从而使大量的外来文化因素出现在了三星堆文化之中①。

五、"三星堆神权古国"在中国文明发展史中的地位和影响

三星堆文化是早期中华文明形成和发展阶段中一个重要的文化类型，在政体和文化上都产生了强烈的影响。虽然因过度铺张耗费，不利于财富的积累和权力的集中，因而缺乏可持续发展的能力，"三星堆神权古国"逐渐演变让位给了王权方国，但它仍在中华文明进程中具有特定的历史地位。

"三星堆神权古国"时期的社会观念是关注人与自然关系的认识为侧重点，强调与自然的和谐共存，成为后来"道法自然"的道教形成的重要思想基础。它与以宗族、王权为特征的"王权国家"所奉行的以注重人与社会关系的认识为侧重点的观念，即后世的儒家伦理思想，共同构成了中国文化精神信仰的儒、道两大支柱，从而为构建中华民族绵延不断的思想文化与文明体系贡献了重要力量。

"三星堆神权古国"的研究价值不是由于它的时代有多早，而恰恰可能在于它形成的时间较晚。由于特定的自然地理与社会历史等多方面原因，三星堆可能是中华民族各个"神权古国"中延续时间较长、发展水平很高、特色更为突出、时代也最晚的一个，从而达到了神权古国的最高峰，表现出青铜时代一个神权古国的奇特面貌。它还以特殊的方式实现了向金沙方国的平稳过渡，从而保持了古蜀文明发展的连续性和稳定性。

三星堆文化在城市建筑、导江治水、冶金制玉、造型艺术等方面

---

① 详细论述可参考笔者近年发表的《三星堆神权古国研究》（《四川文物》2019年第1期）、《三星堆祭祀形态研究》（《四川文物》2018年第2期）。

也有很多创造和贡献，留下了一笔珍贵的文化遗产。在秦并巴蜀之后，仍然保存并发展了古蜀文明的一些优势，加之移民的大量进入，在李冰等蜀守的领导下，蜀地很快实现了经济、政治、文化、技术的快速发展与成功转型，建成了举世瞩目的"天府之国"，为国家的统一和民族的发展做出了特有的贡献。

古蜀文明为后世留下了宝贵的文化遗产，至今影响着我们的生活态度和思想观念，有助于我们去创造新的天府文化和现代文明，值得我们认真仔细地研究、借鉴、发掘和传承。四川省政府最近提出的"开放包容、崇德尚实，吃苦耐劳、敢为人先，达观友善、巴适安逸"的"四川人文精神"①，大多可以从古蜀文明中找到根源。它和良渚、红山、石峁等地的考古新发现一样，都是中华文明的有机组成部分，使中国古代文明史更加丰富多彩，更为有血有肉。古蜀文明不仅特色鲜明，而且还有一个两千多年的完整发展序列，具有重要的历史价值、艺术价值和科学价值，值得我们认真地研究。正如李学勤先生所说，"没有对巴蜀文化的深入研究，便不能构成中国文明起源和发展的完整图景"，"中国文明起源研究中的不少问题，可能要由巴蜀文化求得解决"②。

（原载《中华文化论坛》2021年第3期）

---

① 中共四川省委宣传部、四川省文旅厅、四川省文物局：《古蜀文明保护传承工程实施方案》，2019年4月26日。

② 李学勤：《略论巴蜀考古新发现及其学术地位》，《三星堆考古研究》序言，四川人民出版社，2004年。

浅谈三星堆遗址青关山F1的结构与功能

——兼与杜金鹏先生商榷

一、前言

《四川文物》2020年第5期发表了《四川广汉市三星堆遗址一号建筑基址的发掘》报告，同时发表了杜金鹏的《三星堆遗址青关山一号建筑基址初探》（后文简称《初探》）①。后文中得出了青关山F1"是一座具有上下两层建筑的楼阁式建筑物，属于商代最高规格的宫殿建筑，可能是当地最高统治者处理政务和举行重大典礼的礼仪建筑"的结论②。

杜先生这篇《初探》引用了大量的资料，进行了仔细的论证。而笔者对青关山F1是否"是一座具有上下两层建筑的楼阁式建筑物"尚有些疑问，其中也涉及"青关山F1"的复原和性质问题，在此提出来与杜先生商榷。

---

① 四川省文物考古研究院：《四川广汉市三星堆遗址一号建筑基址的发掘》，《四川文物》2020年第5期。杜金鹏：《三星堆遗址青关山一号建筑基址初探》，《四川文物》2020年第5期。

② 杜金鹏：《三星堆遗址青关山一号建筑基址初探》，《四川文物》2020年第5期。

二、对"两层建筑的楼阁式建筑物"的一些疑问

《初探》认为"青关山F1是现知唯一可以肯定为两层的商代大型宫殿建筑"①，也就是说目前尚没有先例可循。正因为如此肯定，就更需要有充足的证据，解答相关的问题，使这个结论能够让人信服。从复原的依据和结果来看，还有许多情况不能得到很好的说明，这里提出一些问题来求教。

（一）关于技术能力和实际需要

《初探》认为青关山F1"上层建筑是其主要使用空间"，"上层应是无分隔的通透大空间"，"无内部分隔设施"，"适合于举行人数较多的公共活动"②。这种上千平方米的空间，足可以容纳上千人。这是一个很大的承载量，又不是经常在使用，也没有同例作为佐证。当时是否有技术能力和实际需要，在二层楼上面修建这么大的空房子？如果是建造一层的大房子来做此用途，可以达到同样的目的，不是更为方便、稳妥、节约和实用得多吗？

（二）关于空间分隔

《初探》认为青关山F1与中原商文化大房子一样，是"建筑平面呈长条形，建筑空间横向分隔"的③。前半句可以证明是正确的，但后半句则与"无内部分隔设施"的判断相互矛盾。既然"并无内部分隔设施"，而且"上层建筑如此，下层建筑也应如此"，如何才能证明"建筑空间横向分隔"的？又如何进一步得出了"青关山F1应属坐北朝南"的结论呢？

从现存于地面的建筑基础看，青关山F1的大门是开在平面呈长条

---

① 杜金鹏：《三星堆遗址青关山一号建筑基址初探》，《四川文物》2020年第5期。
② 杜金鹏：《三星堆遗址青关山一号建筑基址初探》，《四川文物》2020年第5期。
③ 杜金鹏：《三星堆遗址青关山一号建筑基址初探》，《四川文物》2020年第5期。

图一　三星堆青关山一号大房子（"神庙"）基址全景照（拍摄方向：西北－东南）

形的大房子两端的，纵轴中央有一条笔直的"穿堂过道"，呈东南—西北走向，与"坐北朝南"的建筑方式有着明显的区别（图一）。

（三）关于"U形红烧土墙基"

《初探》将青关山F1确定为两层的大型建筑最主要的原因，是将4个"U形红烧土墙基"认定为"楼梯间承重墙"，从而"表明该建筑有上下两层"[①]，这个理由还很难让人信服。因为同时代还没有发现过"上下两层"的超大型建筑，也就无从谈及有没有过"楼梯间"，是不是会有"楼梯间承重墙"。这4个"U形红烧土墙基"，后部均呈弧形，与外围墙不相连接，作为"楼梯间"来用，形状不适合，进深的长度也不够。再说如果是用红烧土墙作为"楼梯间承重墙"，不但笨重，而且易碎，还必须再用大量的木料去进行搭建加固。同时期的一些小型的楼阁，都用的是木楼梯，还没有出现过用红烧土墙作为"楼梯间"的先

---

①　杜金鹏：《三星堆遗址青关山一号建筑基址初探》，《四川文物》2020年第5期。

例，包括《初探》引用的重建于19世纪的韩国景福宫庆会楼，使用的也是木楼梯。再从实用的角度看，如果要从这4个"楼梯间"上下楼，需要从大房子两端的大门进入，经过"穿堂过道"，走到底层中间，再从狭窄的"楼梯间"上下楼，比起后来的楼房在外围修建楼梯的常用做法，要费时费力得多，有舍近求远之感。

（四）关于内外圈墙基与墙内侧立柱

《初探》把"在木骨泥墙内侧有两排承梁柱"作为"推定该建筑为具有上下两层建筑的楼房"的另一个主要理由，但没有做出具体的说明，同样不能令人信服。因为"青关山F1"两侧围墙内的一排零乱间断的"断线状"墙基，如果在上面安放立柱，显然不足以承担得起整个双层大房子的屋顶，再加上二层楼板和数百人在楼上活动的巨大重量，同样的做法也没有先例可以作为支持。

"青关山F1"围墙外侧的"凸状"墙基，与湖北盘龙城商代的两座宫殿建筑基址情况最为相似[①]，杨鸿勋把盘龙城这种商代宫殿建筑复原为"重檐屋顶的单层大房子"[②]。杨氏的这种做法，可能更适合于对青关山F1的复原，也就是说，将青关山F1复原为一座"重檐屋顶的单层大房子"，可能比复原为"双层楼阁式建筑"更加恰当，也更为合理和可信一些。

总之，无论从实用性和可能性，还是从现存建筑遗迹的具体情况分析，我都觉得将青关山F1确定为"是一座具有上下两层建筑的楼阁式建筑物"，还不能够让人们充分地信服。

---

① 湖北省文物考古研究所编著：《盘龙城——1963—1994年考古发掘报告》，文物出版社，2001年。

② 杨鸿勋：《从盘龙城商代宫殿遗址谈中国宫廷建筑发展的几个问题》，《文物》1976年第2期。

三、青关山F1建筑结构的功能推测与复原设想

那么青关山F1这座超大型建筑现存遗迹中的许多奇特而复杂的现象又如何解释，这里我们试着从单层建筑物的角度进行一些分析研究。

（一）功能推测

先看一下青关山F1现存建筑遗迹的基本形态。青关山F1平面呈长条形，残长64.6米、残宽15.7米，面积1015平方米。建在16000平方米的夯土"台基"之上。围墙基础用红烧土块和卵石垒砌，宽0.3米～0.5米，外侧还有100多个"凸状"立柱基础，各宽0.3米～0.5米。青关山F1东西两端开有大门，中间有一条宽敞的"穿堂过道"，宽3米，呈北偏西40°，朝向西北方的岷山，三星堆人心目中众神与祖先所在的神山，构成了大房子的活动主轴。通道因长期走动，已形成明显的路面①。

大房子中轴通道的两侧，各有3排整齐的小柱洞，行距1.7米；每排有20多个柱洞，洞距多为0.8米。《初探》在进行复原时，并未谈及这些小柱洞的性质和作用。我认为这两组6排小柱洞，占据了青关山F1室内的大部分主体空间，必然有特别重要的建筑功能。

首先，它不是"干栏式建筑"的支架。因为大房子四周的"承重墙"和立柱已足够强大，整体上不是一座"干栏式建筑"。其次，它也不能成为房顶的支柱。因为柱子的直径太小，不够有力；柱洞密度又过大，无法再将内部分隔成居室与其他活动空间。最后，它也不是支撑地面的柱洞。因为宽敞的"穿堂过道"已经形成了可供出入和开展活动的路面，没有必要再用木料去搭建出另外一个"地面"。

从小柱洞整齐的排列方式看，我认为它们最有可能是搭建在"穿堂过道"旁的两组"木构平台"，用以放置神像礼器之类的祭祀用品。

---

① 四川省文物考古研究院：《四川广汉市三星堆遗址一号建筑基址的发掘》，《四川文物》2020年第5期。

在大房子的地面和台基的表面，有多处发现了玉器、石璧和象牙的残块①，为这里曾经存放过神像和祭品的推测提供了佐证。

如果这种分析可以成立，三排木柱之间各夹着的2个"U形红烧土墙基"的作用也就好解释了：它们很可能是为了放置大型祭器而特别建造的"单间"，用来安放青铜大立人像之类的大型神像或重要礼器。

另外，三星堆祭祀坑中出土的50多个青铜人头像，颈部前后都有三角形的插口，可能曾安装有木质的身体；大鸟头颈部有小榫孔，也可能是安装在木桩之上的。青关山F1内的这些小柱子，是否有些还曾是青铜人头像的木质身体，或者是安装着青铜大鸟头等器物的木柱，围墙内侧的两排粗细不一、排列凌乱的"断线式"墙基立柱，或许曾经安装着象征祖先神灵的大小面具，这些也都是很值得注意的问题。

三星堆祭祀坑中出土的大量神像和礼器，平时不可能长期放在室外，必然要有一个相当大的建筑物来摆放。从青关山F1的面积、高度、结构、分室情况看，大体上可以把"祭祀坑"出土的主要神像和祭器放置在其中，并能在此进行经常性的祭祀活动。因此我认为三星堆祭祀坑中的器物，平时可能就是放在这种"大房子"之中，供人们在"穿堂过道"上进行供奉和祭拜的。

至于青关山F1围墙外侧的"凸状"墙基，从现有资料看，与湖北盘龙城商代的两座宫殿建筑基址情况最为相似②。杨鸿勋曾以盘龙城的这两座建筑为例，专门用一节讨论了"关于斗拱形成的问题"，他把盘龙城商代宫殿建筑墙侧的柱洞和"凸状"墙基，复原为"落地支承的擎檐柱"，并据此明确提出"承檐的高级结构——悬臂出跳的斗拱，是由承檐的低级结构——落地支承的擎檐柱进化而来的，即斗拱的前身是一

---

① 四川省文物考古研究院：《四川广汉市三星堆遗址一号建筑基址的发掘》，《四川文物》2020年第5期。

② 湖北省文物考古研究所编著：《盘龙城——1963—1994年考古发掘报告》，第42～45页。

根细柱"（图二）[①]，进而把盘龙城两座商代宫殿建筑都复原为"重檐屋顶的单层大房子"（图三）[②]。因此我认为：青关山F1也同样应该复原为一座"重檐屋顶的单层大房子"，而不应复原成"一座有上下两层建筑的楼阁式建筑物"。

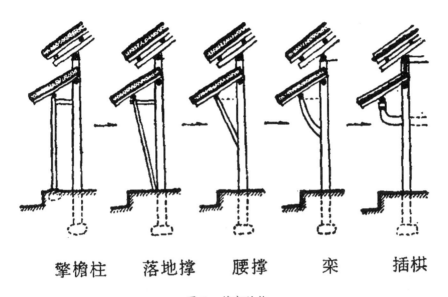

擎檐柱　　落地撑　　腰撑　　栾　　插栱

图二　檐部结构

图三　盘龙城商代宫殿遗址F2复原图

① 杨鸿勋：《从盘龙城商代宫殿遗址谈中国宫廷建筑发展的几个问题》，《文物》1976年第2期。

② 杨鸿勋：《宫殿考古通论》，紫禁城出版社，2009年。

（二）复原设想

从青关山 F1 的上述复原情况看，我提出来一个新的设想：它很可能是三星堆古国用来摆放供奉神像祭器和进行日常祭祀活动的"神庙"之类的大型宗教场所，人们可以在中央的通道上，对放置在两旁木构平台上和安装在木柱上的众神和祖先神灵进行经常性的祭祀活动。在这座"大房子"的两端，各自还有一个没有搭建木构平台的三四十平方米的空房间，可以供人们集体祭祀或聚会议事。大房子的外面，也有宽阔的祭祀和活动场地。当时的三星堆可能是一个神权和王权合为一体的国家，它的国王和首领，是以大巫师或大祭司的面貌出现的，在这里当着神灵和祖先的面，来行使他们的统治权力，因此这种神圣的宗教场所，同时也就是国王行使职权的"朝堂"。

（三）相关佐证

认为青关山 F1 可能是一个神权古国时期的大型宗教礼仪性建筑，也有一些先例可循。它与红山文化牛河梁的"女神庙"[①]、郫县古城的"大房子"[②] 等都有类似之处，作用也可能相仿。因此我们认为三星堆遗址青关山 F1 的性质，可能是三星堆神权古国时期一座重要的"神庙"，用来摆放神像和祭器，进行经常性的祭祀仪式，同时也是"群巫之长"即"国王"在这里处理国家重要事务的"殿堂"。在重大祭祀时，可以把神像和祭器部分或全部搬到祭祀场所，举行祭拜活动。有些祭器在进行特定的祭祀仪式之后，没有再抬回来，而是作为实现祭祀目的的最后

---

① 长 25 米，有 7 个侧室和一个单室，出土有陶塑女神像、动物像、彩陶等祭器。参见辽宁省文物考古研究所：《辽宁牛河梁红山文化"女神庙"与积石冢群发掘简报》，《文物》1986 年第 8 期。

② 5 号房址，长方形，面积 550 平方米，呈东南—西北方向，长轴线上整齐有序地排列着 5 个长方形卵石台，可能是祭台。参见成都市文物考古研究所、郫县博物馆：《四川郫县古城遗址 1997 年发掘简报》，《文物》2001 年第 3 期。

一道程序被埋藏于祭祀坑之中了。

三星堆二号祭祀坑中出土的"青铜神坛"[①]，用四座云气缭绕的"神山"，把"天上"和"人间"分开。"人间"站有四个"祭师"，头顶神山，手持祭器，正在"作法"。"神山"之上，是一座四方形的"神庙"，四面各有五个"祭师"正在跪拜祭祀，神庙上方则有"人首鸟身"的图腾神像。"青铜神坛"不仅表现了三星堆古人已具有"天""地""人"三界的观念，也反映出这种由"神庙"为主体构成的祭祀活动中心，在三星堆祭祀仪式中具有最为重要的神圣地位[②]。

青关山F1在三星堆古城中的地位和作用，可能就是与这种"青铜神坛"顶上的四方形建筑相仿的"神庙"，是经常进行祭祀活动的神圣宗教场所。当时的国王和首领，是以大巫师或大祭司的面貌出现在众人面前，主持重大的祭祀仪式，并在"神庙"之中，来商议和决定国家大事，当着神灵和祖先的面，合理合法地行使他的统治权力，因此这座神圣的宗教场所，同时也可能就是"群巫之长"即"国王"行使最高职权的殿堂。

四、结语

概括地说，我认为三星堆遗址青关山新发现的"大房子"（即青关山F1），可能就是一座位于高台之上的"神庙"或"殿堂"。它可能是一座两面坡重檐屋顶的大型单层单体建筑，顺着长条形大房子的纵轴，有一条笔直宽敞的"穿堂过道"贯穿全屋，房屋两端的中央开有两座大门，使整个建筑物的主轴与通道呈东南—西北走向，指向西北方众神与祖先所在的神山，具有特定的宗教意义。通道的两边，搭建有木构平台，朝向中轴通道，用于摆放神像祭器等器物，平台中还各夹有2个用

---

① 报告中出土编号为K2③：296，参见四川省文物考古研究所编：《三星堆祭祀坑》，文物出版社，1999年。

② 赵殿增：《三星堆青铜神坛赏析》，《文物天地》2001年第5期。

"U形红烧土墙基"构建的单间，可能用来放置大型的神像或祭器，以供人们从中央通道上进行祭祀与供奉，具有保存场所和活动场地的双重功能。大房子的两端还各有一个较大的空房间，可以供人们进行集体祭祀和集会议事，作为"群巫之长"的国王，可能就是在这里代表天神与祖先来行使国家管理权的，因此这座大房子也就具有了"殿堂"的性质和作用（图四）。总之，它是一座既可以安放和保护大量神像和器物并进行重大祭拜活动的"神庙"，又是可以举行重要集会议事决策以行使国家权力的"殿堂"，可能就是整个"三星堆神权古国"的一个宗教和政治统治中心①。

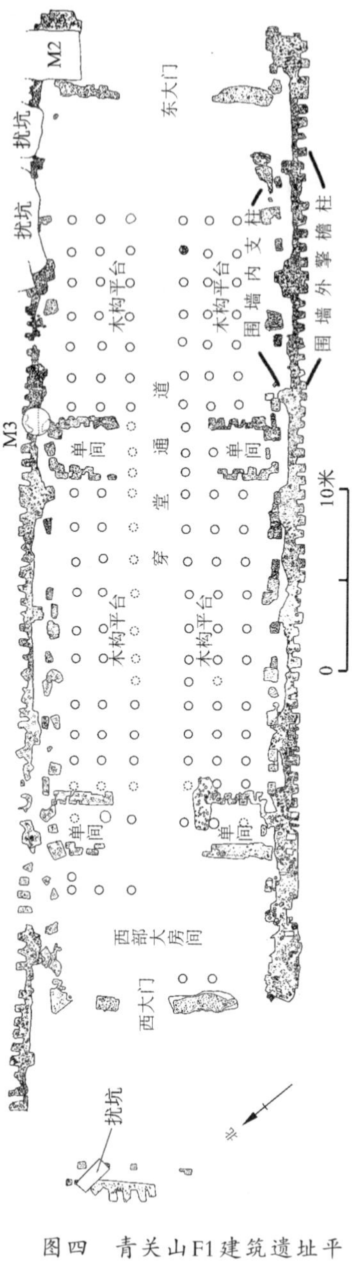

上述对青关山F1的性质作用的推测和复原设想，是我们的一些初步认识，尚待进一步研究验证。只是为了说明这座"大房子"如果不是"一座具有上下两层建筑的楼阁式建筑物"，那它有可能是什么样子，我在这里提出自己的一些初步设想，供大家研究讨论。

图四　青关山F1建筑遗址平面功能示意图

（原载《四川文物》2021年第3期）

---

　① 赵殿增：《我对三星堆文化特征成因的认识》，《中华文化论坛》2021年第3期。

祭祀文化研究

三星堆祭祀形态探讨

多年来我们一直认为，三星堆古国具有神权国家性质[1]，不仅大量器物是祭祀用品，而且一些重要遗迹现象，可能也与祭祀有关，包括室内外的祭拜场所和埋藏祭器的方式等。其中关注的重点，就是遗址中心的月亮湾台地和祭祀坑所在的三星堆地区。我在《三星堆文化与巴蜀文明》中曾提道："也许还有另一种可能，即城中心区月亮湾夯土是一个大型建筑的台基；三星堆土堆也可能不是城墙，而是一个单独建造的土台。它们都可能与祭祀或殿堂、宗庙之类的建筑物有关，在三星堆古城中具有重要的地位。这些分析有待下一步进行有计划的较大规模的发掘来验证。"[2]

近些年三星堆"青关山大房子"的发掘，北城墙和月亮湾小城、仓包包小城的重要发现等，一定程度上验证了上述推测。"青关山一号大房子"全面揭开之后，我们就认为它可能与摆放神像祭器并进行日常祭祀活动的建筑物有关；勘探后再次表明三星堆突立城南，与其他城墙并不相连，也使我对它可能与祭祀有关的看法更加明确；三星堆遗址存

---

[1] 赵殿增：《三星堆考古发现与巴蜀古史研究》，《四川文物·三星堆古蜀文化研究专辑》1992年；《略论古蜀文明的形态特征》，《中华文化论坛》2005年第4期。

[2] 赵殿增：《三星堆文化与巴蜀文明》，江苏教育出版社，2005年。

在众多祭祀坑，是许多发掘研究者在三星堆一、二号祭祀坑发现以来逐步形成的看法，慢慢得到较多的认同。这里我准备将关于三星堆祭祀形态研究的一些新认识，提出来与大家共同探讨。

一、三星堆土堆的性质和作用

关于三星堆古城的布局和特征问题，我提出一些看法，供参考。

（一）三星堆古城城墙的布局

三星堆古城城墙1984～1985年调查确认，1988～1995年进行了多次试掘，发现了明确的东城墙、西城墙、南城墙，北城墙推测已被大河冲毁，初步构成了一个梯形的古城，面积约3.6平方千米[1]。城内中北部，发现一段南北走向略向东南弯曲的"月亮湾城墙"；城区南部，发现一段呈东南—西北走向的"三星堆城墙"，与大城之间的关系尚不明了。

近几年又对三星堆古城的城墙进行了重点勘探和试掘，主要收获是发现了城区西北部的"月亮湾小城"，面积约46万平方米；在城区东北部发现了"仓包包小城"，面积约8.8万平方米，从而呈现出三星堆古城一大两小的总体格局。这是三星堆考古史上又一次重大进展，对了解古城的历史、变迁、功能、性质具有重要意义[2]。

四川省文物考古研究院三星堆遗址工作站同志对复原古城的全貌和修建过程做了多种设想，对探讨古城的性质和作用很有启发。孙华也提出来可能有一个"西南小城"，"很可能是三星堆人举行祭祀活动的

---

① 陈德安、罗亚平：《早期蜀国都城初露端倪》，《中国文物报》1989年9月15日。陈德安：《广汉三星堆早期蜀国都城墙》，《中国考古学年鉴（1990）》，文物出版社，1991年。

② 参见四川省文物考古研究院"十二五考古成果发布会"和"公众考古讲座"资料。

场所，是该城的祭祀区"①，都值得进一步探讨和验证。

城墙是否能跨越马牧河河床，真正形成一座四面环合的大城？我认为可能性不太大。从古河床地形情况看，古代的马牧河可能比现存的细小的马牧河要宽阔很多，当时不大可能把城墙从河上跨越过去，也没有这样的必要。因为三星堆古城不是先筑城再发展，而是从三星堆一期开始就在马牧河两岸发展起来之后，在三星堆二、三期的"三星堆文化"阶段，才陆续筑城的，并且成为一个神权国家的祭祀中心。从遗址中尚未发现实用的兵器等情况说明，三星堆古城所起的防御作用可能并不是很强，或许只具有某种象征意义的保护作用。我认为三星堆古城的大城很可能四面城墙并未环合，其中东西城墙的有些地段，就到马牧河岸为止了。至于将中部的"月亮湾城墙"向南延长，直接跨过马牧河，并与三星堆土堆相连，似乎当时既没有必要，更不大可能。从马牧河南面现存的地形地貌看，南区的中部也并不存在一条南北走向的"城墙"，因此不大可能再合围成一个"西南小城"。

（二）三星堆土堆的性质和作用

关于三星堆土堆是否为城墙？我也提出一点个人看法。

"三星堆"是位于三星堆古城南区中心位置的三个土丘，它的高度、形状、地点、方向都非常突出，成为当地历史上最具代表性的地名之一。特别是1980年在土堆东北侧发掘出丰富的文化层和密集的居住遗址、1986年在土堆西南地区侧发掘了两个大型祭祀坑之后，名声大震，已被正式确定为整个遗址群，乃至整个古文化、古城、古国的代表性名称②。1989～1990年试掘后，发掘者曾认为三星堆是古城的南城墙；但1994～1995年在三星堆南面500米处又发掘了长达1100米的"龙背

---

① 孙华：《三星堆遗址与三星堆文化》，《文史知识》2017年第6期。
② 四川省文物管理委员会等：《广汉三星堆遗址》，《考古学报》1987年第2期。四川省文物考古研究所编：《三星堆祭祀坑》，文物出版社，1999年。

梁子"，试掘后正式被定为南城墙①，三星堆土堆就成了孤悬在城中的一个土堆，因此人们对三星堆是否是城墙一直有些存疑。北京大学孙华发表文章说"三星堆"是"人为堆筑的土丘"，把它画在"西南小城"的中间，并不与其他城墙相连接，而是强调了它与祭祀坑等存在连带关系，可能是三星堆人举行祭祀活动的场所②。近些年来的勘探发掘，并没有发现它与周围城墙相连的新证据，因此我更加觉得"三星堆"有可能不是"城墙"，而是与祭祀活动有关的土堆。

认为"三星堆"是"城墙"的主要依据，是在试掘中证明它是人为堆筑的，并在土堆东南侧发现了一条"濠沟"，可能是"护城河"。但在否定了它是"南城墙"之后，"三星堆"与其他"城墙"的关系一直不能得到令人信服的说明。我曾提出三星堆"也可能是从事祭祀活动的高台"③，前提就是承认这种土台是使用了"城墙"的建造方法修建的，因为当时可能还没有像后来"羊子山"那样成熟的筑台技术，就用筑城的方法建造了三星堆，因而也就在取土的地方，留下与"濠沟"相似的土坑。但从"三星堆"的高度、长度、形状、位置、历史情况，特别是它与大型"祭祀坑""青关山大房子"，及其与"古城"的关系来看，它都更像是一个单独建造的"土堆"，与"城墙"有着不同的性质和作用。下面分别做些阐述。

"三星堆"的高度现存4～6米，原来可能更高，并且高踞于河畔台地之上，远远高于大城和小城各处的城墙，站在上面，可以环视城区并望眺远方。土堆比较陡峭，堆筑的方法与其他城墙也略有不同，更加追求的可能是土堆的高度，应有其特殊的用意。

1980年初实测"三星堆"长180米、宽40米～60米，西北端是一

---

① 陈德安、罗亚平：《早期蜀国都城初露端倪》，《中国文物报》1989年9月15日。陈德安：《广汉三星堆早期蜀国都城墙》，《中国考古学年鉴（1990）》，文物出版社，1991年。

② 孙华：《三星堆遗址与三星堆文化》，《文史知识》2017年第6期。

③ 赵殿增：《三星堆文化与巴蜀文明》，江苏教育出版社，2005年，第216页。

个比较高的陡坡，东南端在农家的竹林里，现尚存一段土坡。虽然三个土堆已被砖厂取土挖去两个多，但总长的情况仍然保持下来了。我们认为土堆的两端可能都已经到头了，这正是三个土堆的总长度。今后若要再做发掘，除了横剖面之外，最好从两端各开纵向的探沟，只要挖到原来的土堆坡面和基础，看它是否还在延长，"三星堆"两端到头与否的问题，就可以迎刃而解了。

比高度、长度更能说明"土堆"性质和作用的，可能就是"三星堆"的形状。从名称和已有记述中都可以看到，"三星堆"一直是三个相连的土丘。1980年代初开始发掘时，还可以看出三个土堆的大体范围，在第一和第二个土堆之间，曾有一条水沟穿通；第二和第三个土堆之间，也曾有一条小路经过，可见它们原是三个相连的土丘，与城墙建筑有较大的差异。

早在20世纪二三十年代，《汉州发掘简报》里就记述说："燕家附近的一个小山旁，有个大半圆形弯曲地，好似一轮明月，名叫月亮湾……南面较远处有座小山，有三个小圆丘，把它们视作星座，称这些土墩为三星堆。"[①]而在清《汉州志》中，就已经有了"三星伴月堆"的记载，可见"三星堆"此前久已存在。

"三星堆"位于"三星堆古城"南区，在一片宽阔地带的中央，位置突出而显要。它与周边的城墙都没相连接，而与三星堆一、二号大型祭祀坑，以及"青关山一号大房子"的中轴线方向一致，都是以北偏西约45°，正对着西北方的神山，说明它们之间有其内在的关联，可能都与对神山的崇拜和祭祀有关，"三星堆"有可能就是其中一个"假山"式的"祭台"。

（三）三星堆土堆性质的佐证

我们从三星堆一号祭祀坑出土玉边璋图像的研究中也发现，"三星

① 葛维汉：《汉州发掘简报》，《三星堆研究》第1辑，天地出版社，2006年。

堆"有可能最初就是三个人工建造主要用于祭祀的土丘或假山。这里我们通过对"祭祀图玉璋"的再研究作为旁证，从一个侧面来进一步探讨三星堆土堆的性质和作用问题。

三星堆二号祭祀坑中出土了一件玉璋（K2③：201-4），上面刻有四组完整的祭祀图像，内容丰富多彩，形象具体生动，是研究三星堆古国时期祭祀活动具体情况的绝好材料，也是我们认识三星堆等土台祭祀作用的重要依据[1]。玉璋上的图像使用了重复刻绘相同图景的方法，用来强化表现一个共同的主题。四组画面的内容、布局、大小、组合，都基本相同，只是朝向邸部的两幅，因邸部较窄少刻了一个站立人像。每种同类的器物、景观、人像、动作，都准确雕刻得完全一样，刻画线条精确熟练。这些情况说明，玉璋上的图像显然不是随意所为，更不是偶然的刻画，它可能是为了特定的具体祭祀内容，用已经相当成熟了的构思和技艺，有计划有规律地表达一种常见的活动场面和理念，并可以长期反复使用，是对当时一般性、常态化了的典型祭祀仪式的形象记录。因此它成为最能直接表现三星堆神权国家祭祀活动和信仰观念的文物之一，应称之为"祭祀图"。

整个玉璋上共刻有16座山，22个人像，8只牙璋，4只象牙，8只巨手，4个船形图案，分为基本相同的四组，每组图像中都有四座大山，有五或六人正在进行祭祀。

每组画面的中央，都有一道云纹条带，将画面分为"天上"和"地上"两个部分。"天上"下部并列有两座"神山"。神山两侧，有两只"巨手"。两座神山之间，刻画一只悬浮的船，装载着准备升天者，正经过两山之间进入天国。神山之上，站着三个衣着华丽的人像，可能是天神或祖先神，正在天上接受崇拜和祭祀。

"云气"之下，可能是代表"地上"或"人间"。画面的上部，也

---

① 四川省文物考古研究所编：《三星堆祭祀坑》，文物出版社，1999年，第358页。陈德安：《浅释三星堆二号祭祀坑中出土的玉璋图案》，《南方民族考古》1990年第3辑。

刻有三个盛装的人像，可能是正跪在"山"上进行祭祀活动的巫师或祭司。下层的跪拜人像与上层的站立人像，采用的是相同的手势，表明他们相互之间是可以通过手势互通信息，实现"人神相通"，达到祭祀的目的。对于这件玉璋图像的内容和内涵，我有专文讨论①。这里简单谈谈它与三星堆土丘的关系问题。

在"地上"跪拜人像之下有两座小山。山的两侧，各插一个牙璋，两山之间，横放一只象牙。这些礼器和祭品的出现，说明下层的山丘可能不是被祭祀的对象，而是举行祭祀的场所。跪人像就是在这样的"山"上面进行祭祀活动的，以便达到更加接近上苍的目的。至于说这两座山上也和上层的神山一样，有太阳、云气、山丘等纹饰，或许可以理解为巫师们将这些用于祭祀的高台加以神秘化，认为它有与神山相等的地位和作用，在这里祭拜就能与上天相通了。我们认为这是两座"山"，是供巫师在上面进行祭祀活动的"假山"或"高台"，也就是一座神圣的祭坛。

综观整组玉璋图像，可能是表现巫师们正在三星堆城内的"土台""祭坛"前面，遥祭处于西北方云天之上的"神山"上的"天神""祖神"的完整场面。其中在"地上"摆放祭品的"神山"，或许就是被筑成山形的三星堆土堆之类的"土台"与"祭坛"，跪着正在地上进行祭祀活动的，是巫师或祭司；云天之上是"神山"之上，站立着古蜀人的"天神"和"祖神"。他们之间用同样的手势，传递并贯彻上天的旨意，达到"人神相通"的祭祀目标。其中在"地上"摆放祭品的"假山"，我们认为可能就是被筑成山形的"祭台"或"祭坛"。

三星堆三个特意建造的土丘，可能就是这种人造的"神山"，曾作为举行祭祀活动时的"祭台"。从三星堆一、二号祭祀坑与三星堆方向一致、位置相连、场所相关的密切关系来看，这些大型的"燎祭"和"瘗

---

① 赵殿增：《三星堆"祭祀图"玉璋再研究——兼谈古蜀人的"天门"观》，《三星堆研究》第5辑，巴蜀书社，2019年。

埋",可能就是在三星堆上指挥进行的。最近冉宏林根据地层情况,提出三星堆西南是经过平整的祭祀场地①。三星堆二号祭祀坑中出土最大的"青铜立人像",正是站在一个高高的方形"祭台"之上,指挥着整个祭祀活动的。三星堆也或就是这种高台,现在我们站在三星堆上面,遥望西北方的岷山,仍然有一种看到了云天之上神山的感觉,说明三星堆当年可能就是用于指挥大型祭祀活动、进行遥祭神山与上天的重要高台。

退一步说,即使三星堆是使用"城墙"的建造方法修建,并曾作为城墙的一个组成部分,但从"三星堆"的高度、长度、形状、位置、历史情况,特别是它与祭祀场地和"祭祀坑"的关系来看,它都可能曾被用作指挥祭祀活动的高地,发挥了祭台的性质和作用。月亮湾、仓包包等处的部分城墙,也可能有过类似的作用。我在这里不辞冒昧将个人的一点浅见发表出来,把它作为三星堆神权古国祭祀形态的一个组成部分,供三星堆研究者和观赏者借鉴参考。

二、青关山一号大房子的结构和功能

近些年来在三星堆遗址西北部的青关山进行了大规模的考古发掘,其中最重要的收获就是发现了编号为F1的"青关山一号大房子"。

(一)青关山一号大房子的结构特征

"青关山一号大房子",位于青关山第二级人工土台表面南部,平面为长方形,纵轴呈东南—西北走向。长65米、宽16米,建筑面积超过1000平方米。发掘者根据地层叠压关系及墙基内包含物判断,一号大房子的使用年代为三星堆遗址三期,废弃年代在商代晚期,大致与一、二号祭祀坑同时,是三星堆遗址迄今为止发现的面积最大的商代单

---

① 冉宏林:《再论三星堆祭祀坑的分期》,《三星堆研究》第5辑,巴蜀书社,2019年,第66页。

体建筑基址[①]。

"一号大房子"可以说是一个"巨型"建筑,"墙基"由红烧土块垒砌,房子中间有一条宽敞的"穿堂过道",因长期走动已形成坚硬的路面,成为整个建筑物的主轴,呈东南—西北走向,朝向西北方的岷山。南、北、西墙墙基外侧有一排密集排列的凸字形"檐柱"遗迹,南、北各有60多个"檐柱",西墙墙基外亦有5个(复原后可能有10～20个)"檐柱",总数达100多个。"墙基"内侧还有一列平行的"柱础"。"墙基"及墙基外侧的"檐柱"、内柱的"柱础",均由红烧土块垒砌基础,并夹杂有大量的卵石,红烧土块大多成形似砖,应为异地预制。大房子内部有两排"侧室",沿中轴线对称分布。廊道两侧各有3排没有柱础的小柱洞,每排20多个。在红烧土墙基、"檐柱"和室内夯土中,有10余处发现掩埋玉璧、石璧和象牙的现象。

三星堆遗址"青关山一号大房子"有一些明显的特点:

1.面积巨大,建筑面积逾1000平方米,是三星堆遗址乃至全国迄今为止发现的面积最大的商代单体建筑基址之一。

2.墙体坚固,"墙基"宽厚,外侧用上百个"墙垛子"加固。"墙基"及墙基外侧的"檐柱"、内侧的"柱础",均由红烧土块垒砌,并夹杂有大量的卵石。

3.结构特殊,有宽阔的中轴通道。大房子中间有一条宽敞的"穿堂过道",呈东南—西北走向,纵贯全屋,两端开大门,成为整个建筑物的主轴。它与一、二号祭祀坑及三星堆土台中轴线方向相同,均为北偏西约45°,正对着西北方的岷山。

4.内室众多,"侧室"分为两排,沿中轴线对称分布,均朝向中轴通道。

5."侧室"的位置有比较密集的几排柱桩,直径略小,可能不是支撑房顶的立柱,而可能是构建平台的桩基,在这样的平台上放置神像和

---

① 参见四川省文物考古研究院"十二五考古成果发布会"和"公众考古讲座"资料。

祭祀用品，供在中轴通道上的人们贡奉和祭奠。通道上有坚硬的路面，说明当时人们主要是在通道上活动，向两边的"侧室"中神像和礼器进行祭拜的。

6.出现祭祀用品，用来为建筑奠基。墙基、"檐柱"和室内夯土中，有掩埋玉璧、石璧和象牙的现象。这些都不可能是生活用品和日用藏品，而是敬神和祭祀的物品，放在夯土中奠基。

7.地处高台重地。青关山位于三星堆古城西北部的高地，"月亮湾小城"的中央，在古代中国通常是国都的宗庙、殿堂或宫殿的位置。勘探得知，下面还有三四层夯土层与文化层，厚达4～5米，下面可能还有早期的大型建筑物。

（二）青关山一号大房子复原研究的两个问题

一是小柱洞的作用问题。在中央通道两边的"侧室"内，各有3排小柱洞，每排22～23个，基本相互对称。小柱洞没有柱础，直径较细，我认为这样的柱子承载力量较小，不可能是支撑"干栏式"楼层或房顶的立柱。这样的柱子细小而密集，若都是立柱，既不利于人员居住、活动，也不利于再存放物品。我认为这6排小柱洞，可能是用来搭建的低矮的平台，在平台上放置神像和礼器祭品，用以供人们从中央通道进行祭祀与供奉，也就是说这些平台可能就是巨型大房子两侧的祭台。

二是红烧土墙的作用问题。大房屋的红烧土墙厚实而坚固，并在外面用100多个"墙垛子"进行加固，墙基内侧还有两排"内柱"。墙基外侧的"檐柱"、内侧的"柱础"，也都用特制的红烧土块垒砌。如果说它是"干栏式"建筑，这样结实的墙体，就起不到实际上的承重作用了。我们认为这种厚实而坚固的红烧土墙，应是单层建筑的主要承重墙体，它和红烧土墙外侧的"檐柱"、内侧的"内柱"一起，共同支撑着主体梁架和屋顶，从而构建成一座宽16米、长60多米，面积达上千平方米的单体大型建筑。

关于“青关山一号大房子”的复原设想，我认为“青关山一号大房子”可能是一座两面坡屋顶的大型单层单体建筑，顺房子纵轴，有一条笔直宽敞“穿堂过道”式的通道，贯穿全屋，两端中央开两个大门。整个建筑物的主轴和通道呈东南—西北走向，指向西北方的大山。通道两边的“侧室”，分为两排，各有四至八间，沿中轴线对称分布，均朝向中轴通道。“侧室”内有木构的平台，用于摆放神像祭器等器物，供人们从中央通道进行祭祀与供奉。总之，它是一座既可以保护存放大量大型器物，又能够保证经常人来人往进行祭拜，具有保存场所和活动场地双重功能的特殊建筑物。

这些特征表明，它不是一般的居住和贮藏性房屋，也不像是举行政治议事活动的宫殿，而可能是一个神圣的大型宗教礼仪性建筑。它与红山文化牛河梁“女神庙”（长25米，有7个侧室1个单室，出陶塑女神像、动物像、彩陶祭器）[1]、郫县古城“大房子”（5号房址，长方形，面积550平方米，呈东南—西北方向，长轴线上整齐有序地排列着5个长方形卵石台，可能是祭台）[2]都有类似之处。我们认为三星堆遗址“青关山大房子”的性质，可能与它们相仿，推测应是三星堆神权古国时期一座重要的“神殿”或“神庙”，专门用来摆放神像和祭器，并进行经常性的祭祀仪式。

三星堆祭祀坑中出土的大量神像和礼器，平时不可能长期放在室外，必然要有一个相当大的建筑物来摆放。从“青关山一号大房子”的面积、高度、结构、分室情况看，大体上可以把“祭祀坑”出土的所有神像和祭器放置其中，并能在此进行经常的祭祀活动，因此它具有了“神殿”或“神庙”的功能。在墙基、“檐柱”和室内夯土中用玉璧、石璧和象牙奠基，更说明了这座建筑的重要性和神圣性。在重大祭祀时，把神像和祭器部分或全部搬到祭台旁边的祭祀场所，举行祭拜活

---

[1]　郭大顺、张星德：《东北文化与幽燕文明》，江苏教育出版社，2005年。

[2]　江章华等：《成都平原的早期古城址群——宝墩文化初论》，《中华文化论坛》1997年第4期。

动。有些祭器在进行特定的祭祀仪式之后，没有再抬回来，而是被直接埋藏于祭祀坑中了。它的废弃年代大致与一、二号大型祭祀坑同时，说明二者很有可能是一起被废毁和埋藏的。因此我们认为青关山上的"神殿"或"神庙"，可能就是三星堆古国繁荣时期人们进行日常祭祀仪式的一处最重要的场所，是表现神权古国宗教信仰的一个标志性建筑物。

（三）"青关山一号大房子"性质的佐证

三星堆二号祭祀坑中出土的"青铜神坛"（K2③：296）表现出了三星堆古国祭祀活动的一些具体情况，不仅表现了三星堆古人已具有"天""地""人"三界的观念，而且反映出"神殿"或"神庙"在三星堆祭祀仪式中的重要地位，可以作为"青关山大房子"性质研究的参考与补充①。

"青铜神坛"用四座云气缭绕的"神山"，把"天上"和"人间"分开。"人间"站有四个"祭师"，头顶神山，手持祭器，正在"作法"。"祭师"额头生出一缕云烟，上面有以"人面具"形态出现的神灵，实现了"人神相通"。"神山"之上，是一座四方形的"神殿"或"神庙"，代表天上的"神界"。"神殿"或"神庙"四面，各有五个"祭师"正在跪拜，上方则有"人首鸟身"的图腾等神像，构成一个重要的祭祀活动的中心场所。

"青关山一号大房子"在三星堆古城中的地位和作用，可能就是这种"青铜神坛"四方形建筑相仿的"神殿"或"神庙"，是经常进行祭祀活动的神圣宗教场所。

我认为"青关山一号大房子"有可能不是宫殿，而是摆放神像祭器并进行日常祭祀活动的建筑物"神殿"，因为我们认为三星堆是崇尚神权的"神权古国"，从两个大型祭祀坑出土的文物看，这些曾经放置

① 四川省文物考古研究所编：《三星堆祭祀坑》，文物出版社，1999年，第231～233页。赵殿增：《三星堆青铜神坛赏析》，《三星堆考古研究》，四川人民出版社，2004年。

在"大房子"中的器物，主要是神像、神器和祭器，称为"神殿"更加准确些。它与以宗族为基础，崇尚王权的"王权古国"侧重于它祭祀祖先神灵的"宗庙"，有着明显的差别。"神殿"说与"宗庙"说或宫殿说，哪种看法更确切些，还需要进一步的发掘、研究和探讨。

三、三星堆祭祀坑的类型和特征

我们在这里再重点探讨一下最能反映三星堆祭祀形态的"祭祀坑"问题。

（一）关于三星堆"祭祀坑"的名称

三星堆一号和二号祭祀坑的名称，经过多年讨论，已被较广泛采纳[①]。从土坑的位置、形状、方向、器物内容、摆放方法、回填方式、坑口建筑等方面看，都说明它是一种有目的有秩序的祭祀行为所致。无论是对天地神灵举行的大型祭祀，或是对失灵神器进行的掩埋仪式，还是自己对亡国宝器进行的焚烧瘗埋，都是作为一种隆重祭祀仪式的最终结果，都可以称之为"祭祀坑"。或者是这几种内涵兼而有之，具有多重意义。

我们认为，很可能是三星堆"神权国家"鼎盛时期过后，由于对物力人力的消耗过度，导致了经济的崩溃和社会的动乱，最终发生了严重的生存灾难和社会恐慌，人们就认为是这些神器已经失灵了。在距今约3200年，人们通过一两次盛大而奇异的祭祀活动，对着西北方神山中的天神祖先，举行了最后和最大的祭典，然后打坏焚烧神器和祭器，表示把他们送回了天神界，有序地埋藏于祭祀坑中。随后就把国家的中

---

① 四川省文物考古研究所编：《三星堆祭祀坑》，文物出版社，1999年，第438～448页。陈显丹、陈德安：《试析三星堆遗址商代一号祭祀坑的性质及有关问题》，《四川文物》1987年第5期。陈显丹：《广汉三星堆一、二号祭祀坑两个问题的探讨》，《文物》1989年第5期；《广汉三星堆一、二号坑的时代、性质的再讨论》，《四川文物》1997年第4期。

心迁到成都的金沙遗址，开始了十二桥文化占统治地位的"杜宇氏蜀王"时期①。这种分析，包涵了"祭祀说""失灵法器掩埋说""亡国宝器埋藏说"等三种较流行的说法，或许比较符合原来的情况。而"火葬墓说"和"犁庭扫穴说"，与发掘情况出入较大，我们认为不能成立。

至于有些学者认为用"器物坑"客观慎重些，也未尝不可。但发掘30年后对土坑性质仍未有一个确定的说法，似乎又对读者不大负责任。为了明确表述三星堆古国的特征和性质，反映目前的研究水平，我们认为还是尊重和采用发掘单位经过论证和出版审定所做出的"祭祀坑"之名为宜。

我们还进一步发现，三星堆遗址内外还有许多"灰坑""器物坑"的形式和内容，也可能与祭祀活动有关，是一种广泛意义之上的"祭祀坑"。深入分析这些"祭祀坑"的形态与内涵，对于了解三星堆遗址、三星堆文化乃至三星堆古国、三星堆文明的性质和特征，具有重要的意义。

除一号和二号祭祀坑，20世纪在三星堆遗址内外还发现过四五个埋藏玉石礼器的土坑，如1929年月亮湾燕家院子器物坑②、1987年仓包包祭祀坑③、1976年高骈乡器物坑④和1990年盐亭县麻秧乡玉器坑等⑤，我们曾对此做过初步分析，提出它们也应是祭祀坑⑥。这种观点逐渐得到

---

① 赵殿增：《三星堆青铜神树——早期文明的"自然崇拜"》，《文史知识》2017年第6期。

② 林名钧：《广汉古代遗物之发现及其发掘》，《说文月刊》1942年第3卷第7期。

③ 敖天照、王有鹏：《四川广汉出土的商代玉器》，《文物》1980年第6期。敖天照：《广汉高骈出土商代玉器的补正》，《三星堆研究》第1辑，天地出版社，2006年，第127页。李学勤：《从一件新材料看广汉铜牌饰》，《中国文物报》1997年11月3日。赵殿增：《三星堆与二里头铜牌饰研究》，《三星堆考古研究》，四川人民出版社，2004年，第314页。

④ 四川省文物考古研究所三星堆工作站、广汉市文物管理所：《三星堆真武仓包包祭祀坑调查简报》，《三星堆研究》第1辑，天地出版社，2006年，第252页。

⑤ 赵紫科：《盐亭县出土古代石璧》，《四川文物》1991年第5期。

⑥ 赵殿增：《三星堆祭祀坑文物研究》，《三星堆研究》第1辑，天地出版社，2006年，第252页；《人神交往的途径——三星堆文物研究》，《三星堆研究》第1辑，天地出版社，2006年，第214页；《三星堆文化与巴蜀文明》，江苏教育出版社，2005年，第235页。

认同，并在实践中得到进一步的验证。

2000年月亮湾发掘出8座形状各异的土坑，内存完损不等的大量器物，有的浅圆坑中放满红烧土块、碎陶器和璧、琮、瑗等玉石礼器残件；有的长方形坑中放置100多件小平底罐等较完整的陶器；有的在很浅的圆坑中部堆放各类陶器，已突出于坑口，可能是平地之上堆埋而成的。这些坑既不可能是墓葬，更不是有意存放的窖藏，也不同于盛贮器物或垃圾的灰坑，我们当时就提出它们可能与祭祀活动有关[①]。参考金沙遗址中心区数十个祭祀坑的情况[②]，将月亮湾这组新发现的器物坑定为祭祀坑，应该是可以成立的。

近几年三星堆遗址在进行了科学规划、全面勘探、重点发掘，同时又对三星堆遗址多年的发掘资料进行了系统整理，有不少新的发现，取得了重要成果，其中也有些可能是祭祀坑。联想到1980年以来发掘的众多红烧土坑、器物浅坑等特殊形状的灰坑，我们认为它们可能都与祭祀活动有关，说明三星堆遗址中曾出现过许多不同形式、内容、时代、等级的各式祭祀坑，数量可能有几十甚至上百个之多，它们是三星堆文化时期这里经常进行祭祀活动的产物和实证。我们可以从这些坑的形态、内涵、时代、分布等方面，来探讨一些它们的祭祀性质问题。

（二）三星堆祭祀坑的类型

三星堆祭祀坑的形制大致可分为五类：大型长方坑、中型长方坑、红烧土坑、不规则浅坑、小型圆坑。

1.大型长方坑

包括三星堆一号祭祀坑、二号祭祀坑、燕家院子器物坑等，长、宽、深各达数米，埋藏器物数百上千件。

一号祭祀坑（K1）在三星堆遗址区南部，"三星堆"土堆西南约

---

① 资料存四川省文物考古研究院三星堆遗址工作站。
② 参见《从三星堆到金沙》，保利艺术博物馆，2008年。

60米处，坑长4.5～4.64米、宽3.3～3.48米、深1.46～1.64米。坑的侧面正对着"三星堆"，主坑道与"三星堆"土堆方向一致，都朝西北方的大山。坑底埋藏神器、礼器、祭器420件，包括人头像、人面具、尊、罍等青铜器179件；金杖、金虎等金器4件；璧、琮、瑗、璋等玉器129件；斧、臼、铲、矛等石器70件；盏、盘、罐、器座等陶器39件，还有象牙、海贝等，代表了三星堆古蜀先民进行宗教祭祀活动时的主要用品。器物在坑底放好后，又从主坑道向坑里倾倒了大量烧过的骨渣，呈斜坡状覆盖在器物之上，再用五花土将土坑填满夯实，坑口还有相连的建筑遗迹①。

二号祭祀坑（K2）在K1东南30米，亦在"三星堆"土堆西南约60米处。坑长5.3米、宽2.2～2.3米、深1.4～1.68米，方向与一号祭祀坑一致。坑内埋藏神器、礼器、祭器1119件，包括立人像、大人面具、神树、神坛等青铜器730件；金面罩、金挂饰等金器61件；璧、琮、瑗、璋等玉器116件；璧、瑗、矛等石器15件；还有象牙67件、海贝4600枚等。二号祭祀坑的器物数量和品种都要大大超过一号坑，器形也有较大的不同。器物采用了分三层有序摆放的方式放置，上面未倾倒了烧过的骨渣，而是直接用五花土将土坑填满夯实。从开口地层看，K2要略晚于K1②。

燕家院子器物坑在三星堆遗址区北部中心区域，"月亮湾"土堆西北、"真武宫"土堆西南、马牧河北岸的月亮湾台地中部。1929年发现，经清理发掘形制亦为长方形土坑，"长7尺、宽3尺、深3尺"。坑

---

① 四川省文物考古研究所编：《三星堆祭祀坑》，文物出版社，1999年，第16页。陈显丹、陈德安：《试析三星堆遗址商代一号祭祀坑的性质及有关问题》，《四川文物》1987年第5期。陈显丹：《广汉三星堆一、二号祭祀坑两个问题的探讨》，《文物》1989年第5期；《广汉三星堆一、二号坑的时代、性质的再讨论》，《四川文物》1997年第4期。
② 四川省文物考古研究所编：《三星堆祭祀坑》，文物出版社，1999年，第154页。陈显丹、陈德安：《试析三星堆遗址商代一号祭祀坑的性质及有关问题》，《四川文物》1987年第5期。陈显丹：《广汉三星堆一、二号祭祀坑两个问题的探讨》，《文物》1989年第5期；《广汉三星堆一、二号坑的时代、性质的再讨论》，《四川文物》1997年第4期。

内器物分层摆放，整齐有序。坑底埋藏的主要是璧、琮、瑗、璋、戈、矛等玉石器，据说共有400多件，现存于各博物馆百余件，均为祭祀礼仪用品。其中最突出的是出土了20多件大小成套的石璧，其中最大的直径70厘米，小的14厘米，与遗址中经常出土的石璧、石璧蕊制作方法相同，是三星堆时期最常见的礼器之一[①]。从形制、比例、器物类型、放置方式来看，都与二号祭祀坑有相似之处，表明它也是祭祀仪式后瘗埋礼器祭品的祭祀坑，只是未发现青铜器而已。燕家院子器物坑中并未发现火烧过的痕迹。如果说三星堆一、二号祭祀坑是大型燎祭的结果，燕家院子器物坑就有可能是瘗埋祭神的产物，二者在性能和形式上有明显的不同。

2.中型长方坑

包括仓包包、高骈、仁胜祭祀坑等，长、宽、深1～2米左右，埋藏器物数十件。

仓包包祭祀坑在三星堆遗址区北部偏东"仓包包"土堆上，"仓包包"土堆亦朝向西北方的大山。1987年发现，为一长约2米、宽约1米、深约0.4米的长方形土坑，坑内有烧骨渣和灰烬，器物最突出的是出土了3件铜牌饰，一件呈圆角长方形，饰变形兽面纹，并镶嵌绿松石；一件呈圆角长方形，饰5对10个镂空S纹；一件呈倒长梯形，表面有朱砂。玉石器有璧、环、斧、锛、凿等，其中有21件大小成套的石璧，分为两组，每组10或11件，亦与遗址中经常出土的石璧、石璧蕊相同[②]。从土坑形制和器物类型来看，它也可能是祭祀仪式后瘗埋礼器祭品的祭祀坑。

高骈祭祀坑1976年发现于三星堆遗址西北3千米的高骈乡，为一长约1米、宽约0.5米的长方形土坑，坑内出土有玉斧、玉刀、玉矛等时代较早的器物，而没有璧、琮、瑗、璋等后期典型的玉石礼器。坑中

---

① 林名钧：《广汉古代遗物之发现及其发掘》，《说文月刊》1942年第3卷第7期。
② 四川省文物考古研究所三星堆工作站、广汉市文物管理所：《三星堆真武仓包包祭祀坑调查简报》，《三星堆研究》第1辑，天地出版社，2006年，第252页。

还出土了1件铜牌饰，呈圆角长方形，饰兽面纹，镶嵌绿松石，与二里头遗址出土的"镶嵌绿松石兽面纹铜牌饰"更为相似，二者可能有密切的关系①。从铜牌饰形态看，高骈祭祀坑可能略早于仓包包祭祀坑。

1997年在三星堆遗址西城墙外1千米的仁胜村，发掘了一处早期墓葬群，共有29座，均为长方形竖穴土坑。其中大部分有人骨架和随葬品，有几座没有人骨架或随葬品，而是埋藏着象牙、牛骨架，有的墓埋藏有锥形器、泡、珠等玉石礼器②。这些共存于墓葬群中的器物坑，可能是用作某种特殊的祭祀仪式，因此也可以称之为"祭祀坑"。

3.红烧土坑

三星堆遗址多次发掘中时常发现有一些红烧土坑，一般为圆形，直径2米左右，坑附近没有建筑遗迹，由于发掘初期不了解具体情况，有时也称之为"红烧土堆"或"红烧土层"。2000年在月亮湾台地发掘时，清理了一座较完整的红烧土坑，有利于我们弄清这些红烧土坑的情况和性质。该坑位于台地中部，为圆形浅坑，直径2.2米、深0.3米，坑底有10多厘米厚的红烧土层，坑内有一些玉石器残块，均被火烧过。可看出器形的有璧、琮、瑗各一块，正好是三星堆祭祀用玉石礼器的典型组合③。推测这里是一处使用期较长的焚烧燎祭的场所，祭器中包括古蜀人最常用的礼仪用品。在1980～1981年三星堆发掘区中，也有五六个形状大小相似的"红烧土陶片堆积"，叠压在房屋基址之上，位置在三星堆东北侧④，可与月亮湾台地的红烧土坑有类似的祭祀性能。

---

① 敖天照、王有鹏：《四川广汉出土的商代玉器》，《文物》1980年第6期。敖天照：《广汉高骈出土商代玉器的补正》，《三星堆研究》第1辑，天地出版社，2006年，第127页。李学勤：《从一件新材料看广汉铜牌饰》，《中国文物报》1997年11月3日。赵殿增：《三星堆与二里头铜牌饰研究》，《三星堆考古研究》，四川人民出版社，2004年，第314页。

② 四川省文物考古研究所三星堆遗址工作站：《四川广汉市三星堆遗址仁胜村土坑墓》，《考古》2004年第10期。宋治民：《三星堆遗址仁胜村土坑墓的思考》，《四川文物》2005年第4期。

③ 资料存四川省文物考古研究院三星堆遗址工作站。

④ 资料存四川省文物考古研究院三星堆遗址工作站。

4. 不规则浅坑

三星堆遗址中还有相当数量的不规则浅坑，内放有较为完整的玉石器或陶器，再用浮土进行掩埋。坑的形状不很规则，深浅也不一致，埋藏器物的多少也各不相同，表现出一定的独特性。以2000年在月亮湾台地发掘的一号坑为例，坑为圆形，直径1.5米，很浅，基本上是一块平地，中央堆放器物，有豆、钵、盏等陶器和一些石器，其间还有些灰土。最后用浮土进行掩埋，形成一个略高出地面的土丘[1]。这样的土坑既不像生活的居室，又不像贮存物品的窖藏，更不像是墓葬或窑址，包括埋存数十件陶、石、金、玉器的青关山H105[2]等第四期的大型灰坑在内，都可能是某种简单的祭祀仪式后掩埋祭品的"祭祀坑"。

5. 小型圆坑

三星堆遗址内有另外一种较奇特的遗迹，是一些直径只有几十厘米的圆形小深坑。一般修建得比较规整，坑底多铺一层卵石，再放几件豆、钵、盏等陶器，用松土填满。它们不像是居室、墓葬或窖藏，我们认为它们也可能与祭祀活动有关。这样的小型圆坑在三星堆遗址之外，什邡、汉源甚至于越南等地也常出现[3]，坑内放置的都是三星堆文化的典型器物，它们都可能是一种影响广泛的特殊祭祀遗存。

（三）三星堆各类祭祀坑的年代

三星堆各类祭祀坑的年代也有所不同，三星堆遗址四期均有，以第三期最多，最大，最丰富。

1. 一期

以仁胜祭祀坑为代表。这时的祭祀坑是混存于墓葬群之中的，土坑的形制也与墓葬基本相同，只是没有人骨架或随葬品，而是埋藏着象牙、兽骨架和礼器。它们可能是利用墓葬之坑，进行了某些祭祀仪

---

① 资料存四川省文物考古研究院三星堆遗址工作站。
② 资料存四川省文物考古研究院三星堆遗址工作站。
③ 资料存四川省文物考古研究院三星堆遗址工作站。

式，再将祭品埋入而形成的。同时出土有类似良渚文化的玉锥、玉泡等礼器，陶器以磨光陶罐为代表，还未出现"三星堆文化"时期的典型器物，时间在新石器时代晚期的"三星堆一期文化"阶段。从出土器物看，这时的祭祀活动可能受到良渚文化的强烈影响，是三星堆祭祀文化的初始阶段。

2.二期

以高骈、仓包包祭祀坑为代表。两座坑中都出土了铜牌饰，从器形特征看，与二里头出土的镶嵌绿松石兽面纹铜牌饰既有相似之处，又有较大的不同，可能是二里头文化铜牌饰的发展和变异，时代略在二里头文化晚期至商代前期阶段。这些坑中已经出现了玉斧、玉刀、玉矛等时代较早的礼器，和大小成套的石璧、石璧蕊等三星堆特有的器物类型，大约是在二里头等文化影响下，三星堆自身的祭祀文化的形成阶段。

3.三期

前段：燕家院子器物坑为代表。坑内器物据说有400多件，摆放有序，主要是璧、琮、瑗、璋、戈、矛等玉石礼器，和20多件大小成套的石璧，均为三星堆时期典型的礼器组合。坑的形制、器物放置方法虽然与二号祭祀坑有相似之处，但未发现青铜器，而且玉石礼器器形要原始一些，更加接近商代中期的中原玉礼器。燕家院子器物坑的时代大约相当于二里岗文化与殷墟交界之际，是三星堆自身祭祀文化的成熟阶段。

后段：以三星堆一号祭祀坑、二号祭祀坑为代表，达到三星堆祭祀文化发展的顶峰阶段。两坑内共埋藏神器、礼器、祭器一千七百多件，包括人像、面具、神树、神坛、尊、罍等青铜器；金杖、金面罩、金挂饰等金器；璧、琮、瑗、璋等玉器；璧、瑗、矛等石器，还有象牙、海贝等，形成一组庞大的神器、礼器、祭器群，表现了三星堆神权国家祭祀文化的神奇面貌。两座坑的开口地层有所差别，埋藏方式各有不同，所埋器物也有些区别，形成时间可能有先后，但不会相距太远。从总体的特征分析，这两个坑主体器物的时代应属于三星堆三期后段，大约相当于商代晚期[①]。

在一号祭祀坑的回填土中，发现了尖底盏、小器座等陶器，具有三星堆四期文化，即"十二桥文化"的器物特征。因此有些学者认为一号祭祀坑形成于三星堆遗址第四期，即"十二桥文化"阶段。这样的看法也许有一定道理，但也说明这两个坑的主体器物不是在"十二桥文化"阶段制造的。古蜀时期的几个考古学文化之间，都曾有一段交叉过渡期，"十二桥文化"的器物在三星堆遗址第三期末段已经出现，是正常的。因此我们提出可以将一、二号祭祀坑作为三星堆遗址第三期文化正式结束，和三星堆第四期文化即"十二桥文化"开始占主导地位的标志，两坑之内瘗埋的主要器物，则应认定是"三星堆文化"繁荣时期的典型器物。

4.四期

以青关山 H105 等大型灰坑为代表。在三星堆遗址的第四期，三星堆古城内外仍有较多的文化遗存，包括一些不同形态的祭祀坑。这一阶段的祭祀坑一般都比较小，未再出现埋藏大量青铜器、玉石礼器的器物坑。但也有出土数十件器物的祭祀坑，如2014年青关山 H105 的大型灰坑，坑底摆放着长颈壶、尖底杯、三足盉等陶器，还有玉璋、玉锛、金箔等礼器，具有十二桥文化特征[②]，时代在三星堆遗址的第四期，说明两个大型祭祀坑瘗埋之后，仍然有人在三星堆古城中继续生活并进行着不同规模的宗教祭祀活动。

（四）三星堆的祭祀坑的特征

我们再对三星堆祭祀坑的内涵和意义，做一些综合性的宏观探讨。

---

① 四川省文物考古研究所编：《三星堆祭祀坑》，文物出版社，1999年，第438页。陈显丹、陈德安：《试析三星堆遗址商代一号祭祀坑的性质及有关问题》，《四川文物》1987年第5期。陈显丹：《广汉三星堆一、二号祭祀坑两个问题的探讨》，《文物》1989年第5期；《广汉三星堆一、二号坑的时代、性质的再讨论》，《四川文物》1997年第4期。
② 资料存四川省文物考古研究院三星堆遗址工作站。

至于每次祭祀活动的主人、对象、目的、过程，各次使用神像祭器的种类、特征、内涵、用法，都会有一定的差异，则需要分别进行更加深入具体的分析研究。

我们将这些器物坑都归类于"祭祀坑"，是因为这些坑的形制和内涵都比较特殊，明显不同于古代的墓葬和专门埋存物品的窖藏，更不是废弃物和垃圾坑。不仅坑内器物基本上都是用于祭祀的神像和礼器，而且其瘗埋方式本身就具有独特的内容和含义，可能是各种特定的宗教礼仪活动的最终结果。它不同于中原地区对社稷宗庙先王墓葬等进行祭奠已经规范化了的"祭祀坑"，而是三星堆古国人们在"万物有灵"信仰指导下，对天地祖先各种神灵进行各种不同等级不同形式的祭祀之后留下来的遗存，主要分布在三星堆、月亮湾、仓包包等古城的中心地区，是一种神权国家经常使用的更加广泛意义上的"祭祀坑"。

三星堆的祭祀坑有其鲜明的特征，主要表现在坑内器物基本上都是用于祭祀的神像和礼器祭品、建造与瘗埋方式本身就具有独特的内容和含义、祭祀坑是某种宗教礼仪活动的最终结果这三个方面。

1.祭祀坑内器物都是用于祭祀的神像和礼器祭品，反映了三星堆古国以原始宗教为主体的信仰习俗。

关于一、二号祭祀坑内器物的类型和功用，从简报、报告到众多论著，已有很多学者进行过详细的研究，一致认为它们是用于祭祀的神像和礼器、祭品，表现出三星堆古国的信仰习俗。笔者也认为它们反映了以"万物有灵"为特色的原始宗教信仰，包括以太阳、树木、山川、星云为代表的"自然崇拜"；以鸟、鱼、龙、虎为代表的"图腾崇拜"；以眼睛、巨手为代表的"祖先崇拜"；并通过以立人像、人头像为代表的"巫祭集团"的活动，组织成独具一格的"神权国家"。

燕家院子器物坑出土器物据说有400多件，主要是璧、琮、瑗、璋、戈、矛等玉石礼器，和大小成套的石璧，均为三星堆时期典型礼器，也与中原等地的玉石礼器非常相似，是祭天地四方的重要祭祀用品。坑内器物分层摆放，整齐有序，也是用于进行祭祀活动的具体体现。高骈、仓包包祭祀坑中出现了玉斧、玉刀、玉矛等礼器，和大小成套的石璧、石璧蕊等三星堆特有的器物类型，数量和种类都应是用于祭祀的物品。坑中出土的铜牌饰，亦有其特定的宗教意义。至于说中小型祭祀坑内，除了一些石璧、石璧蕊等玉石礼器之外，陶器中的高柄豆、灯形器、尖底盏、器座等物品，并没有多少实用性，也可能是常用于祭祀的物品。至于象牙、海贝等物，既是财富的标志，更是献给神灵的祭品。

2.祭祀坑的建造与瘗埋方式，具有独特的宗教内容和含义。

从祭祀坑的形制类型看，其建造与瘗埋方式都是多种多样的，反映了不同的祭祀对象和意图。仁胜村墓地中的早期祭祀坑，使用的是与墓葬相同的土坑，埋藏的是象牙、玉器、牛等祭品，可能是对亡灵的一种悼念与祭奠。后来出现的燕家院子、仓包包等长方形祭祀坑，埋藏了成套的玉石礼器，则是一种单独的祭典仪式，采取的是瘗埋的祭祀方法。浅圆形的烧土坑，使用了璧、琮、瑗等典型玉石礼器，是一种火烧的燎祭。不规则浅坑数量较多，坑内放有较为完整的玉石器或陶器，再用浮土进行掩埋。坑的形状、深浅不一致，埋藏器物的多少各不相同，表现出一定的独特性，可能是一般部族平常所用的祭埋方式。直径只有几十厘米的圆形小祭祀坑，数量较多，修建规整，放几件豆、钵、盏等陶器，用松土填满，估计是家族常用的一种祭祀方法，也传播到其他地区。至于一、二号大型祭祀坑，不仅土坑巨大，器物众多，而且采用了焚燎（火烧）、灌祭（杀牲放血）、悬祭（挂于树上）、瘗埋（挖坑摆放深埋）等多种祭祀方法，可能是对天地、山川、祖先、图腾和各种各样的神灵进行的一次大型综合性祭祀活动的结果，具有多方面的宗教内容和含义[1]。

① 陈显丹、陈德安：《试析三星堆遗址商代一号祭祀坑的性质及有关问题》，《四川文物》1987年第5期。陈显丹：《广汉三星堆一、二号祭祀坑两个问题的探讨》，《文物》1989年第5期；《广汉三星堆一、二号坑的时代、性质的再讨论》，《四川文物》1997年第4期。

3.祭祀坑是特定的宗教礼仪活动的最终结果，它们与三星堆土台等"祭台"，"青关山一号大房子"等"神殿"或"神庙"，共同构成了三星堆祭祀仪式的基本形态。

其中包括进行露天祭祀活动的高台高地，如三星堆土台等；也包括三星堆时期摆放神像祭器、平时进行室内祭祀活动的地方，如青关山一号大房子等；更包括三星堆各次祭祀活动之后将祭器瘗埋形成不同时期、不同规模、不同形制的"祭祀坑"。它们是三星堆神权国家文明形态的重要表现形式，共同构成了三星堆祭祀仪式的主要活动场所，是最能反映三星堆古国面貌的一组重要文化遗存。

四、三星堆祭祀形态所反映的历史文化现象

三星堆这种特有的祭祀形态反映出一些重要的历史和文化问题，我们略做分析。

（一）三星堆祭祀形态所反映的历史问题

三星堆各期祭祀坑正好处于4000～3200年前的三星堆文化阶段，对研究三星堆文明的历史、文化、社会、观念具有重要意义，特别是以两个特大型祭祀坑最具代表性。

三星堆遗址工作站汇报中指出："青关山一号大房子"的废弃和一、二号祭祀坑的瘗埋大体是同时的。这就给我们一个重要启示，即二者之间可能存在某种内在的联系。我认为"祭祀坑"里埋的器物，原来可能都是放在青关山"神殿"或"神庙"之中的，出于某种极为重要的原因，先后搬到三星堆周围，在举行了神圣的大型祭祀仪式后，分两次有序地埋入了祭祀坑中。

青关山上千平方米的"神殿"或"神庙"，完全可以放下祭祀坑中的大部分器物，而且原来应该主要是放在神殿里面，从器形上看，它们又是长期积累起来的。举行大型祭祀仪式，需要广阔而神圣的场地，三

星堆"祭台"周围，正是合适的场所。祭祀仪式后，将神像和礼器祭品焚烧打碎埋入坑中，祭祀坑就成为整个祭祀活动的最终结果，并保存了祭祀仪式的最后形态。青关山上面的大型"神殿""神庙"，也从此被彻底废弃了。这次祭祀活动，可能是三星堆祭祀活动的最大和最后的辉煌。此后三星堆虽然仍有居民生活并从事祭祀活动的遗迹和遗物，城墙也还在培修和使用，但古文化和古城古国的中心，此后就转移到成都地区了。

我认为这些遗存可能是一次重大文化和历史事件的标志，它既是三星堆文化向十二桥文化过渡的标志，也是古蜀文明中心从三星堆转到金沙的标志，还是古蜀历史一个重要转折点的标志，即鱼凫氏蜀国被杜宇氏蜀国取代的标志。

这次大型祭祀活动，保存下来极其丰富的遗迹和遗物，数量众多，地点明确，时代集中，特征显著，并与嗣后的十二桥文化及金沙遗址紧密衔接，成为一组具体而精彩的考古资料综合体，为我们研究古蜀文明的重大文化历史事件，提供了极为难得的珍贵实物依据。

（二）三星堆祭祀形态所反映的文化问题

三星堆古国时期通过反复地进行着各种规模和形式的祭祀活动，不断强化了神权国家的思想理念、向心力量和统治能力，成为一处影响宽广的宗教祭祀中心。从神像、礼器、祭品的规格、数量、形态来看，当时祭祀的规模和场面都已达到了非常宏大和热烈的程度，产生了广泛而深远的影响。加之川西平原优越的自然条件和宽松的人文环境，使祭祀的许诺和人们的愿望比较容易实现，更加强了三星堆祭祀活动的灵验性，形成对周围文化强大的影响力和凝聚力。正像"奥林匹克""那达慕"等庆典活动最初都曾是祭神活动的一种仪式那样，三星堆祭祀活动成为一次次盛大的聚会，吸引和汇聚多方面的人群前来参与，促进了文化、艺术、经济、技术，乃至思想观念的交流与发展，形成了长江上游一个高度发展的古代文明中心。从东西方众多古文明的典型文物在三星堆集中出现，在三千多年前可能已经存在着"早期丝路文明"这样一条交流途径，三星堆古国或许就是其中一个非常重要的节点和枢纽，在东西方世界上古文明交流与发展史中占有特殊的地位和作用，这是值得我们特别引起重视、需要认真研究的又一个重要课题。这里提出一些初步看法，与大家共同讨论，有待在今后的考古工作中去考察和论证。

总之，三星堆遗址、三星堆文化、三星堆古国、古蜀文明，既有它符合历史进程规律的一般性，又有其神秘而奇异的特殊性，尚有大量的未知领域和未解之谜，值得我们坚持不懈地进行研究，以探求它的真谛。李学勤在《三星堆考古研究》"序言"中说："可以断言，如果没有对巴蜀文化的深入研究，便不能构成中国文明起源和发展的完整图景。考虑到巴蜀文化本身的特色，以及其与中原、西部、南方各古代文化间具有的种种关系，中国文明研究中的不少问题，恐怕必须由巴蜀文化求得解决。"①顾颉刚20世纪30年代在总结蜀史研究成果时，讲了两条结论：1."古蜀国的文化完全是独立发展的。" 2."蚕丛等为蜀王"是"真的历史的事实"②。苏秉琦说："广汉等地的材料，应从它可能是蜀中的一个古文化、古城、古国的课题进行探索研究，其意义、工作方法、前景就大不一样了。"③这些精辟的论断，对三星堆研究具有重要的指导意义，期望新老考古工作者共同努力，把这一课题的研究继续向前推进。

（原载《四川文物》2018年第2期）

---

① 李学勤为《三星堆考古研究》所作"序言"。
② 顾颉刚：《古代巴蜀与中原的关系说及其批判》，《论巴蜀与中原的关系》，四川人民出版社，1981年。
③ 苏秉琦：《在中国考古学会第六次年会上的讲话》，《华人·龙的传人·中国人——考古寻根记》，辽宁大学出版社，1986年。

略论三星堆祭祀坑

三星堆遗址发现了一大批埋存珍奇文物的祭祀坑，由于其形态特殊，出土器物瑰异奇特、前所未见，从1986年发现和命名以来，这些坑的性质和定名一直是学术界争论的焦点。近年来在同一地点又新发现、发掘了六座祭祀坑，使这个问题再次凸显出来，但学界对此已明显地倾向于"祭祀坑说"。如中国考古学会理事长、三星堆发掘专家咨询组组长王巍在谈到"目前三星堆焦点问题"时就认为："三星堆所发现的这批坑状遗迹应当与祭祀密切相关，并不是一次性同时埋藏，也不是敌对人群摧毁三星堆后埋藏；三星堆与金沙不存在暴力性取代迹象；青铜面具是从当地人的面部特征出发，基于现实的神话产物；三星堆文化使用文字的可能性不大，但不影响三星堆文明的地位。"[1]

2021年7月29日，四川省人大常委会通过了《四川省三星堆遗址保护条例》[2]，以立法的形式明确认定了祭祀坑的名称，再次证明这种定名是有道理的，是得到社会认同的。但目前从正面论证祭祀坑定名理由

---

[1]　中国考古学会理事长、三星堆发掘专家咨询组组长王巍先生于2021年6月6日在南京大学的讲演。

[2]　《四川省三星堆遗址保护条例》，四川省第十三届人民代表大会常务委员会第二十九次会议通过，2021年。

的文章还不多，因此有必要再作些阐述。

一、三星堆祭祀坑定名的主要理由

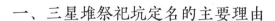

三星堆祭祀坑的命名，是1986年由一、二号祭祀坑发掘领队陈德安、陈显丹提出来的。他们在发掘报告和有关论文中，对祭祀坑的命名作了多次说明①，得到了主管部门和出版机构的认同。此命名已在考古发掘报告、三星堆博物馆基本陈列、国内外展览、宣传介绍中被正式采用，并为社会大众所了解和接受，成为代表三星堆文化的一个重要标志。

新阶段考古发掘和研究工作的大力开展，为解决这个问题提供了新的契机，已有一批学者开始从祭祀的角度来重新审视和分析三星堆文化及三星堆祭祀坑的定名问题②。

我一直是"祭祀坑说"的坚定支持者，近年又把祭祀坑定名的理由简单地概括为"坑内器物基本上都是用于祭祀的神像和礼器祭品，建造与瘗埋方式本身就具有独特的内容和含义，祭祀坑是某种宗教礼仪活动的最终结果"这三个方面③（图一）。新的六座祭祀坑的发掘，加之青

---

① 四川省文物考古研究所：《三星堆祭祀坑》，文物出版社，1999年。陈显丹：《三星堆一、二号坑几个问题的研究》，《四川文物·三星堆古蜀文化研究专辑》1989年。文中从两座坑的埋藏情况（方坑、定向、焚烧、打碎、分层、有序、夯实等）、祭祀性质（巫祭、偶像、用牲、社树、"三桑"、礼器等）、祭祀方法（"由燔燎、瘗埋、血祭、悬祭等组成的合祭"）、祭祀内容（祭天、祭地、祭山、迎神、驱鬼、迎敌）等方面，详细论述了命名为祭祀坑的各种依据。

② 唐际根：《"祭祀坑"还是"灭国坑"：三星堆考古背后的观点博弈》，《美成在久》2021年第3期。文章"通过仔细观察坑内文物的器类与器形，建立起不同文物之间的功能关系，认为这批神秘的大坑所传递的信息的确与古蜀人的祭祀活动相关，并明确分辨了出土遗物中的受祭者、祭祀者，以及相关的祭器和祭法"。

③ 笔者于1980年开始参与三星堆考古，做过总结汇报和综合研究工作，主要论著有：《三星堆考古研究》，四川人民出版社，2004年；《三星堆文化与巴蜀文明》，江苏教育出版社，2005年。近年又应约写了一组文章，这段论述引自《三星堆祭祀形态探讨》，《四川文物》2018年第2期。

图一　作者已出版考古论著

关山一号建筑有可能是原来放置祭祀坑中文物的"神庙"等新观点的提出，为研究三星堆祭祀坑中器物的来源、性质与作用，探讨祭祀坑的成因、后果和意义，提供了有力证据[①]。本文依据新旧资料，从上述三个方面再作一次简要的归纳和分析，重点对"祭祀坑本身就是祭祀仪式的重要组成部分，是宗教祭祀活动的最终结果"等问题谈些新的看法，供大家研究参考。

二、坑内器物性质

祭祀坑中的文物种类和形态，除了反映对列祖列宗进行的祭祀活动之外，还反映了对天地山川、日月星辰、草木树果、鸟兽龙蛇、鸡狗猪羊等自然现象和动植物的崇拜（图二、图三）。出现人首鸟身、人身鸟爪、巨拳镇山、翻云覆雨、精灵古怪，乃至灵魂出窍、顶尊飞升、人

---

① 赵殿增：《浅谈三星堆遗址青关山F1的结构与功能——兼与杜金鹏先生商榷》，《四川文物》2021年第3期。

兽合体、人器贯通、神兽顶人等大量奇形怪状的雕像和器物，表明当时的信仰崇拜和祭祀内容是极其复杂且丰富多彩的，在"万物有灵观"之下，具有强烈的原始文化色彩。

图二　三星堆一（左）、二（右）号祭祀坑器物出土情况

图三　三星堆八号祭祀坑器物出土情况

这三座坑代表了大型祭祀坑的不同类型

因此，笔者认为当时可能正盛行着狂热的"原始宗教"，三星堆祭祀坑中的大量器物可能就是这种原始崇拜信仰的具体反映。所以，应从当时人们的信仰观念和社会内涵的角度，对祭祀坑中的文物进行更加深入的分析和更为精准的分类，故笔者提出了"以自然崇拜、图腾崇拜、祖先崇拜为基本内容，以巫祭集团贯穿起各种祭祀活动，构成了三星堆时期精神文化的基本框架"①的总体看法。通过这样的分析，或许可以更好地了解祭祀坑内器物的基本构成和性质作用，深入研究祭祀坑中文物的精神内涵和社会意义。

三星堆文化时期盛行的是以"万物有灵观"为核心的原始宗教观念，包括了"自然崇拜""图腾崇拜""祖先崇拜"三个主要部分。原始宗教曾在人类早期社会中普遍流行，三星堆文化虽然没有文字记载和口头传说保存或流传下来，却通过大量的大型艺术品的形式，把这种观念充分表达出来，使之更为形象生动，更具典型性和观赏性。

以太阳形器、青铜神树为代表的"自然崇拜"

原始宗教中的万物有灵观认为：一切自然现象、动物、植物都和人一样，是有灵魂的，是可以与人相互交流、互相影响，甚至是可以相互变幻的。这种观念被三星堆古人用极为生动具体的艺术形式表现出来，并将自然现象、动物、植物作为神灵加以崇拜和供奉，希望与它们和谐相处，得到它们的帮助和护佑。这种表达"自然崇拜"观念的标本，占据了祭祀坑出土文物的很大部分，其中又以太阳形器和青铜神树等"自然崇拜"物最具典型性和代表性。

青铜太阳形器在二号坑共出土了六件，八号坑中也有出土，其中一件直径84厘米，中心有一个直径28厘米的凸起的圆形"太阳"，向外均匀地放射出五道"光芒"，连接在正圆形的"晕圈"之上，在连接处和圆形"太阳"的中心各有一个榫孔，表明太阳形器曾经是安装在平

---

① 赵殿增:《三星堆文明原始宗教的构架特征》,《中华文化论坛》1998年第1期。

整的墙壁或器物上面的，是一个宏大而庄重的"太阳崇拜"标志物。它与三星堆青铜器上大量的太阳形纹饰等，共同构成了三星堆文化时期盛行"太阳崇拜"习俗的实物见证。

青铜神树是三星堆祭祀坑中出土的最为重要的一组"自然崇拜"物，在二号坑共出土了六件，已部分修复三件。由于树木具有生长、繁衍、高大、可攀、栖息、遮阳等特点，在三星堆祭祀文化中被赋予了多方面的神圣内涵。其中最大的一号神树，复原高度已达396厘米，主干矗立于"山顶"，一条"巨龙"顺树干攀援而上。树上有九根枝条，上面各有立鸟、光环、果实、挂饰等神物。如此高大神圣的青铜神树，放置于大型祭祀场地的中央，众人围绕着它开展各种重大的祭祀仪式，因此它就成为可以沟通天地人神的"祭祀活动中心"，成为"核心祭祀物"。另外两件青铜神树，一件的树座上有三个跪祭人像，另一件的树端有人首鸟身的图腾，表明它们都是神圣的"自然崇拜"物。

以鱼、鸟、龙、蛇为代表的"图腾崇拜"

"图腾崇拜"来自人对自身和本族的溯源。早期的人们大多认为人类起源于某种动植物或自然现象，从而把它们当作本族的根源，奉为标志物和崇拜物。三星堆青铜器中的鱼、鸟（图四）、龙、蛇、象、鹰、蚕、虫、猪、鸡、牛、羊等，都有可能是代表不同民族或氏族的"图腾崇拜"物。其中以鸟的图腾数量最多、形象最丰富、地位最显要，可能是当时主要民族的图

图四　三星堆二号祭祀坑出土青铜大鸟头

腾。这种由大量"图腾崇拜"物组成的部落联盟，可能就是三星堆繁荣时期所具有的社会结构的形象体现。

随着社会结构的发展和部落联盟的扩大，"图腾崇拜"也在不断发生变化，相互之间产生了融合与升华，最终形成了一个代表国家的徽记，被绘制在旗帜和权杖之类的标志物上。三星堆古国时期，在代表神权和王权的金杖上出现了由鱼和鸟共同组成的四组整齐的标准徽记（图五），位于图像中首领的头顶，说明它已经是整个国家的核心图腾，所代表的可能就是曾在古蜀历史上居于统治地位的鱼凫族人，从而证明三星堆文化时期古国的统治者可能就是传说中著名的"鱼凫氏蜀王"。

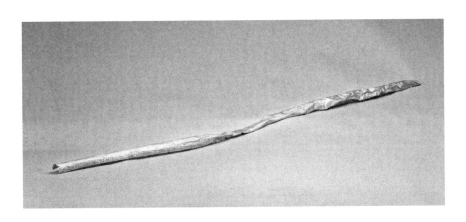

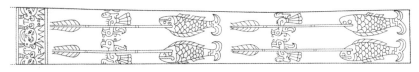

图五　三星堆一号祭祀坑出土金杖及所刻图案

以纵目面具、眼形饰件为代表的"祖先崇拜"

三星堆祭祀坑中最震撼人心的雕塑艺术品，就是以大型纵目面具为代表的数十个青铜人面具和上百件各种形式的眼形铜饰件，它们以神奇的面貌和超凡的气势雄踞于青铜雕像之冠，表明其曾具有特殊的性质和作用。

仅二号坑就出土三件大型纵目面具，最大的一件最宽处达138厘米，瞳孔呈柱状凸出，长16.5厘米，直径13.5厘米。另外两件大型纵目面具的额头正中还装饰有高大的勾云形饰件。在青铜人面具的脸旁耳侧都有四个方形榫孔，用来把这些半圆形的面具安装在粗细不等的立柱之上。

　　眼形铜饰件有菱形、三角形等多种形式，还有一大批瞳孔呈柱状凸出的"泡形眼饰"，共同构成了一大群"眼睛崇拜"物。眼形饰件的边角上均有小榫孔，可以安装在墙壁、器物或壁画之上。许多大大小小的青铜神像高悬于神庙殿堂之上，成为三星堆古人在祭祀仪式中最重要的崇拜对象。

　　目前，研究者基本都认为三星堆祭祀坑中出土的这些青铜人面具和眼形铜饰件与史书中记载的"蜀侯蚕丛，其目纵，始称王"相吻合，表现的可能就是对蜀祖蚕丛的"祖先崇拜"。

其他礼器与祭品的祭祀性质

　　三星堆祭祀坑出土文物中，除了表现以万物有灵观为核心的原始宗教观念的崇拜物之外，还有一大批其他的礼器与供品，同样都具有明显的祭祀性质和作用，包括以尊、罍为代表的青铜礼器，以玉、璋、石璧为代表的玉石礼器，以铜铃、铜牌为代表的各种挂饰，以象牙为代表的各类祭品，都具有在祭祀中通天与通神的特殊作用。

　　在三星堆的各种铜制礼器中，青铜尊不但数量最多，个体最大，造型与纹饰最为华丽，且具有中原青铜礼器中铜鼎那样的独尊地位，

图六　三星堆二号祭祀坑出土顶尊小铜人像

常常被跪祭人像顶在头上献祭（图六）。尊内常装有海贝、玉锥等珍贵之物，表明它们是三星堆古国最为重要的一种礼器。铜罍的数量和地位则次之。三星堆缺少中原那样以鼎为主体的青铜礼器群，从而表明其具有自己特殊的礼仪观念和礼器体系。三星堆以铜尊、铜罍为主要礼器，因而成为长江流域青铜器群中的一个突出代表。

在三星堆起祭祀作用的大量玉石礼器中，玉璋具有特殊的地位。除了从中原与石峁、齐家等处引进的标准玉璋和大型牙璋等器形外，他们还创造出鱼形璋、鸟形璋等具有本地特色的新型玉璋，并在璋上又雕刻出璋形等图案。在使用方法上，可见三星堆人常将牙璋插到山上、握在手中。璋作为一种祭神通天的常用器物，它的使用则成为三星堆文化中独具一格的文化现象。其他的玉器亦数量很多，形制多样，制作精良，集中放置于铜尊等重要礼器之中，作为敬献给天地神灵的珍贵供品。

象牙是三星堆祭祀坑中大量出现的另一种重要的祭祀用品，在八座坑中至少已发现了四五百件。这些完整的大象门齿，平整有序地盖在被打坏、烧毁的青铜器、玉器层上面，具有特定的祭祀意义。象牙作为一种大量使用的祭祀品，还出现在神庙等建筑物中，或刻画于山形祭台之上，成为三星堆—金沙遗址颇具代表性的一种特殊祭祀文化现象。

还有一种被大量使用的特殊祭品是来自南海或印度洋的海贝，其出土量多达数千枚，常放置于大型铜尊中。海贝既是财富的标志，又是祭神的珍品。在祭祀坑中还出土了璧、琮、瑗等玉石礼器，铜瑗、铜铃等青铜祭品，都是奉献给神灵的珍贵供品。即便是在骨渣与灰烬之中夹杂着的尖底盏、器座、矮领瓮等陶器，也都可能曾是祭祀活动的用品，最后一起被埋入祭祀坑之中。

三、祭祀仪式的内容及含义

三星堆祭祀坑中出土的文物不仅有祭祀的对象和祭祀的用品，也反映了参与祭祀的人员和祭祀活动的情况，为我们展现出一个个具体生动的祭祀场景。

参加祭祀的人员：由立人像和人头像组成的巫祭集团

三星堆祭祀坑出土的文物中最为引人注目的，可能就是那一大批写实风格极强的青铜人像，它们所表现的应该是组织和参加祭祀活动的人员，可以称之为"祭祀者"。其中，二号祭祀坑出土的高约261厘米的大立人像，不仅体量最大，而且全身由铜铸成，头戴高冠，身穿三层龙纹华服，赤足直立于神坛之上，手持法器正在指挥大型祭祀活动，很可能就是一位被称为"群巫之长"的最高级别的巫师，也就是神权国家的最高首领——国王。

其他几十个真人大小的人头像，可能是曾经安装在木质身躯之上的各民族、各部落的巫师与首领的象征。它们的发式和装束略有不同，其中平冠者约占四分之三，有可能代表其中最主要的民族。

在神坛、树座、神庙和一些单独的人形饰件上，还有很多站立、跪坐、侧跪、顶尊等形态的小人像，都呈现出特定的祭祀姿态，可能是一些身份较低的巫师或其他参与祭祀活动的人员，为我们展现出一组生动形象的祭祀者群像。

祭祀的形式与场地：线刻祭祀图与青铜神坛

三星堆祭祀坑中出土的文物还有一些成组、成群的人物雕像和线刻图像，表现出当时的人们开展宗教祭祀活动的具体方法和场景，可以说是表现古代宗教祭祀的绘画、雕塑中难得一见的、具有明确主题的完整画面和复杂组合的艺术作品，其中又以玉边璋上线刻的祭祀图和青铜神坛表现得最为细致、具体。

二号祭祀坑中出土了一件精美的玉边璋（K2③：201-4），玉璋两面一共熟练地线刻出四组内容完全相同的整幅祭祀图，两组向上，两组向下，用重复刻绘的方法强化了相同的内容和主题。整个玉璋上共刻有十六座山、二十二个人像、八只牙璋、四只象牙、八只巨手和四个船形

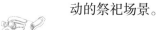

图案，分为内涵相同的四组，每组图像中都有四座大山、五个或六个人像，正在进行标准的祭祀仪式。

每组画面的中央各有一道由双勾卷云纹组成的条带，"云气"之上为"天上"的世界，并列有两座"神山"，神山之上，以两条横线为界，上面站立着三个衣着华丽的人像，头戴平顶圆冠，面部方阔，一双吊角大眼，两耳饰铃形耳坠，身穿宽大长衣，足蹬翘角大靴。这组人像高居于神山之巅，表明它们代表的可能是天神或祖先神，正在天上接受崇拜和祭祀。

"云气"之下，代表"地上"或"人间"。画面上部刻有三个身着盛装的人像，但装束与姿态和"天上"的立人像有很大的区别。人像头戴弧顶卷沿的帽子，有一双吊角大眼，两耳饰双环耳坠，身穿长衣，赤足长跪。从跪姿和服饰看，他们的身份、地位、职能都比"天上"的人要低一等，可能是正在地上进行祭祀活动的巫师或祭司，他们要祭拜的对象可能就是图像上层的立人像，即天上的天神或祖先神。

值得注意的是，下层的跪姿人像与上层的站立人像做出的是相同的手势，都是双手抱于腹前，空拳相握，左手在内，右手在外，两个拇指相抵，说明下层的跪姿人像与上层的站立人像，其手势应具有相似的作用，他们可以通过这样的手势来互通信息，上面的站立人像通过手势把神的意图传出，下面的跪姿人像用同样的手势接收，从而实现"人神相通"，达成传递和接收天意的祭祀目的。

综观整组玉璋图像，其表现的可能是巫师们正在三星堆古城的"祭坛"之上，遥祭处于西北方"神山"上的天神、祖先神的完整场面。其中，位于"地上"、摆放祭品的"神山"，或许就是被筑成山形的三星堆土埂之类的土台与祭坛，跪在地上进行祭祀活动的应是巫师或祭司，"神山"之上站立着的是天神或祖先神。因此，这柄玉璋上的图像可以直接称之为"祭祀图"[①]。

---

① 赵殿增：《三星堆"祭祀图"玉璋再研究——兼谈古蜀人的"天门"观》，《三星堆研究》第5辑，巴蜀书社，2019年。

三星堆二号祭祀坑出土的青铜神坛（K2③：296）也非常重要，它反映了三星堆居民完整的世界观和宗教祭祀活动的场面。神坛分为三层，最下面一层代表地下，两只怪兽托着圆盘。圆盘代表大地，其上站着四个作法的巫师立像，头顶着天，脚踩着地，代表人间。巫师的额头上，灵魂出窍般各长出一条云气，上端的面具则是其天神和祖先神。在他们进行祭祀的时候，就这样和他们的祖先"灵魂相通"了。巫师头顶的四座大山则表示天。

最上面一层代表天上，有一座四方形的"神庙"，应是他们最重要的祭祀活动场所，他们的神灵、祖先与归宿可能都在那座"神庙"之中。"神庙"的四面共有二十个跪祭人像，每面各五个，面朝殿外，手持祭品，正在进行祭祀活动。"神庙"四面正上方各有一尊人首鸟身像，四角则装饰着神鸟，可能都是当时三星堆人所崇拜的图腾。青铜神坛上，"神庙"突出的位置及其周围正在进行祭祀仪式的二十个跪祭人像，都表现出"神庙"这一祭祀场所在整个祭祀活动中具有至高无上的地位。

在新发掘的三号坑和八号坑中，也发现了几座青铜神坛。有的是在方形祭台上跪坐和站立着数人，人像可能还抬着神像或祭器；也有的立人像站在神兽的头顶，呈现出多种多样的祭祀形态。其中八号坑所出青铜神坛的方形祭台，与二号坑出土青铜大立人像的基座相仿，说明当时可能是在室外设坛进行大型祭祀活动的。

祭祀活动的重要空间："神庙"的发现与功能

近年来在三星堆西北部最高点的青关山高地上，发掘出青关山一号建筑，残长约64.6米，残宽约15.17米，其建在约16000平方米的大型夯土台基之上。有的观点认为它是宫殿，有的说是神庙，有的说是仓库，也有说它是干栏式建筑的。《四川文物》2020年第5期发表了《四川广汉市三星堆遗址青关山一号建筑基址的发掘》①，同时发表了杜金鹏的《三星堆遗址青关山一号建筑基址初探》，得出"这是一座具有上下两层建筑的楼阁式建筑物，属于商代最高规格的宫殿建筑，可能是当地最高统治者处理政务和举行重大典礼的礼仪建筑"的结论②。我对它是不是"一座具有上下两层建筑的楼阁式建筑物"尚有些疑问，已写文与杜先生进行商榷，文中亦涉及其结构和功用问题。

我认为三星堆遗址青关山新发现的"大房子"（即青关山一号建筑F1），可能就是一座位于高台之上的"神庙"。它可能是一座两面坡重檐屋顶的大型单层单体建筑。顺着长条形"大房子"的纵轴中央，有一条笔直宽敞的穿堂过道贯穿全屋，房屋两端的中部开有两座大门，使整个建筑物的主轴通道呈现东南—西北走向，指向西北方众神与祖先所在的"神山"，具有特定的宗教意义。通道的两边各有三排整齐的柱洞，可能用于搭建宽大的木构平台，以摆放各种神像和祭器；也可能是在木桩之上安装青铜人头像的身躯，或是龙形、鸟头形的青铜杖饰。平台间各夹有两个用"U形红烧土墙基"构建的单间，朝向中轴通道，可能是用来放置大型神像或祭器的，供人们在中央通道上展开祭祀或供奉活动，这个"大房子"因而就具有了神器保存场所和祭祀活动场地的双重功能。

"大房子"的两端还各有一个比较大的空房间，可以供人们举行集体祭祀和会议，作为群巫之长的国王，可能就是在这里代表天神与祖先来行使国家管理权的，因此这座"大房子"还具有"殿堂"的性质和作用。"大房子"外更有一处宽阔的祭祀活动场地。总之，它既是可以安放和保护大量神像及器物并举行重大祭拜活动的"神庙"，又是可以举行重要集会、进行议事和决策以行使国家权力的"殿堂"，这里可能就是整个"三星堆神权古国"的一个宗教和政治中心，是反映三星堆繁荣

---

① 四川省文物考古研究院：《四川广汉市三星堆遗址青关山一号建筑基址的发掘》，《四川文物》2020年第5期。

② 杜金鹏：《三星堆遗址青关山一号建筑基址初探》，《四川文物》2020年第5期。

时期祭祀形态和国家权力的最重要的建筑物^①。

　　这种"大房子"，很可能就是在三星堆古城中举行经常性祭祀活动的主要场所——"神庙"。"大房子"是建在上万平方米的大型夯土台基之上的，初步勘测这座夯土台基厚达数米，其间还夹有多层红烧土痕迹，表明"神庙"有可能经过了多次的重建和扩建，变得越来越高大宏伟，青关山一号建筑有可能是其中年代最晚、面积最大的一座。从它巨大的体量和结构形态来看，八座大型祭祀坑中的绝大部分神像与器物，原来都有可能是摆放在这些神庙之中的。这种情况对于研究祭祀坑中文物原来的保存地点、性质作用、使用方式、埋藏原因，甚至"神庙"最终被毁弃的原因等重大问题，都具有重要意义，值得我们深入细致地研究。

四、祭祀坑是某种祭祀活动的最终结果

　　从祭祀的对象和用品、祭祀的组织和方法两个方面，已经可以证明三星堆遗址曾经盛行着以原始宗教为核心的各种祭祀活动，形成了一个特色鲜明的古代文明中心。那么遗址中有序埋存着大量祭祀文物的众多土坑，是否也是祭祀仪式的有机组成部分，是否都可以被称为"祭祀坑"，就成为需要解决的问题。

　　我们的答案一直是很肯定的，即认为这些祭祀坑都是为进行某种祭祀活动而有意造成的结果，都应该被称为"祭祀坑"。这里根据新旧考古材料，再谈谈我的基本观点，供大家研究参考。

　　三星堆遗址中的其他祭祀坑

　　首先需要说明的是，除了在三星堆西南侧发现的八座大型祭祀坑之外，三星堆遗址内外还有很多大小不等的各个时期的祭祀坑。

①　赵殿增：《浅谈三星堆遗址青关山F1的结构与功能——兼与杜金鹏先生商榷》，《四川文物》2021年第3期。

最早的祭祀坑出现在古城西面，属于"三星堆一期文化"末段（距今约四千年）的仁胜村墓地里，在众多墓葬之中，有一些墓坑没有放置人骨，而是埋藏了象牙或牛骨架等祭品，也出土有玉锥形器、泡形器等礼器，应该就是一种祭祀坑[1]。2000年，四川省文物考古研究所在月亮湾发掘了八座祭祀坑，发现埋有烧残的玉璧、玉琮、玉瑗的圆形红烧土浅坑，堆土掩埋陶器的圆形浅坑、长方形的陶器坑，等等[2]。类似的红烧土坑在1980年以后三星堆遗址的发掘中也曾出现过。位于仓包包和高骈乡的一些出土有玉石礼器和铜牌饰的土坑，也被认为是祭祀坑[3]。

2011年在青关山台地北侧发掘的灰坑H105，是一座属于"三星堆遗址第四期"的圆形浅坑，出土有金片、玉器、陶器等大量文物，发掘者称之为"埋藏祭祀器物的灰坑"[4]，也是祭祀活动之后精心营造的祭祀坑。

1929年在月亮湾曾发现一座长方形土坑，坑内整齐有序地摆放着四百余件玉石礼器，形状和埋藏情况都与三星堆的祭祀坑相仿，只是没有发现青铜器，器物也没有经过打碎和火烧，许多研究者认为它也是一座祭祀坑。

这些情况都说明，三星堆遗址中曾广泛存在着用土坑埋藏祭祀器物的宗教习俗，且各期文化中都有出现，以第三期的坑数量最多、体量最大，其用意或许就在于通过这种方法表示把祭品送往了天上和神界。这些坑是整个祭祀活动的最后一个阶段，是构成三星堆时期祭祀仪式的有机组成部分，都应该被称为"祭祀坑"。

---

[1] 四川省文物考古研究所三星堆遗址工作站：《四川广汉市三星堆遗址仁胜村土坑墓》，《考古》2004年第10期。

[2] 资料现存于四川省文物考古研究院三星堆遗址工作站。

[3] 四川省文物考古研究所三星堆工作站、广汉市文物管理所：《三星堆遗址真武仓包包祭祀坑调查简报》，四川省文物考古研究所编：《四川考古报告集》，文物出版社，1998年。

[4] 四川省文物考古研究院：《四川广汉市三星堆遗址青关山H105的发掘》，《考古》2020年第9期。

中心祭祀区八座祭祀坑的关系和成因

近年来在三星堆遗址西南侧新发现的六座祭祀坑，连同1986年发掘的两座，已经形成中心祭祀区的大型祭祀坑群，为研究三星堆文化的内涵与特征提供了极为重要的实物资料。经过大范围的勘测和发掘，在这一区域周围没有再发现其他的大型祭祀坑，因此三星堆中心祭祀区的具体情况主要通过这八座祭祀坑来考察（图七）。

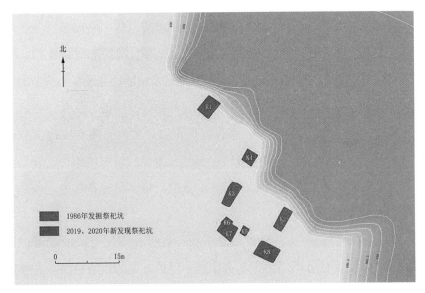

图七　三星堆中央祭祀区大型祭祀坑平面分布图

目前首先需要解决的是这八座坑的年代和相互关系的问题。我认为三星堆八座大型祭祀坑中的文物，原来可能大都存放于神庙（如青关山"大房子"）中，经多年积累而成，以供古国进行经常性祭祀。因过度消耗，国力大衰，遇到突发灾难（如瘟疫）之后，分几次进行了燎祭，并把神器瘗埋在祭祀坑中，以表示将它们送到天上神界。其中八号（可能包括七号）祭祀坑可能是连同烧毁的神庙残墙、剩器一起被瘗埋的，随后古国迁都。五、六号祭祀坑则有可能是其后人再到此进行祭奠而形成的。

当然，这一看法有一个前提条件，即认为这些坑不是一次形成的。它们之间不仅存在打破关系，而且各坑的大小、形状、方向，器物的种类、埋藏方法以及填土方式，也有诸多差异，可以分为几组和多种。

首先是六号坑打破了七号坑，坑内的器物也明显不同，时代显然要比七号坑晚许多。五号坑与六号坑大小形状相仿，可以合为一组，但五号坑出土了大量金器，这又与六号坑的情况大不相同，谁早谁晚，尚需研究。其他六座坑埋藏的青铜器、玉器、象牙等有相似之处，可归为一大类，但各坑的大小、形状、方向，器物的种类、埋藏方法以及填土方式，又有不小的差异，可以分为几组。

二号坑和三号坑最为接近，不但形状、大小相同，而且主要埋藏的是大型青铜器（如尊罍、大面具、大立人像、大型神树）和玉器，用大量象牙覆盖，再用五花土夯实，可能是大体同时形成的一对祭祀坑。

七号坑和八号坑的形状、方向较为接近，但大小不同，而且埋藏的器物也有所差别。八号坑在象牙层之上，又填埋了很多红烧土块和散碎的器物，很可能与"神庙"的毁弃有关，也就是说八号坑有可能是三星堆古国衰亡时期的最后一座祭祀坑。

四号坑是一座比较特殊的祭祀坑，形状为正方形，器物并不多，还有三个实用的人形器物座，在象牙层之上，又覆盖了厚度约15厘米的未燃烧完的热灰，其间夹杂着短颈瓮陶器，上层填土中有很多金带饰，与其他祭祀坑有显著的区别。

一号坑不但位置和形状独特，坑口有建筑遗迹，最特殊的是曾从东南方向坑中倾倒了三立方米的细小的碎骨渣，呈斜坡状堆满了半个坑，中间还夹杂着尖底盏、器座等陶器。这些碎骨渣中含有一些人骨，且在这八座祭祀坑中，目前也只在一号坑发现埋藏了大量含人骨的骨渣。坑底部的中央摆放着国王使用的金杖以及几个青铜人头像，还有玉璋、玉戈、象牙、大象臼齿等祭祀用品，与其他各坑情况有较大的区别，很可能是一次比较特殊的单独祭祀仪式之后所形成的祭祀坑。

依据上述材料，将各坑之间的关系和性质简要整理如下：

一号坑年代最早，可能与灾疫和祭祀国王有关；二、三号坑大约同时形成，可能与用"神庙"中的主要器物进行的大规模祭祀有关；四号坑面积较小，年代或许稍晚，祭祀时可能使用了一些独特的器物和埋藏方式；八号坑与前几个坑相比，年代应最迟，可能与大型"神庙"的最后毁弃有关。

此外，七号坑的发掘尚未结束，从坑的形状、方向和大小看，很可能与八号坑的时间、性质接近。五号坑可能是一次小规模、高级别的单独祭祀，时间尚待研究，有可能也是在大型"神庙"毁弃（即八号坑形成）之后。六号坑可能是三星堆古国迁都后的"遗民"在若干年以后，再次来到祭祀区进行祭奠的遗迹。产生大型祭祀坑的原因，我一直倾向于"失灵法器掩埋说"，因为"过度的人力、物力集中，社会财富消耗，必然导致经济的崩溃和社会的冲突。为凸显奇异的观念而营造的大量神器、祭器，已大大超过了古国的承受能力，大约在商代后期，三星堆神权古国逐渐失去了控制，最终发生了严重的生存灾难和社会恐慌……人们认为这些神器已经'失灵'，于是通过一两次盛大而奇异的燎祭，把平时放在神殿中的主要神器和祭器搬到三星堆前的广场，对着西北方神山中的天神祖先，举行了最后和最大的祭典，然后打坏、焚烧神器和祭器，有序地埋藏于祭祀坑中，表示送到了天上和神界。随后就把国家的中心迁到成都的金沙遗址"[①]。新发现六座祭祀坑后，我进一步产生了"三星堆一号坑可能是因为瘟疫而为"的看法，因为一号坑里的三立方米骨渣之中含有一些人骨。这八座祭祀坑之中，只有一号坑埋存了大量含人骨的骨渣。这种情况有可能是因瘟疫而亡的人员尸体，曾与瘟死的兽骨等一起，被焚烧、打碎和掩埋。三星堆古人或许是希望以这种特殊的祭祀方式，祛除瘟疫和躲避灾祸。在这次灾疫中，可能连"群巫之长"（国王）也一起亡故了，因此在首次大规模燎祭后，就将国王

---

① 赵殿增：《三星堆考古新发现与古蜀文明新认识》，《三星堆研究》第5辑，巴蜀书社，2019年。

所使用的金杖摆放在祭祀坑的中央，坑底还放置了部分铜人头像、青铜器和玉石礼器以及大象的门齿和臼齿，再将大量含人骨的骨渣，朝着西北方的神山倾倒于坑中，最后进行掩埋和夯实。从一号坑的开口地层、土坑形制、器物特征、埋藏方式、骨渣堆积以及坑口有建筑遗迹等情况看，它很可能是这八座大型祭祀坑中年代最早的一座。

这或许是三星堆第一次超大规模的燎祭和瘞埋活动，但随后的灾情可能并未出现好转，反而加剧了，因而人们便认为这些神器都已经彻底"失灵"，就用神庙中的大型神像、礼器、祭品、象牙等，继续进行更大规模的燎祭仪式，以便把它们都送到天上和神界，乞求上天和神灵给他们再带来好运。其中二、三号坑可能是同时祭祀埋藏的最大的一组，四号坑可能使用了奇特的器物和祭祀方式。在举行最后一次祭祀活动时，被烧毁放弃的神庙墙体和剩余的残碎祭品或许一起被埋入了坑中（即八号坑），从而形成了"三星堆中心祭祀区"众多祭祀坑排列有序的情况。但灾难并未因此而结束，最后三星堆人只好迁都到金沙等处，三星堆古国从此走向衰亡。这个"中心祭祀区"可能还得到了后人的精心保护和祭奠，因而一直没有受到破坏。

祭祀坑是三星堆宗教祭祀活动的结果和重要组成部分

综合上述情况，可以看出三星堆遗址所在地不但经常进行各种各样的祭祀活动，而且常将祭品埋藏到土坑之中，作为宗教活动的最后一道仪式，包括打碎、焚烧或瘞埋，形成了一种特殊的祭祀习俗。我们认为三星堆古蜀人之所以这样做，很可能是用燎祭与瘞埋的方法来表示把神器和贡品送到了天上和神界，以乞求得到天神和祖先的护佑。

正因为三星堆古蜀人拥有这样一种非常特殊的祭祀习俗，才使祭祀坑成为祭祀活动的最终结果和重要组成部分，从而将至少三千年前一个失落的文明比较完整地保留了下来。从三星堆遗址内外发现了很多大小不等、各个时期的祭祀坑等情况分析，这种习俗曾在三星堆文化中长期存在，每次祭祀的形式和目的可能各有不同，值得我们认真细致地研究。

再向后探寻，在金沙遗址中，目前也已经发现了五十多座不同形状的祭祀坑，出土了成千上万件珍贵的金器、玉器、象牙和骨角，在成都西部的摸底河畔形成了又一个国家级大型"中心祭祀区"，只是祭祀的内容和方式可能与三星堆略有不同。这不但证明三星堆文化与金沙遗址及十二桥文化有继承关系，也说明祭祀文化和祭祀坑的建造曾是古蜀先民一种传统的宗教习俗。

经过三十多年的发掘和研究，特别是这次全面系统的高水平发掘和综合研究，已经充分证明这些祭祀坑都是有目的、有规划，经过了庄重虔诚的祭祀活动之后，认真仔细地掩埋而成的，并受到了长期的精心保护和后人的继续祭奠，以至于一直完好地保留到了今天，为我们展现出一个古代文明的神奇面貌。

五、结语

祭祀坑的发现与命名，只是解决三星堆问题的一个焦点和突破口，除全面发掘和研究各种遗物和遗迹现象之外，要真正破解三星堆之谜，还需深入地探究三星堆文化的特征、成因和意义等问题。

笔者对这些问题的认识有一个逐步深化的过程。三星堆博物馆刚建成时，笔者曾提出了"三星堆文化的一个重要特色——神"的观点，认为"神圣的信仰是精神主体，神奇的艺术是其表现形式，神秘的历史是所产生的后果"，以后认识到"神权国家是整个问题的核心"，又进一步认为"三星堆文化阶段仍然是神权古国"[1]，从而概括出"神权国家"是三星堆文化神奇面貌的主要内因、"早期丝绸之路"是三星堆文化丰富多彩的外部原因、"多元一体"是三星堆文明在中华文明中的历史定位这样三个基本认识。

---

[1] 赵殿增：《我对三星堆文化特征成因的认识》，《中华文化论坛》2021年第3期。

"神权国家"说

笔者认为"三星堆文化阶段仍然是神权古国",主要有两个理论依据:一是苏秉琦先生提出的中华文明经历"古国—方国—帝国"三个阶段的理论,提出了"三星堆古文化、古城、古国"的概念;二是李伯谦先生关于古国阶段的国家可分为"崇尚神权"与"崇尚王权"两大类型的论述和"我完全同意三星堆王国是'神权国家'的观点"。

苏秉琦先生认为,"国史的核心是立体交叉、多次重复的'古国—方国—帝国'三部曲","五千年前出现了由氏族向国家的转变","不迟于四五千年前都进入了古国时代","早期古国在四千年前发展为方国","在两千年前汇入多源一统的中华帝国,这一国家早期发展的'三部曲',是最具典型意义的中国的国家发展道路"①,这些观点已被中国考古学界广泛认同。苏秉琦先生1987年在广汉"三星堆十二桥遗址考古座谈会"上,正式提出了"三星堆古文化、古城、古国"的命题②,三星堆博物馆也一直以"三星堆古城古国古蜀文化"为基本陈列的名称。

李伯谦先生进一步提出"古国阶段"的国家分为"崇尚神权"与"崇尚王权"两大类,"神权支配一切,这是古国阶段的特征"。这些神权古国"把大量社会财富贡献给神灵,越陷越深,不能自拔,因此垮了下去"③。对于三星堆文化,李伯谦先生也曾说过:"我完全同意三星堆王国是'神权国家'的观点,三星堆遗址基本不见象征军权的青铜兵器,而随处可见宗教性质的、用于祭祀的遗物,已完全可以证明这一点。"④

---

① 苏秉琦:《迎接中国考古学的新世纪》,《华人·龙的传人·中国人——考古寻根记》,辽宁大学出版社,1994年。

② 1987年5月,苏秉琦为"三星堆十二桥遗址考古座谈会"的题词。

③ 李伯谦:《中国古代文明演进对历史的八点启示》,郑彤整理,《光明日报》2017年2月8日第16版。

④ 李伯谦先生为笔者所著《三星堆考古研究》撰写的序言。

因此，我认为"三星堆文化"曾是个"神权国家"，即使是进入青铜时代之后，它可能仍然停留在"主持宗教事务者就是社会的主宰""神权决定一切"的阶段，进而用新材料、新技术制造出祭神使用的大量精美又神圣的艺术作品，创造出了璀璨夺目的三星堆文明。这种特殊而又滞后的社会形态和历史进程，可能就是形成三星堆文化神奇面貌的关键所在；而"把大量社会财富贡献给神灵，越陷越深，不能自拔，因此垮了下去"，则是"三星堆神权古国"快速衰亡的根本原因。

"早期丝绸之路"说

"各地文明之间的交流互鉴，是三星堆文化面貌丰富多彩的重要原因"，这是又一个重要的研究共识。三星堆文化虽然地处四川盆地的腹心地带，但并不封闭和保守。三星堆古人以对天地万物和外部世界的高度好奇心与探索精神，用盛产的丝绸和独特的文化与周边地区进行广泛的交流，吸收了多方面的优秀文化因素，呈现出多彩多姿的社会面貌，在交流互鉴中创造出灿烂辉煌的三星堆文明。

这次三星堆大发掘最重要的成果之一，可能就是大量丝织品和制作技术（如玉质"打纬刀"）的确认，证明三星堆可能是"早期丝绸之路"的一个重要枢纽，凭借其经济实力和神圣信仰吸引并吸收了多方文化，形成了一个神奇的区域性古代文明中心，进一步丰富了多元一体的中华文明的特色、内涵与外延。

"多元一体"说

"三星堆考古发现充分见证了中华文明的多元一体"，是通过三星堆发掘研究得出的最主要的一个学术共识。三星堆出土的大量青铜、玉石礼器，都与中原夏商时期的礼器有相似之处，很多意识观念和制作技术也来自中原地区；三星堆以青铜尊为主要祭祀礼器的特征，又与长江中游各青铜文化习俗相似；三星堆出土的生活用具中，还有很多黄河流域和长江流域重要古代文化的因素。这些皆说明它是多元一体的中华文明的一个有机组成部分，是"满天星斗"时期中华文明共同体中的一颗闪亮的明星，在中华文明的发展进程中具有独特的历史地位和作用。正如李学勤先生所说："可以断言，如果没有对巴蜀文化的深入研究，便不能构成中国文明起源和发展的完整图景。考虑到巴蜀文化本身的特色，以及其与中原、西部、南方各古代文化间具有的种种关系，中国文明研究中的不少问题，恐怕必须由巴蜀文化求得解决。"①

（原载《美成在久》2021年第6期）

---

① 李学勤为《三星堆考古研究》所作"序言"。

三星堆祭祀文化研究

　　"祭祀作为一种文化形态，是社会发展到一定历史阶段的必然产物"，"上古社会的祭祀，无疑是当时精神文化的主流部分"，"他们在娱神的过程中，也使自身的精神生活得到充实、满足"。"研究历史上任何一种文化的早期形态，都离不开对当时祭祀现象的介入"，"作为上古社会精神文化主流的祭祀活动，其内容涉及今天进行分类的社会学科的各个领域"，这是有的学者从"中国上古祭祀文化"的研究中得出的简要概括和总结[①]。看起来这样的说法似乎有些过头，但从"三星堆文化"越来越丰富的考古新发现来看，证明这些观点也有一定的道理。"三星堆文化"可以说是"中国上古祭祀文化"中的一朵奇葩，为我们研究上古社会的精神文化和社会观念，提供了一个丰富多彩特色鲜明而又完整形象的典型标本。

　　三星堆遗址位于四川省广汉市西面6千米处，是一个延续发展了两千多年的大型古文化遗址，距今约4800～2600年，已分为四期，三个文化（"三星堆一期文化""三星堆文化""十二桥文化"）[②]。各期各阶

---

① 傅亚庶:《中国上古祭祀文化》前言，高等教育出版社，2005年，第Ⅰ～Ⅳ页。
② 赵殿增:《三星堆考古新发现与古蜀文明新认识》，《四川文物》2017年第1期；并刊于《三星堆研究》第5辑，巴蜀书社，2019年。

段的文化，均有丰富多彩的社会内涵，其中距今4000～3200年左右的"三星堆文化"，是其核心部分，特别是距今3600～3200年左右的三星堆遗址第三期，发展到了古蜀文明的最高峰，建成了一个繁荣而奇特的"三星堆神权古国"[①]。其重要的标志，就是出现了一整套以"原始宗教"为核心的神圣的信仰崇拜观念，以及一种系统而奇特的祭祀活动形态。三星堆文明主要通过大量大型造型艺术崇拜物的形式把"原始宗教"信仰具体表现出来，更加形象生动，更具有表现力和感染力，成为一个举世瞩目的古代文明中心，也为我们研究"三星堆祭祀文化"及其社会状况，提供了典型的标本。

"三星堆祭祀文化"的基本情况和构架特征，可以从祭祀的内容与用具、祭祀的人员与组织、祭祀的形式与场所、祭祀活动的结果等方面体现出来。这些内容本来就已经形成了一个前后连贯的"三星堆祭祀文化"构架体系，但从考古发现与研究的过程来看，则是从祭祀坑的发现和定名开始，逐步深入进行的。本文准备按照研究工作的顺序，先做一些具体的介绍与分析，最后再去归纳总结，探讨一下"三星堆祭祀文化"的特点、原因、价值和意义。

一、祭祀坑的发现、定名与类型

三星堆遗址经过90多年的发现发掘与研究，已经取得了多方面的重要成果，包括一个12平方千米的大型遗址群，一座3.6平方千米的古城，众多的居住遗址和生活器具以及一些中小型的墓葬。其中最引人瞩目的，则是一大批进行祭祀活动后存留下来的祭祀坑。1986年发现的一、二号大型祭祀坑，出土了立人像、人头像、神树等上千件青铜器，金杖、金面罩等众多金器，璋、戈、琮、瑗等大量玉石器，均为宗教祭祀用品[②]。近

---

① 赵殿增：《三星堆神权古国研究》，《四川文物》2019年第1期。

② 四川省文管会等：《广汉三星堆遗址》，《考古学报》1987年第2期。四川省文物考古研究所编：《三星堆祭祀坑》，文物出版社，1999年。

年又在同一区域发现了六座形状大小方向相仿的祭祀坑，正在进行大规模发掘，已经出土大金面具、铜方尊、象牙等数百件珍贵文物。除了这八座之外，三星堆还有一大批各时期各类型的大中小型祭祀坑，使我们对三星堆祭祀文化有一个较为全面的认识。不少学者经研究认为1929年在燕家院子发现的出土有四百余件玉石礼器的器物坑，也应是具有祭祀性质的土坑①。1997年在城西仁胜村发掘的早期墓地中，有一些是只埋藏象牙或牛骨架的祭祀坑②。2000年省考古所在月亮湾也曾发掘了八座祭祀坑，包括出土璧、琮、瑗等玉石器的红烧土坑、埋藏陶器为主的圆形浅坑、长方形坑等③。同类的灰坑在1980至1986年的遗址发掘中也曾都发现过，有些也应该是祭祀坑④。此外1987年在仓包包也曾发现过埋藏玉石礼器的祭祀坑⑤，2015年在青关山发掘的H105号坑，出土金箔片、玉璋、绿松石珠等器物，简报称之为"掩埋祭祀器物的灰坑"，实际上也就是"祭祀坑"⑥。到目前为止，三星堆遗址内绝大多数珍贵的文物都出土于这些祭祀坑之中，使它成为三星堆文化最为重要的代表性文化遗存。我在1992年发表的《三星堆考古发现与巴蜀古史研究》一文中，就曾指出一、二号大型祭祀坑等"应是祭祀活动之后埋藏所用器物的土坑"，"将祭祀活动最后的状态存留了下来"，这就是我们所说的"三星堆祭祀坑"的本意⑦。

关于三星堆祭祀坑的定名，我们认为主要有三条理由：

第一，坑内器物基本上都是用于祭祀的神像和礼器祭品。包括被

---

① 冯汉骥、童恩正：《记文治出土的玉石器》，《文物》1979年第2期。赵殿增：《三星堆祭祀形态研究》，《四川文物》2018年第2期。

② 陈德安、雷雨：《四川广汉市三星堆遗址仁胜村土坑墓》，《考古》2004年第10期。

③ 资料存四川省文物考古研究院三星堆工作站。

④ 四川省文物管理委员会等：《广汉三星堆遗址》，《考古学报》1987年第2期。

⑤ 四川省文物考古研究所三星堆工作站等：《三星堆遗址真武仓包包祭祀坑调查简报》，《四川省考古报告集》，文物出版社，1998年。

⑥ 四川省文物考古研究院：《四川广汉市三星堆遗址青关山H105的发掘》，《考古》2020年第9期。

⑦ 赵殿增：《三星堆考古发现与巴蜀古史研究》，《四川文物·三星堆古蜀文化研究专辑》1989年。

四川省文物考古研究院名家学术文集

232

祭祀的青铜面具、神山神树、各种灵怪、天神地祇、祖先图腾等，也有主持祭祀的群巫之长、巫师祭司、各种参加祭祀人员，具有通神能力的各种祭器，献给神灵的各种祭品，参与祭祀的各种器具用品等。即使是一些生活用具，在被埋入祭祀坑前，也是曾作为祭祀用具加以使用过。这个现象在各个祭祀坑中已经得到充分的证明，也为大家所广泛认同。

第二，在瘗埋前曾举行过各种各样的祭祀仪式活动，都具有特定宗教祭祀内容和含义。这些被祭祀的神像和礼器祭品，平时可能主要是被放置于神庙、宗庙等经常举行宗教祭祀仪式的场所，被人们进行供奉和祭拜，在举行特定的祭祀活动时，也可能被搬到祭坛、祭台等祭祀场地中，在进行祭祀仪式之时或之后，被焚燎与瘗埋，以达到各次祭祀活动的最终目的。

第三，祭祀坑是宗教礼仪活动最终形成的结果。这一点从祭祀坑的一定的方向和形状、挖掘得整齐细致、放置时从容有序、掩埋后平整干净等情况，可以得到证实，其他中小型祭祀坑也各有自己的埋藏方式。其中有不少器物埋入前多有被打碎和火烧的情况，应属于上古祭祀仪式所常见的燎祭或瘗埋，表示最终把它们送到了天上和神界[①]。

至于实施燎祭或瘗埋的具体原因和目的，则要从每座坑的具体内涵分别进行分析和研究，这是一个需要细致考察的研究课题，也是深入了解三星堆文化内涵的重要途径，需要做认真仔细的工作，才能解析神奇的三星堆文明的独特面貌。

目前对三星堆西南侧几座大型祭祀坑的形成原因，争议仍然很大，

---

① 关于我们对三星堆祭祀坑的定名问题，可参见以下文章：陈显丹、陈德安：《试析三星堆遗址商代一号祭祀坑的性质及有关问题》，《四川文物》1987年第5期。陈显丹：《广汉三星堆一、二号祭祀坑两个问题的探讨》，《文物》1989年第5期。陈显丹：《广汉三星堆一、二号坑的时代、性质的再讨论》，《四川文物》1997年第4期。赵殿增：《三星堆祭祀坑文物研究》，《三星堆与巴蜀文化》，巴蜀书社，1993年；《人神交往的途径——三星堆文物研究》，《四川考古论文集》，文物出版社，1999年；《三星堆文化与巴蜀文明》第五章第一节"四、祭祀坑性质的认定"，江苏教育出版社，2005年；《三星堆祭祀形态研究》，《四川文物》2018年第2期。本文又做了简要的归纳。

有"自身祭祀说""失灵法器掩埋说""灾难毁灭说""权力争夺说""改朝换代说""敌人入侵说"等多种看法，都有待进一步的发掘研究和验证。我们一直是从广义的祭祀来理解三星堆各种祭祀坑的，认为它们既具有一定的普遍性，也各有自身的特殊性，不能用商周礼制形成之后的祭祀制度来硬套。三星堆旁这八座大型祭祀坑的时代和成因，也可能有所不同。不过除了"敌人入侵恶意破坏"之外，其他各项原因都可以说是进行了"宗教礼仪活动最终形成的结果"，都应该称之为"祭祀坑"。而"敌人入侵恶意破坏"，不大可能进行这样规整有序的焚燎和瘗埋，也不会造成方向一致、形状相仿、大小有别的规整情况，更不会出现叠压打破现象。目前已有的考古资料中，也尚未发现当时盆地以外敌人大规模入侵的实物证据。而本地后起的十二桥文化，大量继承了三星堆文化的传统，应是有承继关系的同类文化，二者之间可能是通过某种较为平和的方式，实现了祭祀与统治中心的转移。我个人目前仍然倾向于这些大型祭祀坑主要是本族人的"失灵法器掩埋"所致①，而不是敌人入侵后"犁庭扫穴"进行恶意破坏的结果。由于各种祭祀坑的发现逐渐增多，每座坑具体形成的时代、原因与目的，都需要根据所有发掘与检测的详细情况，分别进行必要的分析研究和论证。

　　总之，三星堆遗址中曾经经常举行各种各样的祭祀活动，最后大多以祭祀坑的形式保存了下来。这些不同形式、内容、时代、等级的祭祀坑，三星堆遗址内绝大多数珍贵的文物都出土于这些祭祀坑之中，使它成为三星堆文明最典型的文化遗存，成为三星堆文化存留至今最主要的实物见证，具有鲜明的个性和特征。三星堆祭祀坑的形制，大致可分为大型长方坑、中型长方坑、红烧土坑、不规则浅坑、小型圆坑等几个类型，在三星堆遗址各期文化中均有，以第三期最多最大②。它们既是

① 赵殿增：《三星堆考古新发现与古蜀文明新认识》，《四川文物》2017年第1期；并刊于《三星堆研究》第5辑，巴蜀书社，2019年。

② 赵殿增：《三星堆祭祀坑文物研究》，《三星堆与巴蜀文化》，巴蜀书社，1993年；《人神交往的途径——三星堆文物研究》，《四川考古论文集》，文物出版社，1999年。

各次祭祀活动的最终结果，更是"三星堆神权古国"神奇文化面貌的具体反应。它以独具一格的文化面貌出现于世界古代文明之林，值得人们更加深入细致地进行观察研究与鉴赏。

二、独具特色的祭祀活动形态

三星堆遗址中经常举行祭祀活动，除了"祭祀坑"外，也留下了一些举行祭祀活动的器物图像和遗迹现象，这里做一些初步的分析研究。

（一）祭祀活动场景的图像

三星堆二号祭祀坑中出土的一件"祭祀图"的玉璋（K2③：201-4），共有四组内容完全相同的线刻图像，每幅图的中部用一带云纹，把整个图像分为"天上"和"地上"两个部分，"天上"站着三个人，是天神，是祖先，是神灵。上面还有两座山，山中间有条船，经过两山之间进入天上，可能表示为"天门"。祭祀图的下半部分也有三个人，是跪着的，装束也要差一点。下面也有两座小山，小山上插着玉璋、象牙之类的三星堆祭祀品，是祭祀的场所，巫师正跪在上面进行祭祀。天上站着的天神，和地上跪着的巫师，做的是同样的手势。就好像是现代所说的"调频共振"似的，可以用一样的手势，表达同样的信息，上面能传达到下面，下面也能传达到上面。地面上的人也能用这个手势把自己的愿望传达给天上，上面用同样的手势把天上的意见传达地上，这样就达到了天地相通的祭祀目的。这个图非常重要，可以说是最清楚准确地反映了三星堆的祭祀活动的场面和祭祀的过程。这个图像一连画了四组，并且画得非常熟练，线条非常纤细，非常准确，是有意把自己祭祀的场面反复刻画上去的，是一幅幅完整而典型的三星堆"祭祀图"[1]。

---

① 陈德安：《浅释三星堆二号祭祀坑中出土的玉璋图案》，《南方民族考古》1990年第3辑。赵殿增：《三星堆"祭祀图"玉璋再研究——兼谈古蜀人的"天门"观》，《三星堆研究》第5辑，巴蜀书社，2019年。

（二）"青铜神坛"与"神庙"

三星堆二号坑出土的"青铜神坛"（K2③：296）也非常重要，反映了三星堆人完整的世界观和宗教祭祀活动场面。它有三层，下面一层代表地下，以两只怪兽拖着圆盘，代表大地。圆盘上站着四个作法的巫师立像，头顶着天，脚踩着大地，代表人间。巫师的额头上"灵魂出窍"式的，各长出一个东西来，最上端是一个"面具"，是他们的主神和祖先神。在他们祭祀的时候，就这样和他的祖先"灵魂相通"了。巫师头顶的四座山表示"天"。天上面有一座四方形的"神庙"，是他们主要祭祀的场所，他们的神灵，他们的祖先，他们的归宿，都在那个神庙上。"神庙"正面有"人首鸟身像"，四角饰"神鸟"，可能是三星堆人所崇拜的"图腾"。"神庙"四面还有20个人，每面5个，面朝殿外，手持祭品，正在跪着进行祭祀活动。"青铜神坛"表明三星堆时期已经有了对"天、地、人"三界的观念，也表现出"神庙"这一祭祀场所在整个祭祀活动中，具有至高无上的地位，因为"神庙"不仅位置高贵突出，而且在它四周有20个双手平举的跪拜人像，正在此进行虔诚的祭祀仪式，从而"神庙"也就成为整个祭祀活场所中的最高境地[①]。

（三）"青关山大房子"与"神庙"

近年来在三星堆西北部最高点的"青关山"高地上，发掘出一座一千多平方米的"青关山一号大房子"，长64.6米，宽15.17米，面积1015平方米，建在16000平方米的夯土台基之上。有的说它是宫殿，有的说是神庙，有的说是仓库，也有的说它是干栏式建筑。《四川文物》2020年第5期发表了《四川广汉市三星堆遗址一号建筑基址的发掘》报告[②]，同时发

① 四川省文物考古研究所编：《三星堆祭祀坑》，文物出版社，1999年。赵殿增：《三星堆青铜神坛赏析》，《三星堆考古研究》，四川人民出版社，2004年。

② 四川省文物考古研究院：《四川广汉市三星堆遗址一号建筑基址的发掘》，《四川文物》2020年第5期。

表了杜金鹏先生的《三星堆遗址青关山一号建筑基址初探》，得出了这"是一座具有上下两层建筑的楼阁式建筑物，属于商代最高规格的宫殿建筑，可能是当地最高统治者处理政务和举行重大典礼的礼仪建筑"的结论[①]。我对它是否"是一座具有上下两层建筑的楼阁式建筑物"，以及"青关山F1"的复原和性质问题，尚有些疑问，已写文与杜先生进行商榷。

我认为三星堆遗址青关山新发现的"大房子"（即"青关山F1"），可能就是一座位于高台之上的"神庙"。它可能是一座两面坡重檐屋顶的大型单层单体建筑，顺着长条形大房子的纵轴，有一条笔直宽敞的"穿堂过道"贯穿全屋，房屋两端的中央开有两座大门，使整个建筑物的主轴与通道呈东南—西北走向，指向西北方众神与祖先所在的神山，具有特定的宗教意义。通道的两边，搭建有宽大的"木构平台"，朝向中轴通道，用于摆放神像祭器等器物，平台中还各夹有两个用"U形红烧土墙基"构建的单间，可能用来放置大型的神像或祭器，以供人们从中央通道上进行祭祀与供奉，具有保存场所和活动场地的双重功能。大房子的两端还各有一个较大的空房间，可以供人们进行集体祭祀和集会议事，作为"群巫之长"的国王，可能就是在这里代表天神与祖先来行使国家管理权的，因此这座大房子也就具有了"殿堂"的性质和作用。"大房子"的外面，也有宽阔的祭祀和活动场地。总之，它是一座既可以安放和保护大量神像和器物并进行重大祭拜活动的"神庙"，又可以举行重要集会议事决策以行使国家权力的"殿堂"，可能就是整个"三星堆神权古国"的一个宗教和政治统治的中心，是反映三星堆繁荣时期祭祀形态的最重要的建筑物，其具体的结构和使用情况等，还需做进一步的研究[②]。

---

① 杜金鹏：《三星堆遗址青关山一号建筑基址初探》，《四川文物》2020年第5期。
② 赵殿增：《对"三星堆遗址青关山一号建筑基址初探"一文的商榷》，《四川文物》2021年第3期。

三、祭祀的人员与组织

三星堆祭祀坑出土了一件2.62米高的"青铜立人像"，是3000年前世界罕见的大型青铜雕像。立人像头戴华冠，身穿法衣，笔直挺立，赤脚站在由四个象头支撑的云纹方座上，象头支座下面还有一个四方形的高台。大多数学者认为它可能是个"大巫师"，从它个体巨大、全身铜铸、立于高台之上等情况看，更可能就是一个"群巫之长"，两只环形大手平举在胸前，高举着法器，正在指挥重大的祭祀仪式。在"神权古国"时代，这种"群巫之长"，也就是"国王"①。

祭祀坑中同出的还有57件与真人大小相仿的"青铜人头像"，这些头像的颈部均呈倒三角形，原来可能曾装置在木质或泥质的身躯之上。"青铜人头像"的头饰冠带和发型多种多样，但面容则大多相同，除了脸颊削瘦，颧骨凸出之外，最突出的特征是都有一对呈三角橄榄形的立眼，威严神圣。有些人想通过面容去寻找这些人的来源和族属，但未能如愿。我们认为，这些人像不完全是写实的作品，而是被变异夸张了的结果，因为这些"青铜人头像"，都是能通神通天的"巫师"，具有半人半神的灵性，所以他们才被做出一双与大多数"面具"相似的眼睛，表示只有他们才具有与"神"相通的能力。有的学者认为这些头像是戴着面具的巫师，是做法时的形象，也有一定的道理。祭祀坑中还出土一组小型人像，也都具有一对立眼，通过跪在神树座上、支撑在神坛中部、顶尊跪于云团之上等形式，参与到相应的祭祀活动之中。这个由"青铜立人像"、"青铜人头像"、小型人像共同构成的庞大而有序的"巫祭集团"，正是当时三星堆神权古国的实际统治者。

我们认为所有这些人像，都属于三星堆神权古国的"巫祭集团"。"青铜人头像"头饰冠带和发型姿态的复杂差异，以及众多小型人像在祭祀活动中位置姿态的差别，只是说明在这个"巫祭集团"之中，有着

---

① 沈仲常：《三星堆祭祀坑出土青铜立人像初记》，《文物》1987年第10期。

不同等级和功能的区分，也还有不同地域和族群差别。当时可能有众多地区和民族的人们前来参加，共同构成了一个神圣的三星堆祭祀活动中心，其中数量占四分之三的"平顶冠独辫式人头像"，可能代表的是三星堆神权古国时期的主体人群。有几个身份更为特殊的高贵者，还在面部装上了黄金的面具。

三星堆一号祭祀坑出土的长142厘米的"金杖"，是用黄金做成的包在法杖或权杖上的金皮，上面刻有四组用箭相连的鱼纹和鸟纹，下方有两个戴冠的人头像。大多学者认为这组鱼鸟纹就是"鱼凫族"象征，是图腾，是族徽；戴冠的人头像是"国王"。金杖可能代表着古蜀国的"鱼凫王"的权杖，它是"群巫之长"和"国王"双重身份的标志物，进而表明三星堆繁荣时期这个神权古国的统治者，可能就是以"鱼凫王"为首的联盟集团。他们把自己看作蚕丛氏蜀王的继承者和传人，用"眼睛崇拜"的方式创造出了蜀人的主神与祖神，并以"巫祭集团"的形式，统治着繁荣的三星堆神权古国。

四、祭祀的内容与用具

从祭祀坑中已发现的大量文物可以看出，三星堆文化时期盛行的是以"万物有灵观"为中心的"原始宗教"，包括"自然崇拜""图腾崇拜""祖先崇拜"三个主要部分[①]。三星堆古国先民通过造型艺术品的形式把这种观念具体表现出来，通过这些祭祀用具，可以使我们能从中去分析探讨"三星堆祭祀文化"的丰富文化内涵。

（一）以青铜神树、太阳形器为代表的"自然崇拜"

三星堆二号祭祀坑中出土了六棵"青铜神树"，三件已经基本修复，

---

① ［英］泰勒：《原始文化》，上海文艺出版社，1992年。苗启明、温意群：《原始社会的精神历史构架》，云南人民出版社，1993年。赵殿增：《三星堆文明原始宗教的构架特征》，《中华文化论坛》1998年第1期。

展现出极为丰富神奇的文化内涵。其中"一号大神树"高达3.96米，全部复原要达4米多，不但是三千年前世界上最高大的一件青铜器，而且内容造型极为复杂优美：在三叉状山形树座之上，矗立起笔直粗壮的主干，在三层树节处，长出九根枝条，上面各有一只立鸟，挂着果实和饰物，有一条巨龙从树干盘旋而下，有一种从神树旁上天下地的气势。研究者多认为它是一棵通天的神树，上面有代表太阳的立鸟、能通天地的神龙和表示生命和生长的树冠等，成为"原始宗教"中"自然崇拜"的综合载体。如此巨大的"青铜神树"，已经无法直接放置于室内，它很可能就是古蜀先民心目中的一棵"宇宙树"和"天梯"，曾被放置于大型祭祀场所的中央，围绕着它来进行重大的祭祀活动。其他几棵"青铜神树"之上，还有"人首鸟身像"、飞鸟、铜璧等神灵、祭品和"跪祭人像"等祭祀人员，都是"自然崇拜""神灵崇拜"观念的重要实物载体。它们可能是传说的中的"建木""扶桑"，或作为土地神与社稷神的"社树"，总之，三星堆的树崇拜，是各种自然的崇拜观念的升华和结晶，以一种独特的方式表达出对自然万物进行崇拜的原始宗教观念①。

三星堆祭祀坑中还出土有众多青铜"太阳形器""星形器"等崇拜物，也有"山""水""云气"等自然现象的画像或图案，反映出当时盛行着广泛的"自然崇拜"习俗。

（二）以鱼鸟龙蛇为代表的"图腾崇拜"

图腾崇拜是原始人类对自身和本族的"亲根探寻"，他们曾把某种动植物或自然现象当作本族的根源，奉为崇拜物和标志物。三星堆青铜器群中众多动物造型，都可能是图腾崇拜的标志，反映出曾有多个氏族部落汇集于此的情况。其中出现最多最突出的，是鸟和鱼的图腾，应有其特殊的社会意义。如一号祭祀坑中出土"金杖"上部，錾刻出四组鱼

---

① 赵殿增：《三星堆青铜神树——早期文明的"自然崇拜"》，《文史知识》2017年第6期。

和鸟用箭羽串在一起的图案，高居于戴着高冠的"国王"头顶之上，显然是本族奉为崇拜物的图腾。它出现在代表最高权力的金杖之上，说明鱼和鸟的结合已经成为整个国家标志的"中心图腾"，所代表的可能是当时在古蜀国居于统治地位的"鱼凫族"蜀人，他们可能正是三星堆古国繁荣时期蜀国的统治者。而众多不同图腾的出现，则表现出三星堆文明是由众多民族部落汇聚而成的历史情景。

（三）以突目面具为代表的"祖先崇拜"

祖先崇拜是原始宗教发展到一定阶段的产物，也是原始宗教的重要组成部分。他们已经开始认识到自己是从祖先发展而来的，但仍然认为这些祖先一定具有特殊的神奇之处，他们是神的使者，神的化身，或者本身他们就是"神"，于是把很多神奇的能力和形象集中到这些开创者的身上，形成了一利神圣的"祖先崇拜"。三星堆最典型的"祖先崇拜"物，就是一组长着奇特大眼睛的"青铜大面具"。在1986年发掘的二号大型祭祀坑中，发现"青铜大面具"23件，2021新发掘的五号大型祭祀坑中，又发现一件同样形状的"大型金面具"。这些大面均具呈半圆形人面状，宽达30至80厘米，常常重达数十公斤，远远大于人的头部，均无法由真人来佩戴使用。面具上的眼、耳、口、鼻等所有器官，均用夸张变形方法，塑造得硕大怪异，威严神圣。其中最明显的特征，是都有一双向外突出的硕大眼睛。有些大面具眼睛的瞳孔部分还呈柱状外突，额头正中装饰有勾云形（龙形？）饰物，其中最大的一件"青铜突目大面具"，宽134厘米，高65厘米，瞳孔柱状外突部分长达16.5厘米。每个人面具的耳侧，都开有四个方形榫孔，说明它们可能是用以安装在立柱或树干上之上，被人们进行顶礼膜拜的神像。目前大多数研究者认为它们表现的，正是对"纵目之神"蜀祖"蚕丛"进行"祖先崇拜"的神像。史书记载"蜀侯蚕丛，其目纵，始称王"[1]。三星堆出

① （东晋）常璩：《华阳国志·蜀志》，《华阳国志校注》，巴蜀书社，1984年。

土的以"青铜突目大面具"为代表的"纵目之神"即蜀国始祖神蚕丛的看法，已为大多数参观者和研究者所认同。不仅如此，我认为包括各种大面具、众多单独的"眼形饰件"以及各种图案中的大眼形主题纹饰，都可能是用来代表蜀祖蚕丛的，是三星堆蜀人以"眼睛崇拜"的一种方式，是表达"祖先崇拜"观念的实物见证。

五、"三星堆祭祀文化"的特殊意义和价值

总而言之，由"祭祀的内容与用具、祭祀的人员与组织、祭祀的形式与场所、祭祀活动的结果"等四个主要方面，构成了"三星堆祭祀文化"的基本构架。但对这个奇特而又复杂的文明，人们的心目中仍然存在着许多费解之处：三星堆古蜀文明有哪些突出的特点？造成其独特面貌的原因是什么？它在中国古代文明发展史上有何意义和作用？在世界各个古文明中又有何地位和价值？这些问题正是三星堆能够引人入胜之处，也是众多研究爱好者不懈努力所寻求解决的问题。在这里我把自己的一些体会做个简要的汇报，与读者一起去进行探讨。

我在开始综合研究三星堆的社会历史情况时，就曾提出三星堆文化具有"祭祀活动治国""多元文化融合""造型艺术表达"三个重要的特点[1]，后来又逐渐认识到"神权国家是整个问题的核心"[2]，进一步概括出"神圣的信仰是精神主体、神奇的艺术是其表现形式、神秘的历史是所产生的后果"，共同形成了一个"三星堆神权古国"的文化定位[3]。我认为三星堆文化是在各地相继进入青铜时代之后，仍然停留在了"神权古国"的社会阶段，进而用新材料新技术，创造出了大量祭神使用的精美又奇异的艺术作品，创造出了璀璨夺目的三星堆文明。这可能就是造

---

① 赵殿增：《三星堆考古发现与巴蜀古史研究》，《四川文物·三星堆古蜀文化研究专辑》，1989年。

② 赵殿增：《略论古蜀文明的形态特征》，《中华文化论坛》2005年第4期。

③ 赵殿增：《三星堆神权古国研究》，《四川文物》2019年第1期。

成三星堆文化神奇面貌的内在原因和关键所在；而由内外经济文化发展需要而产生"早期丝绸之路"的广泛文化交流，则是三星堆文化面貌丰富多彩的重要外部原因。

三星堆文明是多元一体的中华文明的有机组成部分，是在"满天星斗"时期中华文明共同体中的一颗闪亮的金星。它与同时期的夏商文化一直保持着密切的关系，又从多方面的交流中吸收了丰富的养分。它还与先后在成都平原立国的几代蜀国建立起了一个连续发展的文化序列，具有相同的祖先认同和相似的文化传统，共同构成了两千多年的古蜀文明体系，在中华文明的发展进程中具有重要的历史地位。

由于"三星堆祭祀文化"所具有的完整构架和丰富内涵，特别是从众多祭祀坑中出土的大量举世瞩目珍奇文物的独特性和唯一性，使三星堆文明在世界古代文明之林中也具有了显著的地位，成为研究古代东方文明时不可或缺的实证标本，也为世界文明发展史增添了光辉灿烂的新篇章。

神奇的三星堆文化还有大量未解之谜，"每个人都会对三星堆有不同的理解和解释"[1]。在这里我从祭祀文化的视角，把自己从事三星堆考古的一些体会讲出来，供大家研究参考。以三星堆为突出代表的巴蜀文化，在中国文明和世界文明发展史上都具有重要的地位，需要继续进行深入细致的研究。正如李学勤先生所说"没有对巴蜀文化的深入研究，便不能构成中国文明起源和发展的完整图景"，"中国文明起源研究中的不少问题，可能要由巴蜀文化求得解决"[2]。

2021年5月18日完稿，以此作为第四十五个"国际博物馆日"纪念。

（原载四川博物院编：《博物馆学刊》第8辑，巴蜀书社，2022年）

---

[1] 三星堆博物馆副馆长朱亚蓉在第四十五个"国际博物馆日"的讲话，四川电视台2021年5月18日报道。
[2] 李学勤：《略论巴蜀考古新发现及其学术地位》，《三星堆考古研究》序言，四川人民出版社，2004年。

祭祀坑—神庙—神权国家

——试析三星堆之谜

　　"沉睡数千年，一醒惊天下"，曾任国防部长的张爱萍将军的题词，一语道出了三星堆考古新发现的强大影响力。1986年发掘的一、二号祭祀坑，就像是两个巨大的古代"盲盒"，不仅给人们带来了珍宝，带来了惊喜，也带来了谜团，带来了争议。它是什么性质？从哪来到哪去了？为什么会出现这么多奇异的大型青铜人像和器具？一直都还没形成比较统一的认识。2019年以来在同一地点又发现了六个大型祭祀坑，通过高水平的考古发掘和高规格的电视直播，再一次"一醒惊天下"。人们本以为这下"盲盒"之谜可以彻底解开了。现在大多数祭祀坑已经发掘过半，三星堆"盲盒"渐次打开，出现了大量珍宝，也带来了更多的谜题。新的六座坑刚发现时，两派论者就都认为自己说对了："埋藏坑"论者曾认为这些坑是"一次"掩埋，可以证明它是被"灭国"造成的；"祭祀坑"论者却认为这些坑不可能是同时的，因此提出"总不能亡国八次吧"！看来众多"盲盒"的打开，还只是揭开三星堆这个"大盲盒"的冰山一角，全世界人们都在关注着这个"大盲盒"到底是个什么？这可能正是三星堆最能引人入胜之处。

　　我有幸从1980年起参与到三星堆的考古研究之中，在发掘领队和前人成果的基础之上，做些综合研究，写过一些文章。三星堆博物馆曾为我出过一个文集《三星堆考古研究》（四川人民出版社2004年），李学勤先生又组织我们编写了国家"九五"重点图书《早期中国文明丛书》，由我撰写了其中的一卷《三星堆文化与巴蜀文明》（江苏教育出版社2005年）。2016年纪念祭祀坑发掘三十周年之后，我又应约撰写发表了十余篇文章，就宏观问题谈了些新看法，受到社会的欢迎。这里我结合最近的考古新发现，再把自己的观点做个简要的归纳，重点谈谈三星堆祭祀坑的性质与定名、大型神庙的兴建与毁弃、神权国家的兴盛与衰落原因等三个问题，供大家研究参考，检查验证。

一、祭祀坑之谜

现在新的发掘工作已近尾声，八座坑的情况已逐渐明朗，但形成原因和相互关系等问题仍未解决，国内外的兴趣和讨论有增无减，都在专心关注着"三星堆大盲盒"的发掘和研究进程。

关于"目前三星堆焦点问题的讨论"，中国考古学会理事长、三星堆发掘咨询组组长王巍先生认为："三星堆所发现的这批坑状遗迹应当与祭祀密切相关，并不是一次性同时埋藏，也不是敌对人群摧毁三星堆后埋藏；三星堆与金沙不存在暴力性取代迹象；青铜面具是以当地人面部特征出发，基于现实的神话产物；三星堆文化使用文字的可能性不大，但不影响三星堆文明的地位。"（6月6日在南京大学的讲演）这可能是对三星堆1986年发掘的两座祭祀坑和最近新发掘的六座祭祀坑比较全面清晰而又留有余地的客观公允评价。

经过几次现场考察，特别是近来多次电视直播和媒体报道，在看到各坑目前为止的发掘情况之后，我对"八座坑不是同时的看法"更加明确了。因为各坑的方向基本一致，但大小形状、埋藏方式、器物种类各有不同。从各坑分布有序、器物比较近似、层位大体相同等情况看，八座坑的埋藏年代相距好像也不是很久。其中只有二号和三号坑的形状、方向、大小及象牙、器物、分层放置方法基本一样，有可能同时；而六号坑打破了七号坑，可能最晚。

八座坑之中面积大小比较相近似的，大体可以分为四等：

大型坑：一号：13平方米（底面积12.48平方米）；七号：14平方米；八号：20平方米。

次型坑：二号：11平方米（底面积10平方米）；三号：11平方米。

中型坑：四号：8.4平方米。

小型坑：五号：3.5平方米；六号：4.1平方米。

从现有的情况综合起来看，这八座坑的形成似乎有着内在的连带关系，可能是由于某种相似的特殊原因，进行了一系列有目的、有关联、分阶段、逐步完成的祭祀活动的结果。在这篇短文中，不可能详细探讨各坑的具体情况与异同，这里先把我对它们之间的关系和性质的初步认识汇报一下，探讨一下可能的原因。我的简要看法是：

一号坑最早，可能与发生灾疫和祭祀"国王"有关。

二号、三号坑大约同时，可能与用"神庙"中的主要器物进行了大规模的祭祀有关。

四号坑面积较少，或许稍晚，祭祀时可能使用了一些奇特的器物和埋藏方式。

八号坑押后，可能与大型"神庙"的最后毁弃有关。由于七号坑尚未发掘完，从坑的形状、方向和大小看，很可能与八号坑的时间和性质接近。

五号坑可能是一次小规模高级别的单独祭祀，时间是在大型神庙毁弃（即八号坑形成）之前还是之后，尚待研究。

六号坑可能是三星堆古国迁都后的"遗民"，在若干年以后，再次来到祭祀区进行"祭奠"的遗迹。

经过大范围的勘测和发掘，在这一区域周围再没有发现其他的大型祭祀坑，或许就是由这八座祭祀坑，构成了一部"三星堆中心祭祀区"的使用和发展史。6月底我曾把上述看法给单位写了个"意见与建议",这里再谈谈我的具体看法和理由,与大家共同探讨。

在这次新冠肺炎疫情初期,我就曾经有过"三星堆一号坑可能是因为瘟疫而为"的猜想,因为一号坑里的三方骨渣之中,含有一些人骨。这八座祭祀坑之中,只有一号坑埋存了含人骨的大量骨渣。这种情况说明有可能是因瘟疫而亡的人员尸体,曾与兽骨一起,被焚烧打碎和掩埋,三星堆古人或许是希望以这种特殊的祭祀方式,去排除和躲避不祥之灾。在这次灾疫中,可能连群巫之长(国王)也一起亡故,因此在这座首次大规模"燎祭"时,就将国王所使用金杖摆放在了祭祀坑的中央,并放置了部分铜人头像、青铜和玉石礼器,再将含人骨的大量骨渣,向着西北方倾倒于坑中,一起进行了掩埋和夯实。从一号坑的开口地层、土坑型制、器物特征、埋藏方式、骨渣堆积和坑口有建筑遗迹等情况看,说明它可能是这八座大型祭祀坑中年代最早的一座。

这是三星堆第一次超大规模的燎祭和瘞埋活动。但随后的情况可能并未出现好转,反而更为加剧了,因而人们便认为这些神器都已经"失灵",就用神庙中的大量神像、礼器、祭品、象牙等,继续进行了更大规模的隆重燎祭仪式,以便把它们都送回到天上和神界,乞求上天和神灵能给他们再次带来好运。其中二、三号坑可能是同时祭祀埋藏的最大的一组;四号坑可能使用了奇特的器物和祭祀方式等。在最后一次祭祀活动时,可能连同被烧毁放弃的神庙墙体和剩余的众多祭品一起埋入了坑中(即七、八号坑),从而形成了"三星堆中心祭祀区"众多祭祀坑排列有序的情况。但灾难并未因此而结束,最后三星堆人只好迁都到金沙等处,三星堆古国从此走向衰亡。

至于打破了七号坑的六号坑,或许是三星堆古国的"遗民",在已经迁都若干年之后,再来到这里进行"祭奠"仪式所留下来的遗存,所以才出现了打破原有祭祀坑坑位与布局的情况。而埋藏众多金器的五号小型坑,有可能是一次单独的高规格祭祀,由于五号坑的大小、方向和位置都与六号坑比较接近,也不排除它也是在三星堆迁都之后,古国的"遗民"再次来这里进行"祭奠"遗迹的可能性。

这些推测，是我个人的一些初步看法，提出来供大家参考，还需要通过全面的发掘和地层分析、器物研究、年代测定等多方面的成果进行检查验证。

　　关于祭祀坑的性质与定名，我一直支持陈德安、陈显丹两位领队的意见，并简化为"关于三星堆祭祀坑的定名，我们认为主要有三条理由：第一，坑内器物基本上都是用于祭祀的神像和礼器祭品；第二，在瘞埋前曾举行过各种各样的祭祀仪式活动，具有特定宗教祭祀内容和含义；第三，祭祀坑是宗教礼仪活动最终形成的结果"。其中有不少器物埋入前多有被打碎和火烧的情况，应属于上古祭祀仪式中所常见的燎祭或瘞埋，用以表示最终把它们送到了天上和神界。至于每次实施燎祭或瘞埋的具体原因和所要达到的目的，则要从每座坑的具体内涵分别进行仔细的分析和研究。三星堆遗址内还发现有许多大大小小的祭祀坑，形制大致可分为大型长方坑、中型长方坑、红烧土坑、不规则浅坑、小型圆坑等几个类型，在三星堆遗址各期文化中均有，以第三期最多最大。它们既是各次祭祀活动的最终结果，更是"三星堆神权古国"神奇文化面貌的具体反映。到目前为止，三星堆遗址内绝大多数珍贵文物都出土于这些祭祀坑之中，使它成为三星堆文化最为重要的代表性文化遗存。也有人将这种坑称为"掩埋祭祀器物的灰坑"，实际上也就是"祭祀坑"。我在1992年《四川文物》发表的《三星堆考古发现与巴蜀古史研究》一文中曾指出：一、二号大型祭祀坑等"应是祭祀活动之后埋藏所用器物的土坑"，从而"将祭祀活动最后的状态存留了下来"，这就是我们所说的"三星堆祭祀坑"的本意。

　　"祭祀坑"之名，已在正式的发掘报告、国内外展览、新闻媒体和宣传介绍活动中经常使用。这次八座坑的共同呈现，进一步说明它们是有目的、有关联、分阶段、逐步进行祭祀活动的结果。"祭祀坑"之名已被社会广泛了解和接受，成为代表三星堆文化特定内涵的一个重要的代名词。相比于"掩埋祭祀器物的灰坑""与祭祀密切相关的坑状遗迹""器物埋藏坑"等其他名称来说，"祭祀坑"之名不但简单明确，而且性质清楚，通俗易懂。因此我们认为，用"祭祀坑"来定名三星堆文化这种独特的遗迹现象，既可以给人们一个清晰的概念，也能增强三星堆研究宣传的鲜明性和确定性，至今仍不失为是一种最恰当的命名方式。

二、神庙之谜

"三星堆中心祭祀区"八座大型祭祀坑中出土的大批文物，原来必然要用一些大型建筑物来放置，从器物的性质分析，这种建筑物最可能是"神庙""宗庙"之类的宗教祭祀场所，近年来三星堆遗址中已经发现了这方面的重要线索。

2005～2013年，在三星堆古城西北部最高点的"青关山"高地上，发掘出一座1000多平方米的"大房子"，编号"青关山F1"，平面呈单体长方形，长64.6米，宽15.17米，面积达1015平方米，建在一座约16000平方米的大型夯土台基之上。有的说它是宫殿，有的说是神庙，有的说是仓库，也有的说它是干栏式建筑。《四川文物》2020年第5期发表了《四川广汉市三星堆遗址一号建筑基址的发掘》报告，同时发表了杜金鹏先生的文章《三星堆遗址青关山一号建筑基址初探》，得出了这"是一座具有上下两层建筑的楼阁式建筑物，属于商代最高规格的宫殿建筑，可能是当地最高统治者处理政务和举行重大典礼的礼仪建筑"的结论。我对它是否"是一座具有上下两层建筑的楼阁式建筑物"，以及"青关山F1"的结构和性质问题，尚有些疑问，已写文与杜先生商榷。

我认为三星堆遗址青关山新发现的"大房子"（即"青关山F1"），可能就是一座位于高台之上的大型"神庙"。它可能是一座两面坡重檐屋顶的大型单层单体建筑，顺着长条形大房子的纵轴，有一条笔直宽敞的"穿堂过道"贯穿全屋，房屋两端的中央开有两座大门，使整个建筑物的主轴与通道呈东南—西北走向（北偏西40度），指向西北方众神与祖先所在的神山，具有特定的宗教意义。通道的两边，搭建有宽大的"木构平台"，朝向中轴通道，用于摆放神像祭品等器物，平台中还各夹有两个用"U形红烧土墙基"构建的单间，可能用来放置大型的神像或祭器，以供人们从中央通道上进行祭祀与供奉，使之具有保存场所和活动场地的双重功能。大房子的两端，还各有一个较大的空房间，可以供人们进行集体祭祀和集会议事，作为"群巫之长"的国王，可能就是在这里代表天神与祖先来行使国家管理权的，因此这座大房子也就具有了"殿堂"的性质和作用。"大房子"的外面，也有宽阔的祭祀和活动场地。总之，它是一座既可以安放和保护大量神像和器物并进行重大祭拜活动的"神庙"，又是可以举行重要集会议事决策以行使国家权力的"殿堂"，可能就是整个"三星堆神权古国"的一个宗教和政治统治中心，是反映三星堆繁荣时期祭祀形态的最重要的建筑物（参见《四川文物》2021年第3期《浅谈三星堆遗址"青关山F1"的结构与功能》一文）。

"青关山F1"和"三星堆所发现的这批坑状遗迹"，可以说是除了3.6平方千米的巨大古城之外，三星堆遗址最重要的两处文化遗存，二者之间可能有一种特殊的关系，并与三星堆古国的兴衰有着内在的联系。近期我与友人们讨论到八座祭祀坑之间的关系问题，同时关于青关山大房子可能是大型"神庙"的看法也得到较多的支持。近日我将二者联系起来，形成了一个"从神庙到祭祀坑可能是三星堆从兴盛到衰落的基本过程"的总体认识。我曾把这些想法给单位领导和同事写了个意见建议，现将部分内容整理成文，与大家一起继续进行研究探讨。

我认为八座祭祀坑中的器物，原来可能主要是存放于"青关山F1"等"神庙"之中的。这些"神庙"的兴起和修建，可能就是三星堆神权古国逐渐走向繁荣昌盛，发展成为宗教与政治中心的重要标志；而三星堆旁这种大型祭祀坑的反复出现，则是三星堆发生灾变，走向衰亡的具体表现。从"神庙"的出现，到"祭祀坑"的形成，可能就是三星堆古国的一部兴衰史。

从对夯土台基边缘试掘的情况看，"青关山F1"建在了一座上万平方米的大型夯土台基之上，夯土台经多次建成，最厚处可达4米，其中包含有多层红烧土建筑的痕迹，最下面又叠压着丰富的"三星堆一期文化"的遗存，说明这些存放神像祭器的"神庙"，大约是在三星堆文化兴起时就开始修建的，并经过逐步的增建和扩建，日益走向繁荣。神庙中存放的神像祭器，也积累得越来越多，越来越复杂精美，渐渐发展成为三星堆古蜀文明的宗教与政治中心。"青关山F1"可能是这些神庙之中时代最晚、规模最大的一座。随着一系列特殊的大型燎祭活动的举行，神庙中全部神像和神器最终都被焚烧和掩埋了，"青关山F1"这座规格最高、体量最大的神庙，也被彻底毁弃。

我们还可以从"青铜神坛"等反映三星堆祭祀活动情况的文物标本之上，了解到这种"神庙"在三星堆文化宗教仪式中所具有的崇高地位。

三星堆二号坑出土的"青铜神坛"（K2③：296）反映了三星堆人完整的世界观和宗教祭祀活动场面。它有三层，下面一层代表地下，以两只怪兽拖着圆盘，代表大地。圆盘上站着四个作法的巫师立像，头顶着天，脚踩着大地，代表人间。巫师的额头上，"灵魂出壳"式地各长出一个云气状的东西来，最上端是一个"面具"，就是他们的主神和祖先神。在他们祭祀的时候，就这样和他的祖先"灵魂相通"了。巫师头顶着四座山，山顶上表示"天"，天上面有一座四方形的建筑物，可能是三星堆古国最重要祭祀的场所"神庙"，他们的神灵，他们的祖先，他们的归宿，都可能是在这个神庙之中。神庙的正面有"人首鸟身像"，四角饰"神鸟"，可能是三星堆人所崇拜的"图腾"。神庙四面还有20个人，每面5个，面朝殿外，手持祭品，正在跪着进行祭祀活动。"青铜神坛"表明三星堆时期不仅已经有了"天、地、人"三界的概念，也表现出"神庙"这一祭祀场所在整个祭祀活动中，具有至高无上的地位，因为"神庙"不仅位置高贵突出，装饰神奇华丽，而且在它四周还有20个双手平举的跪拜人像，正在此进行虔诚的祭祀仪式，从而证明"神庙"可能就是三星堆整个祭祀场所之中的最高境地。

三、神权国家之谜

祭祀坑发现之后,人们对三星堆是个什么性质的国家、为什么要造出这么多奇特的人像和器物、它的特征和原因到底是什么等问题,产生了深厚的兴趣,这也是我们三星堆研究者必须要回答和解决的问题。我对这些问题有个逐步深化的认识过程,现提出来与读者一起进行分析探讨。

我在1992年开始综合研究三星堆的社会历史情况时,就曾提出三星堆文化具有"祭祀活动治国""多元文化融合""造型艺术表达"三个重要的特点,后来又逐渐认识到"三星堆文化的一个重要特色——神","神权国家是整个问题的核心",进一步概括出"神圣的信仰是精神主体、神奇的艺术是其表现形式、神秘的历史是所产生的后果",共同形成了一个"三星堆神权古国"的文化定位。

我认为三星堆文化可能是在良好的自然社会环境和比较封闭的地理条件下,造成的一种特殊而滞后的社会形态,形成了一个具有自身特色和文化传统的"三星堆神权古国",这是出现神奇的三星堆文化的内在原因;而"早期丝绸之路"所产生的广泛文化交流,则是三星堆文化面貌丰富多彩的外部原因。神权古国的祭祀活动中心是三星堆文化特征产生的主要原因,过度的社会财富消耗是三星堆衰落的根本原由。由神圣的信仰、神奇的艺术、神秘的历史,共同造就了灿烂的三星堆文化(参见《中华文化论坛》2021年第3期《我对三星堆文化特征成因的认识》)。

我在《四川文物》2019年第1期《三星堆神权古国研究》一文中提到这种认识的理论依据,主要是苏秉琦先生提出的中华文明进程"古国、方国、帝国"三部曲的理论,并在1987年在"三星堆十二桥考古发掘座谈会"上提出了"三星堆古文化古城古国"的论断,以及李伯谦先生关于古国阶段的国家分为"崇尚王权"与"崇尚神权"两大类的理论，并提出"我完全同意三星堆王国是'神权国家'的观点，三星堆遗址基本不见象征军权的青铜兵器而随处可见宗教性质的用于祭祀的遗物，已完全可以证明这一点"的论述（李伯谦《三星堆考古研究·续集·序》初稿）。李伯谦认为："古国阶段"的国家，分为"崇尚神权"与"崇尚王权"两大类，"红山古国走的是通过铺张的祭祀活动崇尚神权的道路，一切由神的意志来决定"，"在这些文化遗址中，存在着大型祭坛，表明这时的社会充满宗教狂热，主持宗教事务者就是社会的主宰。神权支配一切，这是古国阶段的特征"。这些神权古国"把大量社会财富贡献给神灵，越陷越深，不能自拔，因此垮了下去"（李伯谦《中国古代文明演进对历史的八点启示》，《光明日报》2017年2月8日）。

"三星堆文化"可能正是这样一个因宗教狂热而兴盛起来，又因过度消耗而垮了下去的晚期"神权国家"的典型代表。即使是进入青铜时代之后，它可能仍然停留在了"主持宗教事务者就是社会的主宰""神权决定一切"的"三星堆神权古国"阶段，进而用新材料和新技术创造出大量祭神使用的精美又奇异的艺术作品，从而创造出了璀璨夺目的三星堆文明。

虽然对"三星堆文化"阶段的"古蜀国"，是个"古国"，还是"方国"或"王国"，学术界尚有不同的意见，也有不少人认为它是一个"神权与王权相结合"的国家。但当时它曾经极度地"崇尚神权"，社会上"充满宗教狂热"的情况，和它"把大量社会财富贡献给神灵，越陷越深，不能自拔，因此垮了下去"的结果，却是被大量奇特的文物和遗迹现象所证明了的不争的事实，这就是能够出现如此神奇的"三星堆文明"的最重要的内在社会原因。这种高度发达又特色鲜明的"神权国家"，可能就是"三星堆之谜"的主要谜底。

四、探谜新篇章

　　三星堆新一轮的重大考古发现和发掘，已经取得了一大批重要成果和共识，为进一步解析三星堆之谜打开了新的篇章，很多重大谜团即将逐步解开。

　　先谈谈三星堆祭祀坑为什么35年后才再次大规模发掘之谜：当年不再发掘是为了保护，今天再次发掘是主动发掘。

　　1980年三星堆开始连续发掘后，我们越来越感到它的重要。1984年第一次全国考古发掘工作会后，开始做全面保护的调查研究工作，发现了多处城墙，弄清了遗址范围。为了给制定保护方案提供更为充分的依据，1986年春我们与四川大学历史系考古专业合作，围绕着三星堆东侧砖厂取土线的边缘，分三区进行的大规模发掘，取得了重要成果。国家文物局主要领导专程赶到三星堆，检查了考古工地，肯定了工作成绩，并与省市县领导召开专门会议，确定了"各级政府各出一部分经费，拆除砖厂，全面保护三星堆遗址"的工作方案。正在落实经费之时，民工在考古队指导下取土时先后发现了两个祭祀坑，三星堆遗址从此全面保护了下来。九十年代建成了三星堆博物馆，完成了祭祀坑发掘报告，健全了管理机构。21世纪初开始有计划地进行全面钻勘和部分试掘，发现了一大二小的古城布局和上千平方米的青关山大房子，基本弄清了遗址区的整体面貌，但却一直没有再发现大型祭祀坑。原来三星堆管委会2004年在原有的两个祭祀坑之上，复原了一个参观现场，整个院子正好把祭祀区全部覆盖。2019年12月在复原现场的围墙之外，勘探到了三号坑的一角，在摸到了青铜大口尊之后，把复原现场的建筑和院子全部拆除，才新发现了六座祭祀坑。可谓是恰逢其时，它们的出世，正赶上了"中国考古学的黄金时代"，从而促成了这次举世瞩目的高水准的"三星堆大发掘"。

　　"三星堆考古发现充分见证了中华文明的多元一体"，是这次发掘研究得出的最大共识。三星堆出土的众多青铜礼器和玉石礼器，与中原夏商时期的礼器有很多相似的器形和内涵；三星堆以青铜尊为主要祭祀礼器的特征，又与长江中游的青铜文化习俗十分相似；三星堆的生活用具中，也有很多黄河长江流域重要古代文化的因素，说明它是多元一体的中华文明的一个有机组成部分，是在"满天星斗"时期中华文明共同体中的一颗闪亮的金星，在中华文明的发展进程中具有重要的历史地位。

"各地文明之间的交流互鉴，是三星堆文化面貌丰富多彩的重要原因"，这是大家的又一个重要的研究共识。三星堆文化虽然地处四川盆地的腹心地带，但他们并不封闭和保守。三星堆古人以对天地万物和外地情况的高度好奇心和探索精神，与周围文化产生了广泛交流，吸收了多方面的优秀文化因素，呈现出多彩多姿的社会面貌，成为"早期丝绸之路"中的一个重要枢纽，在交流互鉴中创造出灿烂辉煌的三星堆文明。

三星堆文化以别具一格的神奇面貌呈现于世，在中国文明和世界文明发展史上都具有特殊的地位。三星堆文明既是多元一体的中华文明的重要组成部分，又是世界文明发展史中的一朵奇葩，并具备世界文化遗产所应有的独特性和唯一性。虽然它还有一些未解之谜，但通过这次三十多个科研单位、数百名科研人员、多学科高科技的联合发掘和科技攻关，必将获得一大批重要的科研成果，使解开三星堆之谜取得重大进展，从而找准它的特点和成因，明确它的价值和意义，得出恰当的认识和结论，以便早日成为世界文化遗产，打造成闻名世界的考古圣地。

这就是我看了八座祭祀坑目前的发掘进展情况之后，联系到"三星堆青关山一号大房子"等情况得到的一些初步认识，提出来供发掘研究人员和社会各界朋友分析参考，检查验证。希望通过讨论切磋，修正完善，得出更多的学术共识，为三星堆考古的研究宣传和保护利用，奠定更加坚实的基础。

三星堆青铜神树

——早期文明的"自然崇拜"

　　"自然崇拜"是早期人类最原始、最基础、最本能的信仰观念之一，四川广汉三星堆出土的"青铜神树"，就是我们认识和研究这种"自然崇拜"习俗的一件非常精彩的实物标本。

　　位于四川广汉的三星堆遗址，1929年就曾发现了一批奇特的玉石器，1933和1963年曾进行过初步发掘，1980至1986年进行了连续发掘，基本弄清它是一个距今4800～2800年前的大型古文化遗存，1986年7至9月发现了两个距今3200年左右的大型"祭祀坑"，出土了数千件精美绝伦的青铜器和金玉石陶器，近些年来三星堆又有一系列考古新发现，证明这里三四千年前曾有一个以"原始宗教"为基础的"神权古国"，创造了独具一格的三星堆文明，为我们研究人类早期文明的信仰观念和具体形态提供了珍贵的实物资料。

　　三星堆"青铜神树"出土于第二号"祭祀坑"中，埋入前均被打坏焚烧。经拼对修复可分辨出大型神树2件，小型神树4件，还有一些零散的饰件和树座。其中一号大型神树最为高大复杂，也复原得较好，是神树中的典型代表。

　　一号大型神树已复原高度达3.96米，顶端尚有残缺。树座由一个圆环形底盘和三叉形支座构成云山状根基，上面满饰对称的弧线云雷纹，好似一座云雾缭绕的高山。粗大的树干从山巅长出，笔直向上，直插云天。树干分为五节，用套管连接，呈现"竹节"状。在第一、三、五节处，各长出三条树枝，弯曲下垂，树枝最高处各结一桃形果实，果托饰勾云纹，并套有火焰状圆盘，仙果上各有一只立鸟，共有九只，均为长嘴、勾喙、圆眼、短颈，尾短微翘，双翅略张，两腿粗壮，尖爪紧抓在果实之上。神树主干顶端也有一个更加硕大的果托和火焰状圆盘，果实以上部分已残，推测上面还是有一只更高更大、更为精美华丽的立鸟，全树之上就可能是有十只神鸟，高度也应在4米以上。

在树枝及分杈的末梢也各结一桃形果实，带有勾云纹果托，套有火焰状圆盘。在树枝下侧、果托尖上、勾云纹下面、鸟喙尖部等处，有很多环钮和穿孔，用来悬挂饰物，现均已脱落。但从坑中出土的大量带有悬钮孔眼的铜铃、牌、叶、璋、鱼等饰物看，原来都可能是挂在大小铜树之上的，把神树装扮得十分华丽。再加上九根树枝均有意做成侧摆弯曲状，似乎在随风飘动。神树之上，华鸟鸣飞，果实鲜熟，祥云缭绕，充满生机和活力。

树干之侧，有一条巨龙盘旋而下，前爪已落在树座底盘之上，龙尾一直高至树梢龙身有三处与主干相连。此龙为方头、马嘴、辫索式细长身躯，兽腿式前肢和"人手"，还有枝条和曲刀剑状挂饰。"人手"平伸张开，四指并拢，手心手背中间均有三组卷云纹，表明它具有翻云覆雨的神力。龙尾残断，现存部分长1.8米，复原高度应在3米以上。

这件铜树以云山为座，直柱为干，有九枝二十二果，并有九只（或十只）神鸟立于枝头，一条飞龙援树而下，树上挂满饰件，祥云缭绕，光环闪耀，高逾4米，冠于众器，表明它是在祭祀活动中具有特别重要地位和意义的非凡之物。

其他几株神树大小不等，残缺更甚，但也都有其独特之处。二号大型神树现有残枝两层，复原高度1.96米，树枝上亦有桃形果实和立鸟，并套有璧形圆盘。最突出的特点是在三叉状树座上有三个跪祭人像，高19厘米，头方面阔，吊角大眼，浓眉粗长，三角宽鼻，尖耳短颈，头戴平冠，身穿长衣，赤足跪地，双手平举，作执物奉献状，身下各有一方坛。人像和树座上均布满云气纹，营造出一种仙境，既表明了人像作为祭祀者和护卫者的身份，也凸显了铜树的神圣作用。小型神树上一个最显著的特征，就是在树枝的顶端出现了"人首鸟身"的精灵，鸟双翅上翘，长尾下垂，全身满饰华丽的勾云纹。头部人面戴冠，面部形象表情均与青铜人头像相仿，也有人认为此鸟戴的是"人面具"。这种人兽合体的精灵出现在神树之上，已经带有"图腾崇拜"的性质，更增加了铜树的神秘社会内涵。

三星堆青铜神树群体的出现，表现出古蜀人对树的敬奉与崇拜。"树崇拜"习俗是原始人类最常见的"自然崇拜"信仰之一。著名人类学家、原始宗教学科研究奠基人之一的爱德华·泰勒先生在其代表作《原始文化》一书中说："当时人们看待单个的树木像看待有意识的个人，并作为后者，对它表示崇拜并奉献供品。"他列举了世界各地古今民族数十个"树崇拜"的典型事例，认为树木是"精灵住所"，有"居于树上并吐露神谕的精灵"，树神是"家族名字的来源"，"森林常常是宗教崇拜的地方"，"是第一个神圣的场所"，"唯一的庙宇"，树木又是"适宜放置给灵物供献的祭坛"，"起着祭坛的作用"。在中国古代神话中，也有许多关于"树崇拜"的故事，如东方的"扶桑"、西方的"若木"、中央的"建木"等。三星堆青铜神树群体，出现于距今3200年前以"原始宗教"为基础的古蜀"神权古国"的繁荣期，是这种"树崇拜"习俗中时代最早、个体最大、地位最显赫、内涵最丰富的典型代表之一，成为我们研究是以"树崇拜"为代表的"自然崇拜"信仰的绝佳资料。它所表现出的"树崇拜"观念具有众多含义，可以说是"树崇拜"习俗的集大成之作。

第一，神树被当作"生命之树"，代表着出生、成长、繁衍、传承等多方面的意义，成为原始人类普遍崇拜的对象，并把它作为"地母崇拜""社树崇拜"的标志物。中国古代就有"夏后氏以松，殷人以柏，周人以栗"作为"社树"崇拜的记载，当时的蜀人，既然已经以农业为主，自然会出现"地母崇拜"，而众多的神树，就是这种"社树崇拜"的集中表现。

第二，神树又是太阳和天使的栖息之处，是这些神灵的住所和归宿。中国古代传说中的扶桑树，"有十日所居，九日居下枝，一日居上枝"（《山海经·海内东经》），这些太阳轮流飞上天空，飞向西方。西方则有"若木"，"末有十日"（《淮南子·地形训》），是太阳的归宿之地。太阳又常常被看成是有生命的神鸟，所谓"日中有俊鸟"（《淮南子·精神训》）。三星堆神树上的九只（或十只）神鸟，同时也象征着太阳，栖息于树上，或飞来飞去，带来光明和温暖。这个鸟又被作为上天的使者，负责传达神谕或圣意。神树上众多火焰纹圆盘，也都是"太阳纹"，表明神树就是太阳和光明永驻的神圣天堂。

第三,三星堆青铜神树还被作为上天通神的"天梯"，是沟通天与地、人与神的中介物。中国古代传说中有"建木在都广，众帝所自上下，日中无影，呼之无响，盖天地之中也"的记载（《山海经·精神训》）。建木又称为"键木"，被看作是天地中心的枢轴。扬雄《蜀王本纪》注云"都广，今成都也"。蒙文通先生认为《山海经》有关"建木"等部分就成书于成都平原一带。古代三星堆的人们曾认为自己就居于天地的中心，可以借助"神树"上天下地。《山海经·海内经》又云，"建木"是"太皞爰过，黄帝所为"的"天梯"，人类的始神太皞伏羲氏和中国的创始人黄帝等"众帝"都曾从这里上达天庭。三星堆一号神树盘旋而下的飞龙，可能是古代帝王首领的化身，正攀着"建木"这个"天梯"往来于天与地、人与神之间。三星堆古国的首领们也认为自己具有这样的神通，这可能就是青铜神树被建造得如此高大雄伟的重要原因之一。

第四,三星堆青铜树本身也就成为一个"适宜放置给灵物供献的祭坛"，"起着祭坛的作用"。在同一坑中出土的大量带有悬纽孔眼的各式各样的铜铃、牌、叶、璋、鱼等饰物，其中还包括很多用金箔做成的金叶、璋形器、鱼形器等，原来可能都是挂在大小铜树之上的，把神树装扮得十分华丽，使之成为一座神坛。二号神树树座上的三个跪祭人像，身下各有一方坛，他们赤足跪地，双手平举，作执物奉献状，更加明确地表现出三星堆青铜神树所具有的祭坛的作用。一号神树高达4米以上，远高于各种人像和器物，可能是放置在整个祭祀场所的中心，围绕着它来进行各种祭祀活动。平时也需要有一个十分高大宏伟的殿堂才能加以放置，并成为被祭祀的对象。

这种以"树崇拜"为代表的"自然崇拜"信仰习俗，不仅盛行在以"原始宗教"为基础的早期文明之中，而且流传于人类文明发展的各个阶段，直到现今的许多地区和民族中仍然广泛存在。我国各地的不少村落中，还保存有"拜树神"、认树为亲的风俗；纳西族祭天时，要在"祭天场"中央立三棵"神树"用以代表天、地、天舅（人皇）；苗族村寨的广场中央常常有一棵大树作为"神树"，围绕着它进行各种祭祀活动，有些则是用做成树形的"芦笙杆"代替，顶端立金鸡代表太阳，树上挂着各种饰物供品。各国这样的"树崇拜"习俗也很多，如老挝朗勃拉邦古王宫最重要的"香通寺"大殿背面高墙上，就有一棵四五米高用宝石镶嵌而成的"生命之树"，树上有各种花鸟瑞兽，树端有佛塔、佛像、仙女（飞天）等，老挝人认为"树是万物之灵"，各民族都把能为神树贡献宝石为荣，可见神树在他们心中的崇高地位（参见中央电视台《远方的家》，《一带一路》第128集）。

"自然崇拜"习俗能在人类发展史上产生这样广泛深刻的影响，是因为它有其非常合理的思想内核，反映了人们对人与自然关系的认识过程。在人类发展的初期阶段，人们既感谢大自然的赐予，又惧怕大自然的破坏，就认为是有神灵在掌握着万物，于是产生了感恩与畏惧共存的"自然崇拜"和原始宗教。随着社会和科技的进步，人们对大自然有了更加深入和理性的认识，但这种认为人与自然万物是相助相生、相辅相成的合理内核，则是处理好人与自然关系的关键所在，于是有不少"自然崇拜"的习俗，就以民风民俗、村规民约等形式保存了下来，成为我们应当保护和发扬的优秀文化遗产。

作为早期文明"自然崇拜"精彩标本的三星堆"青铜神树",为什么最后又被打碎焚烧埋藏到祭祀坑中了呢?这里可能有一个过度崇拜和过度消耗的问题,也就是说三星堆古国后期违背了人与自然协调发展的规律,最终受到了自然与社会的惩罚。

三星堆神权古国在距今3200年前后达到了古蜀文明的最高峰,把原始宗教发展到了极致。他们集中了各方的珍宝和财物,多方面吸取神奇观念和艺术技术,制造出大批神像、人像、动植物群,出现了三星堆遗址独大独尊、主要遗物遗迹大多与祭祀有关的奇特景象,其首领可能就是"鱼凫氏蜀王"。但为突显奇异的观念而营造的大量神器祭器,已大大超过了古国的承受能力,过度的人力物力集中和财富消耗,必然导致经济的崩溃和社会的冲突。大约在商代后期,三星堆神权古国逐渐失去了控制,最终发生了严重的生存灾难和社会恐慌。而在成都等地新崛起的十二桥文化集团,正伺机取而代之。距今3200年左右,人们通过一两次盛大而奇异的祭祀活动,把平时放在神殿中的主要神器和祭器,搬到三星堆前的广场,对着西北方神山中的天神祖先,举行了最大和最后的祭典,然后打坏焚烧神器和祭器,有序地埋藏于祭祀坑中。随后就把国家的中心迁到成都的金沙遗址,开始了十二桥文化占统治地位的"杜宇氏蜀王"时期,时间为距今3200年至2600年。从《华阳国志》等文献和考古资料证明,"杜宇氏蜀国"改变了单纯依靠宗教神权的统治手段,主要依靠实力和武力扩张地盘,开始划定边界,逐步成为以地域为基础的王权国家。

这就是我们对"青铜神树"所代表的"自然崇拜"信仰从顶峰到衰落的一点思索,也是对三星堆神权古国消亡之谜的一种解释,供大家研究借鉴,或许可以从中得出如何处理好人与自然关系的某些启示。

（原载《文史知识》2017年第6期）

骑虎铜人像与玉琮线刻人像

——兼谈三星堆、金沙与良渚文化的关系

一、三星堆出土的骑虎铜人像

三星堆遗址一号祭祀坑出土了两件比较奇特的青铜器——铜跪坐人像（K1：293）和铜虎形器（K1：62）。《三星堆祭祀坑》发掘报告中介绍说：

铜跪坐人像"高14.6、宽8.2厘米"，"头发从前往后梳，再向前卷，挽成高髻，宽脸，方颐，云纹竖直方耳，耳垂穿孔，圆眼正视前方，眼珠外凸，张口露齿，神态严肃。上身穿右衽交领长袖短衣，腰间系带两周；下身着'犊鼻裤'，一端系于腰前，另一端反系于背后腰带下。双手抚膝，左右手腕各戴二镯，足上袜，跪坐"（图一）。报告认为"此跪坐人像可能是'祝'的形象"①。

铜虎形器"虎身长11.4、圈足径7.8、残高10.8厘米"，"虎身作圆圈形，四足立于圆圈座上。圆眼，尖圆形大耳，昂首，竖尾，尾残。张

---

① 四川省文物考古研究所编：《三星堆祭祀坑》，文物出版社，1999年。

口露齿，身肥硕"（图二）①。具体为何物之座不明。

这两件青铜器其实是可以组装在一起的。发现这一重要现象的是上海博物馆的张明华先生。他在《中国文物报》上载文说：按照两器的规格，把它们描绘下来合二为一，浑然成了一件立体的、商代的青铜"神徽"，证明"神徽""是人跪坐在老虎身上"的（图三），进而论证了"三星堆铜人虎的可靠资料"，成为"良渚兽面为虎纹的又一重要例证"②。

为了验证这一见解，笔者在一次三星堆文物展览点交时，将铜跪坐人像和铜虎形器安放在一起，发现它果然是一件完整的骑虎人像：跪坐人像安放在虎形器座之上，两膝正卡在虎头两旁，耳下肩上；臀部正卡在竖起的虎尾之内。二者严丝合缝，浑然一体，说明张明华先生用线略所做两器可合二为一的推测是完全正确的。我们当即请敖天照先生照了几张相。这次验证工作一直未正式披露出来，现写此小文对其情况和意义作些说明。

我认为将铜跪坐人像和铜虎形器两器合二为一，至少有这几方面的意义：

（一）可以加深对这两件文物的认识，并重新命名。铜虎形器是一件器座，铜跪坐人像是骑在虎形器座上的人，它可能是某个古代人群所崇拜的神像，蕴含着特殊的文化内涵，值得做进一步研究。两器合一，建议重新命名为"骑虎铜人像"。

（二）它是"良渚兽面为虎纹的又一重要例证"。正如张明华先生所言，这件骑虎铜人像，"为我们认定良渚'神徽'上的神兽原型为老虎提供了更加充实完整的证据，为我们最终读懂良渚'神徽'创造了很好的条件"③。

（三）骑虎人像与良渚神徽（图四）在形态上有不少相同之处，如

---

① 四川省文物考古研究所编：《三星堆祭祀坑》，文物出版社，1999年。

② 张明华：《良渚兽面为虎纹的又一重要例证》，《中国文物报》1998年9月9日。

③ 张明华：《良渚兽面为虎纹的又一重要例证》，《中国文物报》1998年9月9日。

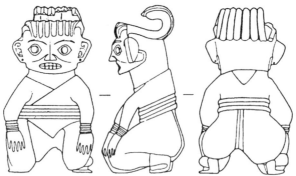

图一　铜跪坐人像（K1：293）

图二 铜虎形器（K1：62）

宽脸方颐，张口露齿，口部为扁圆形，牙用一条横线、几条竖线绘成格状；眼睛为内圆、外核形，两端有尖；鼻子呈扁蒜头状；长发披卷，着紧身衣，两肘外撇，雄骑于虎身之上等，表明它们可能是有同一来源或同一性质的人像与神像，反映出三星堆遗址与远在长江下游杭嘉湖平原上的良渚文化，可能有某种内在的文化联系，为探讨三星堆文化的因素、来源及其精神内涵，提供了重要线索。

二、金沙出土的玉琮线刻人像

长江上游成都平原数千年前与长江下游良渚文化的内在联系，还突出表现在金沙遗址出土的玉琮等珍贵文物之上。

金沙遗址出土的玉琮有10件之多。其中最精美的玉十节长琮（2001CQJC：61），用透闪石软玉即青玉制成，翠绿色，通高22.26厘米，分10节，每节均呈四方形，转角处各有一个神面纹，共计40个。发掘者比较研究后认为，"这件玉琮是辗转流传下来的典型的良渚文化玉琮"，"制作时代为……良渚文化晚期"[1]，这一判断应是很正确的。

值得注意的是，在长琮的射部，有一个线刻人像（图五），发掘者称之为"神人纹"，具体描述为"神人身体肥胖，双脚叉开，头戴冠饰，双臂平举，长袖飘逸，两臂各阴刻一上卷的羽毛形装饰"[2]。

李学勤先生最近专文探讨了金沙长琮的符号，认为"符号所象是加羽毛的冠，可能是古书所说'皇'的象形"，并举出美国弗利尔美术馆收藏的玉臂圈上的符号等例证加以对照说明，认为那件玉臂圈上的符号，"下部为半圆的冠，底缘平直，中间饰一T形；冠上有向两侧伸展的羽状物，中央为两翼的饰物。和金沙琮符号一样，饰物翼上各有一圆

---

[1]　成都市文物考古研究所、北京大学考古学文博院：《金沙淘珍》，文物出版社，2002年。

[2]　成都市文物考古研究所、北京大学考古学文博院：《金沙淘珍》，文物出版社，2002年。

图三 四川三星堆一号坑铜人、铜虎形器
及其复合完整示意图

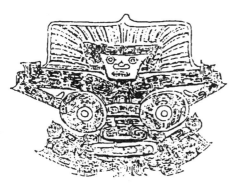

图四 良渚玉器上的纹饰——神徽
（反山M12：98）

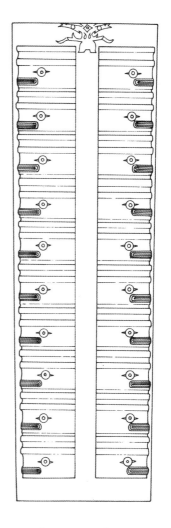

0   3 厘米

图五 金沙玉琮

形，但饰物中心作一较大圆圈，金沙琮符号则在圆圈外有菱形。撇开细微部分不计，两器符号的相同是显然的"①。

细看金沙长琮上的符号和弗利尔臂圈上的符号，二者虽然相同之处是显然的，但也有明显的区别。如弗利尔臂圈符号底缘平直，而金沙符号下端分为两支，尖部外撇，更像是人的双脚；弗利尔臂圈符号中部两侧各伸出一物，作用不明，而金沙符号中部则是"双臂平举，长袖飘逸"；金沙符号肩以上顶饰以下，像是人头，并有一双纵向的"眼睛"，人的形态比较明显；弗利尔臂圈符号上部"两侧伸展的羽状物"端部为斜线，而金沙符号顶部向两侧伸展的羽状饰物端部为双尖状，并饰有两条竖线；弗利尔臂圈符号顶部"中心作一较大圆圈"，而金沙符号顶部中心则是"在圆圈外有菱形"，实际上可能就是三星堆与金沙遗址里常见的"菱形眼饰"。如果说弗利尔臂圈符号整体"是像中有突起冠饰、两旁有羽的冠"②，金沙符号则更具有人的形态。因此我认为将金沙长琮上的符号定为人像更为合适一些。反而推之，弗利尔臂圈、弗利尔玉璧、"吉斯拉"玉琮、余杭安溪等玉璧上的线刻双翼符号，也有可能都是一种变形的人像。

金沙长琮上的符号与玉琮上的纹饰及每节转角处有一个神面纹是否是同时刻划的，也是一个值得研究的问题。良渚文化玉琮的射部，曾发现过个别线刻符号，形状有弯角形、羽翼形等，如上海博物馆藏15节长琮，射部外侧"雕有羽翼纹图案"，位置与金沙长琮上的符号相同③。这种符号与玉琮上的其他纹饰是否是同时刻的，多数研究者并未讲明。一般人可能会认为同时雕刻是不成问题的，其实不然。因为这种符号无论形式、内容、技法都有较大的随意性，还未见到哪两个是完全相同的；线条都是浅浅的阴刻，没有琮身和神面纹那样精细而规整。从工艺技术的角度分析，它们有可能不是同时雕刻的；从形态和内容上考察，这些

①　李学勤：《论金沙长琮的符号》，《四川文物》2002年第5期。

②　李学勤：《论金沙长琮的符号》，《四川文物》2002年第5期。

③　《上海博物馆》，文物出版社，1983年，第211页，图127。

符号可能赋予了玉琮一些新的文化内涵。因此我认为这些符号可能是在使用和流传过程中增刻上去的。有的学者曾注意到这些良渚玉琮上的线刻符号可能是后世增刻的，"刻符时间均在成器之后，刻符与制器分属两个时代"，"这些铭刻符号的璧琮，比一般璧琮应属于档次更高的玉礼器"①。金沙长琮上线刻人像符号的发现，为此说提供了新的证据。

　　这些增刻符号的意义，或许有其更深层次的喻义和内涵。因此，增刻的时间和用意，就是值得做进一步研究的问题了。金沙长琮上的线刻人像，是目前所见这类符号中最复杂、最生动、最有特色的一个，可能是玉琮拥有者身份的标志。它极有可能是传到成都平原后，在使用的过程中增刻上去的。有的研究者曾指出："从玉琮制作的规范细腻和人像刻画的简约风格来看，玉琮的制作和人像的刻画决不是在一地完成的，这一人像是玉琮到达成都平原以后，才刻画上去的，应是巴蜀文化的表现。……在玉琮上刻画这一个人像，应是一个神人或是主持祭祀活动的大巫师的形象，他平举双臂，长袖飘逸，似是做着舞蹈动作，在祭祀天地的盛大活动中，以舞作祭。"②话虽讲得有些绝对，但其观点或许有一定道理。作为一种分析推测，我基本上表示赞同，并再补充做些说明。

　　金沙长琮线刻人像的头饰正中，外圈是一个菱形，中央有一圆圈。它很可能就是三星堆与金沙遗址里常见的"菱形眼饰"，是三星堆文化中"眼睛崇拜"的标志性图案。这种眼形饰件只出现在三星堆与金沙遗址中，而且常常用青铜铸造，有的还鎏金绘彩，个体大、数量多，是三星堆文化的标型器物，反映的是蜀人对"纵目"神蚕丛氏的"祖先崇拜"③。这种眼睛形象还经常出现在三星堆青铜器纹饰的中心部位。长琮线刻人像头饰中心部位也出现了"菱形眼饰"，进一步说明它可能是到达成都平原以后才刻画上去的，是受到巴蜀文化影响的具体表现。

①　吴汝祚、牟永抗：《良渚文化的礼制》，朱乃诚：《良渚文化玉器纹饰研究》，《苏秉琦与当代中国考古学》，科学出版社，2001年。
②　四川省音乐舞蹈研究所：《四川音乐舞蹈图录集》，文物出版社，2002年。
③　赵殿增：《从"眼睛崇拜"谈"蜀"字的本义与起源》，《四川文物》1997年第3期。

线刻人像所在的位置，是玉琮射部的外侧，正卡在圆形射口和方形琮身之间，也应有其特定的含义。玉琮是我国古代祭祀天地的特有器物。《仪礼·聘礼》云："琮，天地配合之象也。"玉琮圆形的射口象征天，方形琮身象征地。线刻人像所在之处，正好是天与地之间，寓意着他是个可沟通天地、通达人神的人，也就是古代专门从事祭祀工作、能通天地人神的巫师。《说文》云："巫，以舞降神者也。象人两褎舞形。"这件线刻舞蹈人像，正与古代"巫"字的字义相符。综上所述，将金沙遗址出土的玉琮线刻人像推定为巫师之像应该是比较恰当的。

三、三星堆、金沙与良渚文化的关系及其意义

这件线刻人像玉琮，考古专家认为是典型的良渚文化的物品，制作年代大约在良渚文化时代的晚期，而玉琮是在商周时期的成都金沙遗址出土的。三星堆一号祭祀坑出土的骑虎铜人像，时代为商代晚期。如若骑虎人像为良渚神像的推论成立，则进一步说明两地、两个文化之间曾有过某种特殊的关系。三星堆文化、十二桥文化与良渚文化，其时间相隔了一两千年，地点相距了数千千米，二者有如此密切的联系，是一个很值得探讨的问题。这里只是把现象和问题提出来，具体的原因和路线还待进一步研究。

其实三星堆文化不仅与良渚文化，而且与周围其他文化也有过某些特定的关系。如三星堆铜牌饰和陶器群的研究证明它与河南二里头文化有过密切的关系[①]；三星堆铜器群和玉器群研究证明它与商文化有过直接的关系[②]；有些学者认为三星堆金杖、金面具、神树等可能与西亚

---

① 杜金鹏：《三星堆文化与二里头文化的关系及相关问题》，《四川文物》1995年第1期。赵殿增：《三星堆与二里头铜牌饰研究》，《殷商文明暨三星堆遗址发现七十周年国际学术研讨会论文集》，社会科学文献出版社，2003年。

② 四川省文物考古研究所编：《三星堆祭祀坑》，文物出版社，1999年。

文明有某种的关系^①；而三星堆出土的海贝和象牙则与西南及东南亚地区有一定关系^②。我认为这些关系都可能存在过，其具体程度和原因可能是相当复杂的，要分别做具体分析。它们至少说明影响三星堆文化的因素是多方面的，不能简单抓住某个因素就说三星堆文化是从哪里传来的。应当说高度发达的三星堆文化，正是多元文化相互撞击与融合的结果。造成这种融合可能有历史、地理、民族、经济、军事、政治等诸多方面的原因，其中宗教信仰和祭祀活动形成的联系，可能是不容忽视的重要因素之一。这就是我们从骑虎铜人像、玉琮线刻人像的研究谈到三星堆、金沙与良渚文化的关系时的一点体会。

（原载《中华文化论坛》2006年第3期）

---

① 霍巍:《广汉三星堆青铜文化与古代西亚文明》,《四川文物·广汉三星堆遗址研究专辑》1989年。

② 罗开玉:《三星堆遗址与古代西南文化初论》,张善熙、陈显丹:《三星堆文化的币初探》,《四川文物·广汉三星堆遗址研究专辑》1989年。

三星堆祭祀坑为"神庙失火说"的几点疑问

一、问题的由来

三星堆考古已有90多年，早期的发现和发掘都集中在遗址群北部的月亮湾遗址。1929年燕道诚家在院子旁修水沟时，挖出400余件玉石器[①]。1934年华西协和大学博物馆葛维汉、林名钧在此进行发掘，弄清玉石器是整齐有序地埋藏在一个长7英尺、宽3英尺、深3英尺的长方形土坑之中的，并在探沟中发现了陶器和石器[②]，被定名为"广汉文化"[③]。1963年四川大学第一届考古专业学生在冯汉骥的带领下到月亮湾遗址进行考古实习发掘[④]。

1956年省文管会王家祐、江甸潮在进行宝成铁路文物调查时，发

[①] 冯汉骥、童恩正:《记广汉出土的玉石器》,《文物》1979年第2期。

[②] 葛维汉:《汉州（广汉）发掘简报》,《三星堆研究》第1辑,天地出版社,2006年（原载《葛维汉民族考古学论著》,巴蜀书社,2004年）。林名钧:《广汉古代遗物之发现及其研究》（原文刊载于《四川古代文化史》,华西大学博物馆专刊之一,1946年）。

[③] 郑德坤:《广汉文化》,《三星堆研究》第1辑,天地出版社,2006年（原文刊载于《四川古代文化史》第四章,华西大学博物馆专刊之一,1946年）。

[④] 马继贤:《广汉月亮湾遗址发掘追记》,《三星堆研究》第1辑,天地出版社,2006年。

现了月亮湾南面的三星堆遗址和西面的横梁子遗址,没有进行发掘①。
"文化大革命"中在三星堆修起了砖厂,遗址受到严重破坏。1980年起
四川省博物馆、省考古所在三星堆遗址连续进行了六次抢救性发掘,前
两次发掘初步弄清了遗址的内涵和年代分期,在发掘报告中正式定名为
"三星堆文化"②,并通过1981年春的直升机航拍,使三星堆遗址名声大
震。1984年苏秉琦考察后指出三星堆文化"成系统","有特征","这
才是巴蜀文化",应该以此作为"学科生长点",建立考古基地,进行
系统研究③。1985年省考古所在此建立了"三星堆考古工作站",调查了
遗址范围,发现了城墙,1987年苏秉琦把它正式命名为"三星堆古文
化古城古国遗址"④。

为了给保护三星堆遗址提供充足的依据,1986年春省考古所和四
川大学等单位联合进行了一次大规模发掘,进一步厘清了遗址的内涵和
年代分期,取得丰硕成果⑤。国家文物局领导专家前来检查工地,给予
充分肯定,并与省市县有关领导共同制定了"各出一部分经费,拆除砖
厂,全面保护三星堆遗址"的工作方案。

正在努力落实经费时,1986年7、8月砖厂民工在考古队控制下取
土时,先后发现了两个大型祭祀坑,省考古所马上组织了抢救性发掘,
发现了青铜大立人像、凸目大面具、巨型神树等两千多件奇特珍贵的文
物,轰动了世界。砖厂最终拆除,三星堆遗址得到全面保护。1988年
公布为"全国重点文物保护单位",划定了12平方千米的保护范围,包

---

① 王家祐、江甸潮:《四川新繁广汉古遗址调查记》,《考古通讯》1958年第8期。

② 四川省文物管理委员会、四川省博物馆、广汉县文化馆:《广汉三星堆遗址》,《考古学报》1987年第2期。

③ 苏秉琦:《提高学术水平,提高工作质量——在文化部文物局考古发掘工作汇报会上的讲话》,《四川文物》1984年第3期(并刊载于苏秉琦:《华人·龙的传人·中国人——考古寻根记》,辽宁大学出版社,1994年)。

④ 苏秉琦为"三星堆十二桥遗址考古发掘座谈会"的题词,1987年5月。

⑤ 1986年春省考古所和四川大学等单位联合对三星堆遗址发掘的报告,因受到祭祀坑发现的影响,未能及时完成。

含有十几处遗址，最终决定以"三星堆遗址"作为整个遗址群的总称。

对于三星堆考古领队陈德安、陈显丹将1986年发掘的两个大型土坑定名为祭祀坑①，虽然得到了主管部门和出版机构的认同，已经在考古发掘报告、三星堆博物馆基本陈列、国内外展览宣传中正式采用，并为社会大众所了解和接受，但学术界一直存在着不同的意见，核心是不承认这些坑是一种具有主观意图的祭祀行为，而只是一种偶然的现象，所以不能称之为"祭祀坑"，其中以"战败亡国掩埋坑说"最为盛行，又分为"敌人掩埋说"和"自己掩埋说"两种说法②。

2019年四川省制订了《古蜀文明保护传承工程实施方案》，准备对三星堆遗址进行全面勘探和主动发掘，并列入了国家文物局的《考古中国——中国文明探源工程》。从2019年底到2020年初，通过勘探，在原来的两座大型祭祀坑旁边，又新发现了六座大型祭祀坑③。2020年9月就地建造起全封闭的"考古工作舱"，组织全国三十多个考古科研单位人员，进行了一次高水平的考古大会战，已经发掘出上万件珍贵文物，取得巨大成功，再次轰动世界④。

目前发掘工作已经接近尾声，但对于这些坑的性质和形成原因，仍然没有形成比较统一的认识，"定名问题"又一次成为讨论的热点，其中支持"祭祀坑说"的日渐增多⑤，"战败掩埋说"好像基本上被否定

① 四川省文物考古研究所编：《三星堆祭祀坑》，文物出版社，1999年。陈显丹：《一、二号祭祀坑几个问题的研究》，《四川文物·广汉三星堆遗址研究专辑》1989年。

② 杨荣新：《巴蜀文化与历史国际学术讨论会综述》，《四川文物》1992年第4期。

③ 三星堆管委会2004年曾在原有的两个祭祀坑之上，复原了一个参观现场，整个院子正好把祭祀坑区全部覆盖。2019年12月在复原现场的围墙之外，勘探到了三号坑的一角，在摸到了青铜大口尊之后，把复原现场的建筑物和院子全部拆除，才新发现了六座祭祀坑。可谓是恰逢其时，它们的出世，正赶上了"中国考古学的黄金时代"，从而促成了这次举世瞩目的高水准的"三星堆大发掘"。

④ 中央电视台2021年3月、5月、9月对这次三星堆大发掘进行了三次现场直播，并在《探索发现》栏目里播出了八集《探秘三星堆》专辑，其他媒体的报道不计其数，极大地扩展了三星堆考古发掘的影响。

⑤ 唐际根：《"祭祀坑"还是"灭国坑"：三星堆考古背后的观点博弈》，《美成在久》2021年第6期。

了①，而"神庙失火说"似乎又开始占了上风，但其中仍有不少问题难以自圆其说。本文准备就此提出一些问题和意见，供大家研究参考。

二、对"神庙失火说"的几点疑问

1. "神庙"原在何处？

有的说"神庙"原来就是在三星堆（如孙华），但三星堆上和堆旁都没有发现大型建筑遗迹；有的说是在遗址北部的青关山（如赵殿增）②，但青关山与三星堆相距上千米，失火后为什么不就地掩埋？非要全部搬到三星堆后，再分开埋藏？

2. "神庙"因何失火？

如果神庙是无意造成的失火，为什么不原地重修？或化铜重铸？从青关山夯土台基的剖面看，这里的大房子可能曾经重修过多次；从祭祀坑中一些铜器的内部结构看，也有一些器物曾经是用旧铜器化铜后重铸的。

3. 为何要先打碎后再烧？

祭祀坑中的铜器，基本上都是先打碎后再焚烧的，这与在房子失火中被烧坏的情况有很大的区别，又是为什么？

4. 为何会烧结得如此严重？

祭祀坑中的铜器很多都被烧结得熔化变形，甚至熔结在一起，这种情况需要经过长时间的旺火焚烧才有可能，而与房屋失火被烧伤的情况有很大的差异。

---

① 中国考古学会理事长、三星堆发掘专家咨询组组长王巍2021年6月6日在南京大学的讲演中，在谈到"目前三星堆焦点问题"时，认为："三星堆所发现的这批坑状遗迹应当与祭祀密切相关，并不是一次性同时埋藏，也不是敌对人群摧毁三星堆后埋藏；三星堆与金沙不存在暴力性取代迹象；青铜面具是从当地人面部特征出发，基于现实的神话产物；三星堆文化使用文字的可能性不大，但不影响三星堆文明的地位。"

② 赵殿增：《浅谈三星堆遗址青关山F1的结构与功能——兼与杜金鹏先生商榷》，《四川文物》2021年第3期。

5.为何器物烧结程度的差别非常大?

另外,各件器物的烧结程度又有很大的不同,有些烧损程度很低,有些已经熔结在一起了,这又是为什么?

6.为何绝大多数象牙都没有被烧毁?

象牙是三星堆神庙祭祀中的一种主要祭品和通神之器,但祭祀坑中的绝大多数象牙并没有被烧过,而是完好地平整覆盖在被打碎烧毁的铜器层上面,这又是为什么?

7.为何要把烧毁的器物全部埋到了三星堆的旁边?

在三星堆附近并没有发现作为火灾"第一现场"的大型建筑物遗迹;青关山大房子如果是"第一现场",又与三星堆相距了上千米,为什么一定要把失火后大房子中的器物全部都运到三星堆旁边来埋? "第一现场"和"第二现场"为什么要相距这么远? 有的坑内还发现有一层"尚未烧透的热草木灰",又是如何从"第一现场"直接搬到"第二现场"来的?

8.为何要用三四种不同形状和大小的六个坑来埋?

三星堆旁有六座坑中埋藏有被打碎烧毁的铜器、玉器等神像和祭品,每座坑都修建得非常规整。这些坑的形状和大小,又分为了三四种不同的情况。一号坑呈长方形,3.3米×4.5米,面积13平方米。二号坑2.3米×5.3米,面积11平方米;三号坑2.1米×5米,面积11平方米,这两座坑的形状均呈长条形,大小面积也基本相同。四号坑呈正方形,为2.9米×3米,面积8.4平方米。七号坑面积13.5平方米;八号坑3.4米×5.8米,面积19平方米,这两座坑均呈长方形,方向大体相同[①]。总体上看,很有可能二号坑与三号坑曾为一组,七号坑与八号坑另为一组,一号坑与四号坑则是单独的两个坑。如果是一次掩埋的,为什么要建造这么多种不同形状与大小、又都很规整的土坑呢?

9.为何六个坑中埋的器物数量和种类有明显的差别?

---

① 上述数据多采自新闻报道,不一定很准确。

从发掘情况看，六个坑中埋的器物数量和种类有明显的差别。其中二号坑和三号坑基本相同，多为大型器物；七号坑和八号坑大体相同；四号坑象牙层下面的器物很少，并有一些实用的器具，一号坑的碎骨渣下面却摆放着金杖等最高等级的器物。这些情况说明很可能曾经有过多次不同的祭祀和埋藏仪式，其中二号坑和三号坑、七号坑和八号坑很有可能是同时建造掩埋的。

10.为何有五座坑中的器物之上覆盖了一层完好的大象牙？

除了一号坑外，其他五座坑中都是将器物打碎焚烧后平放在了坑底，再在器物之上覆盖了很厚的一层完整大象牙，最后再用五花土填平夯实，说明祭祀与埋藏活动是郑重虔诚从容有序地进行的，具有十分神圣的仪式感。特别是要用象牙来覆盖，又有什么样的特别寓意？

11.为何四号坑中的象牙层上，又有一层尚未烧透的热草木灰？

在四号坑的象牙层之上，发现有一层15厘米厚的草木灰，放入土坑之前尚没有烧透，灰烬的余热已将下面的象牙烫坏熏黑。这些热草木灰绝不可能是从失火的"神庙"处直接搬运过来，只可能是在土坑旁边进行焚烧的。

12.为何在八号坑中的象牙层之上，又埋入了大量的破碎器物和红烧土块？

八号坑不但最大，而且最深。在八号坑的象牙层之上，又埋入大量的破碎的器物，已经清理出土的有四千多件，还有一些类似墙体的红烧土块。这些红烧土块倒很像是被烧毁的"神庙"之类的建筑物墙体。大量的破碎器物，又很像是被清理的大房子中的剩余残器。这种现象是否说明：在最后的一次燎祭之后，将"神庙"也一并烧毁了，并将残余的碎器物都埋入了八号坑之中，然后从三星堆迁都到了金沙遗址？这又是一个很值得研究的问题。

13.为何一号坑中出现了倾倒有大半坑烧透砸碎的动物和人的碎骨渣等情况？

相比于其他五座坑，一号坑的埋藏情况则有很多特殊之处。它不但在坑底的中央摆放了一柄最高等级的器物——曾经使用过的金杖，而且在坑口上从东南向西北方倾倒了大半坑烧透砸碎的动物与人的细小骨渣，骨渣中还混杂有小尖底盏、小器座等陶器。在坑底散乱的器物之上，并没有覆盖一层完整的大象牙，反而摆放了几颗大象的臼齿。在坑口的边上，连接有三条建筑物的沟槽遗迹[1]。这些情况都说明：一号坑与其他五座坑的建造与埋藏方式有着显著的差别，这又是为什么？

14. 六号坑为何会打破七号坑？

发掘中发现六号坑打破了七号坑，显然不会是同时修建的，说明六号坑要比七号坑时间晚很多，坑内也不见铜器与象牙，二者应该是不同时代不同功能的祭祀坑。

15. 五号和六号坑为何要小很多？器物和埋法为何也与其他坑完全不同？

五号坑坑口为1.78米×2米，面积只有3.5平方米，坑底主要摆放着金面具和细小的金器玉器象牙器。六号坑坑口为1.67米×1.95米，面积4.1平方米，坑里只发现了一个木箱和一把玉刀。两座坑都比其他六座坑小很多，两坑的位置和方向又比较一致，时间也可能比较接近。这两座小坑与其他六座坑的方向和形状又有一致之处，两组坑之间是什么关系？为什么会出现在同一个祭祀区之中？

16. 这八座坑的周围为何没有出现其他居住与活动的遗迹？

从目前的勘探情况看，这八座坑的周围尚没有发现其他的居住与活动的遗存。坑口的地面似乎还进行过有意的平整。这些现象是否说明这里曾是一处专门设立的祭祀区？是否还曾受到三星堆后人的精心保护和继续祭祀？

还有一些问题，这里不再列举。

---

① 四川省文物考古研究所编：《三星堆祭祀坑》，文物出版社，1999年。陈显丹：《一、二号祭祀坑几个问题的研究》，《四川文物·广汉三星堆遗址研究专辑》1989年。

三、“祭祀坑说”依然值得考虑

三星堆祭祀区新一轮的考古大发掘，已取得了重大的成果，为破解三星堆之谜提供了丰富而完整的资料，使我们能进一步去探求事情的真相。这次提出的“神庙失火说”，说明大家已经认识到这些奇异的器物，原来可能大都是摆放在“神庙”“宗庙”之中的神像和祭祀用品。但对于将神器打碎焚烧埋入坑中的原因，还有些不同的看法。“神庙失火说”者仍然认为这只是个偶然的事件，所以提出来其中六座坑只能称为“祭祀器物埋藏坑”，建坑和掩埋的行为本身并不具有祭祀的意义，只有后人再次到此进行祭奠时建造的五号坑和六号坑，才是真正的“祭祀坑”[①]。

我认为这种看法可能是低估了三星堆先民的信仰程度和真实意图，也低估了当时事态的紧迫性和严重性。一场偶然的火灾，绝不会让他们把“神庙”中的神像和祭祀用品全部丢弃埋掉，更不会因此而放弃曾经繁荣兴盛的三星堆古城而迁都到金沙。这期间必然是发生了一系列无法抗拒的特大灾难，才会迫使他们做出如此决绝的行为，通过一组隆重而虔诚的燎祭仪式，彻底处理了神庙中的所有神像和祭器。

我很赞同三星堆祭祀坑中这些奇异的器物原来是摆放在“神庙”中的神像和祭祀用品的意见，并且提出了“青关山一号大房子”可能就是“神庙”的新看法[②]，也进一步完善了自己关于这些大型祭祀坑可能是“失灵法器掩埋坑”的观点。

我认为“神庙”中的神像和祭祀用品，是三星堆人经过长期的制造、仿造、引进、征集积累起来的，其中包括有被祭祀的对象、参加祭祀的人员、祭祀的场景、通神的工具、娱神的祭品等。平时三星堆人可

---

① 参见三星堆祭祀坑考古发掘执行领队冉宏林 2021 年 11 月 3 日在中央电视台《考古公开课·百年考古大发现·风雅颂歌》节目中的发言等。

② 赵殿增：《浅谈三星堆遗址青关山 F1 的结构与功能——兼与杜金鹏先生商榷》，《四川文物》2021 年第 3 期。

能主要是在这些"神庙"中进行各种祭祀活动的,可以看出三星堆文化时期这里曾经存在着一个"主持宗教事务者就是社会的主宰","神权决定一切"的神权国家①,从而创造出了灿烂辉煌的三星堆文明。

但由于这种神权国家里"充满着宗教狂热","把大量社会财富贡献给神灵,越陷越深,不能自拔,因此垮了下去"②,由于"过度的消耗",最终造成了严重的生存危机和社会恐慌。三星堆古国在遇到重大瘟疫之类无法抗拒的天灾人祸时,可能出现过大量人畜无端死亡的情况,连他们的"群巫之长——国王"可能也一起死去,人们便认为这些神器已经"失灵"了,就用神庙中包括金杖在内的部分神器举行了一次"燎祭",焚烧打碎尸骨和祭器,郑重地埋入了三星堆旁祭祀区的"一号祭祀坑"中,以此表示把它们送回天上和神界,乞求天神和祖先帮助他们消除眼前的灾祸,再次给他们带来好运③。

但灾难可能并没有因此有丝毫消减,反而更为严重了,于是就用更多更大的神像祭器进行又一次大规模的燎祭,形成"二号祭祀坑"和"三号祭祀坑"。在数次燎祭无效之后,三星堆人便觉得已经无法在这里生活下去了,只好把所有的神像祭器全部进行了燎祭,形成"七号祭祀坑"和"八号祭祀坑"。最后连同神庙一起烧毁,将所有残存的碎器物和一些墙体烧土块埋在了八号坑的器物和象牙层之上,然后迁都到了成都的金沙遗址。而五号坑和六号坑,则可能是三星堆古国的后人,多年之后再次来到这里进行祭奠时建造的祭祀坑。

三星堆遗址内外还有很多大小不等的各个时期的祭祀坑,各期都有,以第三期数量最多,体量最大,其中也包括1929年燕家院子旁挖出400余件玉石器的长方形土坑,其用意可能都在于用这种方法表示把神像祭品送往天上和神界,说明这些坑曾经都是祭祀活动的最后一个阶

① 李伯谦:《中国古代文明演进对历史的八点启示》,《光明日报》2017年2月8日。
② 李伯谦:《中国古代文明演进对历史的八点启示》,《光明日报》2017年2月8日。
③ 赵殿增:《祭祀坑·神庙·神权国家——试析三星堆之谜》,《巴蜀史志·聚焦三星堆专刊》2021年第5期;《略论三星堆祭祀坑》,《美成在久》2021年第6期。

段，都应该称之为祭祀坑①。

这就是我对三星堆祭祀区八座大型祭祀坑成因和过程的简单分析：即"神权国家"是三星堆文化神奇面貌的主要内因；而"过度消耗"则是三星堆快速衰亡并形成大型祭祀坑的根本原因。

这或许能够适当地解释为什么青关山神庙中的大量神器，要搬到三星堆旁的祭祀区来，并通过多次隆重的燎祭仪式，把它们分别埋在数座祭祀坑之中。祭祀区还受到了后人的保护和祭奠，从而将一个神权国家的主要祭祀场所和几乎全部艺术精华，奇迹般地完整保存到了今天。又通过近百年来的不懈考古工作，把一个失落的文明和它的艺术宝库再现于世，保存下来一处奇特而壮观的宏大祭祀区遗迹和上万件精美而怪异的神像与祭器。

四、余论：探讨仍将继续

三星堆遗址在中国考古学上具有特殊的重要地位，它是"多元一体"中华文明的重要组成部分，"满天星斗"的中国文明起源阶段的一颗灿烂的明星，具有两千多年的连续发展史和丰富的文化内涵。高大伦认为它"是研究人类从野蛮到文明的蜕变，文明起源、孕育、诞生、发展、辉煌、衰落的绝佳实物标本。从在一个遗址上集以上几者为一身，人类古文明在一个遗址上长时间地演绎了一个完整的过程这个意义上来说，也是中国唯一的标本"②。李学勤明确地指出："可以断言，如果没有对巴蜀文化的深入研究，便不能构成中国文明起源和发展的完整图景。考虑到巴蜀文化本身的特色，以及其与中原、西部、南方各古代文化间具有的种种关系，中国文明研究中的不少问题，恐怕必须由巴蜀文化求

---

① 赵殿增：《祭祀坑·神庙·神权国家——试析三星堆之谜》，《巴蜀史志·聚焦三星堆专刊》2021年第5期；《略论三星堆祭祀坑》，《美成在久》2021年第6期。
② 高大伦：《三星堆遗址古文明的长度宽度和高度》，《三星堆研究》第5辑，巴蜀书社，2019年。

得解决。"① "不难预计，在最近的一二十年里，一定会在三星堆和其他地点有更多更重要的新发现。"② 近年三星堆六座祭祀坑的发掘已经证实了李先生的预言。

三星堆需要研究的问题很多，但从遗迹现象和出土文物的奇特性、珍贵性、重要性和复杂性而言，这组大型祭祀坑的内涵、性质、成因和意义，都是无法绕开的重大课题。这里所谈的"神庙失火说"，抑或"法器失灵说"，都只是目前众多推测中的两种，还不能说是已经得到足够证明的最终结论。因为三星堆遗址内外出现的这些坑的形态和器物太特殊了，在国内外既没有先例可循，也没有记载可查，它的形成很可能有其独特的内在因素。我们只是认为这些坑可能是具有主观意图的一种祭祀行为，从广义上将它们称之为"祭祀坑"。

不过现在大家的认识也在逐渐接近，如已经认识到多数坑中的文物原来可能是摆放在"神庙""宗庙"之中的，是长期积累起来的，也可能是在比较短的时间范围内埋到六座土坑里的。只是我们认为这些文物是分批搬到三星堆旁的祭祀区来，在举行了多次隆重的燎祭仪式之后，分别埋在数座祭祀坑中的，并且还受到了后人的精心保护和继续祭奠，相关情况上文中已经讲清楚了。而"神庙失火说"论者则认为其中的六座坑是在一次失火之后同时掩埋的，是一种火灾事故的善后处理行为，不具备宗教和祭祀意义。

他们一个主要的依据，就是认为在不同的坑中，有可能出现相似的器型和纹饰，还可能会有能拼接在一起的器物残件（目前尚无实证）。其实即使出现这种现象，也并不奇怪，因为既然多数坑中的文物原来是放在"神庙""宗庙"之中的，是长期积累起来的，就不可能将各时代的器物分开摆放，更不会一定要选择同时期的器物搬出去进行燎祭。特别是在最后的七、八号两座坑中，可能还掩埋着打扫神庙时的残

① 李学勤：《三星堆考古研究·序言》，四川人民出版社，2004年。

② 李学勤：《三星堆研究·总序》，《三星堆研究》第1辑，天地出版社，2006年。

余物件，其中出现个别前期燎祭时打碎的器物残件，是完全可能的。因此不能以这种推测作为主要的依据，去证明六座坑是一次性掩埋的。至于各座坑具体的年代如何，相互之间有无差别，相差多少，随着数十个更具体更真实的测年数据的公布，加上各坑的情况分析，都会逐渐明确起来，现在还不是先下结论的时候。

只有把这些坑放在整个三星堆文明发展过程中去进行观察和分析，才有可能比较接近历史的真相，努力找出解开谜团的钥匙。而这一切首要的前提，是要把现场的考古发掘和文物现象保护研究工作完全精准地做到位，因此大家都在殷切地期待着这次考古大发掘圆满完成。

苏秉琦在1984年成都召开的文化部文物局"全国考古发掘工作汇报会"上的重要讲话《提高学术水平，提高工作质量》中鲜明地指出："写八百篇论文也不能代替原来的考古发掘材料，就像'十三经注疏'代替不了'十三经'一样"，"这是文化财，是国宝，是给子子孙孙永保用的国宝"[①]。大家应该有足够的耐心和定力，等待全部发掘工作完成之后，再仔细地去探寻可能的谜底。为此，我们要向战斗在第一线的田野考古工作者表达崇高的敬意，期待他们为祖国发掘出更多更完整的"十三经"。

（原载《南方文物》2022年第3期）

---

① 苏秉琦:《提高学术水平，提高工作质量——在文化部文物局考古发掘工作汇报会上的讲话》，《四川文物》1984年第3期（并刊载于苏秉琦:《华人·龙的传人·中国人——考古寻根记》，辽宁大学出版社，1994年）。

三星堆祭祀活动的基本架构：
神坛、神庙、祭祀坑

三星堆遗址的古文化曾在此连续发展了两千多年，经历了距今4800～4000年的"三星堆一期文化"（遗址第一期）、距今4000～3200年的"三星堆文化"（遗址第二、三期）、距今3200～2600年的"十二桥文化"（遗址第四期）三个阶段①。在"三星堆文化"时期的后半段，这里逐渐出现了一大批造型优美、内涵奇特的青铜人像、神像、礼器和祭品，以及众多金器和玉石礼器，大多数学者认为它们可能是三星堆古人在祭祀天地万物与祖先神灵时使用的神器和祭品，但对这些器物的内涵、作用、产生原因和使用方法，特别是它们最后埋入土坑

---

① 关于三星堆遗址各期文化的年代分期和命名问题，笔者一直使用原发掘单位的测定年代和意见。20世纪80年代，通过一线发掘者的整理研究与中国社会科学院考古研究所碳十四实验室测定的18个数据，将"三星堆遗址的年代"初步界定在距今4800～2800年间，参见中国社会科学院考古研究所编：《中国考古学中碳十四年代数据集（1965—1991）》，文物出版社，1992年。关于"三星堆一、二号祭祀坑的年代"，1999年发掘报告《三星堆祭祀坑》的结论是：一号祭祀坑器物埋藏时间应在殷墟一期末与二期之间；二号祭祀坑器物埋藏时间应在殷墟二期至三、四期之间，参见四川省文物考古研究所编：《三星堆祭祀坑》，文物出版社，1999年。一、二号祭祀坑具体年代一般是说在距今3200年左右。一号坑碳十四测年数据为北京大学考古系提供。今后是否需要根据新的测年和研究结果做出必要的调整和完善，将以正式发表的综合发掘报告为准。

之中的原因和含义，则有着各种不同的意见和推测。

笔者从三十年前开始综合研究三星堆起就一直认为：三星堆文化繁荣时期曾经是一个"以祭祀活动象征国家权威、维系国家思想和组织统一"的神权国家，"这种以原始宗教进行统治的状况，反映了古国的古朴面貌。原始宗教在远古社会中曾具有其特殊的作用，一方面，人们用它来认识和解释世界；另一方面，又通过这种信仰来组织社会、维系其特有的社会结构"。"三星堆遗址发现了多处祭祀坑，各坑多为规整的长方形，整齐地摆放着祭祀活动使用的器具，将祭祀活动最后的状态存留了下来。三星堆最精美最重要的文物，均出于祭祀坑中。"[①]

近年来，笔者将研究重点转移到探索三星堆文化的特征、成因与价值方面，在纪念一、二号祭祀坑发掘三十年受约写了两篇文章之后，又喜逢在三星堆新发现发掘了6座大型祭祀坑，其间不断有媒体报刊采访约稿，几年内连续撰写发表了十多篇文章，形成了一些宏观的看法。基本意见可以概括为："具有自身特色和文化传统的'三星堆神权古国'，是出现神奇的三星堆文化的内在原因；而'早期丝绸之路'所产生的广泛文化交流，是三星堆文化面貌丰富多彩的外部原因。""神权古国的祭祀活动中心是三星堆文化特征产生的主要原因，过度的社会财富消耗是三星堆衰落的根本原由。神圣的信仰是它的精神主体、神奇的艺术是其表现形式、神秘的历史是所产生的后果，共同造就了灿烂的三星堆文化。三星堆文化是多元一体中华文明形成和发展过程中的一个重

---

① 赵殿增：《三星堆考古发现与巴蜀古史研究》，《四川文物》1992年增刊。后收入笔者的第一本论文集（《三星堆考古研究》，四川人民出版社，2004年）。详细的论述，还可参见笔者撰写的《三星堆文化与巴蜀文明》一书中的有关章节（《三星堆文化与巴蜀文明》，江苏教育出版社，2005年）。

要文化类型，具有其特定的历史地位。"①

　　这次三星堆新发掘的6座祭祀坑，不但采用了多学科的高科技手段展开大规模考古合作，还通过大量电视直播和新闻报道，使广大观众和学者都能第一时间来欣赏和研究这些稀世之宝，开创了中国乃至世界考古学史上崭新的篇章。这些新发现可能进一步证明上述认识是有一定道理的，并通过新出土的一组奇异的"神坛"等重要文物，与"青关山一号大房子"可能是一座"神庙"、三星堆旁曾经存在一个"大型祭祀区"等新发现和新认识，进一步展现出三星堆古人进行祭祀活动的具体情景与主要场所，这有利于我们深入了解和研究三星堆时期人们的精神生活与信仰观念。本文拟从一组奇妙的"神坛"入手，结合青关山大型"神庙"的结构与功能，和三星堆南侧大型祭祀区众多"祭祀坑"的形成过程，简略探讨三星堆祭祀活动的具体情况和基本架构，供大家研究参考。

一、神坛——三星堆人祭祀活动的理想形式

　　三星堆新发掘的6座祭祀坑和1986年发掘的2座祭祀坑中最奇特、最引人注目的文物，就是那些由人、兽、器物、建筑共同组合而成的"青铜神坛"与"顶坛人像""顶尊人像"。

　　"顶坛铜人像"出土于三号坑中部，埋在象牙层下方，入坑前曾被打坏烧毁（图一）②。人像的下半身残缺，上半身饰卷云纹，浓眉大眼，

①　赵殿增：《我对三星堆文化特征成因的认识》，《中华文化论坛》2021年第3期。我近年就此问题发表的主要文章还有《三星堆神权古国研究》，《四川文物》2019年第1期；《略论三星堆祭祀坑》，《美成在久》2021年第6期；《祭祀坑—神庙—神权国家——试析三星堆之谜》，《巴蜀史志》2021年第5期；《三星堆祭祀坑为"神庙失火说"的几点疑问》，《南方文物》2022年第3期；《从古城址特征看宝墩文化来源——兼谈"三星堆一期文化"与"宝墩文化"的关系》，《四川文物》2021年第1期；《略谈三星堆文化与长江中游古文化的关系》，《江汉考古》2022年第2期等。

②　本文介绍的一些三星堆考古新发现，除注明出处的外，均源于电视和新闻报道。

高鼻阔口，庄严威武。头戴辫索状方冠，双手托举着头顶上的一座多层"神坛"。神坛最下层，将六个饰卷云纹的三角形器相连，组成一个方形基座，三角形器尖端向上，用来表现"群山"。有一头戴方冠、全身满饰卷云纹的"神人"，正在施行法术，俯身从基座上的"群山"中穿行而过。神人昂首挺胸，双手前伸握拳，双脚弯曲上翘，姿态舒展优美。

"群山"状的坛座之上，是一个方形平台，侧面共饰10个圆涡（太阳）纹。平台上立着四根短圆柱，共同顶着一个硕大的"有领铜瑗"状的圆形垫圈。垫层上面又密集地立着四根长长的细腰状圆柱，每根立柱的侧面，各有一条长长的游龙攀援而下，前爪已踩在从垫圈旁伸出的牛头之上，

图一　三星堆三号祭祀坑出土顶坛铜人像

表明这四根立柱或许就是可通天达地的"擎天柱"，它们分居于神坛四方，可能代表着传说中支撑和沟通天地的"天之四维"。四根大立柱的顶上，共同托举着一个圆盆状物，再往上的部分已经残缺，很可能还有一些表现"天上"或"神界"的其他物件，有待下一步的整理拼对和研究。纵观这座"顶坛铜人像"的整体内涵，它所表现的是要帮助神人灵兽通过祭坛上的神山和通天柱，实现升天和下地的目的，因此也可以直接称之为"铜人托顶通天神坛"。这种"升天成仙"的精神追求，对蜀地汉画中的"天门"信仰，乃至道教在四川的产生，都具有深远的影响。

　　八号坑最新出土的一件曾被称为"顶尊蛇身铜人像"的器物，造型

与身世更为离奇，尤其是出土后发现它与二号坑出土的"鸟爪铜人像"下半身可以合为一件完整的神像，引起了广泛关注和热议（图二）。王仁湘在《快评三星堆·青铜鸟人神坛》中，将它命名为"青铜鸟人神坛"，结尾处着重从研究"鸟人"长着"獠牙"的特征入手，得出它"是又一座太阳神坛"的结论。王仁湘认为："对史前中国艺术创意中的獠牙神面，大体可以得出这样几点印象：流行年代大约在距今8000～4000年前，在南北地区大范围流行；獠牙构图基本类似，上下各一对，下牙居内上牙居外，风格一脉相承。这样看来，獠牙神在史前有大范围、长时段认同，这可以确定是崇拜与信仰的认同。我曾以为商周神兽造型的通例，一般没有带獠牙的人面出现，甚至还以为'三代再无人面獠牙神像'。这次三星堆的发现，修正了这样的认识，当然还是觉得它延续的

图二　三星堆祭祀坑出土青铜鸟爪人像神坛（上半身，八号坑；下半身，二号坑）

是更古老的传统，与白陶表现太阳神一样，鸟兽人合体，龇牙咧嘴，翔止自如，神性满满。三星堆这次发现的'鸟人'，除了尖尖的獠牙，还有圆圆的纵目，这就是传说中古老太阳神的造型。耸立的太阳神，似乎正高飞在空中，上面的尊中酒，下面的罍中玉与贝，是虔诚的奉献。这不又是一座神坛么，明明就是又一座太阳神坛。"①

---

① 　王仁湘：《快评三星堆·青铜鸟人神坛》，"器晤"微信公众号2022年6月19日。
（https：//mp.weixin.qq.com/s/5Gy1U77HB3TEraEyRtkvnw）

我认为如果单纯从器物的造型结构来完整描述，可以称它为"罍上倒立顶尊鸟爪突目神人像"；而从"耸立的太阳神，似乎正高飞在空中，上面的尊中酒，下面的罍中玉与贝，是虔诚的奉献。这不又是一座神坛么，明明就是又一座太阳神坛"的视角研究，将它简略地定名为"青铜鸟人神坛"，则是从文化内涵的角度得出的一个很有见地的称谓，并明确表述出了这座神像的主题思想。

　　最近对这件器物的具体介绍已经很多，这里不再赘述。关于这尊"罍上倒立顶尊鸟爪突目神人像"被分埋在两座坑中的原因，我近日提出了一种初步设想：三星堆旁有6座大型祭祀坑中的器物，原来可能是摆放在"青关山F1"等大型"神庙"之中的，因特大瘟疫等原因造成大量人畜快速死亡时，人们便认为这些神器已经彻底"失灵"，就将它们从"神庙"搬至三星堆西南面的祭祀场地，先后进行了多次"燎祭"，再分别将打碎烧毁的器物埋在了6座祭祀坑中（详后）。从二号坑出土的曾被定名为"鸟爪铜人像"铜器下半身腐蚀程度很低的情况来看，这一部分可能在神庙中时，就已经从身体上断落下来了。其下半身可能在祭祀中曾被反复使用，导致表面光洁度很高（图三）。上下半身被分放在神庙中的两处，在最后进行的数次"燎祭"中，又被分为两批进行燎祭，最终被埋在两座不同的祭祀坑中。这种设想是否有一定道理，提出来供大家研究参考。

　　八号坑出土的另一个大型"青铜神坛"，结构更加复杂清晰，内容也更生动具体（图四）。王仁湘在《快

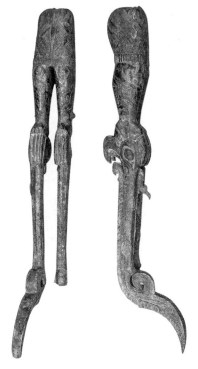

图三　三星堆祭祀坑出土青铜鸟爪人像（下半身，二号坑）

图四　三星堆八号祭祀坑中"青铜神坛"出土情况

评三星堆·神灵在高天》中说："这尊神坛共3层，上部有神兽，下部是台基，中间部分是一组铜人像。古蜀人精致的制作，还有完美的创意，再一次震撼了人们。"①他在文中分别从四方坛、四力士、井架杠、四坐者、背罍妇、大神兽、跪兽者等七个方面，详细介绍了神坛的具体情况，我很赞同。这里我再对各组人像的身份与神坛的功能，谈些个人见解。

神坛下部为一座硕大的三层镂空方坛，外面饰有卷云纹和兽面纹，说明它是一座能够帮助祭祀者登高升空的祭坛。正方形坛面的十三座小型云台之上，共有13个装束与姿态各异的人像，他们分为四组，各司其职，正在共同举办一场盛大的祭祀仪式。坛面上主要表现的是四个力士，肩扛井架杠，将硕大的神兽抬起；有四个高冠华服的突目神人，端坐在四方云台之上，正在施法助祭；坛面的四角，各有一个戴冠跪坐的人像持物陪祭（坛面上现存一个，另发现一个相同的散落人像）；坛面正中央有一个浑圆的小丘，上面跪着一个身背铜罍的小人像，可能是神坛上的主要献祭者。神坛上层是由四力士肩抬着的一头健硕大神兽，背上有一跪骑的人像，虽然上半身已残断，但从神兽颈部残存的铜丝绳索可以看出，此人正手握缰绳驾驭神兽准备飞升，从而表明他才是这场骑兽升天敬神的盛大祭祀活动中的主角。

这种表现完整祭祀活动场面的神坛，在三星堆祭祀坑中还发现了多座，其中以1986年在二号坑发现的"青铜神坛"最为典型（图五）。经过修复复原，可以看出它的下层是由两只地下怪兽共同承托着一个巨型圆圈，代表大地；中层由四个持物作法的巫师立人像支撑，代表人间；四位巫师头顶着的四座三角形神山，代表上天；山顶之上，又支起一座正在举行大型祭祀仪式的方形"神庙"，屋顶四方饰有人首鸟身的"图腾"和凤鸟，代表着天上的神界；"神庙"四周有20个跪祭人像，每面五人，双手抱拳持物，正在进行虔诚的祭祀活动。整个"青铜神坛"

---

① 王仁湘：《快评三星堆·神灵在高天》，"器晤"微信公众号2022年6月18日。（https://mp.weixin.qq.com/s/NwzVP2_EYjpLoJTDmWiFzw）

图五　三星堆二号坑出土"青铜神坛"复原图

共同表现出一种由天、地、人三界组成的完整宇宙形态，和一次盛大而神圣的祭祀活动场面，尤其突显出了"神庙"在整个祭祀活动中所具有的崇高地位[①]。

三星堆祭祀坑中多次发现各种各样的"青铜神坛""顶坛人像"和大小不一的"顶尊跪祭人像"，以及由"青铜大立人像""跪祭人像""侧跪人像"等大大小小众多青铜人像所表现的祭祀场景，说明在三星堆古国时期曾广泛存在通过设立"祭坛"来进行祭祀活动的重要

[①]　四川省文物考古研究所编：《三星堆祭祀坑》，文物出版社，1999年。赵殿增：《三星堆青铜神坛赏析》，《文物天地》2001年第5期。

文化现象。三星堆古人可能认为用这种设坛登高祭祀的方法，能够使他们更接近上天和神界，更便于向天上众神、列祖列宗、万物精灵表达崇敬，进行交流，因此，"祭坛"就成了他们进行祭祀活动时一种最为理想的形式。这些实物标本的完整形态和所表达的具体内涵到底都是什么，还有待深入细致地整理研究。其中二号坑出土的"祭祀图玉边璋"上刻画的四幅画面完全相同、内容详尽具体的线刻"祭祀图"，很可能为我们提供了他们在进行"天上"与"地上"、"神界"与"人间"、"祭祀者"与"被祭祀者"之间对话交流的完整场面（图六）[1]。从目前的情况看，这些"青铜神坛"和"线刻祭祀图"至少说明两方面的问题：一是当时可能经常是在室外设坛举行各种祭祀活动；二是"神坛"具体表达出了三星堆古人丰富而奇异的世界观和信仰观念。

这些"神坛"与线刻"祭祀图"的整体结构和活动情况，说明当时设坛举行的祭祀活动可能主要是在室外的祭台或高地上进行的，当时人们认为这样能够更接近上天，更方便沟通天地与人神。"神坛"一般分为坛座、坛面、坛上的祭祀者等几个

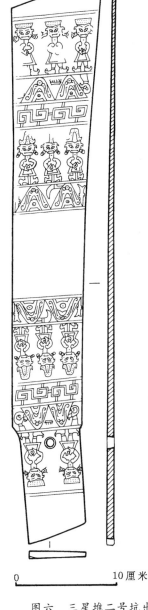

0　　　　　　　　10厘米

图六　三星堆二号坑出土"祭祀图玉边璋"

---

[1] 赵殿增：《三星堆"祭祀图"玉璋再研究——兼谈古蜀人的"天门"观》，《三星堆研究》第5辑，巴蜀书社，2019年。

部分，通过坛上的神山、神殿、神柱、神人、神兽等神圣之物，使人能在"神坛"上直接与上天神灵和列祖列宗进行沟通与交流，表达出对神灵的崇敬和期望。即使是"青铜大立人像"等一些单独建造的主持祭祀者，从他站立在由方台、兽首、卷云纹垫层组成的基座看，也能表明他是站在"神坛"之上指挥整个祭祀活动的。结合东城墙、西城墙上曾发现用土坯垒砌的建筑基础，和月亮湾、仓包包等处城墙附近发现许多祭祀坑的情况，三星堆时期古城的城墙和高地，也可能曾是被作为祭祀活动使用的"祭坛"或"坛座"，以便祭祀者能够从高处更方便地与上天神界沟通。"祭祀图玉边璋"图像下半部生动刻画出祭祀者跪在土丘上与天上众神进行沟通的画面，土丘上还插着作为通天神器的玉璋和象牙，表明这种土丘也曾是神坛。三星堆的土堆虽然是用两侧堆土的筑城方法修建起来的，但从三星堆与多座大型祭祀坑方向相同、距离相近等情况看，它也极可能曾被用作举行祭祀仪式的高台，大巫师很有可能就是站在土堆之上指挥了最后的大型燎祭和瘗埋活动。因此我们推测，三星堆古城中的一些城墙与高地，在防御功能不强的情况下，也有可能曾被用作在室外进行祭祀活动的神坛与祭台。

另一个比较重要的情况是，这些"神坛"表达了三星堆古人丰富而奇异的世界观和信仰观念。当时的三星堆古国正盛行着万物有灵的原始宗教，包括自然崇拜、图腾崇拜和祖先崇拜观念。这些"青铜神坛"用人、兽、器物、建筑组合在一起的方式，把当时人们想象中人神相通的情景具体表现出来，形成一幅幅完整又形象的祭祀场面，表达出他们对世界万物和人神关系的认识，传达了一种特有的世界观和信仰观念。他们认为天、地、人三界既是分层的，又是能通过山、树、龙、蛇、鸟、兽和通天柱等神兽和神器，相互之间进行来往和交流的。这些神坛、神人、神兽、神树、通天神柱等形象生动的造型艺术品，把神话传说中世人与万物之间相亲相通、通过祭祀仪式与天神祖先进行交流的情景生动具体地表现了出来，反映了古蜀人内心丰富而奇异的世界观和信仰观念。

二、神庙——三星堆祭祀活动的中心场所

2005～2013年，四川省文物考古研究院在三星堆遗址西北部青关山高台地上，发掘出一座上千平方米的大型单体建筑基址，定名为"三星堆遗址一号建筑基址"，简称"青关山F1"，即"青关山一号大房子"（图七）[①]。它是三星堆遗址中面积最大的一座单体建筑，也是迄今为止我国发现的面积最大的商代单体建筑物之一，成为继祭祀坑与城墙之后，三星堆遗址中又一个重大考古发现。

"青关山一号大房子"平面呈长方形，残长约64.6米、残宽约15.7米，面积达1015平方米，建在一座约16000平方米的夯土"台基"上。"大房子"的围墙基础用红烧土块和卵石垒砌，宽0.3～0.5米；墙外侧还有100多个"凸状"的檐柱基础，各宽0.3～0.5米。"大房子"纵轴为东南—西北走向，呈北偏西40°，朝向西北方的岷山。"大房子"东西两端开有大门，中间有一条宽达3米的"穿堂过道"，构成了房中的活动主轴。通道两侧各有3排密集的

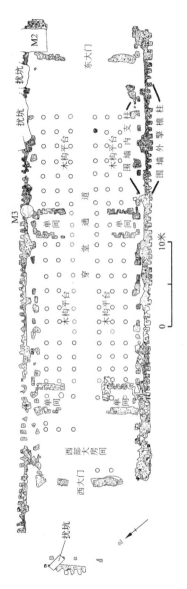

图七　三星堆青关山一号建筑基址平面结构与功能示意图

---

① 四川省文物考古研究院：《四川广汉市三星堆遗址青关山一号建筑基址的发掘》，《四川文物》2020年第5期。

小柱洞，每排20多个，共126个。在红烧土墙基和室内夯土之中，发现有10余处玉器、石璧和象牙的残件堆积。

"青关山一号大房子"可能是一座位于高台之上的"神庙"兼"殿堂"。它可能是一座两面坡重檐屋顶的大型单层单体建筑，顺着长条形大房子的纵轴，有一条笔直宽敞的"穿堂过道"贯穿全屋，房屋两端的中央开有大门，使整个建筑物的主轴与通道呈东南—西北走向，指向西北方众神与祖先所在的神山，具有特定的宗教意义。通道两边各3排密集的小柱上，可能曾搭建着木构的平台，朝向中轴通道，用于摆放神像祭器；其中的一些木桩，或许曾是支撑"青铜人头像"木质身躯的立柱。两边围墙内侧各有1排大立柱的基础，粗细不等，排列也不整齐，它们是否曾是神庙中安装各式"青铜面具（神像）"的"室内立柱"，有待进一步论证。两侧木构平台中各夹有两个用"U形红烧土墙基"构建的单间，可能是用来放置大型神像或祭器，以供人们从中央通道上进行祭祀与供奉，因此这座大房子就具有了保存神像祭器和举行祭祀活动的双重功能。大房子的两端各有一个较大的空房间，可以进行集体祭祀和集会议事，作为"群巫之长"的国王，可能就是在这里代表天神与祖先来行使国家管理权力的，因此这座大房子也就具有了"殿堂"的性质和作用。总之，它是一座既可以安放和保护大量神像和器物并进行重大祭拜活动的"神庙"，又是可以举行重要集会议事决策以行使国家权力的"殿堂"，可能就是整个"三星堆神权古国"的一个宗教和政治统治中心①。

"神庙"既是当时三星堆古城中举行经常性祭祀活动的中心场所，也是三星堆神权国家走向繁荣昌盛，三星堆发展成为宗教与政治中心的重要标志。这座"大房子"建在上万平方米的大型夯土台基之上，初步勘测夯土台基厚达数米，其间还夹有多层红烧土痕迹，表明这种"神庙"有可能经过了多次重建和扩建，因而变得越来越高大宏伟，"青关

---

① 赵殿增：《浅谈三星堆遗址青关山F1的结构与功能——兼与杜金鹏先生商榷》，《四川文物》2021年第3期。

山一号大房子"可能就是这种"神庙"中最大和最后的一座。从它巨大的体量和复杂的结构形态来看，三星堆旁6座大型祭祀坑中的绝大部分神像与器物，原本都可能是摆放在这种神庙之中的。

"三星堆中心祭祀区"多座大型祭祀坑中出土的大批文物，原来必然要用一些大型建筑物来放置。从器物的性质分析，这种建筑物最可能是"神庙""宗庙"之类的宗教祭祀场所。其中6座大型祭祀坑中的器物，之前应主要存放于"青关山一号大房子"等"神庙"中。随着一系列特殊的大型燎祭活动的举行，神庙中神像和神器最终都被焚毁和掩埋，"青关山一号大房子"这座规格最高、体量最大的神庙，最后也被彻底毁弃了。这些"神庙"的兴起和修建，是三星堆神权古国逐渐走向繁荣昌盛，发展成为宗教与政治中心的重要标志；而三星堆旁众多大型祭祀坑的反复出现，则是三星堆发生灾变、走向衰亡的具体表现。这种情况对于探讨大型祭祀坑中所埋文物原来的存放地点、性质作用、使用方式、埋藏原因，乃至于"神庙"最终被毁的原因等重大问题，都具有重要研究价值。

三、祭祀坑——三星堆祭祀仪式的最终结果

首先需要说明的是，三星堆遗址内外曾发现过很多各个时期大小不等的祭祀坑，以第三期的数量最多、体量最大。其中包括1929年燕家院子旁挖出四百余件玉石器的长方形土坑[1]，2000年在月亮湾城墙西侧发掘的八座不同形态的祭祀坑[2]，以及青关山北侧第四期深沟中出土众多金器玉器的祭祀坑"青关山H105"[3]等。三星堆遗址各处还发现不

---

[1] 林名均：《广汉古代遗物之发现及其发掘》，《说文月刊》1942年第3卷第7期。冯汉骥、童恩正：《记广汉出土的玉石器》，《文物》1979年第2期。

[2] 资料现存四川省文物考古研究院三星堆工作站。

[3] 四川省文物考古研究院：《四川广汉市三星堆遗址青关山H105的发掘》，《考古》2020年第9期。原简报认为H105可能是掩埋祭祀器物的灰坑而非祭祀坑，我认为H105应为祭祀坑。

少中小型祭祀坑，其用意都是用这种方法把祭祀时使用的器具送往天上和神界。从祭祀用品、祭祀过程，到建坑和掩埋行为，均可说明三星堆时期这种埋藏祭祀用品的土坑具有明确的祭祀目的和意义，它们既是某次祭祀仪式的最后阶段，又是进行宗教祭祀活动的人们在祭祀仪式结束时有意制造的结果，都应该称之为"祭祀坑"。

在三星堆西南方祭祀区专门平整过的宽阔场地上，从1986年至今先后发现发掘了8座大型祭祀坑，出土上万件各类珍贵祭祀物品，从祭祀对象、祭祀组织、祭祀用品、祭祀方法等诸多方面，不仅说明三星堆遗址中曾经盛行以原始宗教为核心的各种祭祀活动，同时证明三星堆旁还特意修建了一个宏大的"中心祭祀区"。

对于三星堆遗址西南部祭祀区中这些集中有序地埋存大量祭祀用品的土坑，是否曾是祭祀仪式的有机组成部分，是否应称为"祭祀坑"，一直是大家热议的一个焦点问题。我们的答案始终是很肯定的，即认为这些祭祀坑都是某种宗教祭祀活动最后结束时有意造成的结果，都应该称为祭祀坑。而"器物埋藏坑"论者一直坚持认为这些坑的形成只是某种偶然事件造成的，或为敌人入侵，或为内部动乱，都认为这些坑只是一种被动的"善后行为"，并肯定地说所有坑都是一次性同时掩埋的。他们认为这些坑的建坑和掩埋行为本身都不具有任何宗教目的和祭祀意义，更不是当时正在盛行的祭祀活动的有机组成部分，只能用"中性"的"器物坑"之名来称呼。在祭祀区许多新坑中发现众多复杂多样又有规律可循的情况之后，上述观点已经显得越来越不能自圆其说，也更加不能令人信服了。近来又有学者提出其中埋存了大量祭祀用品的6座大坑，很可能是"神庙失火"之后同时掩埋的，应称之为"祭祀器物埋藏坑"；只有在三星堆迁都后他们的后人再次到此祭奠时建造的两座小坑，即五号坑和六号坑，才是真正的"祭祀坑"①。

我近期撰写了一篇名为《三星堆祭祀坑为"神庙失火说"的几点疑问》的文章②，对"神庙失火说"提出了十几个问题，从祭祀坑的位置、方向与形状，到各坑差异、器物种类、摆放顺序、分层办法、覆盖象牙、掩埋过程、焚烧地点，再到"一号坑中为何倾倒了大半坑烧透砸碎的动物和人骨渣？""八号坑的象牙层之上为何又埋入了大量的破碎器物和红烧土块？"以及"神庙"原在何处？为何失火？又为何"非要全部搬到三星堆之后，再分开进行埋藏？"等，对"神庙失火说"提出了质疑。在进行了多方面的具体情况分析之后，我们认为"神庙失火说"可能是"低估了三星堆先民的信仰程度和真实意图，也低估了当时事态的紧迫性和严重性。一场偶然的火灾，绝不会让他们把'神庙'中的神像和祭祀用品全部丢弃掩埋，更不会因此放弃曾经繁荣兴盛的三星堆古城而迁都。这期间必然是发生了一系列无法抗拒的特大灾难，才迫使他们做出如此决绝的行为，通过一组隆重而虔诚的燎祭仪式，彻底处理了神庙中的所有神像和祭器"③。"敌人入侵说"与"内部动乱说"也存在着同样的问题，即用"一个意外事件之后的善后处理"去简单地否定这些坑的祭祀功能，并说它们肯定是"一次性同时掩埋的"，都无法合理解释这8座坑中大量复杂有序的奇特遗迹现象。

因此我们再次提出"'祭祀坑说'依然值得考虑"④，并从"失灵法器掩埋坑"的角度提出自己的一种看法，以供大家研究参考。

---

① 三星堆祭祀区考古发掘执行领队冉宏林2021年10月27日在中央电视台《考古公开课·百年考古大发现（六）·风雅颂歌》节目中首次公开提出这个看法，并在2022年1月20日重庆市文物考古研究院学术科研周专家讲坛第三讲《关于三星堆祭祀区的三个猜想》学术讲座中做了具体阐述。

② 赵殿增:《三星堆祭祀坑为"神庙失火说"的几点疑问》,《南方文物》2022年第3期。

③ 赵殿增:《三星堆祭祀坑为"神庙失火说"的几点疑问》,《南方文物》2022年第3期。

④ 赵殿增:《三星堆祭祀坑为"神庙失火说"的几点疑问》,《南方文物》2022年第3期。

我很赞同三星堆中心祭祀区中这几座大型祭祀坑中大量奇异的器物，原来主要是摆放在"神庙"中的神像和祭祀用品，并且明确提出"青关山一号大房子"可能就是这种"神庙"的观点。"神庙"中的众多神像和祭祀用品，是三星堆人经过长期的创作、制造，或引进、仿造，或购买、征集积累起来的，其中包括受祭对象、参加祭祀人员、祭祀场景、通神器具、娱神祭品等多个组成部分。平时三星堆人可能主要是在"神庙"中进行经常性重要祭祀活动的，说明当时这里曾经存在着一个"主持宗教事务者就是社会的主宰""神权支配一切"的神权国家，进而创造出了灿烂辉煌的三星堆文明。

我也赞成三星堆中心祭祀区这些大型祭祀坑中的大多数有可能是一种"失灵法器掩埋坑"的看法，并把祭祀坑定名的理由简要概括为："坑内器物基本上都是用于祭祀的神像和礼器祭品、建造与瘗埋方式本身就具有独特的内容和含义、祭祀坑是某种宗教礼仪活动的最终结果这三个方面。"[1]我认为这些祭祀坑曾具有明确的主观意图和祭祀意义，都是三星堆某些特定祭祀仪式的最终结果。

关于三星堆西南方大型祭祀区中的6座大型坑形成的直接原因，最大的可能应是一组典型的"失灵法器掩埋坑"。由于这些神权国家"充满着宗教狂热"，"把大量社会财富贡献给神灵，越陷越深，不能自拔，因此垮下去了"[2]。"过度的消耗"最终造成了全社会严重的经济崩溃、生存危机和社会恐慌。我们推测：三星堆古国最后可能遇到了一场特别严重的"瘟疫"，出现了人畜大量无端快速死亡的情况，连他们的"群巫之长——国王"可能也一同去世。在这些无法理解又无力抗拒的特大灾祸出现后，人们便开始对自己一直极度崇拜的神灵产生了严重怀疑，认为可能是这些神祇和神器已经开始"失灵"了，于是就将神庙中包括国王专用金杖在内的部分神像和祭器，搬到三星堆西南侧的祭祀区，举行

---

①　赵殿增：《三星堆祭祀形态探讨》，《四川文物》2018年第2期。

②　郑彤整理：《中国古代文明演进对历史的八点启示》，《光明日报》2017年2月8日第16版。

了一次大规模的"燎祭"，焚烧打碎了人兽尸骨和神像祭品，郑重地把它们埋入祭祀区的"一号祭祀坑"中，用以表示将它们送回到天上和神界，祈求天神和祖先帮助他们消除眼前的灾难，再次给他们带来好运。

但灾祸可能并没有因此有丝毫消减，反而更加严重，人们便彻底绝望了，于是就从神庙中搬来更多更重的一批大型神像和祭器，进行另一次大规模的燎祭，形成"二号祭祀坑"和"三号祭祀坑"。在数次燎祭都无效之后，三星堆人便感到自己已无法在这里生活下去了，只好把所有的神像祭器全部搬过来进行燎祭，形成了"七号祭祀坑"和"八号祭祀坑"。最后连同神庙也一起烧毁，将所有残碎器物和一些墙体烧土块埋在了八号坑的器物层和象牙层之上，然后迁都至成都的金沙遗址。

关于"四号祭祀坑"，由于埋藏的主要是日用陶器和"扭头铜人跪像器座"等实用器，在象牙层上覆盖了很厚一层尚未烧透的热草木灰，填土中还发现了一些大型器物上的条形金饰件，因此四号坑有可能是将"神庙"两端"大房间"中的实用器物，或者是"神庙"之外另一座建筑物中的实用物品，单独进行"燎祭"之后形成的一座较为独特的"祭祀坑"。它的具体时间，可能是在二、三号坑埋藏之后，而在最后形成的七、八号坑之前。

从最新的发掘和研究情况看，这6座大型祭祀坑的埋藏时间也许相距并不太久。但从各坑的形状、大小、方向、深浅，特别是埋藏器物的多少、品种，分层放置的方式和方法，以及填埋的土质、灰烬、骨渣的不同情况等诸多差异来看，可以充分证明它们不可能是一次性同时埋藏的。其中一号坑和四号坑的特殊性很强，只有二号与三号坑、七号与八号坑有可能同时埋藏。至于坑体较小、瘗埋器物品种和方法大不相同的五号坑和六号坑，从打破关系、坑体大小、埋藏方式、器物内容分析，很有可能是三星堆古国的后人，在多年后再次来到这里进行"祭奠"时建造的祭祀坑。

综上所述，我推测三星堆中心祭祀区8座祭祀坑的先后顺序大体是：埋藏着大量神像祭器的6座大型坑中，一号坑最早，二、三号坑其次，四号坑略晚，七、八号坑最后；坑体较小的五、六号坑，则是多年后进行"祭奠"的祭祀坑。这就是我对三星堆祭祀区8座大型祭祀坑成因和过程的简单分析：即"神权国家"是三星堆文化神奇面貌的主要内因；"过度消耗"所造成的社会崩溃和信仰危机，则是三星堆快速衰亡并形成众多大型祭祀坑的根本缘由。

这或许能够较为合理地解释为什么青关山神庙中的大量神器，一定要搬到三星堆旁的祭祀区来，并通过多次隆重的燎祭仪式，把它们打碎焚烧，分别埋到多座祭祀坑之中。从新发现的一些遗迹现象分析，三星堆旁的这个大型祭祀区，还受到了三星堆古国后人的精心保护和继续祭奠，形成了五号坑和六号坑及一些祭祀性建筑。此后这里再未遭到重大破坏和扰动，从而将一个神权国家的主要祭祀场所和几乎全部艺术精华，奇迹般地完整保存到今天，为后人留下了一处奇特壮观的宏大祭祀活动场所和上万件精美奇异的神像祭器。

四、三星堆祭祀活动的基本架构

这次三星堆大发掘不但组织了三十多个单位、数百名专家学者和青年才俊参加工作，而且广泛听取了国内外同仁的意见，表现出了主持者开放包容的宽宏气度。我作为一个热心的旁观者，在这里坦率地提出自己的一些看法，特别是对祭祀区中6座大型坑的形成原因做出一些具体推测，请第一线工作人员和广大观众学者检查验证。目前发掘工作尚未结束，整理研究刚刚开始，完整资料和最终意见要等发掘整理和研究工作完成之后加以确定。这里我再把自己的看法做个简要归纳，供大家研究参考。

各种形态的"神坛"，与众多青铜神像、人像、神兽、神器的大量出现，表现了三星堆古人进行大量祭祀仪式时的理想形式，反映出举行各种祭祀活动已经是当时社会的常态，成为三星堆神权国家逐步走向成熟、兴旺发达的重要标志。而逐步兴建和不断扩建的存放神像祭品并举行祭祀活动的"神庙"，就成为三星堆神权国家举行经常性祭祀活动和实现管理职能的中心场所，形成整个国家的宗教和政治统治中心。三星堆古人还有在举行各种各样的祭祀仪式后，把祭祀用品埋入土坑的习俗，用以表示将它们送往了天上和神界，表达出对天地万物、祖先神灵的敬重与奉献。"三星堆遗址中曾出现过许多不同形式、内容、时代、等级的各式祭祀坑，数量可能有几十甚至上百个之多，它们是三星堆文化时期这里经常进行祭祀活动的产物和实证。"[1]在三星堆祭祀活动越来越兴盛的基础之上，从"神坛"的出现，到"神庙"的兴建，再到"祭祀坑"的形成，共同构成了三星堆祭祀活动的基本架构。

由于这个神权国家"充满着宗教狂热"，"把大量社会财富贡献给神灵，越陷越深，不能自拔，因此垮下去了"。这种"过度的消耗"最终造成了严重的经济崩溃、生存危机和社会恐慌。而当三星堆神权国家发生无法理解又无力抗拒的特大灾难时，在举行数次燎祭无效之后，人们彻底绝望，认为无法再在这里生活下去，只好将所有的神像祭器全部搬来进行燎祭，最后把神庙也一起烧毁，将残存的碎器和一些墙体的红烧土块埋在了八号坑的器物层和象牙层之上，然后迁都至成都的金沙遗址，三星堆古国就此衰亡。

如果说各种"神坛"与众多神像、人像、神树、神兽、祭器的出现，是了解三星堆经常性祭祀活动情况的基础资料；那么不断兴建与扩建的"神庙"，就是展现三星堆神权国家举行重要祭祀活动的核心建筑；而众多祭祀坑则是三星堆祭祀活动的最终结果。"神坛""神庙""祭祀坑"共同构成了三星堆祭祀活动的基本框架。苏秉琦认为："文明起源的推断要看组合"，"组合以及和组合配套的东西，都是我们寻找文明起源的线索。"[2]因此我们认为："神坛""神庙""祭祀坑"，或者说"坛、庙、坑"，就是三星堆神权古国文明因素的一套典型"组合"。这种认

① 赵殿增:《三星堆祭祀形态探讨》,《四川文物》2018年第2期。
② 童明康:《关于苏秉琦先生的两件事》,《四川文物》2022年第4期。

识是我对苏先生学说的一点学习体会，也是我们多年来进行三星堆研究基本观点的一个简要概括。我在此明确地把它正式提出来，是否有一定道理和说服力，请大家研究探讨，批评指正。

要真正破解三星堆之谜，还需要深入探讨三星堆文化的特征、成因和意义。我们对这些问题曾有一个逐步深化的认识过程。三星堆博物馆1997年建成时，我曾提出"三星堆文化的一个重要特色——神"的观点，认为"神圣的信仰是精神主体，神奇的艺术是其表现形式，神秘的历史是所产生的结果"[①]，以后又认识到"神权国家是整个问题的核心"[②]，进一步认为"三星堆文化阶段仍然是神权古国"[③]，从而概括出"神权国家"是三星堆文化神奇面貌的主要内因；"早期丝绸之路"是三星堆文化丰富多彩的外部原因；"多元一体"是三星堆文明在中华文明中的历史定位三个基本认识。

（一）"神权国家"说

我认为"三星堆文化阶段仍然是神权古国"，主要有两个理论依据：一是苏秉琦提出的中华文明经历"古国—方国—帝国"三个阶段的理论，并提出了"三星堆古文化古城古国"的概念；二是李伯谦关于古国阶段的国家可分为"崇尚神权"与"崇尚王权"两大类型的论述，以及"我完全同意三星堆王国是'神权国家'"的观点。

苏秉琦认为，"国史的核心是一立体交叉，多次重复的'古国—方国—帝国'三部曲"，"五千年前出现了由氏族向国家的转变"，"不迟于四五千年前大体都进入了古国时代"，"早期古国在4000年前发展为方国"，"在2000年前汇入多源一统的中华帝国。这一国家早期发展的

① 赵殿增：《三星堆文化的重要特色——神》，《中华文化论坛》2002年第1期。
② 赵殿增：《略论古蜀文明的形态特征》，《中华文化论坛》2005年第4期。
③ 赵殿增：《三星堆神权古国研究》，《四川文物》2019年第1期。

'三部曲'，是最具典型意义的中国的国家发展道路"①，这一重要论断已为大量考古资料所证实，并为中国考古学界广泛认同。苏秉琦1987年在广汉"三星堆十二桥遗址考古发掘座谈会"上，正式提出"三星堆古文化古城古国"的命题②，三星堆博物馆也一直以"古城古国古蜀文化"为基本陈列的主题名称。

李伯谦进一步提出，"古国阶段"的国家，分为"崇尚神权"与"崇尚王权"两大类。"文明模式的不同选择导致了不同的发展结果"，"红山古国走的是通过铺张的祭祀活动崇尚神权的道路，一切由神的意志来决定"；"良渚文化……开始接受红山文化、凌家滩遗址崇尚神权的宗教观，把大量社会财富贡献给神灵，越陷越深，不能自拔，因此垮下去了"；"仰韶古国走的是崇尚军权、王权的道路。……实践证明，崇尚军权、王权的仰韶古国，因比较简约并注重社会的持续发展而延续下来了"。"事实告诉我们，作为一个民族、一个国家，选择怎样的道路是决定其能否继续生存发展的关键。"③三星堆文明可以说是这种神权国家因过度消耗而"垮下去了"的又一典型案例。

对于三星堆文化，李伯谦也曾说过："我完全同意三星堆王国是'神权国家'的观点，三星堆遗址基本不见象征军权的青铜兵器而随处可见宗教性质的用于祭祀的遗物，已完全可以证明这一点。"④因此我认为："三星堆文化"曾是一个"神权国家"，即使是进入青铜时代之后，它可能仍然停留在"主持宗教事务者就是社会的主宰""神权支配一切"的阶段，进而用新材料新技术制造出大量祭神使用的精美又神圣的艺术作品，创造出了璀璨夺目的三星堆文明。三星堆可能是长江流域诸

---

① 苏秉琦：《迎接中国考古学的新世纪》，《华人·龙的传人·中国人——考古寻根记》，辽宁大学出版社，1994年。

② 苏秉琦1987年5月"三星堆十二桥遗址考古发掘座谈会"题词。

③ 郑彤整理：《中国古代文明演进对历史的八点启示》，《光明日报》2017年2月8日第16版。

④ 李伯谦为赵殿增《三星堆考古研究·续集》所写的"序言"。

多"神权国家"中发展程度最高、延续时间最晚的一个。这种特殊而又滞后的社会形态和历史进程，可能就是造成三星堆文化神奇面貌的关键所在；而"把大量社会财富贡献给神灵，越陷越深，不能自拔，因此垮下去了"，则是"三星堆神权古国"快速衰亡的根本原因。

（二）"早期丝绸之路"说

"各地文明之间的交流互鉴，是三星堆文化面貌丰富多彩的重要原因"，这是大家通过考古新发现达成的又一重要共识。三星堆文化虽然地处四川盆地腹心地带，但他们并不封闭保守。三星堆古人以对天地万物和外地情况的高度好奇心和探索精神，用自己盛产的丝绸和独特的文化与周围进行着广泛交流，吸收了多方面的优秀文化因素，从而呈现出多彩多姿的社会文化面貌，在交流互鉴中创造出灿烂辉煌的三星堆文明。

这次三星堆大发掘最重要的成果之一，可能就是众多丝织品和制作技术（如玉质"打纬刀"）的确认，证明三星堆曾盛产丝绸用品，成为"早期丝绸之路"中一个重要的枢纽，以其雄厚的经济实力和神圣的信仰习俗，与外界进行广泛的交换和交流，吸引并吸收了多方文化因素，形成了一个神奇的区域性古代文明中心，进一步丰富了多元一体的中华文明的特色、内涵与外延。

（三）"多元一体"说

"三星堆考古发现充分见证了中华文明的多元一体"，是大家通过三星堆发掘研究得出的最主要的一个学术共识。三星堆出土的众多青铜器和玉石礼器的器形，大多与中原夏商时期的礼器有着强烈的相似之处，很多制作技术和意识观念也多是来自中原地区。三星堆以青铜尊为主要祭祀礼器的特征，又与长江中游各青铜文化高度相似。三星堆的生活用具中还有很多黄河和长江流域重要古代文化的因素。这些都说明三星堆文明是多元一体的中华文明的一个有机组成部分，是中华文明共同体中的一个重要文化类型，既有鲜明的独创性，又有强烈的共同性，在中华文明的发展进程中具有独特的历史地位和价值。正如李学勤所说："可以断言，如果没有对巴蜀文化的深入研究，便不能构成中国文明起源和发展的完整图景。考虑到巴蜀文化本身的特色，以及其与中原、西部、南方各古代文化间具有的种种关系，中国文明研究中的不少问题，恐怕必须由巴蜀文化求得解决。"①

总而言之，"神权国家"是三星堆文化神奇面貌的主要内因；"过度消耗"是三星堆快速衰亡并形成大型祭祀坑的根本原因；"早期丝绸之路"是三星堆文化丰富多彩的外部原因；"多元一体"是三星堆文明在中华文明中的历史定位，这就是我们对三星堆文化成因和价值的基本认识②。

（原载《四川文物》2022年第5期）

① 李学勤：《略论巴蜀考古新发现及其学术地位》，《三星堆考古研究》序言，四川人民出版社，2004年。
② 我从1980年春开始参加三星堆考古工作，在众多前辈和各次考古领队及第一线工作人员多年研究成果的基础之上，做过一点组织宣传工作，写过一些介绍文章。我一直明确地支持发掘领队的意见，也曾做过一些阐述和说明，受到社会和学界的欢迎，受邀撰写出版了三本专著合著和文集。近年来三星堆新的考古发现和发掘，取得了一大批重大的成果，在许多重要认识上达成了共识，但仍有一些分歧意见和问题没有解决。我曾就相关问题谈了些自己的看法，本文略做归纳说明，以便与大家一起研究探讨。

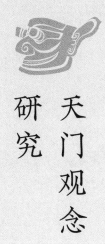

天门观念
研究

三星堆"祭祀图"玉璋再研究

——兼谈古蜀人的"天门"观

1986年8月在三星堆二号祭祀坑中出土了一件玉璋（K2③：201—4），上面刻有四组完整的祭祀图像，内容丰富多彩，形象具体生动[①]，被评为"国宝级"（即一级甲等）文物。它只在三星堆博物馆1997年开馆时曾短暂对外展出，后在筹备出国展览时被日本工作人员跌坏，国家文物局随即将之列入首批禁止出展文物名单，此后一直深藏于库房之中[②]。这些传奇故事，更增加了这件祭祀图玉璋的重要性和神秘感。在纪念祭祀坑发掘30周年之际，值得我们对它再进行一次更加深入具体的分析研究。

一、"祭山图"与"祭祀图"

玉璋长54.4厘米，宽6.6～6.8厘米，器身呈平行四边形，邸部窄短，上有圆孔。射部渐宽，端部斜平，刃口方厚。玉璋两面线刻四组内

---

① 四川省文物考古研究所编：《三星堆祭祀坑》，文物出版社，1999年。
② 现存四川省文物考古研究院库房。

容相同的图像，两组向上，两组向下，用重复刻绘的方法，表现一个相同的内容和主题。

过去常称之为"祭山图"玉璋，整个玉璋上共刻有16座山，22个人像，8只牙璋，4只象牙，8只巨手，4个船形图案，分为基本相同的四组，每组图像中都有四座大山，有五或六人正在进行祭祀。笔者亦采用此说，并在论文著作中做过较详细的描述分析，作为"自然崇拜"的典型范例[1]。这样的说法并没有错，特别是古蜀人确实有崇拜大山的传统，如蜀的远祖叫作"蜀山氏"，所居的是岷山左右之山，蜀祖"蚕丛始居岷山石室""鱼凫王田于湔山，忽得仙道"，杜宇"帝升西山隐焉"等传说[2]，表明几代蜀王都与岷山有密切的关联，古蜀人祭山应是一个长期形成的重要的信仰习俗。

仔细观察分析，玉璋图像包括的内容还远不只如此。从这些图像中，不仅能够看到多种祭器的使用方法，而且能分辨出祭祀者与被祭祀者的装束、姿态、身份和地位，还能考察古人祭祀活动所在的位置、环境，祭祀的方式方法，乃至当时人们对天、地、人、神相互关系的认识，从中表现出他们的宇宙观念和信仰习俗等，可以说它是解开三星堆以祭祀为中心的众多谜团的一把难得的钥匙。这里我们试着再做一些分析研究。

这件玉璋上的图像，是我们所见三千年前最丰富、最具体、最完整、最有情节的线刻图画之一，其流畅的线条、准确的细节、完美的构图、生动的表情，堪称艺术的杰作，可以在美术史上占有一席之地。更加重要的是，它表现出极其丰富的社会文化内容，成为研究三星堆古国时期祭祀活动具体情况的绝好材料，并且是进一步探讨古蜀人信仰观念的实物依据。

首先应指出的是，玉璋上的图像使用了重复刻绘相同图景的方法，

---

① 赵殿增：《三星堆文化与巴蜀文明》，江苏教育出版社，2005年。

② （东晋）常璩：《华阳国志·蜀志》，《华阳国志校注》，巴蜀书社，1984年。

用来强化表现一个共同的主题。四组画面的内容、布局、大小、组合，都基本相同，只是朝向邸部的两幅，因邸部较窄少刻了一个站立人像。每种同类的器物、景观、人像、动作，都准确雕刻得完全一样，刻画线条精确熟练。这些情况说明，玉璋上的图像显然不是随意所为，更不是偶然的刻画，而是用已经相当成熟了的技艺和构思，有计划有规律地表达一种常见的活动场面和理念，有可能就是对当时比较常见的典型祭祀仪式的形象记录。加之玉璋和图像都保存完整，这样就把当时人们所要表达的意图观念，形象、具体、全面、准确地再现于我们面前。虽然三星堆古国还未发现可识读的文字与明确的记载，但它用造型艺术的手段把当时的情况和理念都表达了出来，留下大批雕塑和绘画珍品，更加形象具体，更具有典型性和观赏性，有待我们去识别和解读。这柄玉璋，可能是其中保存最完整、内容最丰富，也许还是最能直接表现三星堆神权国家祭祀活动和信仰观念的文物之一，应称之为"祭祀图"。

二、天上的世界

我们先分析一下画面的总体布局。每组画面的中央，都有一道云纹条带，由两个横S形双勾卷云纹组成，并用九根双短线与云层的上下边际相连。陈德安先生认为这条云纹把整个画面分为了天上和地下两个部分，是很有见地的看法[1]。这样就对图像的认识丰富而鲜活起来，不仅使各种器物、人物、景物、图像各归其位，可以看出有其特定的内涵和作用，而且表现出了天与地、人与神、远山与近山、礼器与祭品的关系，甚至表达出了"人神相通"的方式和方法，使每组画面都成为一幅完整的"祭祀图"（图一）。我们先做分解说明，再进行综合研究。

---

[1] 陈德安：《浅释三星堆二号祭祀坑中出土的玉璋图案》，《南方民族考古》1990年第3辑。

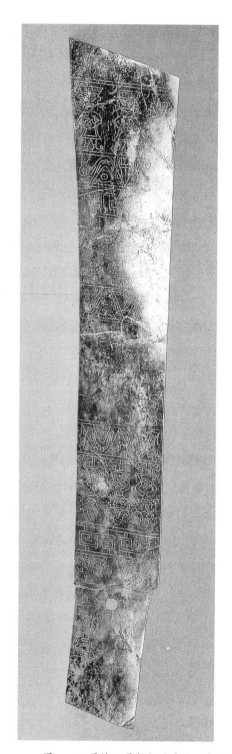

图一　三星堆二号祭祀坑出土"祭祀图玉边璋"照片与线图

"云气"之上为"天上"的世界，其下部并列有两座"神山"，均呈圆堆状，山尖处有一圆圈，中心有一小点，可能是表现太阳，山坡两侧有云气纹缭绕。每座山下面又有一个圆堆状的"尖山"，好像是大山前面的小山。这些云端之上的大山，可能就是代表三星堆西北方高大的岷山。在天高云淡的日子，站在三星堆就能看到岷山山脉浮现于云天之上，有从此山可以上天的感觉。加之古蜀人认为其神圣的祖先君王都来自西山，又升于西山，因此就把云端所见的西山，想象并描绘成天上的神山。四组图天上的神山完全相同，说明这种神山崇拜观念在当时人们心目中已经形成传统。

神山两侧，有两只威力无穷的"巨手"，从天上伸下来，作握拳状，用拇指紧紧压在大山的两边。它可能是代表着天神的权威，既在守护着神山，又能镇住大山。它也从一个侧面表明，云层之上的这些大山，是可以通天的神山。

两座神山之间，刻画一只悬浮的船形物，上面好像还坐有数人。如果这种认识可以成立，则图像描绘的可能是此船正装载着准备升天者，经过两山之间进入天国的情景。这与蜀地后来盛行的"天门"信仰有类似之处，我们准备有后文做进一步的探讨。

神山之上，以两条横线为界，上面站立着三个衣着华丽的人像（郫部的两幅，因上部较窄，只刻了两个立人像）。每个人像均为头戴平顶圆冠，冠上有两排点状纹饰。面部方阔，有一双吊角大眼，大嘴紧闭，两耳饰铃形耳坠。身穿宽大长衣，足蹬翘角大靴。全身直立，两脚外翘。这样的人像与同一坑中出土的"大型青铜立人像"（K2③：1）基本相似，头部更接近于数量较多的"平顶冠人头像"（K2③：90）[1]，说明他们可能属于同一阶层，是在三星堆古国中占有主导地位的群体。从这组人像高居于神山之巅分析，他们可能是天神或祖先神，正在天上接受崇拜和祭祀。

① 四川省文物考古研究所编：《三星堆祭祀坑》，文物出版社，1999年。

值得注意的是这些立人像的手势，都是双手抱于腹前，空拳相握，左手在内，右手在外，两个拇指相抵，颇似后来佛教中的"手印"，不仅独具一格，而且整齐有序，并与地上祭祀者的手势相呼应，必定有其特定的宗教含义，可能是在施展某种法术，传达特定的神秘信息。

三、地上的活动

"云气"之下，可能是代表"地上"或"人间"。这部分画面的上部，也刻有三个盛装的人像，但装束与姿态和天上的立人像有很大的区别。人像头戴弧顶卷檐的帽子，有一双吊角大眼，大嘴紧闭，两耳饰双环耳坠，身穿长衣，赤足长跪。从跪姿和服饰看，他们的身份、地位、职能、作用都要低一些，有可能是正在地上进行祭祀活动的巫师或祭司，祭拜的对象可能就是上层的站立人像，即天上的天神或祖先神。

同样值得注意的是，下层的跪拜人像与上层的站立人像，采用的是相同的手势，都是双手抱于腹前，空拳相握，左手在内，右手在外，两个拇指相抵。这不但说明二者有相似的功力，而且表明他们相互之间是可以通过手势互通信息，上面的立人像通过手势把特定的意图传出，下面的跪人像用同样的手势接收下来，从而实现了"人神相通"，达到传递上天旨意的祭祀目的。

跪拜人像之下也有两座山，山两侧各插一个牙璋，两山之间横放一只象牙。这些礼器和祭品的出现，说明下层的山丘可能不是祭祀的对象，而是举行祭祀的场所，跪人像就是在这样的"山"上面进行祭祀活动，以便达到更加接近上苍的目的。至于说这两座山上也和上层的神山一样，有太阳、云气、山丘等纹饰，或许可以理解为巫师们将这些用于祭祀的高台加以神秘化，认为它有与神山相等的地位和作用，在这里祭拜就能与上天相通了。这些用于祭祀的高台，因此也就成为神圣的祭坛。

从三星堆遗址的现场考察中我们发现，三星堆古城之中有多处人工夯筑的土埂或土堆，目前都称之为"城墙"，但是其长短、高矮、走向、筑法不大一样，而且常常是孤立存在的，以"三星堆"土台最为突出和典型。已发现的大中型祭祀坑，均在城内的这些"城墙"的旁边；而这些"城墙"的走向，又大多朝着西北方的大山。因此我们认为三星堆土台等处夯筑的土埂或土堆，除了有"城墙"的功能之外，可能也是进行露天祭祀活动的高台，同时具有"祭台"与"神坛"的作用。

综观整组玉璋图像，可能是表现巫师们正在三星堆城内的"土台""祭坛"前，遥祭处于西北方云天之上的"神山"上的"天神""祖神"的完整场面。其中在"地上"摆放祭品的"神山"，或许就是被筑成山形的三星堆土埂之类的"土台"与"祭坛"，正在地上跪着进行祭祀活动的巫师或祭司；云天之上是"神山"之上，站立着古蜀人的"天神""祖神"。他们之间用同样的手势，传递并贯彻上天的旨意，达到"人神相通"的祭祀目标。因此这柄玉璋的图像，也可以称之为"祭天图"或"祭神图"，或者就直接称之为"祭祀图"。

除了"祭祀图玉璋"之外，三星堆二号祭祀坑中出土的"青铜神坛"（K2③：296）也表现出三星堆古国祭祀体系的一些具体情况，可以互为补充。

"青铜神坛"亦是用四座云气缭绕的"神山"，把"天上"和"人间"分开，"人间"站有四个"祭师"头顶神山，手持祭器，正在"作法"。"祭师"额头生出一缕云烟，上面有以"人面具"形态出现的神灵，正在实现"人神相通"。"神山"之上，是一座四方形的"神殿"，代表天上的"神界"。"神殿"四面各有五个"祭师"正在跪拜，上方则有"人首鸟身"的图腾神像，构成一个重要的祭祀活动中心[1]。

"青铜神坛"不仅表现了三星堆古人已具有"天""地""人"三界的观念，而且反映出"神殿"在三星堆祭祀仪式中的重要地位，有助于我们探索三星堆遗址"青关山大房子"的性质和作用。它与在"地上"

---

[1]　四川省文物考古研究所编：《三星堆祭祀坑》，文物出版社，1999年。

摆放祭品的"土台""祭坛"，和埋藏神器、礼器的"祭祀坑"，共同构成了"台""殿""坑"三位一体的三星堆古国祭祀仪式的重要遗存。

"台"是指进行露天祭祀活动的高台，如三星堆土台等，具有"祭台"与"祭坛"的性质。

"殿"是指三星堆时期摆放神像祭器、平时进行室内祭祀活动的"神殿"，如青关山发现的上千平方米的大房子等。

"坑"是指三星堆各次祭祀活动之后将祭器瘗埋形成的"祭祀坑"，在古城内外曾发现许多不同时期、不同规模、不同形制的"祭祀坑"，大中型祭祀坑均分布于城内的"城墙""祭台""附近。

"台""殿""坑"共同构成了三星堆祭祀仪式的基本活动场所，是三星堆神权国家的重要表现形式，是最能反映三星堆古国社会面貌的一组重要文化遗存①。

四、通天的途径

这里我们再回过头来探讨一下"祭祀图玉璋"神山之间那只"悬浮的船形物"的内涵和喻义。

这个图像在四幅"祭祀图"中反复出现，不仅位置相同，而且刻画的方法和形象也完全一样，不会是偶然所为，也不是简单的符号，它表现的最可能就是一只正在行驶的渡船，上面坐满了人。船当时所在的地方，是两座神山之间去往天上的通道，也就是后来常见于蜀人信仰中的"天门"或"天彭阙"。三星堆遗址靠近大河，从当时经常用鱼鹰捕鱼，和岸边出土的大块玉石原料是"灌县玉"的情况来看，当时人们已经有了熟练的驾船技术，并可以驶入岷山之中。古蜀人想象乘船经过神山之间的"天门"进入天国，去到天神和祖先生活的地方，是完全可能的。

---

① 参见赵殿增《三星堆考古新发现与新认识》一文，《三星堆考古研究·续集》，四川人民出版社，2015年。

318

所谓"天门"，就是通向天国的大门，古籍中多有记载。《楚辞·九歌》"广开兮天门"；《淮南子·天文》"天阿（门）者，群神之阙也"；《神异经·西北荒经》"西北入两阙中，名曰天门"。这种信仰在四川地区非常盛行，在汉代画像中曾多次出现"天门"榜题，构成了四川汉画的主题①。它既是对死后升天理想的追求，也是对现实中美好生活的形象表现，更是古蜀人传统信仰的继承和再现。三星堆时期以来蜀人的信仰观念，或可以用具有蜀地特色的"天门"一词来加以概括。

蜀地自然条件优越，人文环境和谐，自古以来就为人们所称道。《山海经·海内经》载，"西南黑水之间，有都广之野（即成都平原），后稷葬焉。其城方三百里，盖天下之中，素女所出也。爰有膏菽、膏稻、膏黍、膏稷，百谷自生，冬夏播琴。鸾鸟自歌，凤鸟自舞，灵寿华实，草木所聚。爰有百兽，相群爰处。此草也，冬夏不死"，一派天国胜境。

战国晚期，"李冰为蜀守。冰能知天文地理，谓汶山为天彭门，乃至湔氐县，见两山对如阙，因号天彭阙。仿佛若见神，从水上立祀三所，祭用三牲，硅璧沈嬖。汉兴，数使使者祭之。冰乃壅江作堋……开两江于成都之中……"，建造了都江堰，开创了"天府之国"②。这段记载不仅说明李冰注重调查研究，顺应自然规律，进行科学施工，取得巨大成就；而且表明他尊重蜀人传统，继承了三星堆时期旧有的祭祀方式和用品，举行了祭山祭川祭天的仪式，从而赢得民心民意。"彭"者，"大"也，李冰所祭祀的"天彭门"，就是蜀人信仰中的"天之大门"。从李冰所祭祀仪式的记载之中，生动地再现了三星堆时期祭祀活动的鲜活情景。"汉兴，数使使者祭之"，证明这种信仰习俗一直继承了下来，并发展成为四川汉画的主题思想。唐朝大诗人李白心目中的天府之国更加像是九天之上的一朵奇葩："九天开出一成都，万户千门入画图。草

① 赵殿增：《"天门"考》，《四川文物》1990年第6期。
② （东晋）常璩：《华阳国志·蜀志》，《华阳国志校注》，巴蜀书社，1984年。

树云山如锦绣，秦川得及此间无。"

　　"天门"信仰，从三星堆古蜀文明时期的"天地之中"，到战国时期的"天彭门"与"天府之国"，再到汉画中的"天门"观念，唐代的"九天开出一成都"，直至今天成为"一个来了就不想离开的地方"，构成一个蜀人想象、向往、追求、实现理想境界的过程。我们可以从"天门"观的研究入手，去努力追溯古代蜀人思想信仰的脉络和真谛。

　　概括地说，"天门"观念表现的是古蜀人对"天""地""人"三界的认识，它既是理想的天国，又是现实中的天府，它追求的是人与天地自然万物的相通，也在追求人与人、人与社会的和谐，具有中国人"天人合一"思想的核心因素，成为前人留给我们的一份宝贵文化遗产。

（原载《三星堆研究》第 5 辑，2019 年）

略论三星堆文化与四川汉画的渊源①

    辉煌灿烂的汉画的形成与发展，原因是多方面的，其中也受益于各地区本土文化的滋养。四川地区的汉画，在形式和内容方面，都与本地的三星堆等文化之间有某些内在的联系，从一个侧面反映了汉画的渊源。

    三星堆文化是三四千年前四川盆地一个高度发达的青铜文化，以精美神奇的造型艺术著称于世②。它与两千年前的四川汉画之间虽然有相当长的时间距离，但二者也有一些相似之处，说明它们可能有某种特殊的关系。

一、三星堆文化线刻图像与四川地区汉画的关系

    三星堆文化不仅有立人像、人头像、面具、凤鸟等人像和动植物造像，为汉画的兴盛创造了某种程度的艺术基础，而且还有玉边璋上的祭山图、金杖上的鱼鸟图等平面形态的线刻图像，从形式和内容上都与

---

① 本文由赵殿增、袁曙光合著。
② 四川省文物考古研究所编：《三星堆祭祀坑》，文物出版社，1999年。

汉画有某些相似之处。

三星堆二号祭祀坑出土的一件边璋（K2③：201-44），长54厘米，两面均用阴线细刻的手法，绘出四幅"祭山图"，每幅图的最下面一层是两座神山，山腰插有璋、象牙等物。山顶上有三人双手在胸前做手势，正在跪祭。再上为一层云雷纹，象征又是另一重天。天上又有两座神山，山间有船、巨手等物，山顶上有三人（或二人）作同一手势，站立祭祀。四幅祭祀图共刻出16座山、8只巨手、4条"船"和22个祭祀人像，组成了四个内容丰富、构图完整的平面画像，表达出祭山祭天的宗教意义[①]。

三星堆一号祭祀坑出土的金杖（K1：1），用纯金皮捶打而成，长142厘米，重463克。它是包在木柄上的金皮，上半段用双勾手法阴线刻出四组鱼、鸟、箭图案，和两个神人的头像[②]。它可能是巫师的法杖或国王的权杖，金杖上的鱼、鸟图案，推测是三星堆古国时期的主要图腾，头戴高冠的丰硕人头像，大约代表了当时的群巫之长或君王。这组图案表明金杖可能与史料中记载的鱼凫氏蜀王有关。

这两组用线刻手法绘制的图像，具有平面式画像的基本特征，它们有生动的形象、清晰的构图和完整的思想内涵，有可能是四川地区汉画的本土文化源头之一。

二、三星堆青铜神树与四川等地汉晋钱树的关系

在汉画中占有一席之地的"钱树"或"摇钱树"，与三星堆文化时期盛行的"青铜神树"之间，有着更为明显的渊源关系。

三星堆遗址二号祭祀坑中一共出土有6件青铜神树，其中大神树2件（即一号、二号神树），小神树4件。一号大神树（K2②：94），现

① 四川省文物考古研究所编：《三星堆祭祀坑》，文物出版社，1999年。
② 四川省文物考古研究所编：《三星堆祭祀坑》，文物出版社，1999年。

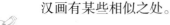

四川省文物考古研究院名家学术文集

存通高395厘米。它以云雷纹三叉形支座和环形底盘构成一个云山状树座，表现神树是高耸于高山之巅的。神树的主干粗大挺拔，直通云天，可能是古代传说中能通天的"建木"。三层九条树枝随风飘荡，上面结有仙果。从枝上尚存的系孔和祭祀坑出土的大量青铜挂饰看出，树上可能曾挂满铃、牌、鱼、叶等饰件。一条巨龙顺主干攀援而下，表明它正借助神树往来于天与地、人与神之间。树上有九只（若包括树端共有十只）立鸟，可能代表着太阳、图腾、天使等多重身份，大约是神树上的主宰者。其他几棵神树的形态和内容又各有区别，有的树端为人首鸟身形的立鸟（K2③：272），有的树枝上立鸟饰孔雀花冠和尾翅，有的则在树座上跪着三个人，作执物祭祀状（K②：194）[①]。三星堆神树是古蜀文明"树崇拜"的产物，可能具有沟通天与地、人与神的"建木"和"天梯"、神灵和太阳的居所、向神灵祭祀和奉献的祭台、"社树崇拜"的对象等多方面的内涵，是三星堆先民思想观念的一个集中反映。

"钱树"是汉代四川盆地出现的另一种具有"树崇拜"性质的珍贵文物。由于20世纪50年代开始发掘时，发现在树枝上有钱纹图案，因而被定名为"钱树"或"摇钱树"。目前已发现"钱树"有数十个地点，上百个个体。分布范围包括了四川盆地全境和云、贵、陕、甘、青的部分地区，其中以成都平原数量最多。时代以东汉为主，个别为延续到蜀汉（忠县、保山钱树）、魏晋（敦煌、大通钱树）时期，说明它是一种有很强地域和时代特征的文物。"钱树"的基本形态为：下有陶座或石座（分神山式、神兽式、基座式等），上有铜树，主干顶上多为朱雀或西王母，树枝上有神仙和饰物，特别是长着大量的"五铢"钱币。

"钱树"与"神树"相似之处在于：它们都以高山作为基座，树的主干笔直，树枝分层，树上有神鸟（代表太阳和光明），树枝上挂满饰件，表现它既是天梯，又是祭坛、社树，它反映了一个比较完整的宇宙

① 四川省文物考古研究所编：《三星堆祭祀坑》，文物出版社，1999年。

观念，是人们想象中的天堂胜境。因此也可以用世界上人类学研究中较为通用的名字，称之为"宇宙树"。

"钱树"与"神树"的不同之处则在于：钱币图案在钱树上占有显著的地位，表明企求钱财成为汉代树崇拜的一种更加直接的目的；树上出现了西王母等可以使人长生不死的主神和生活在天上的仙人瑞兽，使神树成为人们理想中的升天之后的仙境；树座形式更加丰富多样等。也就是说，汉代"钱树"所反映的树崇拜观念已经变得世俗化和普遍化了，成为一般人都能使用和拥有的工具，已从氏族部落或国家集团专用的神圣的"神树"，到为个人求财祈福的"钱树"，但二者在形态和内涵上都有相通之处，它们是"树崇拜"观念的具体表现，也是一种图像化的艺术形式①。

"神树"与"钱树"这种密切关系，对我们研究四川地区汉画渊源具有重要的参考价值。

三、三星堆文化"三界"观念与汉画"天门"观念的关系

三星堆文化时期人们已经形成了对天、地、人三者关系的明确认识，出现了"三界"的观念。这可以从三星堆出土的一件"青铜神坛"上得到验证。

三星堆青铜神坛（K2：296）由兽形座、立人座、山形座和盝顶建筑四部分组成，残高53.3厘米。兽形座底部为圈足，侧面饰一周以凸圆点填充的歧羽纹。圈足上立二兽，大头，吻部宽扁，立耳，独角向前内卷，四蹄，尾下曳至圆座，另有一翅翼向上扬起，翼端上下歧开。立人座置于兽形的角、翅之上，底部为圈足，上立四人，面向外站立，头

---

① 关于神树和钱树的具体情况和内涵分析，参见《汉画钱树货币文化》一书，1998年。赵殿增、袁曙光：《从"神树"到"钱树"——兼谈"树崇拜"观念的发展与演变》，《四川文物》2001年第3期。

戴敞口方斗形帽，身穿短袖对襟衫，下裾至膝，腰间系带。两肩平抬于胸前，双手相交握一藤状枝条。帽顶上生出扁平的侧面人面具。山形座置于立人的帽顶上，底部圈足侧面有一周凹槽，其上饰一周下凹的圆圈纹。上部呈四山相连状，高9.1厘米。盝顶建筑叠于四座山峰的顶上，呈方斗形。每面的中间部分镂空，内铸一排五个形态相同的跪坐人像。顶部四角各立一鸟，双翅上扬，尾下垂。盝顶建筑上额正中铸一人面鸟身像，头饰华冠，面部硕大，似戴有面具，在神坛上处于至高的中心位置，推测是神坛上的主神[1]。

这种器物之所以被定名为"神坛"，主要是它将人、山、鸟、兽等组合在一起，表现出一个相对完整的意图观念，反映了当时人们对天地人神关系的认识，因而在宗教祭祀活动中具有某种祭坛的性质。它表现出三星堆古人已具有对天、地、人三者关系的认识：神坛中层的一组立人像，所表现的是人间；人头顶大山之上的盝顶建筑，所代表的应该是天上；最下层的怪兽，则是用来表示地下的境界。这说明古蜀人已经有了关于"三界"的观念。三星堆古人用形象的造型艺术表明他们可以通过祭祀活动实现天、地、人的沟通，达到升天通神的目的[2]。"青铜神坛"和"青铜神树"一样，都是天国圣地的"天门"与"天梯"，是以"人神相通"为重要特征的三星堆文化原始宗教的具体反映。

1990年我们根据四川简阳鬼头山崖墓出土的"天门"画像石棺和巫山县出土的鎏金铜牌等资料，撰写发表了论文《"天门"考——兼论四川画像砖（石）的组合与主题》，比较系统地提出了四川汉画像砖所表现的是天国盛景和送迎墓主人升天成仙的主题思想，并按此体系，对门阙为"天门"、"西王母"为主神、"车马"为送行、神仙宴饮等为天国仙境等内容做了新的诠释[3]。

① 四川省文物考古研究所编：《三星堆祭祀坑》，文物出版社，1999年。
② 赵殿增：《三星堆青铜神坛赏析》，《文物天地》2001年第3期。
③ 赵殿增、袁曙光：《"天门"考——兼论四川画像砖（石）的组合与主题》，《四川文物》1990年第6期。

从新发表的考古资料看，各地出土了一些更加形象地表现"天门"情景的画像，有的画像砖直截了当地反映了"天门"；在钱树座乃至树枝上，也不断发现有"天门"图像①。从思想内容上看，"天门"不仅从多方面反映了四川汉代人们的思想观念，是蜀地先民宇宙观的具体体现，而且这种观念有着悠久而深厚的历史传统，是以三星堆文化为代表的古蜀文化的一个结晶。古蜀传说中有蜀人鱼凫"忽行仙道"（《华阳国志》）、杜宇"从天下"（来敏《本蜀论》）、"升于西山"等记载，表明古蜀文化中自古就有崇尚"天门"的文化传统。三星堆文化中有众多原始宗教文物，说明当时常有对天地神灵的祭祀活动，"天门"观念是古代蜀人的一种主题思想，其核心便是升天成仙。而四川汉代画像中的"天门"观念，正是古蜀文化中"天门"传统的继承和发展②。

四、三星堆古蜀文化是四川汉画的重要源头之一

从艺术形式上看，三星堆文化以人像、动植物、山川日月星的造型艺术为主要表现手法，不仅有大量立体的塑像，而且出现了玉边璋祭山图、金杖鱼鸟图等用线刻手法绘制的平面图像，它们有生动的形象、清晰的构图，具有了画像的一些基本特征，或许是四川地区汉画的本土文化源头。

从画像内容上看，三星堆文化与四川汉画之间也有不少内在的联系，如人像与画像、凤鸟与鱼、日月与四神、祭山与仙山、神树与钱树

---

① 内江市文物管理所、简阳县文化馆：《四川简阳鬼头山东汉崖墓》，《文物》1991年第3期。巫山县文物管理所、中国社会科学院考古所：《重庆巫山县东汉鎏金铜牌的发现与研究》，《考古》1998年第12期。大邑县文化局：《大邑县董场乡三国画像砖墓》，《四川考古报告集》，文物出版社，1998年。张善熙、李清裕：《鎏金"天门"钱树的研究》，《成都钱币》1999年第1、2期。

② 赵殿增、袁曙光：《"天门"续考》，中国汉画学会、北京大学汉画研究所：《中国汉画研究》第一卷，广西师范大学出版社，2004年。

等，四川地区汉画中的不少题材都可以从三星堆文化中寻找到相近的内容，或是相似的身影。

从思想观念上看，三星堆古蜀文明时期对天地神灵的崇拜和祭祀活动，形成了以升天成仙为其核心的"天门"观念，成为古代蜀人的一种主题思想。这种思想观念在汉代新的历史条件下进一步发扬光大，形成四川汉画以门阙为"天门"、"西王母"为主神、"车马"为送行、神仙宴饮等为天国仙境等内容为主体的"天门"观念，表现了天国盛景和送迎墓主人升天成仙的主题思想。

由此可见，三星堆古蜀文化是四川地区汉画高度发展的重要历史和艺术源头。

三星堆文化与四川汉画是四川地区古文化发展的两个高峰，二者的内在联系是一个耐人寻味的问题。它们之间虽然有上千年的年代距离，但其间也有一些线索可寻。如三星堆文化之后兴起的商周时期十二桥文化和金沙遗址中[1]，就发现了金箔"太阳神鸟"、"蛙形器"（月亮神）、线刻鱼鸟纹图像，玉器上的线刻巫人像、扛象牙跪祭人像等画像。在春秋战国时期的晚期巴蜀青铜器上，大量出现了以人像、动植物、山川日月星的造型组成的"巴蜀符号"或"巴蜀图语"，具有不少汉画的文化和艺术因素[2]。而成都百花潭出土著名的"宴饮采桑攻战铜壶"[3]，刻画有数十个人像和宏大的活动场面，是战国时期平面画像艺术的杰出代表。这种文化和艺术传统，应该说是一脉相承的。

但是，三星堆造型艺术与四川汉画又有明显的区别，甚至是有质的不同。三星堆艺术是以原始宗教为特征的神权国家时期敬神等活动的产物，而汉画则是大一统国家形成后政治经济文化艺术高度发展时出现的社会画卷，在艺术形式、社会内涵、思想观念上都达到了历史的高

---

① 成都市文物考古研究所、北京大学考古文博学院：《金沙淘珍》，文物出版社，2002年。
② 刘瑛：《巴蜀铜器纹饰图录》《巴蜀兵器及其纹饰符号》，《文物资料丛刊7》，文物出版社，1983年。
③ 四川省博物馆：《成都百花潭中学十号墓发掘记》，《文物》1976年第3期。

峰，不仅画像内容极为丰富，而且艺术技法精美成熟。三星堆文化只是四川地区汉画发展的文化和艺术源头之一。雄浑博大的汉画艺术，是在众多因素共同作用下产生的艺术瑰宝。

（原载《大汉雄风——中国汉画学会第十一届年会论文集》，高等教育出版社，2008年）

"天门"考

——兼论四川汉画像砖（石）的组合与主题①

四川汉代墓葬中出土大量的画像砖（石），以其丰富的文化内涵、广泛的社会内容、高度的艺术成就闻名于世，成为我国古代文化艺术中璀璨的瑰宝。众多画像砖（石）的出现，除了必要的社会、经济、文化条件外，修造者的意图是什么？他们有什么目的企求？换句话说：画像砖（石）的内容是依据什么样的指导思想规划布置的？画面是围绕怎样的主题组合构成的？这一问题尚值得进一步深入探讨，以求对画像砖（石）的思想内容有更深刻的认识，更好地揭示当时的社会面貌，分析其历史意义。目前对有些问题尚难得到恰当的解释，例如画像砖中大量出现的"阙"，论者多认为是墓主身份的象征。但是，按汉代制度，"两千石"以上官吏才能用"阙"，这么多墓的主人是否都具有"两千石"的官阶？从墓的数量和规格分析似乎不大可能。因此，墓室中"阙"的使用应另有其特定的意义。又如画像砖中生产、生活、百戏、舞乐、建筑、神话等题材的划分，似乎还缺乏将其组织在一起的内在联系。贯穿在众多画面内容之中，应有一个起主导作用的思想所支配。近

_____

① 本文由赵殿增、袁曙光合著。

年四川出土了一些带有"天门"榜题的鎏金铜牌和画像石棺，给了我们新的启迪，有助于我们认识汉画组合的主题思想这一核心问题。本文拟就"天门"画像的意义，以及由此而涉及的汉代四川画像砖（石）主题与组合问题，谈些初步的看法。

一、"天门"铜牌、画像石棺的发现与研究

新发现的"天门"榜题中鎏金铜牌饰件，出土于四川巫山县东汉墓中。近几年县文物管理所已清理收集了七件①。这些墓分布在临近巫山县城沿长江北岸及大宁河口两岸的山坡地带，从东向西有江东咀、秀峰、土城坡、麦沱、淀粉厂等十余个墓群、数百座墓葬，延续长达十余千米。墓葬形制多为单室砖墓或砖券拱崖墓，即在崖洞（崖坑）中有花边砖券成长方形墓室，前面有一砖券短甬道，墓门及甬道不在墓室正前方而在左前方，墓葬平面呈"刀把"形，此类墓在川东较多，颇具地方特色。墓内铜、铁、陶、瓷类随葬品很丰富，土城坡M1出土器物55件，秀峰有座墓出土文物100多件。铜牌多出土在墓室一侧，每座墓1～2块，铜牌周围有木棺残痕，初步分析它是装在木棺前端正中的饰件，具有特殊的意义。

凡是榜题为"天门"的铜牌饰，均为圆形，直径在23～28厘米间。牌饰用薄铜片制成，中心有一圆孔，用半球形鎏金大铜泡钉将它固定在木棺之上。圆牌四周留有约一厘米宽的边框，中间用流畅的阴刻细线绘出人物、动物、建筑和云气图案，然后在各图像之上鎏金，牌饰刻工精湛，画面丰满，鎏金泛光，烘托了天国富丽堂皇的气派，具有很高的工艺水平和强烈的艺术效果。

铜牌Ⅰ，巫山县城东江咀干沟子汉墓出土，直径23.5厘米（图

---

① "天门"铜牌发现于1983～1987年间，现存巫山县文物管理所。本文部分图片由县文物管理所提供，谨此致谢。

一）。边框0.8厘米，中心为一装泡钉的圆孔，径1.2厘米。并利用这个孔作为"好"，用单线在周围刻出"玉璧"，直径4.3厘米，璧下系有绶带。璧两侧是高大的双"阙"，自底至顶，贯穿整个画面，通高20～21厘米。两阙左右对称，形制相同，阙身分上下两部分，下宽上窄，有明显的侧角收分。下部刻三条仿木柱，上部为两分的柱头，阙身之上用简化手法绘出檐下一组四窗的楼阁，阙顶分上下两重檐，下层为斜坡瓦屋顶，有一条粗大的正脊，两端上翘，屋顶上又重出一层阙身，下窄上宽，最宽处实际上是简化了楼阁部分，阙顶亦刻划出瓦垅和正脊，正脊之上又有一个三角形支架，顶端支托着一个圆形的明珠。两阙之间，从各阙下层屋顶正脊处，有一条三角形条带相连，形成"连罳"之势。条带之下，玉璧之上，用双钩笔法纵向隶书"天门"二字。玉璧以下，两阙中间，刻有一巨大的神人，博衣右衽，双手交拱，头上戴高高的方冠（"胜"），丰颐大眼，安详肃穆，端庄盘坐于画面正中，背面仙光云气缭绕，十分气派，此人应是神话中的"西王母"。天门以上，"连罳"之间，立一振翅欲飞的朱雀。左右两侧双阙间"连罳"之上，各长出一支蜿蜒犹劲的仙草（灵芝）。双阙两侧，刻绘着祥瑞的云气；右阙身外侧，有一肥胖的天狗张口奔来；左阙的背后，有一长尾神鸟（三青鸟）回首相望。画面丰满，布局匀称，构成了一个和谐的整体。

铜牌Ⅱ，出土于江东咀干沟子另一座汉墓中，直径23厘米（图二）。基本内容和铜牌Ⅰ相同，又有一定差异。边宽1厘米，中心玉璧孔大肉窄，孔径1厘米，直径3厘米。两面双阙仍为双层，较瘦长，阙身下有由四五块立石（短木柱）组成的基座，阙身简化为双柱。斗拱楼阁部分简化成倒梯形，屋顶瓦垅和正脊相连，脊端上翘。正脊之上有一尖锥状饰件，无圆珠。两阙间用双折线连成门状。双线之下，玉璧之上，由右向左横书"天门"两个隶书大字，亦为双钩体。两阙之间，"天门"正中有西王母端坐于石座之上，身着长衣右衽，博衣广袖，双手捧于胸前，双腿盘膝而坐，眉清目秀，头戴卷云式冠冕，慈祥庄重。

四
川
省
文
物
考
古
研
究
院
名
家
学
术
文
集

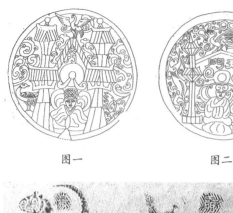

图一　　　　　　　　　图二　　　　　　　　　图三

图四

图五

332　　　　　　　　　　　　　　　　图六

双阙"连罘"之上立一朱雀，长羽漫卷。左阙外侧一青龙昂首上扬，爪向外侧，身披鳞片，肩生飞翅。右阙外侧为斗拱白虎，头形较圆，爪腿化为勾云纹状，矫健遒劲。在人、兽、阙、璧间的空隙处，密布着卷曲缭绕的祥云仙气。

其他几件"天门"铜牌饰，与这两件内容基本相同。如土城坡东井坎M1中出土的一件，直径27.8厘米，双阙雄伟，柱、枋、楼阁、重檐起角均用细线绘得很精细，顶上亦有尖锥形饰物。单线双钩"天门"二字较大，纵书，门上为朱雀。两阙外侧亦有青龙白虎，西王母端坐天门正中。麦沱出土的一件，直径27.4厘米，双阙精致，阙上部的方格形楼阁，花边形檐口，正脊上高耸的尖锥形饰物均很清晰。"连罘"上立朱雀，右侧有一长尾凤鸟。这面铜牌中央没有"天门"二字，但其内容布局与其他铜牌相同，整个画面亦为"天门"。

巫山汉墓中还出土了其他形式的一些鎏金画像铜片，是与"天门"铜牌组合在一起的饰件。如麦沱出土的一件带饰，用2.3厘米的条带作成半圆弧状，两端为龙头，中间一悬纽，与"天门"铜牌共出，是挂在铜牌上方的帐帘式双龙饰件。秀峰出土的一件"柿蒂"形鎏金铜牌，四瓣上各有一兽，分别为"青龙""白虎""朱雀""玄武"。淀粉厂汉墓出土的一件方形鎏金铜牌，边长45厘米，四面均为十三齿锯齿形花边，宽3厘米，中间采取阴线刻划并将衬地镂空的办法，刻绘力士和"四灵"图像。力士头戴方盔，身着鳞片式盔甲，上身通肩，下身及膝，小腿扎绑带，腕笼窄箭袖，上臂战袍肥大飘舞。力士作"蹲步"状，双足蹬踏弩身，两手力挽弩弦，口中横含一支菱形镞锋的长箭，正欲将箭装入弩机中部长条形的箭槽之中。力士浓眉大眼，方颐立胡，十分威武。《汉书·申屠嘉传》注："今之弩，以手张者曰弩张，以足踏者曰蹶张。"这幅"力士蹶张图"，不仅是精美的艺术品，而且其甲胄、弩矢，特别是手足并用的"蹶张"装弩之法，也是古代兵器研究的形象资料。此人可能是神话传说中能射害禳灾的天神——"宗布"。《淮南子·氾论训》云："羿除天下之害，死而为宗布。"高诱注："羿，古之诸侯。河伯溺杀人，羿射其左目；风伯坏人屋室，羿射中其膝；又诛九婴、窥窳之属，有功于天下，故死托祀于宗布。"刘文典《淮南鸿烈集解》引孙诒让云："宗布，疑即《周礼·党正》之祭禜，《族师》之祭酺。郑注云：'禜谓雩禜，水旱之神，酺者为人物灾害之神也。'禜、酺并禳除灾害之祭。羿能除害，故托食于彼，义亦正相应也。"在墓中绘宗布之像，应为守护天国之神，具有"禳除灾害"之功力。宗布四周并有"四灵"相配合，上方为朱雀，长尾华羽，栖于力士头上，展翅欲飞；下为玄武，一神龟举足徐进，与缠身之蛇面面相望；左方青龙，长角鳞身，肩有飞翅，神态矫健；右有白虎，弓身举爪，肩有飞翅，强壮有力（图三）。

以上这些鎏金铜牌画像，构成了"天门"双阙、西王母居中、"四灵"力士守护、鸟狗双龙相伴、玉璧高悬、灵草繁茂、祥云缭绕的一组完整的天国胜景。

"天门"画像石棺，出土于四川简阳县鬼头山东汉岩墓之中，1988年1月共出土六具石棺，其中四具有画像①。特别是3号石棺，不仅画像内容极为丰富，而且有"天门"等15处31字的榜题镌刻在相应的画面旁。根据画面及榜题分析，这是一组对"天门"之内天国景象的具体描绘。石棺右侧（图四）正中是天国的入口——天门，隶书"天门"二字，纵写于画面正中上方。天门为双阙，左右两阙形制相同，均为单层，阙身上窄下宽，阙顶为四阿庑殿式，正脊上各有一凤鸟，长尾上翘，相对伫栖，以示祥瑞。两阙楼阁间有长廊相连，形成门状。大门正中，有一人头戴高冠，身着长袍，拱手肃立作迎谒状。阙右侧有"大可"二字，可能为"大司"的略写。两字旁边再没有其他画像，初步分析，它应是门中侍者画像的榜题。门阙之中迎接来者的守门人，即为天国的神吏——"大司"。

画面右侧，有一干栏式高大建筑，榜题为"大苍"。"大"通

① 雷建金：《简阳县鬼头山发现榜题画像石棺》，《四川文物》1988年第6期。本文部分照片由简阳县文物管理所提供，谨此致谢。

"太"，"苍"通"仓"，"大苍"即"太仓"。汉代称国家的粮库为"太仓"。《汉书·高帝纪》曰："萧何治未央宫，立东阙、北阙、前殿、武库、太仓。"石棺上的"大苍"，在"天门"之内，应指天国的粮仓。大苍宽大坚实，中部有一斗三升的斗拱，下有两根立柱支撑，为干栏式建筑，以利防潮。屋顶之上还有宽敞的通风窗。仓侧立一仙鹤，增加了仙境气氛。

天门画面右侧为一猛虎，前肢扑地，后肢腾起，昂首翘尾，形象逼真。虎背上方有榜题"白乑（虎）"二字。白虎原为星名，是"西方七宿"的总称，后演化为守护西方的天神，为"四灵"之一。《三辅黄图》云："苍龙、白虎、朱雀、玄武，天之四灵，以正四方。"白虎在此画像中作为天门守护神灵之一。

石棺上"四灵"中其他三个灵兽，与白虎分刻在石棺的四面，以应"正四方"之意。"青龙"刻于石棺的左侧右下方（图五），龙身修长，披鳞甲，在水中遨游，龙身前及背上方，刻有游鱼，象征水中之状。"朱雀"在石棺前端，由于棺头早年毁损，画面中部上有残缺，仅存张开的羽翅、上翘的长尾和一高举的长腿。朱雀的前面有纵书的榜题，但仅存下面一"鸟"字。原来可能是"困鸟"二字。朱鸟，即朱雀。《书·尧典》疏云："南方朱鸟七宿者，在天成象，星作鸟形。"《礼记·典礼上》："行，前朱雀，而后玄武，左青龙，而右白虎。"石棺朱雀刻于前端，独占一个画面，正与"前朱雀"相符。"玄武"画像刻于石棺后端（图六）下方，为一慢慢爬行的乌龟，在高高隆起的龟背上有多组折角纹图案。龟上方有"兹武"二字。"兹"为"玄"字的双体合书，即是"玄"字。玄武在四灵中是北方之守护神，刻于石棺后端，符合"后玄武"之说。

四灵分刻于石棺四面，显然是当时人们有意安排的，它与巫山"力士"铜牌上的四灵一样，位居天国四方，起守护神作用。

在石棺左侧，刻画了一组仙人、神兽、树木、车马图像（图五），使天国之中充满了浓郁的生活气息。各画像均有榜题，校正了各类画像名称，具有很高的学术价值。左部为"日月"二神，人首鸟身，胸为圆轮，并肩齐飞。右像为"日神"，头戴高冠，身形健壮，为一男子形象，圆轮中有金乌。左像为"月神"，头结双髻，面目清秀，为一女子，圆轮中有蟾蜍桂树。"日月"神下，有一棵树，枝叶似柳，榜题为"桂株"。画面右上角，榜题"先人博"，二人对坐，正聚精会神博弈，一人躬身行棋，一人仃目深思。中间有两个方格博具，一置长条形"博箸"，一为规矩形分格的"博局"。两人均戴细长羽冠，身生毛羽。"先人"应即是"仙人"。"博"为六博之棋。"先人骑"榜题画像紧接"先人博"左侧，为一"先人"（仙人）骑鹿。鹿生双角，奋蹄疾奔，仙人头戴长长的羽冠，双手高举，作欢呼雀跃状。"先人骑"前方又有一马一车，车仅刻双轮。"日月"神左上侧，有一鸟，细身长尾，榜题"白雉"。《山海经·西次四经》云："孟山……其鸟多白雉。"古人认为白雉是祥瑞的神鸟，谓"王者德流四表，则白雉见"[①]。白雉下方一兽，似牛而嘴长，头上一长枝，顶饰一珠，榜题为"离利"。《广雅·释天》："山神谓之离。"《说文》："离，山神兽也。从禽头，从内，从屮。欧阳乔说：'离，猛兽也。'"

"伏帝""女纽"榜题画像在石棺后端（图六），均为人首蛇身。"伏帝"即"伏羲"的异体写法。此像头戴双翼高冠，上身半裸；双手前伸朝向"女纽"。"女纽"即"女娃"，亦即"女娲"，身着广袖长衣，羽穗下坠，双手侧伸，回头相望，作嬉戏躲闪状。伏羲、女娲在我国古代神话中尊为人的始祖，《天问》注云："女娲人头蛇身，一日七十化。"化，即化育，化生，有生育之意。汉画像中常常将人首蛇身的伏羲女娲绘在一起，寓以始祖、繁衍、保护神之意。左侧还有一短尾小鸟，榜题"九"。"九""鸠"相通。《庄子·天下》注云："九，本作鸠。"鸠鸟为瑞鸟，汉代曾"作鸠杖以赐老者"。

---

① 《太平御览》卷九一七引《春秋感精符》。

二、经"天门"升天成仙是四川汉画像砖(石)画面组合的主题思想

巫山"天门"铜牌和简阳"天门"石棺,将天上仙境中的各种神仙、灵兽组合在一起,并标明其入口为"天门",注明了各自的名称,这就使我们能从整体面貌去分析认识汉代画像砖(石)布局的思想意图,研究画面定名、意义及其相互关系。由于四川汉画像砖是独立的长方形或方形画面,过去多数是分散征集到的,早已脱离了墓葬现场原状,加之东汉末期四川汉画像砖制作销售出现商品化的倾向,使我们对画面相互关系的研究受到局限,画面的定名、定意也往往是孤立地进行。四川考古前辈冯汉骥先生早就指出:"在研究这些画像砖时,除了研究它的整个内容之外,还须注意它在每个墓中的相互关系,如此方能明了它的整个意义。"可惜因先生的去世未能再深入下去。多年来,画像砖的研究大体上仍是建立在冯先生1961年发表的《四川的画像砖墓与画像砖》等文章的分类体例基础上。考古新发现不断涌现,以及古代思想文化史研究的深入开展,为我们深入探讨它的整个意义创造了条件。我们正是以"天门"画像榜题的发现为契机,对四川汉画像砖(石)画面分类组合相互关系及其主题思想进行了一次再认识。

随着科学考古工作的进展,大家已逐步注意到画像砖排列顺序,取得了一些典型资料,冯先生在上文中已列举了成都羊子山一号墓、十号墓、新繁画像砖墓中画像砖的排列情况,指出"近墓门处首为'阙'画像砖(有短墓道者,则嵌于墓道近门处),两壁左右各一方"。但又认为"阙砖以后的各画像砖的排列,在墓中似无一定的顺序"[1]。刘志远同志在《成都昭觉寺汉画像砖墓》(《考古》1984年第1期)一文中排列了23块画像砖的顺序,即右壁为车骑一列10块,顺序为:1.导车,2.棨车,3.导车,4.斧车,5.导车,6.导车,7.骑吹,8.骑吏,9.主车

① 冯汉骥:《四川的画像砖墓与画像砖》,《文物》1961年第11期。

过桥，10.导车；左壁为门阙内外的画面，共10块，顺序是：1.阙前迎谒，2.凤阙，3.凤阙，4.（缺），5.宾主见礼，6.宴饮起舞，7.舞乐百戏，8.宴饮，9.弋射收获，10.盐场。后壁三块，正中为西王母，左右为日月神。这批画像砖均记载了原位。该墓中的画像砖，排列极其整齐严谨，其用意十分明显。刘文中指出它们"并非随意安排在墓内，其排列位置应有一定意义"，惜未能展开论述。1974年发掘的成都曾家包画像砖（石）墓，前室保存画像砖18方，东西壁各9方，排列顺序为东壁：1.帷车，2.小车，3.骑吹，4.丸剑起舞，5.宴饮起舞，6.宴集，7.六博，8.庭院，9.盐场；西壁：1.凤阙，2.市井，3.帷车，4.宴集，5.弋射收获，6.骈车，7.庭院，8.饿膊，9.盐场。甬道两侧各一方，东为"日月"，西为"单阙"（阙前迎谒），"甬东与甬西、前东与前西的画像砖皆相互对称，非常醒目"，其内容也似乎是由外到内依次递进①。地处成都平原南沿的彭山双河，出土了两块画像砖，画面上下分格排列，周围有网格状边框②。一方上格为双阙，门内一人与阙侧一人作迎谒问候状；阙两侧有神树、人首蛇身交尾相对交谈的伏羲女娲。下格为双龙，盘卧守护着门阙。另一方砖上格为西王母戴胜端坐于龙虎座上，身旁有两仙人陪伴，两上角各有鸟兽头像，右为鸟头，啣食以进，可能是为西王母取食的"三青鸟"；左一兽头，尖耳长嘴，可能为"九尾狐"。下格有狗抚琴、兽吹笙、裸人舞蹈等场面。两块画像砖形制相同，内容互相联系，共同构成天门、西王母、求仙迎谒、伏羲女娲、双龙守护、仙人瑞兽相伴的完整图像。彭山出土的一具画像石棺更为规整地反映一组天国景象③。石棺一侧刻双阙，用木枋相连将画面分成上下两层，下层为门阙，左右各有一门吏，捧盾躬身迎候，并有朱雀、仙鹿守护。上层

---

① 成都市文物管理处：《四川成都曾家包东汉画像砖石墓》，《文物》1981年第10期。

② 余德章：《"伏羲女娲、双龙"画像砖试释》，《四川文物》1984年第3期，画面说明本文与原文不同。

③ 石棺现存乐山麻浩崖墓博物馆。拓片见高文《四川汉代画像石》，巴蜀书社，1987年，第70～71页。

为门阙之内，中央一人拱手静候，可能为刚进入天门的墓主，前一人回头扬手指点，引导墓主进入；前方有一棵繁茂的神树，一仙人正在树下拌料饲马；后方有白虎守护，虎生双翼，头有标饰。石棺另一侧以西王母为中心，高大的西王母广袖长袍、拱手危襟端坐于龙虎座上，左有三青鸟、九尾狐相伴，右有仙人抚琴、吹排箫、奉食，中间置圆案，上有杯、箸，一蟾蜍正健步起舞。

以上这些成组出现的画面，基本组合是：门阙、车骑、迎谒、宴饮、舞乐、仙人、四灵、西王母，以及庄园、市井、劳作等部分，反映的是两组并存而又相互联系的情景。一是以西王母为主神，有仙人生活、神灵守护的"天国"景象，二是送迎墓主人升天门，宴饮舞乐，并在天上过着美好生活这样一种"升天成仙"过程。这就是四川汉画像砖石组合安排的主要意图。现将各种画面按其性质分别作一探讨。

（一）阙——"天门"与"金阙"

四川汉画像砖（石）画面，以"阙"的数量最多、最普遍，大凡保存墓内原状的画像砖、画像石棺的内容，均以"阙"为开端，居画面前方的正中或墓室（墓道）前端两侧，弄清墓中"阙"画像的本意，是认识画像砖（石）组合主题的关键。

阙在先秦汉魏时期，是宫、门、祠庙、墓前的高大建筑，具有"观""饰门""象魏""别尊卑"等作用[1]。过去论者多认为墓中的阙画像砖"是象征墓主人的官阶和地位的表征"，"画像砖上的阙，当然是代表墓主在生前所立的阙观"[2]。大量"阙"画像砖（石）的发现，使人们对这种说法有了怀疑，难道有那么多二千石以上（相当于太守）的官吏？从墓的规格看，也不大可能。这次巫山铜牌和简阳石棺的发现，标明墓中画像阙的名称是"天门"，不是宫阙、庙阙或墓阙（神道），

---

[1] 陈明达：《汉代的石阙》，《文物》1961年第12期。

[2] 冯汉骥：《四川的画像砖墓与画像砖》，《文物》1961年第11期。

并非是为表明墓主身份，代表生前所立的阙观，而是"天门"上的"金阙"。

"天门"，即天之门户。《楚辞·九歌·大司命》："广开兮天门"，洪兴祖补注云："天门，上帝所居紫微宫门也。"《河图括地象》："西北为天门。"《淮南子·天文》："天阿（门）者，群神之阙也"，注云："阙，犹门也。"古籍中记载确有天门，据说它是天神（上帝）所居天国的门户，并为"群神之阙""日月所入"，代表通向天国的入口。铜牌与石棺上的"天门"阙画像，正是表明了这个意思。天门的形象如何？《神异经·西北荒经》云："西北荒中有二金阙，高百丈……二阙相去百丈，上有明月珠，径三丈，光照千里。中有金阶，西北入两阙中，名曰天门。"这一记载在巫山铜牌画像中得到印证，天门两侧顶天立地的双阙，即"二金阙"，"入两阙中"，榜题为"天门"（简阳石棺上的"天门"同义）。阙顶支架上的圆形饰物，即为"明月珠"。《诗纬·含神雾》："天不足西北，无有阴阳，故有龙衔火精以照天门中也。"天门有这样的明月珠，当是光辉灿烂、金碧辉煌的。"天门""金阙"是入天国的必经之路，所以很多画像砖（石）墓中，前端即以"阙"的画像代表升天成仙的入口，将墓室内描绘成一个理想中的天国。

阙前门中所立侍者，简阳石棺榜题为"大可（司）"。"可"为"司"的简笔异体字，石棺榜题中"九（鸠）、帝（羲）、纬（娃）、兹（玄）、先（仙）、苍（仓）"等均为异体字，可作佐证。"司，主守也"（《鬼谷子·捭阖》）。又有"司门"，《后汉书·班彪传》注云："司门，若今城门校尉，主王城十二门。"《说文》："司，臣、司事于外者。""有司"意为"群吏有事者，谓主人之吏所自辟除府吏以下也。今时，卒吏及假吏者皆是也"（《仪礼·士冠礼》注）。简阳画像中此吏主守"天门"，故称为"大司"，应为天吏之一，负责迎接升天的来客。过去多依汉代史书及题刻称之为"亭长""门卒"，虽然他们的职司有类似之外，但一为世间俗吏，一为天国天吏，所以此画像按榜题，定名为"大可（司）"为宜。

（二）西王母——天国中的主神

巫山鎏金铜牌上，天门内有"西王母"端坐正中；彭山、郫县等画像石棺中，西王母均是高大端庄，居组画中心；新繁、昭觉寺等画像砖墓中，西王母高居墓室后壁中央。其"特殊意义"，当在于它是"天门"之内天国中的主神。

西王母的传说，汉代在四川非常盛行。《山海经》等书对西王母记载颇多，称她是居于西方、万物尽有的"玉山""昆仑之丘"，"蓬然白首""戴胜""穴居"，坐龙虎座，有"三足鸟""九尾狐"等相伴。这些都在四川汉画像中得到印证。她本在天上，"司天之厉及五残"，以后衍化为西方天国之主，能主丰歉、定死生，神通广大。汉代曾多次主持"祭西王母"，而且是"二千石令、长奉祀"。据《汉书·哀帝本纪》载："（建平）四年春，大旱。关东民传行西王母等，经历郡国，而入关至京师。民又会聚祠西王母。"特别是西王母掌握有"不死之药"，能使人长生仙居。从《穆天子传》到《汉武帝内传》，天子皇帝都要到西方"宾于西王母"，西王母也就成了西方万物不死仙境中地位最高的主宰，自然成为当时人们祈求升天成仙的崇拜对象。人们列队驱车、载歌载舞、浩浩荡荡地向天门进发，去乞求不死之药，以便在仙境中永存，这就是四川汉墓画像砖（石）布局的主旨。

（三）"日月""四灵""先（仙）人"——天国的辅神、守护神和仙人生活情景

新繁及昭觉寺等处画像砖墓中"日""月"二神，高嵌于西王母画像砖的两侧，为辅佐之神。《山海经·大荒西经》云："大荒之中，有山名曰日月山，天枢也。吴姬天门，日月所入。"西方是日月的归宿，所以，"天门"画像中就出现了日神和月神。《淮南子·精神训》曰："日中有踆乌（金乌），月中有蟾蜍。"四川汉画中日月神多为人首鸟身、胸为圆轮的飞鸟，圆轮中绘金乌蟾蜍。古人认为日月为阴阳，所

以又将日月的人首绘成一男一女。过去也称这种日月画像为"羽人"，但仙境中的羽人应另有所指（详后）。简阳石棺上一对带圆轮的人首鸟身图像，榜题为"日月"，与此相同的画像砖（石）应定名为"日神""月神"。

"四灵"，即青龙、白虎、朱雀、玄武。"天之四灵，以正四方"（《三辅黄图》），它们分别是天上东西南北四方的守护神，在汉画像中较为盛行。简阳石棺上将它们分刻于前后左右四面，并榜题为"（朱）鸟"、"兹武"、"白乑（虎）"（缺青龙榜题），与史籍中的定位一致。巫山"天门"，力士铜牌上，则将"四灵"刻于上下左右，用意相同。彭山画像砖上的"双龙"、巫山铜带饰上的"双龙图"，也属守护神。此外，汉画中还有"离利"、天狗、鸠鸟、辟邪等瑞兽，也起着守卫天国的作用。

汉画像砖石中，有一组身体半裸、体外生毛、肩臂羽翼的奇异人像，在天国中散居，过着悠闲自得的生活。按简阳石棺榜题，他们的身份应是"先人"，即仙人。他们的生活内容，包括有：六博（先人博）、骑鹿（先人骑）、引导、抚琴、吹箫、舞蹈、养马、捣药、奉药等。他们是羽化升天的仙人，也称"羽人"。《楚辞·远游》："仍羽人于丹丘兮，留不死之旧乡。"王逸注："人得道身生毛羽。"洪兴祖补注："羽人，飞仙也。"汉王充《论衡》云："仙人之形，体生毛，臂变为翼，行于云。"四川汉画将这些得道羽化的仙人，留在西王母身边"不死之乡"的生活情况，形象具体地描绘出来。

（四）车骑、迎谒、宴饮、舞乐——送迎墓主进天国的隆重仪式

四川汉代画像砖石中，品种最多的是"车骑"画像。包括各种车辆，一至六骑的骑吏、骑吹、武弁、车马过桥、车马临阙等三十多种。过云多称之为"出行图"，但其出行用意不大明确。"天门"画像的发现，已证实门阙以内是天国仙境。那么，这大队的人马就应是向"天门"进发的仪仗队，目的是将墓主人送进天国。这种情景在画像砖的组

合排列上已得到具体的反映。如昭觉寺画像砖墓，"整个画面布局，墓道至前室为车马出行、仪仗队伍。左壁为宾主见礼、宴饮、伎乐及弋射收获、盐井等，墓室后壁为神话故事题材"。这个系统严谨的组合排列，正是为墓主送行进入"天门"前后情况的生动写照。羊子山一号墓东壁，用画像石刻绘成浩大的车骑仪仗，正向着门阙（天门）进发。车骑仪仗的行进目标是天门（阙），这一点从新津、成都、广元等地出土的车马临阙画像砖上得到明确的反映。该类砖将车骑和门阙绘在一起，当送行的队伍抵阙前时，守天门的官吏（大司）已在恭敬地等候了[①]。

迎谒见礼，也是四川汉画中一个重要内容，多在阙前后进行，说明这是墓主进入天门时的一个重要程序。负责迎接者主要是立于阙前的门吏，据简阳石棺榜题，此人的身份是"大司"。有时他们也离开门阙前去迎接乘车而来的墓主人。如彭县出土的一方迎谒画像砖，负旗的前驱已经走过，门吏正执笏躬身迎候主东的到来。另有两个下等从吏跪迎[②]。新都县文物管理所收藏的一方画像砖，两个下等从吏长跪车前，迎接车上的主人[③]。迎谒仪式中另一种情况是在阙内，由引路者引导墓主前往西王母处，彭山石棺门阙上层即有为来客引路的图像[④]。还有一些画像将这一场面绘作主客见礼状，如灌县石棺，两阙前各有一马在歇息，门阙内一人上前，拉住来客的手热情见礼[⑤]。宜宾石棺上有迎客图，绘迎接者与来客见礼，来客身后有牵马的武弁和随从[⑥]。"迎谒"画像反映的是墓主人进入"天门"受到欢迎的场面。

与车骑迎谒相连接配合的，是盛大的宴饮和舞乐场面，包括宴饮、庖厨、歌舞、百戏、"象人"、观伎等，它们所表现的意思，是为升入

① 高文：《四川汉代画像砖》，上海人民美术出版社，1987年，图129～133，图31、65。
② 高文：《四川汉代画像砖》，上海人民美术出版社，1987年，图129～133，图31、65。
③ 高文：《四川汉代画像砖》，上海人民美术出版社，1987年，图129～133，图31、65。
④ 石棺现存乐山麻浩崖墓博物馆。拓片见高文《四川汉代画像石》第70～71页。
⑤ 高文：《四川汉代画像石》，巴蜀书社，1987年，第63、66、74、110～111页。
⑥ 高文：《四川汉代画像石》，巴蜀书社，1987年，第63、66、74、110～111页。

天国的墓主人接风。画像石棺由于画面宽大，则将这一场面全部集中在一起了，如郫县2号石棺①。又如羊子山一号墓的西壁画像石"宴饮舞乐图"，将主人、客人、舞伎、庖丁等和谐地刻绘在一起，形成了一幅完整的画面②。这大约是祝贺墓主升入天国的庆典，也是他们企求在天上永远享受优裕生活的理想图景。

（五）生产、生活、市井、建筑、讲学、人物故事——墓主企望升天后继续享有的生活环境

四川汉画像砖（石）中，有大量描写当时生产、生活、风俗、时尚的画面，是整个汉画中的精华。当时建造者的目的，是使墓主人能继续加以享用，由此创作出丰富的画像。其内容第一类是各种建筑、场所，如庭院、宅第、楼房、市井、酒肆等；第二类是生产劳作，如播种、薅秧、收获、舂米、采桑、采莲、放筏、酿酒、盐井等；第三类是内室生活，如燕居、交谈、嬉戏、宴饮、舞乐等；第四类是文化活动和历史故事，如讲学、传经、六博、习射、"捞鼎"、"孔子问礼"等。这些都是当时物质生活和精神文化生活的生动写照，形象具体地描绘了汉代社会生活的各个方面，具有很高的历史、科学、艺术价值。近年来对这一方面的问题，已有丰硕的研究成果，本文不再赘述。这里需要强调指出的是，这些画像客观上反映了汉代现实生活，但就其主观意图来说，仍是为了建造在天国中供墓主享用的理想环境，并非是简单直接地表现具体事物。

三、余论

概括地说，四川汉代画像砖的内容组合，以及画像石棺、鎏金铜

---

① 高文:《四川汉代画像石》，巴蜀书社，1987年，第63、66、74、110～111页。

② 高文:《四川汉代画像石》，巴蜀书社，1987年，第63、66、74、110～111页。

牌的画像布局，包括两个重要部分：一是以"天门"为开端，以西王母为主神，由日、月、四灵等守护，仙人散居，可提供"不死之药"的天国图景；二是以车骑为仪仗，以迎谒、宴饮、舞乐、求药、燕居、市井以及各种生产活动为线索贯穿在一起的送迎墓主人进入"天门"并在其中享受美好生活的整个过程。两个方面汇合在一起，所表现的是企望"升天成仙"这样一个主题思想，这就是我们以"天门"铜牌、石棺的发现为契机，对四川汉画进行综合分析、重新认识得出的结论。

为更好地说明这一个问题，这里拟就四川汉画的思想渊源、历史价值再简要地谈些看法。

（一）神仙思想是先秦两汉意识形态中的重要部分，也是汉墓画像产生和编排的思想基础

诸多学者对汉画产生的社会背景、经济和文化艺术基础已做过精辟的论述。从思想上分析，它又是秦汉盛行神仙思想的产物。随着秦汉国家统一，社会稳定，经济发展，先秦以来求长生不死、修道成仙的思想迅速发展起来，以秦始皇派徐福"入海求仙"、汉武帝崇尚方术仙道、西汉的黄老思想和东汉的谶纬之学为突出表现，并由此奠定了道教产生的思想基础。在佛教大规模传入我国之前，这种思想在意识形态领域内曾长期占据着重要地位。墓葬是人们认为灵魂不死思想的产物，是逝去者的精神归宿，汉代人们依据自己的理解，将墓葬布置成天国的模样，用绘画雕刻加以装饰，由此产生了著名的汉画艺术。长沙马王堆西汉墓的帛画就是这样一个典型代表。帛画的内容布局，与我们前面介绍的四川汉画像砖（石）组合非常类似，也是一幅送迎墓主人升入天门的图像①。其上部为"天门"，有二阙形建筑，上悬天铎，二人门内迎候。有日月神辅佐，有双龙守护，有仙人生活其间，不过帛画上部位居中央之神不是西王母，而是人首蛇身的伏羲，反映了地方文化信仰的差异。

① 冯汉骥：《四川的画像砖墓与画像砖》，《文物》1961年第11期。

帛画中部，二人跑迎墓主，与四川画像中迎谒图一样，是接墓主人升入天国的形象表现。下部设宴以飨，进一步证明了宴饮是升天过程中一项重要仪式。帛画中的龙鱼神兽，则是守护天国的神灵。四川汉画与马王堆帛画内容、布局、组合技法的一致性，源于它们有共同的主题：送墓主人进入长生不死的天国。传说巫山"有灵山，巫咸、巫即、巫盼……十巫，从此升降（上天下地），百药爱在"（《山海经·大荒西经》）。巫山汉墓中发现鎏金"天门"铜牌，正是这种神仙思想的实物见证。

（二）四川汉画的现实主义倾向

四川汉画表现的是成仙升天的迷信观念，但它在文化艺术上取得了空前的现实主义成就。

产生这种矛盾现象的原因，首先在于存在决定了意识。画像表现的是天上的宫阙灵物，但制作者只能依据当时生活中存在的建筑、树木、花草来创作，至于那些羽人、怪兽、神仙，也是将现实生活中的几种东西拼合在一起，并加以夸张和神化。其次，两汉以来经济发展，而剥削阶级生活的腐朽与奢侈，也达到了前所未有的程度，"豪人之室，连栋数百，膏田满野，奴婢千群，徒附万计。船车贾贩，周于四方，废居积贮，满于都城。琦赂宝货，巨室不能容……倡讴妓乐，列乎深堂"（仲长统《昌言》）。加之"厚葬"风尚，他们想把什么都带入天堂，以至车骑越来越庞大，主人越来越威风，宴饮、舞乐百戏越来越隆重，庭院、库廪以至作坊、盐井等都越来越多样，越来越具体。所以四川画像砖石中，反映生前生活的题材大量增加。东汉后期四川画像砖产生"商品化"生产的倾向，有专门的作坊生产销售[①]。为满足"消费者"的心理状态和多方面需要，画像的制作也更加生动丰富，更接近于现实生活。再次，刻绘制作汉画的无名匠人，来源于社会下层，有丰富的生活经验和感情爱好，一方面在适应主人要求绘制天国仙境时，把大量实有

① 参见《文物》1972年第9期诸文与插图。

的景物和现象融会进去，制成了汉代社会画卷；另一方面，作者用极为朴素的手法，把自己熟悉和喜爱劳动生活场面，描绘得栩栩如生，生机盎然。如播种收获、采莲弋射、市井酒肆等画面。因此，四川汉画像砖石在表现升天成仙思想前提下，取得极高的现实主义艺术成就，具有重要的历史价值。我们应实事求是地加以分析，努力探求事物本质，把握其本身固有的内在联系，去其糟粕，取其精华，更好地继承这笔文化遗产。

（原载《四川文物》1990 年第 6 期）

"天门"续考①

　　1989年中国汉画学会年会上，我们提交了论文《"天门"考——兼论四川汉画像砖（石）的组合与主题》（以下简称《"天门"考》），比较系统地提出了四川汉画像砖所表现的是天国盛景和送迎墓主人升天成仙的主题思想，并按此体系，对门阙为"天门"、西王母为主神、车马为送行、神仙宴饮等为天国仙境等内容作了新的诠释②。近几年来这种观点不仅得到较广泛的支持，而且从考古资料和认识深度上又有一些新的进展，值得作进一步的研究。

　　从考古资料看，各地出土了一些更加形象地表现"天门"情景的画像，有的画像砖直截了当地反映了"天门"；在钱树座乃至树枝上，不断发现有"天门"图像。从思想内容上看，"天门"不仅从多方面反映了四川汉代人们的思想观念，是蜀地先民宇宙观的具体体现，而且这种观念有着悠久而深厚的历史传统，是以三星堆文化为代表的古蜀文化的一个结晶。"天门"观念还促成了道教的产生，影响到佛教本土化的进程，在中国传统文化中占有一席之地。

---

① 本文为赵殿增、袁曙光合著。
② 赵殿增、袁曙光:《"天门"考——兼论四川汉画像砖（石）的组合与主题》,《四川文物》1990年第6期。

一、画像砖石上的"天门"新资料

《"天门"考》一文，在征得同意并注明后，使用了四川简阳和重庆巫山的新资料。四川简阳鬼头山崖墓出土的"天门"画像石棺的发掘简报，正式发表在《文物》1991年第3期上[①]，文中对画面内容的描述，与《"天门"考》一文一致，成为"天门"说的重要实物证据。巫山县文物管理所与中国社科院考古所在《考古》1998年第12期的一篇文章中详细介绍了重庆市巫山县出土的鎏金铜牌，包括前后出土和收集的十多件铜牌饰，大大丰富了"天门"画像的研究资料[②]。

巫山县出土的鎏金铜牌共14件，可分为圆形（8件）、分格圆形（2件）、长方形（2件）、柿蒂形（1件）、方形（1件）五类。其中5件有"天门"榜题，9件有用来表示"天门"的双阙，有的铜牌上特别刻出曲折的"天梯"，突出地表现了鎏金铜牌中的"天门"主题。在双阙的中央和上方，各有一个或两个坐姿人像，长衣拱手盘坐，身上有羽状饰，背上有云气纹，显然是仙者而不是墓主人。从服装冠冕和发式来看，也可能不全是西王母，其中有的大约是东王公。特别是柿蒂形和分格圆形铜牌上下有男女两人相对应，或许与汉晋时期出现东王公，用他与西王母相配的传说有关。也有门阙中间为持盾执刀的力士，作用可能与方形铜牌中拉弩的武士相似。但坐像中主要应是西王母，因为她不仅高居"天门"之中，而且常常是戴冠（亦曰戴"胜"）、坐"龙虎座"，有九尾狐、灵芝等神兽瑞草相伴，与文献记载西王母相吻合，证明西王母是"天门"鎏金铜牌中的主神。

画像砖石上有关"天门"的新资料也不断被发现。其中比较有代表性的是大邑县董场乡三国墓出土的一组画像砖。该墓所出"天门"画

---

① 内江市文物管理所、简阳县文化馆：《四川简阳鬼头山东汉崖墓》，《文物》1991年第3期。

② 巫山县文物管理所、中国社科院考古所：《重庆巫山县东汉鎏金铜牌的发现与研究》，《考古》1998年第12期。

像砖为带子阙的双阙并立，正面各有一人执戟而立，是守卫天门的门吏。门阙中上部有人首鸟身负"日"的羽人，下部有兔头人像，象征月亮，表示"天门……日月所入"（《淮南子·天文训》注）之意。阙内有六颗"星"，可能象征"紫微"天宫。门阙两边还有人首蛇身的伏羲和女娲，构成了典型的"天门"画面。这种"天门"画像砖被安排在墓道和墓室的最前面，并与"天仓"迎谒、车马、建木、西王母画像砖形成一组，递进排列，构成一幅登天门、入天国、见西王母、升天成仙的完整画面①。

二、"钱树"上的"天门"图景

"钱树"是汉代四川盆地等地出现的另一种珍贵文物。由于20世纪50年代开始发掘时，发现在树枝上有钱纹图案，因而被定名为"钱树"或"摇钱树"。其实它所表现的不仅仅是对钱财的企望，也反映出一个相对完整系统的思想观念和信仰习俗，具体分析它们的内容可以看出，"天门"的图像在其中占有非常重要的地位。

目前已发现"钱树"有数十个地点，上百个个体，以成都平原数量最多，分布范围包括了四川盆地全境和云、贵、陕、甘、青的部分地区。时代以东汉为主，个别可到蜀汉（忠县、保山钱树）、魏晋（敦煌、大通钱树）。"钱树"的基本形态为：下有陶座或石座（分神山式、神兽式、基座式等），上有铜树，主干顶上多为朱雀或西王母，树枝上有神仙和饰物，特别是树上"长"着大量的"五铢"钱币。它多以高山作为基座，树的主干笔直，树枝分层，树上有神鸟，树枝上挂满饰件。也可以用人类学研究中较为通用的名字，称之为"宇宙树"。

"钱树"上的"天门"图景最常见于有门阙及西王母画像的树座

---

① 大邑县文化局:《大邑县董场乡三国画像砖墓》,《四川考古报告集》, 文物出版社, 1998年。

上。例如四川芦山县出土的石雕神山式树座，在巍峨的仙山之上，刻有连罘双阙，一人门前迎接，一人正骑马入门，山上有神仙灵兽，正是天门、天国的生动写照。绵阳出土的"西王母"陶树座上，在一座神山前塑有带子阙的双阙，其间有连罘。门阙之中，有西王母坐龙虎座，前有三青鸟、九尾狐相伴，成为标准的"天门"图像[1]。绵阳出土的陶灯座，上部有西王母坐龙虎座，下部有三青鸟、九尾狐，或人、兽守门，中间刻双扇小门，亦为"天门"的一种。广汉连水出土的彩绘陶树座，西王母居于门阙之上，门前有一人拱手、一人捧盾躬身迎客，树座下部有牧象和驯鹿，西王母背后还有嘉禾与瑞鸟。

以树座为"天门"，钱树枝干上则应是天国盛景，因而东汉钱树上端一般用朱雀（凤鸟）代表太阳和光明，用可以生长的钱币表示有无尽的财富，用仙人歌舞表现神仙般的生活，其中特别是有西王母为人们提供"不死之药"，使这里成为人们理想中的天堂。有的钱树之上还出现"天门"的具体图像，如1998年成都市钱币学会收集到一株鎏金"天门"钱树，共有6节树干，20多片枝叶，上面有鸾鸟、仙人、龙首、神猴和钱纹、玉璧。树顶上的大叶片，中央为一大圆璧（瑗），上面有西王母坐龙虎座，西王母的头顶上立一朱雀，璧两边有蟾蜍和玉兔捣药。西王母和大璧两旁，有巨大的双阙，为天门金阙，阙顶各立凤鸟。阙外侧有二人在担钱行走，并各有一龙，昂首顶灯[2]。这是四川东汉晚期钱树上最为形象化的"天门"画面。

也可以说四川等地的汉晋钱树，本身就是表现理想中的天国仙境，是追求经"天门"升天成仙思想的产物，是"天门"观念的形象化表现。

---

[1] 赵殿增：《绵阳文物考古札记》，《四川文物》1991年第5期。

[2] 张善熙、李清裕：《鎏金"天门"钱树的研究》，《成都钱币》1999年第1、2期。该枝叶拼对不一定完全准确，但内容都是存在的。

三、三星堆文化时期的"天门"观念和古蜀文化中的"天门"传统

从钱树中的天门画面，我们还可以追溯到汉代钱树的上源之一——三星堆古蜀文化中的"神树"，并从中去探索三千年前三星堆文化时期的"天门"观念和古蜀文化中的"天门"传统。

三星堆遗址二号祭祀坑中共出土6件青铜神树，其中大神树2件（即一号、二号神树），小神树4件。我们之所以将它们命名为"神树"，是因为它们不仅有形象完整的树木造型，而且有众多具有神奇内容的鸟兽和饰件，表明是一种通神和祭祀的专用器物，反映出古蜀先民的思想意识和信仰习俗。

一号大神树（K2②：94），现存通高3.95米，复原高度达4米以上，是目前所知我国乃至世界上三千年前最高的单件青铜器之一。它以云雷纹三叉形支座和环形底盘构成一个云山状树座，表示神树高耸于高山之巅。神树的主干粗大挺拔，直通云天，可能是古代传说中能通天的"建木"或"天枢"。三层九条树枝随风飘荡，上面结有仙果。从枝上尚存的系孔和祭祀坑出土的大量青铜挂饰、金鱼、铜叶看出，树上可能曾挂满铃、牌、鱼、叶等饰件。一条巨龙顺主干攀援而下，表现出化为龙形的天神或帝王正借助神树往来于天地、人神之间。树上还有可能具有太阳、天使、氏族图腾等多重身份的立鸟。其他几棵神树的形态和内容又各有区别，有的呈双枝辫索连理状，树端为人首鸟身形立鸟（K2③：272）；有的树枝上立鸟饰孔雀花冠和尾翅；有的则在树座上跪着三个人，作执物祭祀状（K2②：194）。结合我国古代神话传说分析，神树可能是沟通天与地、人与神的"天梯"，是神灵和太阳的居所，具有"宇宙树"的多方面内涵，是古代先民思想观念的一个集中反映[1]。

---

[1] 四川省文物考古研究所：《三星堆祭祀坑》，文物出版社，1999年。赵殿增、袁曙光：《从"神树"到"钱树"——兼谈"树崇拜"观念的发展与演变》，《四川文物》2001年第3期。

三星堆神树已具备了"天门"的雏形。它是通天之天梯"建木"，为"众帝所自上（天）下（地）"（《淮南子·坠形训》）之处；它以神鸟代表太阳，使神树成为光明的天地；它有丰硕的果实和华丽的饰物，并有巫者守卫和祭祀，成为富裕与圣洁的场所，是当时人们理想中的天堂。三星堆还出土有代表"地下""人间""天上"三界的"青铜神坛"，其中高居山顶之上的神殿，正是天国的体现[①]。"青铜神坛"和"青铜神树"一样，都是天国圣地的"天门"与"天梯"，是以"人神相通"为重要特征的三星堆文化原始宗教的具体反映。

古蜀传说中有蜀人鱼凫"忽行仙道"（《华阳国志》）、杜宇"从天下"（来敏《本蜀论》）、"升于西山"等记载，表明古蜀文化中自古就有崇尚"天门"的文化传统，并常有对天地神灵的祭祀活动。秦并巴蜀后，李冰治水，"能知天文地理，谓汶山为天彭门，乃至湔氐县，见两山对如阙，因号天彭阙，仿佛若见神，遂从水上立祀三所，祭用三牲"（《华阳国志》）。正是出于对当地自然地理和人文传统的双重尊重，李冰顺利取得了治水的成功。有的同志依据三星堆神树和汉画像中"天门"等研究成果，指出古代蜀人自有其"心中的天门"，"天门观念是古代蜀人的一种主题思想，其核心便是升天成仙思想"[②]，是"天门"研究的新进展之一。四川汉代画像中的"天门"观念，正是古蜀文化中"天门"传统的继承和发展。

四、"天门"观念对道教的产生及佛教本土化的影响

"天门"思想的继续发展，又在一定程度上影响和促进了中国本土宗教——道教的产生。

道教形成于东汉晚期，四川是道教的重要起源地之一。道教祖天

---

① 四川省文物考古研究所：《三星堆祭祀坑》，文物出版社，1999年。赵殿增：《三星堆青铜神坛赏析》，《文物天地》2002年第3期。

② 黄建华：《天门》，四川人民出版社，2001年。

师张道陵早年入蜀，后来在青城山（一说鹤鸣山）传道，被尊为"天师"，创"五斗米教"，张鲁因之，在四川影响很大。四川汉代盛行的"天门"观念，是道教在四川形成和发展的社会与思想基础之一。道教正是吸收和利用了古蜀文化中"天门"等传统观念，加以系统化和理论化，形成以天道人承、升天成仙等思想为主轴的道教理论。

汉画像砖石的盛行与道教的发展有密切的关系。无论是主要分布的地区，还是内容观念，都有直接的联系。台湾俞美霞女士在其博士论文《东汉画像石与道教发展》一书中对此做了深入研究，举出西王母、东王公、伏羲、女娲、"阙——迎神的门户"等神仙图像，师、帝王、孝子、烈女等人物图像，男女、乐舞、庖厨等生活图像，草木、生物、命树等祥瑞图像众多实例，详细分析了它们所具有的道教内涵，指出"画像石是中国本土民俗思想下的产物"，"也就是早期道教思想下墓葬制度与习俗的反映"①。具有古蜀文化"人神相通"的原始宗教传统与"升天成仙"的思想观念，出现以"天门"为主题的大量画像砖墓的四川盆地，也是产生道教的沃土之一。

佛教传入中国，经过了一个本土化的过程。特别是东汉晚期早期佛像开始出现的时候，往往要附着在本地的信仰习俗之上。四川地区的"天门"观念及其用品，就成为佛像被接受的一个重要媒介，因而在四川盆地的汉代钱树、陶俑、石刻上，出现了我国较早的一批佛像。例如：在绵阳何家山1号墓钱树干上有5尊佛像②、绵阳双碑白虎嘴汉墓钱树干上有4尊佛像③、安县收藏的钱树上有6尊佛像④、忠县三国墓钱树干上有13尊佛像⑤等，还在彭山县发现过一佛二胁侍像的摇钱树座⑥。钱树

① 俞美霞：《东汉画像石与道教发展》，台北南天书局，2000年。

② 何志国：《四川绵阳何家山1号东汉崖墓清理简报》，《文物》1991年第3期。

③ 唐光孝：《绵阳发现汉代铜摇钱树佛像》，《中国文物报》1999年4月18日。

④ 何志国等：《四川安县文物管理所收藏的东汉佛像摇钱树》，《文物》2002年第6期。

⑤ 赵殿增等：《四川忠县三国墓铜佛像及其研究》，《东南文化》1991年第5期。

⑥ 南京博物院：《四川彭山汉代崖墓》，文物出版社，1991年。

既然作为汉代先民理想中的天国仙境，是"天门"观念的具体表现，上面的佛像也就成为"天门"里面的一位神仙，融入本地原有的信仰习俗之中。乐山麻浩崖墓的门额之上亦有佛像一尊，可能正是处在"天门"的入口之处。

佛教造像中还有一些"天国"图像，其题材和思想内涵都受到汉画像砖石中"天门"观念的影响。如成都万佛寺出土的南朝观音造像碑背面的"西方净土变"，上面有亭台楼阁、莲花水池、乐舞表演，佛、菩萨、神人列坐其间，是一幅中国化了的天堂景象[1]。这种内容和布局，可以从汉代"天门""西王母"等画像砖所表现的天国图像中找到类似的画面，显然受到了汉画的影响。佛教造像和壁画中的已经本土化了的"天国"图像，正是在"升天成仙"等传统信仰习俗的基础上逐步发展起来的。

（原载中国汉画学会、北京大学汉画研究所编：《中国汉画研究》第一卷，广西师范大学出版社，2004年）

---

① 刘志远、刘廷璧：《成都万佛寺石刻艺术》，中国古典艺术出版社，1958年。

四川三国时期的画像与佛像[①]

　　三国是中国历史上短暂而辉煌的时期，四川是三国重要的活动舞台。但四川盆地内被确认为三国时期的出土文物并不多，只有郫县出土的蜀汉铜弩机、威远县出土的蜀汉铜钱、大邑三国画像砖墓、忠县蜀汉崖墓等几组，因而在三国研究中就显得更为珍贵。本文拟就四川出土的一些三国时期的画像和佛像，谈谈它们的价值和社会意义。

一、大邑三国墓等处出土的"天门"画像砖

　　画像砖是四川代表性的文物。它盛行于东汉中晚期，可延伸到南北朝，主要出现在川西平原附近的砖室墓中，个别崖墓中也出有画像砖[②]。它是一种方形、长方形的模制浮雕砖画，既可单独成图，又能组合排列在墓壁中构成完整的组画。

　　画像砖在墓中的排列与组合是有规律的，是按建造者的主观愿望来挑选安排的。当时人们企望死后能升天成仙到天国继续享受美好生

---

① 本文由袁曙光、赵殿增合著。
② 闻宥：《四川汉代画像砖选集》，群联出版社，1955年。

活，所以他们将墓室布置成一个理想中的天国图景^①。

大邑董场乡三国画像砖墓位于董场乡古铁溪一级台地上，北距大邑县城20千米，古为江源县地。该墓为长方形单室，较为简单。墓中出土有魏文帝黄初二年（221）及魏明帝时期（227～239）所铸"五铢"钱共十枚，可知此墓时代为三国时期。该墓现存画像砖28方（按西壁排列17方对应计算，全墓应有画像砖34方），内容多为神话题材，包括天仓迎谒画像砖2方、天阙画像砖2方、车骑升仙画像砖4方、建木画像砖（伏羲女娲日月神画像砖）4方、六博舞乐画像砖3方，以及西王母画像砖、建木画像砖、方相画像砖等八种。砖的大小以宽52厘米、高38厘米的长方形为主，介于成都型方砖和广汉型长方形砖之间。另外还有几方宽34厘米、高39厘米左右的竖长方形砖。技法全部采用单线阳刻，线条清晰流畅，每幅画上内容繁多，主次分明。它们既保持了东汉画像砖的基本作风，又在形制、内容、技法、组合排列上表现出明显的新的时代特征^②。画像砖排列大体上是5方砖为一组，第一组画面依次为迎谒、天阙、车骑、建木、六博舞乐，后几组排列少了迎谒、天阙等内容，相应增加了西王母、方相、仙人骑等画面，是研究三国时期社会文化的珍贵资料。

现将八类画像砖分别考释如下。

迎谒及天仓画像砖（图一），画面用线条勾勒，中部一形体高大的官吏，头上戴冠，身着宽袖长服，腰间束带，腰悬挂一环柄刀，双手捧盾，躬身作迎谒状。该砖嵌砌在近墓门处第一方，其后是"天阙"画像砖，可见此人应是在天门前迎候来者的官吏。该画像砖右下角为一重檐歇山顶的仓房，仓房由台基、仓体、天窗、屋顶等部分构成。据同墓所出的另一方残砖可知，在"迎谒者"与仓房之间，有一行隶书榜题，

---

① 赵殿增、袁曙光:《"天门"考——兼论四川汉画像砖（石）的组合与主题》,《四川文物》1990年第6期。

② 大邑县文化局:《大邑县董场乡三国画像砖墓》,《四川考古报告集》,文物出版社,1998年。

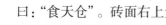

曰："食天仓"。砖面右上角，有一只飞翔的凤鸟。

画像砖上的仓房，应是天国的粮仓，它是仿照人间粮库构思的。《吕氏春秋·仲秋》："修囷仓。"高诱注："圆曰囷，方曰仓。"《汉书·高帝纪》曰："萧何治未央宫，立东阙、北阙、前殿、武库、大仓。"汉代指国家官仓粮库为"太仓"。简阳石棺粮仓画像旁有"大仓"榜题，"大仓"通"太仓"，指的是天国粮库。这方画像砖是以迎谒来者的官吏为主体，并用背景的方式表现可供升天之人饮食的"天仓"景象。

"天阙"画像砖（图二），砖面两侧对称矗立着双阙，阙身由下往上内收呈梯形，有两层屋顶，下大上小，形成两层可登临远望的房屋，两阙外侧各附一子阙，子阙形制结构与主阙大体相同，有一层屋顶。

双阙正面各有一人执戟躬身而立。《楚辞·离骚》曰："吾令帝阍开关兮，倚阊阖而望予。"王逸注云："帝谓天帝。阍，主门者也。阊阖，天门也。"该阙正面两个执戟而立者为守卫天门的门吏。

双阙之间，上部有一人首鸟身正面羽人像，羽人头上戴冠，胸腹部一圆轮，轮中一金乌，是太阳的象征。下部一人作弓箭步，双手托头部，圆头上长有两长耳，似兔，是月亮的象征。

"天阙"画像砖上散布有六颗星星，上下四星"两两而居"，左右两星相对。有研究者认为这六颗星星叫三台六星，属紫微垣。

车骑升仙画像砖（图三），画面用线条勾勒，画像砖上部一骑吏策马飞奔，一执戟侍从急步前行，后一马驾一有盖轺车，车上乘坐二人，右为御者，左为主人。画像砖的下部一昂首翘尾飞奔的白虎，白虎头上长角，肩部长翼，四肢腿部长有仙羽。轺车前有一颗光芒四射的星星，说明车骑、白虎均是在天空中行走，是一幅升仙图。

伏羲女娲及神树画像砖（图四），全砖用线条勾画图像，下半部为伏羲女娲画像，人首蛇躯，肩生羽翼，两尾缠绕。伏羲女娲左右对称，伏羲头戴三尖冠，左手持一物，右手扬长巾，女娲梳髻，右手举物，左手扬巾。两神间平排三颗星辰，表示天庭。《玄中记》云："伏羲龙身，女娲蛇躯。"这一传说在画像砖上得到生动具体的表现。

画像砖上部中间是一有仙羽的神人，神人两臂向两侧平伸，两腿作弓箭步，头圆，招风耳，头上长出一棵高大的神树。神人左右各有一兽首人身的神兽持巾相向而舞，右者兔首，左者像蟾蜍头。

神人头上长出的神树，可能是古代神话传说中可上天通神的"天梯"之一——建木。《淮南子·坠形训》曰："建木在都广，众帝所自上下，日中无景，呼而无响，盖天地之中也。"图像中的神树也可能是"扶桑树"，古代传说中的扶桑树，"有十日所居，九日居下枝，一日居上枝"①，扶桑树是太阳栖居之所，扶桑树在此象征太阳。围绕扶桑树舞蹈的是玉兔、蟾蜍，它们是月亮的象征。此画像砖有伏羲女娲阴阳相配和日月二神的内容，统称为伏羲女娲、神树画像砖为宜。

西王母画像砖（图五），图像完全用线条勾勒。画面上部正中西王母蓬发戴胜笼袖坐于龙虎座上，西王母肩生羽翼。龙虎座的龙在右，头上长角，虎在左，肩生羽翼，龙虎皆张牙舞爪。西王母的头部左右由龙虎座长出一圆盘状植物，据《山海经·西次三经》记载："昆仑之丘……有草焉，名曰蓂草，其状如葵，其味如葱，食之已劳。"蓂草能消除疲劳。砖面上部左右两侧各一梳髻着长服女子，肩生羽翼，左者执嘉禾，右者捧灵芝。西王母龙虎座前有一长方形食案，案上置一鼎，案旁还有一樽。

画像砖下半部分右边是九尾狐，长长的九岐尾，肩部长有羽翼。左边一天鹿作昂首奔跑状，天鹿头长树枝状的角，生有羽翼。《汉书·西域传》载："乌弋地……有桃拔"，孟康注曰："桃拔一名符拔，似鹿，长尾，一角者或为天鹿，两角者或为辟邪。"天鹿也称天禄，天禄辟邪皆属神兽，能祓除不祥。画像砖中部一头戴高冠身着宽袖长服者，左手执"节"，右手持笏作乞讨状，其右一有双角蟾蜍作给予状。砖下边有一三足神鸟和一有翼仙兔，砖下角还有一有翼仙兔作捣药状。

---

① 《山海经·海内东经》，中华书局，2009年。

整个砖面上还散刻有四株灵芝和一株嘉禾。古人视灵芝嘉禾为瑞草神物，魏曹植《灵芝篇》曰："灵芝生天地，朱草被洛宾。荣华相晃耀，光彩焕若神。"《白虎通·封禅》也有"德至地则嘉禾生"的记述，灵芝嘉禾与西王母拥有不死之药的传说是紧密联系的。

这方西王母画像砖人物和仙禽仙兽众多，内容复杂，但其中心思想是人们为求长生成仙，到西王母处乞求长生之仙药的目的是很清楚的。

方相氏画像砖（图六），图上一人，头上长角，臀部长尾，腰间束带，身披仙羽，腿作马步状。该人右手持盾，左手持长剑，他是汉代人们用来驱疫逐鬼的方相氏。方相氏是由人装扮的，每逢阴历十二月初八的前一天晚上，在皇帝的宫殿里总要举行一次大规模的打鬼仪式，称为"大傩"。《周礼·夏官·方相氏》说："方相氏掌蒙熊皮，黄金四目，玄衣朱裳，执戈扬盾，率百隶而时傩，索室逐疫。"民间也盛行这种打鬼活动，方相氏逐渐演变成驱疫逐鬼之神，专门打鬼。在墓室内嵌砌方相氏画像砖，就是为了驱逐疫鬼恶鬼对墓主人灵魂的骚扰。

仙人骑马画像砖（图七），该砖用线条描绘出一骑马裸人，裸人头长双角，有生仙羽，右手紧勒马缰，左手持嘉禾。马作张口甩蹄狂奔状。图中所示裸人应是仙人，凡仙人都具有在天上飘游翱翔的本领，凡人飞天成仙，无论是靠仙禽神兽运载，还是自我修炼飞升，势必身上都要长出仙羽或翅膀，像鸟类那样飞升入天，才能在天上自由往来。在汉代画像砖、画像石、漆画、帛画等汉画像上随处可见长着翅膀或羽毛的仙人。

六博舞乐画像砖（图八），上部中间设局，柈上六箸，两头戴高冠着宽袖长服者对弈，二人身后各有一观赏者。砖的下部为舞乐百戏，左边有一人抚琴一人吹排箫，其前两赤膊椎髻者，一人跳丸，另一人右手举鼗鼓，左膊弄瓶。左下角二人蹁跹起舞，其下有一人表演"七盘舞"。表现的是墓主人升天后继续享受的美好生活。

四川地区画像砖的时代有些延续到了六朝时期，以四川省博物馆

图一　迎谒及天仓画像砖

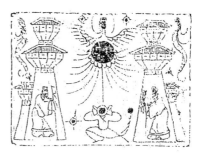
图二　"天阙"画像砖

图三　车骑升仙画像砖

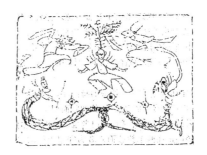
图四　伏羲女娲及神树画像砖

图五　西王母画像

图六　方相氏画像砖

图七　仙人骑马画像砖

图八　六博舞乐画像砖

在彭州收集的十二方正面和右端面均有模印的阳纹线刻画的长方形画像砖为代表，内容有甲骑具装骑吏、武士、乐舞、横吹、长檐牛车、骆驼等①。这些画像砖保留了汉代画像砖一砖一画和模印的制作方法，但规格、风格及在墓中的位置、拼装方法等与上述三期画像砖有显著的不同。砖一般为宽31厘米、高17厘米、厚6.5厘米，比汉代的画像砖要小很多。砖的正面和右端面都有画面，可以横竖相间拼成较大的画面，这些特征与南京西善桥、建山等南朝大墓的砖刻壁画的拼砖有些相似，而与东汉时期只是横向联合的排列方法有所不同。彭州出土的这组画像砖中有不少内容是六朝壁画才出现和盛行的，如长檐牛车、甲骑具装骑吏、横吹等。在艺术表现手法上主要采用流畅简练的线条，也具有六朝特色。大邑县文物管理所还收藏数方侧面有人像的条形画像砖，用阳纹线条勾绘出七个宽衣博带的高雅之士，或坐或立，正在相互交谈。其内容和技法与南京西善桥六朝墓发现的"竹林七贤砖画"相似，其时代也应为六朝时期。这时的画像砖在内容、技艺、形式、排列方法上都发生了不少变化。此后，这种模印浮雕式的画像砖，作为一种独立流行的艺术形式，就逐渐消失了。

大邑董场乡三国画像砖在技法上保持了东汉方形画像砖的风格，又具有六朝以线条为主的作风。在内涵上也有承前启后的意义，对三国时期社会文化和思想观念演变研究，具有特殊的价值。

二、忠县蜀汉墓等处钱树上的"佛像"

1981年5月，在四川忠县涂井发掘了一批蜀汉时期的崖墓，出土文物三千余件，这是四川三国考古的又一次重要发现②。在这批崖墓中，有三座墓出土了4株钱树，其中5号墓、14号墓出土的14件钱树树干上

---

① 袁曙光：《略谈四川新发现的六朝画像砖》，《四川文物》1989年第3期。

② 四川省文物管理委员会（张才俊）：《四川忠县涂井蜀汉崖墓》，《文物》1989年第3期。

有浮雕的人像，经过对这些人像的深入观察，我们认为这是一批早期的佛像①。这些铜佛像经正式发掘出土，特别是5号墓未曾被盗掘扰乱，器物保存入葬时原貌，具有明确的器物共存关系，有比较准确的年代特征，是三国时期极为少见的佛教造像之一，对早期佛教研究有重要价值。现将具体佛像的具体情况分析介绍如下。

佛像位于每节树干中部，为双范合铸的圆雕人像，与树干连成一体。佛像为坐式，高5.6厘米，肩宽3.5厘米。佛像有高肉髻，着通肩宽袖大衣，右手施无畏印，左手握衣角，结跏趺坐。佛像两侧从树干向外伸出两片钱纹屏饰，上有方孔圆钱六枚，左右各三枚，其间用条状云气纹相连，边缘有羽毛状飞翅，构成了一个高9.2厘米、宽8.4厘米的长方形背屏，烘托出佛像处在祥云飞羽、宝货殷实的仙境气氛之中。

"钱树"是古代先民"神树崇拜"的反映。在西南汉墓中的钱树，实际上是一种神话传说中神仙思想和神树崇拜的物象反映，是古人借助"神树"为天梯以求升天成仙这一信仰的具体表现，树座、树干、树枝上的环境、人物、灵兽，是天国仙境的形象化描述，而钱纹的大量出现，仅仅是汉代崇拜货币时尚日盛后的一个特征。"乞钱"只是对钱树崇拜乞求的内容之一，它还有更特殊和丰富的思想内涵②。

从原始社会后期开始，人们就相信人死后可以升天进入理想境界。除了直接"飞升"之外，"神山"和"神树"是升入天国的两条主要途径，而且树上、山上本身就有理想中的天国仙境。《山海经》《淮南子》《天问》《离骚》《玄中记》《十洲记》等古籍中，特别是有关西南历史传说的记载中，有很多从山上、从树上升天的故事，反映了早期人们的信仰。东汉时期众多的铜树，是这种神树崇拜传统的延续与衍化。神树崇拜的核心，是它可以通天地，人们能从此升天成仙。在钱树的树干、树枝、树座（树座本身就是"神山"）上，有"天门"建筑形象和珍禽

① 赵殿增、袁曙光：《四川忠县三国铜佛像及研究》，《东南文化》1991年第5期。
② 赵殿增、袁曙光：《从"神树"到"钱树"——兼论"树崇拜"观念的发展与演变》，《四川文物》2001年第3期。

异兽、仙果、璧瑗、钱币等宝物，还有不少天神仙人的图像，如西王母、牛郎织女、玉兔捣药、飞升等，是一个天国情况的具体描述。天国中的主神是"西王母"。

东汉晚期乃至三国时期，四川、贵州、陕西等地都有树枝树干上塑有佛像的钱树发现。如四川绵阳何家山1号墓出土的钱树上有5尊佛像，绵阳双碑白虎嘴19号墓钱树上有1尊佛像，49号墓的残树干上有3尊佛像，绵阳市永兴镇至安县界牌镇一带崖墓出土钱树树干上有5尊佛像，树枝顶端1尊佛像坐于壁上；陕西城固出土钱树树枝上有佛像1尊，汉中铺镇5号墓出土钱树树干上有佛像5尊；贵州清镇1号墓出土钱树树干上有2尊佛像；重庆丰都县一东汉砖室墓出土的残钱树上也有佛像。据《佛教初传南方之路文物图录》一书刊载，日本收藏钱树残件上有4尊佛像，这些残件被认为是四川汉墓出土，后流传到日本的。

上述佛像形制基本相同，佛像为坐式，头顶上有高大肉髻，呈圆饼状，面相丰腴，圆眼高鼻，眉毛隆起，鼻梁修长，两眼平视，神态端庄。身着宽松圆领长衣，结跏趺坐，右手前伸，手掌直立，五指并拢，掌心向外，似施无畏印，左手握衣角下垂，长长的衣襟搭在右手腕上，中间形成"U"字形衣纹。有的头部后面有圆形项光。

忠县蜀汉墓等处出土的钱树上的铜佛像的形态特征与我国已出土的东汉佛像相同，其性质可以确定为佛陀的早期造像。这些早期造像出现在当时人们顶礼膜拜的青铜"神树"的树干树枝上，具有非常特殊的作用。通过这些东汉晚期至三国时期的佛像说明，它已取代世俗和道教神灵，在神树天国中居主导地位，在我国佛教造像发展过程中具有划分阶段的重要意义[1]。

---

① 赵殿增、袁曙光：《从"神树"到"钱树"——兼论"树崇拜"观念的发展与演变》，《四川文物》2001年第3期。

三、画像和佛像所反映的三国时期社会和思想变革情况

三国时期是中国历史大动荡的时期，在古代史上占有极其重要的地位。三国前后也是中国社会和思想大变革的时期，对古代思想文化的发展产生了巨大的影响。四川三国画像砖和蜀汉佛像的发现，从一个侧面反映了当时社会和思想变革的某些情况。

首先，四川三国时期的画像砖和佛像，表现了三国前后的社会历史画卷。从近年来发现的"天门"石棺和"天门"等图像研究中，已经证明四川画像砖的主题思想是送迎墓主人入"天门"、升天国，并在天上永远享受仙人般的美好生活。大邑县董场乡三国画像砖用其完美的组合画面，把这种天上仙境更形象、更集中地表现出来，成为古代先民理想中的天堂，也成为当时人们生活环境的具体反映。从车马、门阙、仓廪，到乐舞、六博、门吏，都形象具体地表现了当时人们的现实生活。它与众多汉晋三国时期的画像石、画像砖、陶俑、壁画一起，成为我们研究三国时期社会生活的生动资料。

其次，四川三国时期的画像砖和佛像又是当时人们思想观念的具体表现。汉代画像砖所体现出的升天成仙思想，是我国古代先民长期以来传统思想的集中代表，是人们追求美好生活的形象化产物。它也表明了古代人们对天地、人神、自然现象及社会关系的一种综合认识，是当时人类宇宙观和人生观的某种体现。他们把墓葬建造成天门和天堂，上面有四灵守护，有日月永照，人们用华丽的大队车马将墓主人送入天国，企望他们在西王母那里领取不死之药后可以变得长生不老，进而和仙人们一起享受着吃穿不尽、歌舞玩乐的神仙生活。佛像在中国的早期出现，也主要是当作天国中的神灵之一，被放置在代表理想中的天国仙境的"神树"之上，进一步丰富了升天成仙思想的具体内涵。

第三，四川三国时期的画像砖和佛像的共同出现，还在一定程度上反映了大变革时期的社会和思想变化，成为研究古代思想发展史的具体化材料。

汉代四百年曾是中国历史上一个比较稳定繁荣的时期，也是思想观念和文化艺术大发展的时期，出现了画像砖等形式来表现神仙思想和世俗生活的艺术作品，并在东汉后期促成了中国特色的宗教——道教的产生。但汉末三国时期的社会动荡使享受生活的美好理想受到冲击，人们的思想也发生着急剧的变化。一方面像大邑三国画像砖所表明的，把追求升天成仙的意识发展到新的高度；另一方面又为新传入的主张寻求来世再生的佛教思想开辟了空间，使佛像在三国前后较快地发展起来，四川、贵州、陕西等地树枝树干上塑有佛像的钱树的发现，就是有力的实证。到南北朝时期社会动荡进一步加剧，佛教思想更加流行，加之统治者的提倡和利用，以石窟寺为代表的佛教艺术迅速发展起来。大邑三国画像砖墓和忠县蜀汉墓等处钱树上的佛像的发现，正是三国前后道教和佛教发展变革时期的形象实物史料，为研究三国时期的社会和思想变化提供了佐证。

（原载《四川文物》2003年第4期）

四川忠县三国铜佛像及研究①

1981年5月，在四川忠县涂井发掘了一批蜀汉时期的崖墓，出土文物3600余件（其中钱币3000余件）。这是四川三国时期考古的一次重要发现。近年对这批文物深入观察，我们发现5号墓、14号墓出土铜树树干上的人像，均是佛像。这些铜佛像经正式发掘出土，5号墓未曾被盗掘扰乱，器物保存入葬时原貌，具有明确的器物共存关系，有比较准确的年代特征，是三国时期极为少见的佛教造像之一，这批铜佛像共计14件，据目前资料，它是我国汉魏时期数量最多的一组佛像，又是三国时期一组有确切年代的佛教造像，对早期佛教研究有重要的价值，现将佛像情况及其有关的一些问题分析介绍如下。

一、佛像出土的基本情况

涂井蜀汉崖墓群，地处四川东部长江北岸一条小支流——涂井沟（古名涂溪）北侧，当地称为"卧马凼山"南坡崖壁上，东南距"石宝寨"12千米。1981年四川省文管会等单位在此发掘崖墓15座，其中

---

① 本文由赵殿增、袁曙光合著。

蜀汉墓14座（蜀汉前期四座：M5、M7、M13、M14；蜀汉后期十座：M1–M4、M6、M9–M12、M15），另有一座为东汉墓（M8）[①]。5号墓保存最好，它位于墓群东区中部，位置比较适中，这是一座双室崖墓，墓向154°（门向东南方），由墓道、墓门、甬道、前室、后室、壁龛、壁灶等部分组成，全长12.63米，墓长7.59米，属川东地区大中型的崖墓。墓门有条石封门两重，尚未开启，墓室内未被扰动。随葬器物137件，铜钱1897枚，均保持着入葬时的原貌，整齐有序，成为我们研究三国葬俗及其社会意义的绝好材料，随葬品基本布局是：甬道内中部一陶马，右侧一马拉车，车上有乐俑，车前有牵马俑，马与马车均头向墓室，似在向内行进。甬道左侧为狗、鸡、猪等动物俑。前室左侧靠近门内为一群动物俑，右侧近门处为铜铁釜、甑、洗、壶等器具。前室中部左右各有一长环柄铁刀，周围空隙较宽，有漆皮和板灰，大约为棺木尸体所在位置，两棺之间有大量的铜钱，从随葬器物分析，前室葬的是一男一女，前室右壁之下，中部空间和前室后侧，有大批排列整齐的陶俑，面向"棺"（墓主尸体）的方向，应为主人的侍从。前室左侧壁龛内有三座陶楼房，四件坐俑，陶房内有众多人像，后室中部亦为一环首长铁刀和大量的铜钱，周围有板灰痕，可能也是一具棺木的位置。左壁下整齐地摆放一排陶楼房、两排陶俑、一匹陶马、一组罐盆类器物以及水塘模型等。这些俑、房背靠左壁，而向"棺木"，亦为侍从，前室和后室的随葬品有相似的组合构成，分别作为葬在前后室内墓主人的供奉器物和侍从俑像，铜树一株，摆放在前室与后室相接处。陶俑群左侧，壁龛之下，居于比较显著的位置之上。

M14位于墓群东区，M5北侧，亦为双室墓，前半部被屋基打破，墓内器物已部分扰乱，墓中出土铜树两株，与M5情况相似，树干上均有人像，另外，M7也出有铜树叶残片，由于扰乱严重，未发现树干，干上是否还有人像，已不得而知。

---

① 张才俊：《四川忠县涂井蜀汉崖墓》，《文物》1985年第7期。

二、铜树与佛像的形态特征

涂井崖墓出土4株铜树，分别随葬在三座墓里，M5一件（M5：62），M14二件（M14：31①、M14：31②），M7一件（M7：6），其中M5和M14出土的3件保存着树干，均由数节缀合而成。此次发掘共清理出树干14节，每节树干上均有一个人像，这14尊人像全部具有佛像的特征。现以保存较好的M5：62为例，对佛像所处位置和形态特征做些具体分析。

铜树（M5：62）为陶座铜树身，通高1.26米。树座泥质灰陶，上塑一大二小三条龙，盘绕在圆锥形树基之上。大龙为主体，身体在座上盘旋两匝，昂首向前，张口龇牙，伸舌舞爪，口中衔珠，矫健凶悍，守护着头侧圆柱上竖立着的神树。两条短胖的小龙，攀援于大龙身上，一向上窜，一向下奔，游弋跳跃，共护神灵。树座通高35厘米，圆形底盘直径26厘米，座上插铜树一株，现存树干6节，每节长18厘米，断面呈椭圆形，宽1.5～1.8厘米、厚1.3厘米，每节上端接头处有四个插孔，上插叶片。叶片分为两种，一种较长，为长17厘米、宽9厘米，上面以钱纹为主，每片叶上有方孔圆钱九枚，用叶脉和云气纹相连，边缘部分呈羽毛状飞翅，颇具仙气；另一种叶片较宽，长11厘米、宽10厘米。中部为一璧，直径5.6厘米、孔径2.4厘米，前端有一弯曲上翘的龙头。玉璧周围有三组六枚钱币纹，叶片边缘亦有羽毛状飞翅。这些叶片上没有类似于成都、广汉、彭山、绵阳等地铜树上常见的西王母、仙人、舞乐之类的人物图像。铜树上唯一的人像，就是树干上的佛像。

佛像位于每节树干的中部，为双范合铸的圆雕人像，与树干连成一体。佛像为坐式，高5.6厘米、宽3.5厘米。头顶上有高肉髻，呈圆饼状，由头顶正中隆起，顶发披于耳后，脸形丰腴，圆眼高鼻，眉毛隆起，鼻梁修长，两眼平视，神态端庄，身着宽松的长衣，圆领高耸，围住颈项。两腿盘交，结跏趺坐。双手举于胸前，右手前伸，手掌直立，五指并拢，掌心向外，似作施无畏印。长长的衣襟搭于右腕，两端向下垂吊。左手握住下垂的襟袖一端，两手之间衣襟垂落呈"U"字形，人像两侧从树干向外伸出两片钱纹屏饰，上有方孔圆钱六枚，左右各三枚，其间用条状云气纹相连，边缘有羽毛状飞翅，构成了一个高9.2、宽8.4厘米的长方形背饰屏藩，烘托出佛像如处在祥云飞羽、宝货殷实的仙境气氛之中（图一）。

M14出土的两株铜树，树座已佚。其中一件（M14：31①）保存三节树干，每节树干的中部也塑有一人像，各节树干的长度，人像的大小、形态，乃至人像背部的凹坑、浇铸接口都与M5所出铜像完全相同，背屏形状全部一样，表明这株树树干与M5：62是用同一个铸造范模制成，这一现象也证明了原报告将M5与M14定为同时代的墓葬的结论是正确的。这株树

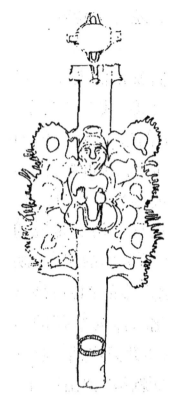

图一　忠县涂井5号墓钱树干上的佛像

铜质较好，含锡量大，人像更加清晰，尚可见到佛像上唇有一条粗黑的口须。该树上叶片较纤细，长17厘米、宽9厘米，前端有一双翅展开的朱雀，叶片上有钱纹十多枚。

M14出土的另一株铜树（M14：31②），现存树干5节，与M5：62形态大体相同，但人像较小，造型和装饰也略有差异。树干每节长17.5厘米、宽1.6～2厘米、厚1.2～1.5厘米，中段坐一佛像，高5.2厘米、宽3.1厘米，头髻、面容、衣着、手印、坐式均与M5：62相同，只是个体稍小，面容更显清瘦。背景由云气毛羽钱纹组成的屏障略小，高7.2厘米、宽8.5厘米，屏背上部左右各有一枚方孔圆钱，中部有一对梭形高浮雕器物，竖立在佛像左右，位置十分突出，此器物近似"蝉"形，又像是果实，其下端有一细茎连在背屏下部横出的支干上面。绵阳何家

山二号墓的铜树顶端西王母像两侧的树枝上，也有一对类似的梭形浮雕物像[1]，它们可能是神像背后仙树上的果实，也可能是陪伴主神的灵蝉，尚待证考。

三、忠县铜像的性质与意义

我们从忠县崖墓出土铜树干上人像的形态特征介绍，初步得出这是一组佛像的结论，为了进一步说明问题，这里再通过资料对比、环境分析和思想观念探讨等方面，来具体研究忠县铜人像的性质、作用及其意义。

（一）忠县铜佛的形态特征与我国已出土的东汉佛像相同，其性质可确定为佛陀的造像

我国目前已出土有十多处东汉时期的佛像，四川省即有五六处，包括乐山麻浩崖墓明堂内浮雕佛像[2]，柿子湾崖墓浮雕佛像[3]，彭山崖墓出土树座上一佛二胁侍浮雕像[4]，绵阳何家山崖墓铜树干上的五尊佛像[5]等。江苏山东一带，有沂南画像石墓中室擎天柱南北两侧的佛像，其中坐像一件、立像两尊[6]；连云港孔望山一组涅槃像、两幅饲虎图以及

---

[1]　何志国：《四川绵阳何家山二号东汉崖墓清理简报》，《文物》1991年第3期。

[2]　李复华、陶鸣宽：《东汉岩墓内的一尊石刻佛像》，《文物参考资料》1957年第6期。闻宥：《四川汉代画像选集》，群联出版社，1955年。

[3]　俞伟超：《东汉佛教图像考》，《文物》1980年第9期。闻宥：《四川汉代画像选集》，群联出版社，1955年。

[4]　曾昭燏等：《沂南古画像石墓发掘报告》，文化部文物事业管理局，1956年。

[5]　何志国：《四川绵阳何家山一号东汉崖墓清理简报》，《文物》1991年第3期。

[6]　曾昭燏等：《沂南古画像石墓发掘报告》，文化部文物事业管理局，1956年。

众多的线刻佛像①。此外尚有新疆尼雅汉墓出土棉布上的菩萨像②，内蒙古和林格尔汉墓壁画中"仙人骑白象"佛像③等。与佛教有关的，还有和林格尔壁画上"猞猁"像④，沂南墓中的力士像⑤，山东滕县画像石上的六牙白象图⑥，四川彭县画像砖上的佛塔菩提树等⑦。证明到东汉末期，佛教图像已在我国较广泛地存在，其宗教性质已得到肯定⑧。忠县崖墓出土的铜人像与这些佛像的基本特征相同，现分别作一对比：

1.忠县人像头上的高髻，与彭山、麻浩、柿子湾、绵阳佛像及沂南坐佛像的形态相同，均是佛陀的"肉髻"，"肉髻"是佛陀头上一处隆起的肉团，为佛祖高贵的"三十二相"之一——"顶髻相"。髻分两重，上层为"肉髻"部，下层为"地髻"部，都是被佛教徒神化了的佛祖释迦牟尼的生理特点之一，以后变成佛陀造像的标准形态特征。忠县佛像"肉髻"，上下分层清楚，具有早期佛像特征。

2.右手"施无畏印"，与彭山、绵阳、麻浩、柿子湾、沂南等佛像的作法相同。这种简明的手印图像，是目前所知我国早期佛像清晰描绘出来的一种早期"手印"形式。

"结跏趺坐"，与彭山、麻浩、柿子湾、绵阳、沂南坐像均相同。

3.左手蜷在胸前，微握掌状，与沂南坐佛像、彭山佛像相类似，而手握衣襟的形式，又与麻浩、柿子湾佛像一样，特别是与绵阳佛像相

① 《江苏省文管会调查孔望山石刻画像》，《文物参考资料》1954年第7期。朱江：《海州孔望山摩崖造像》，《文物参考资料》1958年第6期。俞伟超：《孔望山摩崖造像的年代考察》，《文物》1981年第7期。

② 李遇春：《新疆民丰县北大沙漠中古遗址墓葬区东汉合葬墓清理简报》，《文物》1960年第6期。

③ 内蒙古自治区文物考古研究所编：《和林格尔汉墓壁画》，文物出版社，1978年。

④ 内蒙古自治区文物考古研究所编：《和林格尔汉墓壁画》，文物出版社，1978年。

⑤ 曾昭燏等：《沂南古画像石墓发掘报告》，文化部文物事业管理局，1956年。

⑥ 张其海：《山东苍山元嘉元年画像石墓》，《考古》1975年第2期。

⑦ 谢志诚：《四川彭县东汉画像砖发现佛塔》，《四川文物》1987年第4期。

⑧ 俞伟超：《东汉佛教图像考》，《文物》1980年第9期。闻宥：《四川汉代画像选集》，群联出版社，1955年。

同，都是衣襟另一端搭于右手腕上，在两手间形成U形衣纹，构成早期佛像又一形态特征。

忠县铜人像所表示出来的这些佛像的典型特征，可以充分证明这些人像为佛陀造像的宗教性质。人像的其他特点，如衣着宽大、面部端庄、神态肃穆等，也与佛教造像的性质相一致。

（二）忠县佛像出现在青铜"神树"树干上，有其特殊的作用

忠县佛像的一个重要特点，是它出现在墓葬中的铜树上，铜树是我国西南地区汉晋墓葬常出现的一种特殊的随葬品，以四川地区为最多，贵州、云南、陕西及甘青等省也有发现。树的基本形态是，下面有一陶（石）基座，塑成山、台、柱或龙、羊、虎、辟邪神兽等动物形状，"山"上往往还有楼阁、人物、灵兽，顶端有一有孔圆柱，作为安装树干的插座。座上插一直立的铜树，树干多为数节插合而成，高一米左右，树干上分段挂有片状铜质枝叶，类似树木的分杈枝干。叶片上有很多钱纹，还有西王母、仙人、灵兽等图像。1984年广汉万福汉墓出土一株铜树，有绿釉树座，6节树干，三种64片叶，上有西王母等众多人兽图像及钱纹400多枚，通高152厘米，可以作为其中最完整最典型的代表[1]。

关于树的作用名称，冯汉骥、于豪亮先生将它定为"钱树"。于先生认为："钱树的出现，正反映出当时货币的使用已很发达。"此定名已为考古界长期采用[2]。俞伟超先生称之为"社树"，以树"用来象征社神"，树上内容为社祀活动的反映，并认为佛像在树座上出现，证明"佛教信仰也就逐步渗入到这种最普遍的、传统的社祀活动中去了"[3]。1988年四川简阳出土的一具东汉画像石棺上，"天门"之内，"日月"

① 广汉市文物管理所编：《稀世珍宝——摇钱树》（内部材料）。
② 于豪亮：《"钱树""钱树座"和鱼龙漫衍之戏》，《文物》1961年第11期。
③ 俞伟超：《东汉佛教图像考》，《文物》1980年第9期。闻宥：《四川汉代画像选集》，群联出版社，1955年。

二神之下，有一株树，树旁题字为"柱株"，说明它原有自己的名称，处在天门之中，有其特殊的意义①。我们认为，西南汉墓中的铜树，实际上是一种神话传说中神仙思想和神树崇拜的物像反映，是古人借助"神树"为天梯以求升天成仙这一信仰的具体表现，树座、树干、树枝上的环境、人物、灵兽，是天国仙境的形象化描述，而钱纹的大量出现，仅仅是汉代崇拜货币时尚日盛后的一个特征，"乞钱"是对铜树崇拜乞求的内容之一，但不是全部内容。我国西南古代很长时间内，都存在这种对神树的崇拜，它具有特殊的、丰富的思想内涵，将它定名为"神树"，可能更全面更确切些。

从原始社会后期开始，人们就相信人死后可以升天进入理想境界。除了直接"飞升"之外，"神山"和"神树"是升入天国的两条重要途径，而且树上、山上本身就有理想中的天国仙境。古籍中，特别是有关西南历史传说的记载中，有很多从山上、从树上升天的故事，反映了早期人们的信仰，山的传说暂且不论。关于树，《山海经》等典籍中就有"建木"为"天枢""天梯""若木"栖日月。天树"细柳"等神话传说，与东方的神树"扶桑""桃都""桑木""蟠桃树"相对应，这些树均具有多种超凡的神奇之处，而又以能从这些树上升天，即"援之上（天）下（地）"最为重要，特别是西南地区的传说中更是如此。《山海经·海内经》云：昆仑之丘"有木，青叶紫茎，玄华黄实，名曰建木。百仞无枝，有九欘，下有九枸。其实如麻，其叶如芒。太皞爰过，黄帝所为"。说的是建木在天地中心，从这里可以上天下地，太皞（人祖伏羲氏）等从这株建木上过天，黄帝（华夏初祖）又曾加以整修。《淮南子·坠形训》云："建木在都广，众帝所自上下日中无影，呼而无响，盖天地之中也。"有的学者认为，"都广"即成都平原一带②，"建木通天"可能是蜀国以自己为中心的一种传说，当时的很多首领（众帝）都

① 方建国等：《四川简阳县鬼头山东汉崖墓》，《文物》1991年第3期。
② 蒙文通：《略论〈山海经〉的写作时代及其产生地域》，《巴蜀历史论述》，四川人民出版社，1981年。

能顺着这棵建木上天下地，《淮南子》云："若木在建木西，末有十日，其华照下地"，为"日之建木出处"。《山海经·大荒北经》"若木"条，郭璞注曰：若木"生昆仑西，附西极，其华光赤下照地"。屈原《天问》《离骚》中也有"若木"的记载。至于东方日出所居的神树"扶桑"，传说与记载就更多了。《楚辞·九歌·东君》："暾将出兮东方，照吾槛兮扶桑。"《淮南子·天文训》："日出于旸谷，浴于咸池，拂于扶桑，是谓晨明。"扶桑也可以通天，从扶桑树上同样能够升仙。《玄中记》云："天下之高者，有扶桑无枝木焉；上至于天，盘蜿而下屈，通三泉。"《十洲记》："树……名为扶桑，仙上食其椹，一体皆作金光色，飞翔空立。"这些可通天地、栖日月的神树，在古人的天地观中占有重要地位。有的论者进一步认为"以东方的扶桑、中央的建木和西方的若木为三点，古人构造了一个以神话形式出现的宇宙观念"[1]，先秦人们曾以此作为升入天国的理想途径，加以神化和崇拜，这就是"神树"形象产生的思想基础。

近年在著名的"早期蜀都"广汉三星堆遗址商代祭祀坑中，出土有多株铜质"神树"，其中最大的一株高达4米，下有三叉形云山树座，主干上有九条枝干，树上有神鸟仙果，一条巨龙正从树上攀援而下。这是时代最早的"神树"造型。它以"龙"代"神"，顺着这株神树从天上下到凡间来，后来的"扶桑""桃都"（如河南济源西汉墓出土的陶树[2]），以及东汉时期众多的铜树，应是这种神树崇拜传统的延续与衍化。神树崇拜的核心，是它可以通天地，人们能从此升天成仙，所以在

① 何新:《诸神的起源》，三联书店，1986年。
② 李京华:《济源泗涧沟三座汉墓的发掘》，《文物》1973年第2期。该墓时代为西汉晚期。所出釉陶树，郭沫若先生起初认为是"古代传说中的扶桑"（见郭沫若《扶桑树与广寒宫》一文，载《出土文物二三事》，人民出版社，1972年）。后来又考订"应该是桃都树"（郭沫若《桃都·女娲·加陵》，《文物》1973年第1期）。扶桑与桃都都是古代神树中的一种。济源陶树形态与广汉三星堆商代铜树，以及西南地区东汉墓出土众多"钱树"相比较有不少相似之处，又有一些不同的特点，在古代神树研究中，有承上启下的作用。

树上除了灵兽、仙果、璧瑗、钱币等宝物之外，更有不少天神仙人的图像，如西王母、牛郎织女、捣药、飞升等，是一个天国情况的具体描述，神树上早期就有悬挂璧瑗等供品神器的习俗，如广汉三星堆商代铜树就是如此。到了汉代，货币盛行，璧瑗改成了铜钱，随着拜金风尚的兴盛，汉晋又产生了树上可以生长钱币并且"取之不竭"的说法，人们便纷纷向神树乞神，东汉时期的铜树上，钱纹就变得越来越多了。但是综观汉代铜树的全部内容，它最本质的东西，仍然是通天的理想王国，而不仅仅是因为它可以"生钱"，所以仍然称之"神树"为宜。

佛像出现在这种"神树"上面，证明佛教已在民间流传开来，并且和本地的天神相互结合在一起，一样受到崇敬和膜拜，被认为是天上神仙境界里的又一个神灵。

（三）忠县三国铜佛已取代世俗和道教神灵，居于神树天国中的主导地位，在我国佛教造像发展过程中具有划分阶段的重要意义

忠县出土铜像的另一突出特点，是神树之上除了佛像之外，再没有其他人物图像，佛像已居于受膜拜的主神地位。相比之下，那些东汉后期出现的佛像，有的是夹杂在众多的汉画中间，偶然出现一尊，如四川乐山麻浩、柿子湾的坐佛像，均是孤单地出现在大量汉画之中，位置也不适中，居于后室门额上，与钓鱼人等并列，其内容和题材均不够协调一致，反映了早期佛教造像的特点[1]。另一类是佛像与西王母等主神相对配祀，逐步具有和当地主神相近的地位，如沂南画像石室墓中室中央擎天柱上，东西刻"东王公""西王母"，南北为佛像[2]；和林格尔壁画墓顶部西方，东边为"东王公"，西边为"西王母"，南边为"仙人骑白象"，表现出"佛教信仰仍然是和早期道教交糅在一起，其佛教图像的表现手法，既使用着外来的粉本，也同时混杂使用着固有的传统底

---

① 俞伟超：《东汉佛教图像考》，《文物》1980年第9期。闻宥：《四川汉代画像选集》，群联出版社，1955年。

② 曾昭燏等：《沂南古画像石墓发掘报告》，文化部文物事业管理局，1956年。

本"[1]。佛与神仙并立，是这一时期的特点，而从这两处佛像的方位（均位于南部）来看，当时人们是把佛像当作从南方来的神仙加以供奉的，就像西王母为西方之神，东王公为东方之神一样。佛像本身还未取得独立的地位，受到单独的信仰。这一方位特征也暗示出佛教从南方传入的信息，绵阳的铜佛像出现在铜树干上，在叶片上还有很多的仙人神灵并存。同期二号崖墓出土的铜树顶端，则是一片很大的精美的西王母坐像（HM2：71），连背饰通高24.5厘米。这样大的西王母像，高居树端，头顶上饰一巨璧，其地位显然比树干上的佛像更为重要。忠县佛像虽然同处在树干上，但三株铜树的座、干、叶片、顶饰之上，除去这一组佛像外，再没有其他人物神仙，只有三条虬龙盘缠，龙头含璧，显然是为佛像的守护者或伴随者。这批佛像不仅数量众多，而且是数墓共出，均独立居于树干中央，造型精美，神态端庄，背景华丽，显然已不属偶然所为，它反映出佛像在神树之上成了唯一的"神"，取得了主导地位，成为信仰和崇拜的中心。

东汉末年的黄巾起义被镇压后，社会更加混乱，人们热衷于寻求思想寄托，"佛教正是趁此机缘摆脱道教，走上独立发展的道路"[2]。忠县三株铜树上十四尊佛像的单独出现，正是佛教从与道教交糅走向独立发展的重要实物例证。《三国志·吴书·刘繇传》载：东汉末年，笮融在广陵彭城诸郡"大起浮图祠，以铜为人，黄金涂身衣锦采，垂铜九重，下为重楼阁道，可容三千余人，悉课读佛经"，"每浴佛……就食且万人，费以巨亿计"，就是这一变化的生动写照，也是我国铸造金铜佛像的最早记载。忠县铜佛像形成于这样一个转折时期，对我国佛教思想与造像发展史研究具有重要意义。

最后还应该着重指出，忠县佛像所在的涂井5号、14号崖墓，具有

---

① 俞伟超：《东汉佛教图像考》，《文物》1980年第9期。闻宥：《四川汉代画像选集》，群联出版社，1955年。

② 俞伟超：《东汉佛教图像考》，《文物》1980年第9期。闻宥：《四川汉代画像选集》，群联出版社，1955年。

明确的时代特征。"直百五铢"的大量出现、陶俑瓷器的形态组合、墓葬的形制特点都充分证明了这是一组三国蜀汉前期的墓葬，是四川仅见的保存完好的蜀汉时期大中型墓葬。由于断代准确，出土情况清楚，这批佛像的历史价值更高，我国已发现的上述几处佛教造像，有的年代范围较大，只说属于东汉或东汉晚期；有的本身断代还有一定争议。忠县三国墓一组铜佛像的发现，为我们进行佛教造像的断代分期树立了重要标准[①]。

从造像特征看，忠县铜佛像的基本形态与乐山、绵阳、沂南等处东汉时期坐式佛像的艺术风格相同，而与十六国以后兴起的石窟石刻造像有较大区别，它们仍保持着早期佛像的特点，从造像环境看，它们也还是利用铜树等当地崇拜物作为依托，尚缺乏后来那种有窟、龛、塔、寺等成套佛教造像的典型环境。再者，四川东汉三国时期发现的几处佛像，均出于墓葬之中，尚与"死后升天"这样一种思想信仰相关联，还没有能反映出系统的宗教仪式和活动场景。总而言之，忠县三国铜佛像在形态特征环境组合上，可以划在前一阶段，作为东汉三国时早期佛教造像作风的尾声；在思想内容上，又是佛教信仰独立发展的重要体现，成为一个新的发展阶段的开端，具有承前启后的作用，并保持着转折演变时期的特有风格。

（原载《东南文化》1991年第5期）

---

① 《武昌莲溪寺东吴墓清理简报》（《考古》1959年第4期）介绍，这座永安五年（262）的砖墓中，"鎏金器物饰件"上"表面刻划着佛像"，似为立式菩萨像，与忠县三国墓成组铜佛坐像等不属于一类造像，需另作比较研究。该墓出土的四件釉陶俑，从图版上三件看，为踞坐双手平交，掌心向上，似作"禅定"印，眉间"凸状痣"推测是佛像的"白毫相"，头上的"尖发"或许就是佛的"肉髻"，这组陶俑可能是佛像，很值得注意。

区域文化
研究

金沙江流域早期考古的几个问题

50年前，金沙江流域考古研究基本上是一块处女地。今天，这里已成为新的考古学热点。这一带不仅发现了各个时期较有系统的古文化遗存，而且在一些重要阶段和重大问题上有了突破性进展。本文拟对金沙江流域特别是凉山州考古研究中的几个问题，主要是秦汉以前的早期考古问题，简略谈些看法，以求与有志于此的同仁一起，探讨金沙江安宁河流域古代文化发展的简要历程和特点，为继承发扬优秀的历史传统，保护利用好本地区灿烂的文化遗产，提供一些有益的线索。

一、古人类与旧石器时代考古

金沙江流域的古文化在一二百万年前就已经产生。1965年在云南省元谋县上蚌那村发现的"元谋猿人"，虽然只有两颗猿人的上门齿，但它距今已有170万年，同时出土的还有石器、动物骨骼和用火遗迹[①]，是公认的早期古人类化石地点之一，对探索人类起源具有重要意义，证明金沙江流域可能是人类重要的起源地之一。"元谋猿人"已被不少教

① 周国兴、张兴永：《元谋人》，云南人民出版社，1984年。

材写入中国历史的第一章。

金沙江流域还发现多处古人类化石和旧石器时代文化。在云南省有晚期智人阶段的"丽江人"，包括人头骨和三段股骨，还有石器和人工穿孔的鹿角器，距今在5万～1万年前[①]。此外还有元谋县下棋柳人等，表明数万年前长江上游已是古人类的一处重要聚居地。在金沙江流域的云南省范围内发现的旧石器时代文化遗址也比较多，从旧石器时代早期的元谋人，到晚期的丽江人、下棋柳人都有石器共存。此外还在元谋县的8个地点出土了一批细石器，器形有锥形石柱、窄长小石叶、扇形刮削器、靴形刮削器等，可能已进入中石器时代[②]。

金沙江北岸发现的古人类化石和旧石器时代文化遗址比较少，可能与工作不够有关。不过也已经有一些重要的遗址发现，如攀枝花市的回龙湾遗址、下湾遗址等。在相邻的大渡河中游，则有富林文化遗址等。2002年中国社会科学院考古研究所同志在凉山州会理县发现有细石器，预示着在凉山也可能找到重要的旧石器时代文化遗存。

攀枝花市的回龙湾遗址，金沙江北岸支流的把关河畔山腰上，是一个洞穴遗址，面积35平方米。1987年发掘，出土石制品700多件，包括石叶、石核、石片、刮削器等细石器，也有石锤、砍砸器、尖状器、刮削器等小型化的打制石器。骨器200多件，包括有骨针、骨锥、骨镞、凿状器等。伴出的古生物化石有20多种，有些属于绝灭种。回龙湾遗址的年代大约在距今20000年至12000年间，处在旧石器时代末期到中石器时代[③]，它与北方细石器文化传统和云南、西藏的一些细石器遗存有一定的关系，对研究金沙江地区古文化谱系有特殊的意义。

---

① 李有恒：《云南丽江盆地一个第四纪哺乳类化石地点》，《古脊椎动物与古人类学报》1961年第2期。云南省文物博物馆：《云南省古代文化的发掘与研究》，《文物考古工作三十年》，文物出版社，1979年。

② 云南省文物考古研究所：《云南省文物五十年》，《新中国考古五十年》，文物出版社，2000年。

③ 晏德忠：《攀枝花市发现旧石器时代晚期洞穴遗址》，《四川文物》1988年第1期。

富林旧石器时代文化遗址位于大渡河北岸三级阶地上，1972年发掘出土石器标本5000多件。石料以燧石为主，器形有刮削器、尖状器、端刮器、砍砸器、雕刻器等，具有"华北小石器传统"特征，时代在距今数万年前的旧石器时代晚期[①]。虽然富林文化不属于金沙江流域，但它处在南北文化交流带的重要环节上，对探索金沙江地区旧石器时代具有借鉴意义。

处于金沙江北部的重要支流安宁河流域，目前还没有发现旧石器时代文化遗存，但这里的地理、气候条件，与金沙江南部支流的龙川江元谋谷地相似，在它的南、北面，都已经有重要的古人类化石和旧石器时代文化遗址发现。安宁河流域处在大西南南北走廊的核心地区，也应该有旧石器时代的文化遗存。会理细石器的发现也许是个良好的信号，希望通过进一步的调查，使凉山地区的旧石器时代考古有突破性的进展。

二、新石器时代考古

新石器时代金沙江流域的古文化遗存数量大大增加。在金沙江南岸的云南省范围内，已发现新石器时代文化遗存380余处，其中居住遗址170处，可分为十多个地区类型[②]。属于金沙江流域的主要是在云南中北部以元谋县大墩子遗址为代表的"大墩子类型"、云南中部偏西以宾川县白羊村遗址为代表的"白羊村类型"、云南东北部以昭通市闸心场遗址为代表的"闸心场类型"。

大墩子遗址位于金沙江南部支流的龙川江下游的元谋谷地，发现柱洞密集木骨泥墙式的长方形房屋建筑15座，瓮棺葬、屈肢葬、断肢葬、母子合葬等多种形式的墓葬，有些死者以大石压身。石器有斧、

---

① 张森水：《富林文化》，《古脊椎动物与古人类》第15卷第1期，1977年。

② 云南省文物考古研究所：《云南省文物五十年》，《新中国考古五十年》，文物出版社，2000年。

钵、镞、穿孔石刀，还有大量骨器、角器。陶器以夹砂褐陶为主，均为手制。多划纹、绳纹，器形均为平底，以小底鼓腹罐为主，还有钵、杯、瓶、壶等。大墩子遗址碳14测定年代为距今3225±90年[①]。与大墩子遗址面貌相似的还有永仁县菜园子遗址和龙川江流域的诸多遗址，共同构成了"大墩子类型"。它的器物特征与金沙江北岸安宁河流域的礼州遗址有较多相似之处，过去曾将它们合称为"大墩子—礼州文化"，现在看来其间还有较多的差别，可以划分为不同的文化，或一个文化的两个不同类型。不过大墩子类型与金沙江北岸有密切的联系，大墩子出土的陶鸡形壶就与大渡河中游狮子山遗址出土的陶鸡形壶十分相像。这一地带的文化关系值得进一步研究。

宾川县白羊村遗址在金沙江支流的宾居河畔，文化层厚达4米。发现柱洞较粗大的长方形房屋建筑。在24座竖穴土坑墓中，有16座为"无头葬"的特殊葬式。石器以新月形穿孔石刀和梯形石斧为主，未见穿孔蚌刀。陶器以圜底器为主，器形有圜底罐、匜、钵等。白羊村遗址碳14测定年代为距今3770±85年[②]，它与大墩子类型文化面貌有很大的不同，被称为"白羊村类型"。

"闸心场类型"分布在云南东北部牛栏江流域，包括昭通闸心场遗址和鲁甸马厂遗址等。这些遗址常常沉没在草煤层下面，是一个值得注意的问题。陶器有泥质红陶、泥质黑陶、夹砂灰陶，有些黑陶打磨得平滑光亮。器形多带耳器，有单耳罐、单耳细颈瓶、曲腹钵、葫芦形勺等。石器以梯形石斧为主，出现少量有段石锛和半月形穿孔石刀。"闸心场类型"是一个独具特色的地方文化类型[③]。

在金沙江北岸的四川省范围内，新石器时代文化遗存也呈现出多样化的面貌。从金沙江安宁河流域考古调查开始，又经过六江综合调

---

① 云南省博物馆：《云南元谋大墩子新石器时代遗址》，《考古学报》1977年第1期。

② 云南省博物馆：《云南宾川白羊村遗址》，《考古学报》1981年第3期。

③ 云南省文物工作队：《云南昭通马厂和闸心场遗址调查报告》，《考古》1962年第10期。葛季芳：《云南昭通闸心场遗址发掘》，《考古》1960年第5期。

查、文物普查、二滩工程考古调查和近两年凉山州博物馆、中国社科院考古所对早期古遗址进行的补查等工作，目前凉山州和攀枝花市发现并拟上《中国文物地图集》的新石器时代遗址已有40余处，还有不少采集点，取得了新的重要资料。

这些遗址主要分布在金沙江的一些支流谷地上，以安宁河流域最多，还有雅砻江的支流梅雨河（盐塘河）、三元河，普格县的西罗河等。从已有的资料看，这批遗址呈现出复杂多样的文化面貌。由于只有礼州等个别遗址经过正式发掘，还不能准确地对攀西地区的新石器时代遗址进行文化类型的划分。这里就主要遗址的特征做些分析介绍。

礼州遗址是安宁河流域最重要的新石器时代文化遗存之一，位于西昌礼州镇安宁河东岸三级阶地上。1984～1986年进行了三次发掘，文化层厚1米左右，分上下两层。下层有火塘、陶窑和使用过的石器，可能是早期人们生产生活的遗址；上层发现有十几座长条形的土坑墓，说明晚期已作为公共墓地。墓葬的形制比较特殊，在4～8米长的浅坑两端各放置一组器物，品种、数量大体相等；中间空2米左右，放置尸体。陶器主要出土在墓葬中，均为夹砂陶，以灰褐、红陶为主，火候不高不匀，常有夹色。纹饰以刻划纹为主，还有锥刺纹、附加堆纹等。器形以平底为主，有少量圈足器。典型器物有大口深腹罐、喇叭状小口瓶、管状带流壶、桶形罐、双联罐、单耳罐、双耳罐，及钵、碗、盆、杯、碟、盘等。打制石器有盘状和长条形砍砸器；磨制石器有半月形穿孔石刀、斧、钵、凿、纺轮、网坠、磨石等[①]。

礼州遗址在安宁河流域有一定代表性，附近也发现一些与之相似的遗址，被命名为"礼州文化"。在安宁河流域，相继发现的十多个遗址也有多样性的面貌，虽然仅凭调查采集的资料不足以确定新的文化或类型，但有些遗址反映出比较特殊的面貌，如横栏山遗址、横南山遗址

---

① 礼州遗址联合考古发掘队：《四川西昌礼州新石器时代遗址》，《考古学报》1980年第4期。

等，值得进一步分析研究。

横栏山遗址位于西昌邛海东侧一条小山梁——横栏山背面山坡上，文化层厚达2米左右，已采集有陶片上千件、石器上百件。陶器以泥质灰陶和夹砂褐、红陶为主，火候较高，质地坚硬。多采用轮制，形状规整。纹饰丰富，有附加堆纹、锥刺纹、压印纹、网纹、绳纹、乳钉纹等。常在口沿上饰花边状或波浪状花纹。典型器物有敞口平底罐、敛口钵、盘口瓶、带流壶等。石器有长梯形打制石斧、磨制精巧的梯形石钵、半月形穿孔石刀、柳叶形箭镞等[①]。它具有发达的新石器时代文化的一些典型特征，可能是比礼州遗址时代略早的另一种文化类型。

横南山遗址位于西昌泸山西坡一条东西走向小山梁——横南山南侧山坡上，坡下为安宁河宽阔的河谷，文化层厚0.9米，发现有灰坑4个。陶器以夹砂灰褐陶为主，有少量泥质黑陶。纹饰有绳纹、划纹、弦纹、附加堆纹、锥刺纹、压印纹、网纹、波浪纹等。典型器物有磨光黑陶豆、尊、花边口罐、陶盏等。石器有梯形石斧、石刀等[②]。它的磨光黑陶等特征，在安宁河流域比较少见，而与昭通闸心场遗址有相似之处，二者的关系值得注意。从总体面貌看，横南山遗址的时代有可能晚到商周时期。

从上述情况可以看出，安宁河流域存在着多种不同时期的文化遗存。从绝对时间来看，这一带的新石器时代遗址可能晚到3000年或更晚时期。今后需要通过正式的发掘和深入的研究，找出它们之间的相互关系，建立本地区的文化序列。

除了安宁河流域，在金沙江及雅砻江的另一些支流上，也有不少新石器时代遗址。

普格瓦打洛遗址群位于金沙江的小支流——西罗河和普格河两岸，

---

① 西昌市文物管理所:《四川西昌市横栏山新石器时代遗址调查》,《考古》1998年第2期。

② 凉山州博物馆、西昌市文物管理所:《安宁河流域的古遗址调查》,《四川文物》2000年第1期。

包括瓦打洛、小兴场、田坝、中村、团田等遗址。它们在地理环境、文化面目上有相近之处，如石器标本多为半月形石刀、条形石斧，陶器多为侈口束颈平底的罐、瓶、杯、钵等。瓦打洛遗址地层堆积可分为上下两层，下层发现有长方形窖藏坑，上层发现有墓葬5座，遗址晚期已成为氏族墓地。出土的陶器以泥质灰陶和磨光黑陶为主，亦有少量泥质橙黄陶和夹砂灰陶；以泥条盘筑法和手捏为主，火候较高；器型均为平底，多为侈口或敞口；纹饰不发达，仅有叶脉印纹、锥刺纹等，有个别扳耳器，还有少数器物口沿上饰锯齿状花纹；主要器形有罐、瓶、杯、碟、纺轮等。石器磨制精细，器形以石斧最多，多为条形或梯形，还有石锛、石刀、石镞等。遗址和墓葬中还出土有骨镞、骨珠项饰、骨贝、海贝等器物①。瓦打洛遗址的文化特征特别是陶器器形与礼州遗址、横栏山遗址有相近之处，又具有一定的地方特色。同时它的陶器又与安宁河流域的大石墓，如米易弯丘的大石墓有相似之处，可能有某些联系。

此外，在雅砻江的支流盐源县梅雨河流域发现了轿顶山等遗址②，盐边县三元河流域发现了红星等遗址（二滩文物调查资料），会理县城河流域发现了东咀等遗址，会东县参鱼河流域发现了刘家湾遗址等（文物普查补查资料），表明金沙江这些小的支流上也有较早的文化遗存。由于发掘工作不够，还不能确定具体的文化类型。

总体上看，金沙江流域新石器时代文化遗存已相当丰富。南北两岸已发现上百个遗址，可确定的有四五个文化类型。这些遗址呈现出多种多样的面貌，其间又有一定的文化关系。有些遗址的时代可能晚到距今3000年左右，并可能与后来的"西南夷"有某种关系。深入研究这些遗址及它们之间的相互关系，建立本地区的文化序列，将对探索金沙江流域古代历史和文化特色，具有重要的作用。

---

① 凉山州博物馆、文化馆：《四川普格县新石器时代遗址调查简报》，《考古与文物》1982年第5期。

② 四川凉山州博物馆、四川盐源县文化馆：《四川盐源县轿顶山发现新石器时代遗址》，《考古》1996年第9期。

三、商周时期考古

商周考古是金沙江流域考古研究较为薄弱的环节，但也有了一些重要的发现，为我们提出了新的研究课题。其中比较突出的是西昌大洋堆遗址和剑川海门口遗址的发掘。

大洋堆遗址在西昌经久安宁河东岸一级阶地上，为一个人工逐步堆起来的马鞍状土丘，南北长180米，东西宽45米，丘顶高出周围地面13米。1995年进行发掘，文化堆积可分为六层，自下而上分别为商周、春秋、战国、汉代、明清、近现代文化层。这样大的人工土堆出现在宽阔的河谷阶地上，必然有其特殊的作用，特别是商周有春秋时期最初形成的原因，有可能与某种祭祀活动有关，对研究金沙江安宁河流域的古代文化具有特殊的意义。

大洋堆遗址最下面的第六层（商周层）是人工堆放的红黄土层，厚达3米左右，发掘了9座土坑墓，出土有无胡戈、短剑等铜器和豆、尊、罐、钵、簋等陶器。这些具有商代风格的墓葬和器物为何会出现在安宁河流域，目前还是个谜。大洋堆遗址第五层为红土层，厚2～3米，发掘出24座祭祀坑，坑内一小陶罐套住有洞的大罐底部，口向丘顶，时代推测在春秋前后，这些奇异的器物坑可能有其特别的用意。大洋堆第四层为红褐土层，厚1～2米，发掘出多座大石墓，时代在战国前后。遗址可能从此被用于墓区，汉代层中发掘出的也主要是砖室墓等。从明清和近代，这里也都是坟山，人们可能已不了解其早期的作用。但在战国以前，至少在春秋时期大量出现器物坑的阶段，这里可能是某个民族或氏族部落重要的祭祀活动场所，在当地历史进程中占有独特的地位[1]。

剑川海门口是金沙江南云南境内一个较为特殊的商周时期的古遗址。遗址位于剑川城东剑海湖畔，1957年出土了陶器、石器、骨器、

---

　① 发掘资料存西昌市文物管理所。

角器，其中有14件铜器，器形有斧、镰、夹、鱼钩等。同出的还有石制的铸范，说明这批铜器是在当地生产的。海门口遗址经碳14测定年代为距今3115±90年，相当于商代晚期。这是目前所知云南最早的青铜器文化遗址，表现出比较特殊的面貌。它证明至少在商周时期，金沙江以南的青铜文化已经发展起来[①]。

商周时期金沙江流域的青铜文化还只是一些重要地点和线索，但它们对研究西南地区古代文化的发展及其相互关系，探索西南丝绸之路的形成具有重要的意义。在安宁河流域还发现一些商周时期的古遗址，有些器物特征与大洋堆遗址相近。像大洋堆遗址这样独立于河边平坝上的土堆还有多处，当地亦称之为"粮堆"或"梁堆"，常常是历代的墓地。据说在昭通地区也有不少"粮堆"或"梁堆"，多有汉以后的墓群发现。这是一个值得深入研究的文化现象。

四、"西南夷"考古

到了青铜时代晚期，即春秋战国时期直到汉代，金沙江流域的青铜文化得到迅速的发展，形成了几个相对独立的青铜文化中心。这一带正是汉代司马迁《史记》中所记载的"西南夷"地区，近年来"西南夷"中几个较大民族的考古学文化已大体找到，因此可以把青铜时代晚期的金沙江考古概括为"西南夷"考古。

根据《史记》《汉书》《后汉书》《华阳国志》等书记载，处于金沙江流域的"西南夷"主要有：以"滇最大"的"靡莫之属以什数"；"自滇以北"，以"邛都最大"的"君长以什数"；"其外西"，"名为嶲、昆明"，"毋常处，毋君长，地方可数千里"；"自嶲以东北，君长以什数，徙、筰最大"，即以滇、邛都、嶲、昆明、徙、筰为主体的数个民族集

赵殿增卷

389

① 云南省博物馆：《剑川海门口古文化遗址清理简报》，《考古通讯》1958年第6期。中国社科院考古所实验室：《放射性碳素测定年代报告（三）》，《考古》1972年第5期。

团。目前已发现的青铜时代晚期文化，为探索西南夷创造了条件，有的已经取得了较大进展，如滇文化和滇国。其中滇、嶲、昆明主要分布在金沙江以南的云南境内；邛都、徙、笮主要分布在金沙江以北的四川境内。这一时期的考古学资料已很丰富，本文主要介绍一下四川境内的简要情况。

（一）大石墓与邛都夷考古

大石墓是安宁河流域一种独特的墓葬。自从1975年"金沙江安宁河流域联合考古队"调查发现和在西昌坝河堡子①正式发掘以来，已在安宁河流域7县市400多千米长的范围内，发现有100多座大石墓，清理发掘了40多座，出土文物1500多件，较重要的有西昌西郊、巴河堡子、米易弯丘、普格小兴场②、喜德拉克③等处大石墓，取得了较丰富的研究资料。

大石墓主要分布在山脚斜坡上，用大石块围成狭长的墓室，再用大石盖在墓顶上，墓门简单封堵，可以开启，墓内堆放尸骨和器物。大石墓大体分三种形式：长方形，为较早的形式；长条形，是主要形式；丁字形，是较晚出现的形式。大石墓以二次捡骨葬为主要葬式，每座墓埋葬十余到上百人不等，而且常常是多次葬入的，是一种比较特殊的葬俗。以大石为墓则可能是"大石崇拜"习俗的反映。

大石墓中随葬品以生活用具和装饰品为主，包括陶器、石器、铜器等。陶器有泥质灰陶、磨光黑陶、泥质橙黄陶和夹砂灰陶等。器形以平底为主，有少量圈足器，多为侈口或敞口，多带流、带耳器。纹饰有

① 金沙江安宁河流域联合考古队：《西昌坝河堡子大石墓发掘简报》，《考古》1976年第5期；《西昌坝河堡子大石墓第二次发掘简报》，《考古》1978年第2期。
② 凉山州博物馆、普格县文化馆：《四川普格小兴场大石墓》，《考古与文物》1982年第5期。
③ 凉山州博物馆、喜德县文化馆：《四川喜德县清理一座大石墓》，《考古》1987年第3期。

划纹、弦纹、网格纹、波浪纹、叶脉印纹等，有些还施红色或黑色陶衣。主要器物有带流壶、深腹瓶、侈口平底罐、簋形器、单耳罐、双耳罐、杯、觚形器等。其中细泥磨光施黑陶衣、红陶衣的壶、杯、觚形器等较有特色。铜器主要是身上佩戴的装饰品，如发饰、手镯、臂鞲、扣饰等，也有刀、剑、矛、镞等小型工具和武器。晚期墓葬中还出土有铁刀、西汉五铢、新莽"人泉五十"铜钱等，如喜德拉克大石墓[①]。

根据墓葬形制、出土器物和测定年代，有的学者将大石墓分为三期。早期以西昌天王山M10和关山M4为代表，为只出陶器和石器的小长方形墓，器形古朴，时代约为春秋到战国早期；中期以坝河堡子M1和普格小兴场BM2等为代表，主要出土铜器和大量陶器的长条形墓，时代为战国直到西汉前期；晚期以喜德拉克大石墓为代表，出现铁器和汉代钱币，出现丁字形墓，时代为西汉后期到东汉初[②]。经碳14测定，中期偏早的普格小兴场AM1、BM2的年代分别为距今2470±75年（树轮校正距今2400±75年）和2470±85年（树轮校正距今2440±85年）；而喜德拉克大石墓年代已到新莽以后，前后延续时间四五百年。

大石墓的起源与本地区的新石器时代文化有着密切的关系。作为大石墓主要器物有带流壶、深腹瓶、侈口平底罐、簋形器、单耳罐、双耳罐等，均可以在当地的新石器时代文化遗址，如礼州遗址、瓦打洛遗址、三分屯遗址的陶器中找到渊源关系；长条形大石墓的平面形状乃至器物放置方法都与礼州遗址的土坑墓相仿；大石墓又常常叠压在上述新石器时代遗址之上。大石墓可能是在本地区的新石器时代文化的基础之上，吸收石神崇拜习俗和外来文化因素的影响发展起来的[③]。

大石墓兴盛于安宁河流域的数百年间，正是西南夷在此活动的时期。目前学者比较一致地认为大石墓可能是西南夷中"邛都"夷的遗

---

① 凉山州博物馆、喜德县文化馆：《四川喜德县清理一座大石墓》，《考古》1987年第3期。

② 参见刘世旭《试论川西南大石墓的起源与分期》，《考古》1985年第6期。

③ 参见刘世旭《试论川西南大石墓的起源与分期》，《考古》1985年第6期。

存。从地域上看，这正是"自滇以北"，"君长以什数"，以"邛都最大"的地区；从时间上看，它正处在春秋战国到汉代西南夷最活跃的时期；从文化内涵看，它们与《史记》所说"耕田、有邑聚"的风俗相符合。大石墓分布最多的安宁河中游西昌市一带，古称"邛都"，湖名"邛海"，汉武帝开西南夷时在此设"邛都县"，都说明"邛都"正与大石墓分布的范围相合。据《汉书·西南夷传》《后汉书·南蛮西南夷列传》记载，新莽时邛人首领任贵"自立为邛谷王"，东汉初反叛被诛，"徙其家属于成都"，"邛都夷"从此衰落，也与大石墓基本消失的时间相吻合。

从大石墓确认古代"邛都夷"的历史与文化，是继"滇文化"之后，近20年来西南夷考古的又一重要收获。今后还需要对大石墓的分布、分区、分期、内涵，与当地古遗址及周围文化的关系，特别是它所表现的社会、经济、文化面貌，在金沙江流域古文化中的地位等问题，进行深入的探讨。

（二）盐源铜器群与笮都夷考古

在"邛都夷"考古较为明朗时，"笮都夷"考古还是一个谜。近几年来在盐源县附近发现有数百件形态独特的青铜器，为解开这个谜提供了重要的实物资料。

盐源县青铜器群分布在雅砻江中游的一条小支流——梅雨河（盐塘河）流域。这里是一个断陷盆地，海拔2300～2700米，地势宽阔平缓。青铜器出土于双河乡毛家坝、千海乡十五股、曹家湾、轿顶山、马海塘以及梅雨乡等处，大多数为盗墓所出①。近两年凉山州博物馆在毛家坝进行了抢救发掘，证明这一带分布着许多土坑墓，有的土坑墓还有木椁等葬具，随葬有丰富的器物。毛家坝墓葬群出土的器物规格较高，

---

① 凉山州博物馆、西昌市文物管理所、盐源县文物管理所：《盐源近年出土的战国西汉文物》，《四川文物》1999年第4期。

有可能是该文化的中心墓葬地。由于绝大多数器物是收集品，暂且用"盐源铜器群"称之。

这批青铜器以武器为主，数量最多，占铜器总数的三分之二以上，主要器形有山字形格剑、铜柄铁剑、圆形和斧形有銎钺、三角窄长援戈、长骹双耳矛、三角形箭镞、弧背双柄刀等。说明这是一个尚武的民族，但其武器主要是借鉴或直接引入周围民族的产品，如三角窄长援戈主要具有滇文化的风格，山字形格剑和铜柄铁剑的风格与川滇西部的石棺葬文化相似，圆形和斧形有銎钺及长骹双耳矛等与巴蜀文化同类兵器相似，只有弧背双柄刀等具有较明显的本地区风格。这也说明盐源铜器群具有多元文化交汇的特色。

盐源铜器群中代表本文化特征的主要是宗教用品、乐器和装饰品。宗教用品中以"枝形器"和铜杖为代表，"枝形器"是一种树枝状的扁平器物，长15～20厘米。树枝上圆形饰物，或许是象征太阳或财富，树端常有一对马，一人居中作牵马状。树干如长签，可插在地上或器物上使用。也有些"枝形器"下端有銎，形成可安柄的"杖首"。"枝形器"数量、品种较多，可能是盐源铜器群中较常用的一种宗教用品。另外还有几件铜杖，杖首为鸟形、羊头形或人形，杖身上有密集的纹饰，有的杖两旁还插两排饰片，上面各有虎三只。从形态和作用来看，枝形器和杖形器与三星堆文化的"神树"有某种类似之处，可能具有较丰富的宗教含义。

盐源铜器群中的铜鼓和铜铃，器形特征受到滇文化的强烈影响，但从技术和纹饰风格看，它可能是在本地铸造的，表明这里也出现了自己的礼仪用品。装饰品中的镯、泡、带钩、发钗等，都有浓郁民族特色。

盐源铜器群的时代大约在战国至汉代。在此地发现的陶器，主要是各式各样的双耳罐、单耳罐，器形与滇西部的石棺葬文化的同类陶器相似，有自己的特征，说明它们可能是在同一个大的系统下的某个文化或类型。

盐源盐边一带汉代以来就称为"笮"，汉武帝时曾在此设"大笮""定笮""笮秦"三县，可能就是《史记》等书所说西南夷中"笮"人活动的中心地带。这次盐源铜器群和众多土坑墓的发现，可能就是西南夷笮人的文化遗址群。盐边县西牛山发掘的土坑墓群中，出土了山字形格剑、三角窄长援戈等铜器，双耳罐、单耳罐等陶器，器形与盐源铜器群的同类器物相似，或许可以为"笮"人考古提供一些新的佐证。

（三）石棺葬与西南夷考古

金沙江北侧的凉山州攀枝花市境内，还发现有一批战国秦汉时期具有地方特色的文化遗存，主要是各地的石棺葬、石板墓和土坑墓群。经初步调查发掘的有：盐边县渔门等处的石棺葬、昭觉四开等处的石板墓①、会理类箕湾土坑墓群等。其共同特征是以双耳罐、单耳罐、侈口深腹罐、矮圈足的豆或尊等陶器为主要随葬品，多以石板作棺。只是在器形的高矮胖瘦、纹饰的粗精作风、同出铜器等的不同特色等方面表现了各自的不同特点。从严格意义上讲，安宁河流域的大石墓、盐源铜器群所在的土坑墓群也属于这一个大的文化系统之中，这种情况表现出当时这一带的文化有某种共通性，可能就是司马迁将它们归属于"西南夷"的原因之一。但其他地区又常常是"君长以什数"，并非是统一的整体，所以出现了较为复杂的文化现象。目前除了安宁河流域的大石墓可能是邛都夷、盐源铜器群的土坑墓可能是笮都夷的遗迹之外，其他遗存的族属尚未有定论，需要做更加深入细致的工作。

形成这样一个文化群体，可能还与羌人的南下有关。史书记载西北的羌人曾多次南迁。《后汉书·西羌传》云，春秋时期渭河一带的羌人"畏秦之威，将其种人附落而南……其后子孙分别，各自为种，任随所之。或为牦牛种，越西羌是也"。羌人的不断南下，带来了以双耳罐

---

① 凉山地区联合考古队：《凉山州昭觉县石板墓发掘简报》，《凉山彝族奴隶制研究》1977年第1期。

等为特征的文化，这是形成川西南高山峡谷区春秋战国秦汉文化有某些共同性的重要原因之一，但它们并非孤立地保守着自己的习俗，而是"任随所之"，并且"各自为种"，大多融入了当地的原有文化之中，形成了各具特色的一大批地域性文化。有一些本地文化的影响很小，出现了以原有文化传统为主的新的文化。这可能就是金沙江流域复杂多样的"西南夷"文化形成的重要原因之一。我们应根据实物资料做具体深入的分析研究，以期更好地揭示古代文化和民族发展的本来面貌。

金沙江流域的考古课题还有很多，如秦汉考古、佛教考古、民族考古、古城考古、地震考古等。其中"西南丝绸之路"考古占有重要的地位，因为金沙江安宁河流域是一个南北贯通的文化走廊地带，各种文化的交汇一直是该地区文化发展的主题。从上述资料看，不仅是汉武帝派司马相如等通"西南夷"之后，而且从石器时代到青铜时代，这里都是古文化的汇集和交流之地。从某种意义上也可以说，"金沙江文化"是多元文化的有机融合，正像三峡文化、西域文化那样，是一种走廊地带的地域性文化。以"西南丝绸之路"为突破点，研究各种文化的交流与发展，是"金沙江文化"的主要课题之一。

（原载《中华文化论坛》2002年第4期）

绵阳文物考古札记

绵阳地处川北要冲。它外挟剑门蜀道江油雄关之险隘，内附成都平原沃野千里之天府，加之涪江两岸的中坝、涪城、三台等富饶的小平原，如珍珠相串，水陆四通，历来为川北重镇和巴蜀与中原交往的重要通道。自古以来，人杰地灵，文物十分丰富。1990年10月，笔者参加文物鉴定，有机会见到绵阳市属各县丰富的文物，在这里谈点感想。

一、边堆山遗址与麻秧玉石器坑
——巴蜀古史研究的重要新线索

边堆山新石器时代遗址位于绵阳西南约7.5千米，安昌河南岸一个高50余米的小山梁上。据考察所见，山梁东部为一个馒头形孤立山包（"斗山"），高约百米，濒临江岸，遗址背山面川，分布在山梁两侧较缓的坡地上，尤以向阳坡上最为集中。这种地理形势，与汉源县大渡河西南背依山包（"狮子山"）、山梁向阳坡面的狮子山新石器遗址相似，与广元邓家坪、张家坡遗址也有些类似，它们不是处在河流阶地上，而是分布在浅丘山梁坡地上面，属山地文化类型的遗址。联系到夏商时期处于原生黄土高地上的三星堆等遗址，商周以后处于河边冲积阶地上的十二桥、指挥街等遗址的地形特征，大约可以摸索出这样一个规律，即四川新石器商周遗址有一个从山地、台地逐步向河边阶地上发展的过程。这可能与古代人们控制水患的能力逐步增强有关，也同史籍中关于蜀人远祖从山区到平川的记述有些吻合。这一现象，给我们寻找古人的遗址踪迹提供了有益的经验。边堆山遗址1952年发现，1989年进行了两次发掘，资料正在整理中。从调查资料看，它"相当于中原地区龙山文化早期阶段"[1]，距今"大约5000年前"[2]。其文化特色比较明显，尤其以陶器中平底器为主，口沿常为波状和锯齿状唇边，夹砂陶器多并常饰中细绳纹，有些绳纹一直饰到口沿之上的特征更为突出，在一定程度上可以作为这类文化的代表性特征。近几年四川省广汉三星堆遗址下层（一期文化）、忠县中坝遗址下层（一期文化）、通江擂鼓寨遗址、广元邓家坪遗址以及汉源狮子山等遗址的调查发掘中，也发现了具有类似于上述一些特征的文化遗存。从总体面貌看，它们文化类型可能有许多不同，应是另一个时代的文化遗存。现在大家初步把它们定为新石器时代晚期，大约相当于龙山文化时代。随着上述古遗址资料的整理和进一步的调查发掘研究，可能为揭示四川"龙山时代"文化有所启示。

巴蜀文化是四川考古研究的中心课题。近年绵阳市盐亭县麻秧乡出土的一组石璧，又为此提供了新线索。

麻秧石璧共10件，均用灰绿色片岩制成。这种石料经打磨加工后，可以显示出一些类似玉质的墨绿色花纹和浅淡的光泽，与广汉三星堆所用石料相同。从形态和制法分析，其中一件应为半成品，它所反映出的制作方法是：先将片状石料四周用双面打击法打成盘状，随即在中部钻孔。从钻痕看，使用的是管状钻孔工具，单面钻研，磨痕细腻，可能边钻边添加水、砂等助研剂。这件石璧孔尚未钻通，钻芯还留在孔内，可能是由于边缘残断而中途放弃继续加工的。这种反映工艺过程的半成

① 中国社科院考古所四川队：《四川绵阳边堆山新石器时代遗址调查简报》，《考古》1990年第4期。

② 何志国：《绵阳发掘边堆山新石器时代遗址》，《四川文物》1990年第2期。

品，是我们研究石璧制造方法的绝好材料。这件半成品还证明这批石璧是在当地制作加工的。"石璧"半成品和璧芯残件，在广汉三星堆遗址中发现很多，形态制法也完全相同，二者应属一个文化类型。另外9件石璧其前一阶段制法与前述相同，待单面钻孔的钻芯脱落之后，孔不再加工，形成一面大一面小的圆孔。然后再将石料平面和边缘打磨抛光，制成石璧。9件石璧规格整齐成套，由大到小，直径依次递减，可能是有意制作。

我们还可以从出土情况分析其用途。这组石璧出土于盐亭县南10余千米的麻秧乡打鱼嘴村，梓江南岸高约200米的"大坡山"山顶一个长方形土坑之中。梓江从剑门山脉流来，在这里呈S形绕大坡山而过，向南流去，在射洪汇入涪江。在大坡山下打鱼嘴村附近形成一个宽阔的台地，非常适合于人类活动。土坑在山顶南侧，背山面川，比山峰最高点低10余米。坑下方是较陡的山坡，附近均不适于古人居住，也不适合作为墓地。这个土坑应是特意选择在山顶上单独埋藏器物用的。土坑为长方形竖穴，东西方向，横对山头，尚存坑之北壁、东南壁和坑底的残余部分。坑长3.2米，东端残宽1.6米，西端残宽1.2米，北壁尚存高度1.3米（东端）至1米（西端），南壁已毁。据发现石璧的农民介绍，石璧出在坑底北侧，从东面起由大到小排成一列，平置坑底。坑内还有一小块玉器残片出土，惜已遗失。这种情况，与1929年广汉三星堆燕家院子土坑出土石璧情况相似。据1934年葛维汉、林名钧对玉器石璧出土地点的清理发掘，"始悉其地为一长方形坑，长约七尺，宽五尺，深三尺"，与麻秧石璧土坑形状相同。"葛（维汉）氏据董（宜笃）君所闻，谓璧在地中布置，由小而大，分为三道，一列坑左，一列坑右，一列坑面，形如长方坑之装饰"，"石璧约二十余枚……大小薄厚，无一相同，孔径则一面较他面略大，其为石凿切以成，甚明。最大石璧……径约七十公分，孔径十八分……最小者径十一分，孔径四分"[1]。

① 何志国：《四川绵阳何家山东汉岩墓清理简报》，《文物》1991年第3期。

两处出土石璧虽然大小有所不同，但质地、形制、制法、组合、土坑形状、出土情况均相同，应为同时代同种文化性质的遗物。1986年广汉三星堆发现的两个祭祀坑中，出土有大批玉石礼器，成套组合，其中亦有一些石璧[①]。这种石璧、璧芯及半成品，还常出在三星堆居住遗址的文化层中。大量半成品的发现，证明三星堆遗址内有制作玉石器的作坊。1989年，三星堆古城东北部又发现一个玉石器坑，出土有成套的石璧（已收集到大小不等的六件）、石球（已收集八件，大小相同）以及石斧、玉、玉碟、铜牌饰等。这些出土成套玉石器的土坑，我认为其性质与1986年三星堆出土的一、二号坑一样，都是"祭祀坑"（详论另撰专文）。麻秧石璧坑的地理环境、形状、摆放位置、证明它也应该属祭祀坑的性质。四川省还在达县地区南江县发现玉璧（带芯）、玉环、石凿、石斧等一组石礼器，在涪陵地区垫江县发现石钺等礼器，均与三星堆玉石器有相同的作风。麻秧等处石璧玉器的发现，扩大了早期巴蜀文化的分布范围，对我们研究商周时期全省古文化的分布、分区、分类、发展及其社会性质，具有重要学术价值。

二、大铜马与"钱树"座
——汉代造型艺术和思想信仰的结晶

绵阳市属各县到了汉代已出现了高度发达的物质文化。近年在绵阳、三台、江油、梓潼等地发现大批汉晋六朝墓群，出土众多的文物珍品，反映了这一时期的社会状况。近年发现的大铜马与钱树座，具有很高的艺术和历史价值，可作为其中突出的代表。

绵阳何家山汉墓出土的铜马，是目前所知我国已发现最大的汉代铜马。马高大健壮，矫健轻盈，比例匀称，神态逼真。牵马俑则老成

---

① 陈德安、陈显丹：《广汉三星堆遗址一号祭祀坑发掘简报》，《文物》1987年第10期；《广汉三星堆遗址二号祭祀坑发掘简报》，《文物》1989年第5期。

持重，平漠呆板，身高仅有铜马之半，形成鲜明的对照和强烈的反差。从制作技术看，铜马薄仅3～4毫米，光洁平整，铸造精良。头、颈、尾、四肢、躯干前、后段等九部分分开铸造，接头用子母口和铆钉铆合，在铸造工艺史上有很高科学价值。制作这样神勇高大、精美雄健的铜马，在当时是一件大的工程，应有其特殊的用意和作用。四川东汉墓随葬品中，常常是以马的个体最大，制作最精良，其单体往往比一般陶俑高一倍左右。如绵阳西山1956年出土的陶马、成都出土的大陶马、灌县出土石马、乐山出土的陶马以及最近乐山市发现的大型石马，体高身长都在一米以上。这些高头大马，均无人骑驭，一个个傲然站立，神气十足，有的还备有马鞍，也有牵马俑。这些大型骏马的发现，除了反映汉代人对马的偏爱和雕塑艺术的高度成就外，还有骏马本身的特殊意义。有人认为这是"天马"，有人则认为是战马。我认为它应是载乘墓主人送入"天门""天国"的坐骑，是具有送主升天的超凡功力的神马，因此它在随葬品中占有特殊的地位。我们通过对汉画的综合研究，认为四川盛行的"汉画，包括两个重要组成部分：一是以'天门'（阙）为开端，以西王母为主神，由日、月、四灵等守护，仙人散居，可提供'不死之药'的天国图景；二是以车骑为仪仗，以迎谒、宴饮、舞乐、求药、燕居、市井以及各种生产活动为线索贯穿在一起的送迎墓主人进入'天门'并在其中享用美好生活的整个过程。这两方面汇合在一起所表现的是企望'升天成仙'这样一个主题思想"[①]。神马在这一过程中，处在已将主人送进"天门"（阙），完成使命后，休整时的状态，表现出洋洋自得、踌躇满志的神情。这种骏马送主的情景，在四川汉画像石上也有。宜宾出土的两具石棺上的"迎客图"，"客人"已从马上下来，正与"迎谒者"寒暄问候，身后牵马俑拉着的正是这种送主人前来的骏马[②]。灌县石棺"双阙图"，二人正在双阙中的"天门"内作迎

①　赵殿增、袁曙光：《"天门"考——兼论四川汉画砖（石）的组合与主题》，《四川文物》1990年第6期。

②　参考高文：《四川汉代画像石》，巴蜀书社，1987年，第63、74、71、61、35页。

谒状，阙身刻有雄马，拴在阙上，它正是送主人前来的神马①。彭山石棺"双阙图"，上层表现主人正被引导着进入天门，所乘骏马拴于虬枝大树下，一侍从正用桶作饮马状②。荥经石棺"饮马图"，则把饮马情景刻画得更为具体，高大的骏马拴在三叶大树下，一人从马后肩挑两桶水前来，一人在树下正提水桶让马饮水。石棺前端即为"天门"双阙，另一则为室内燕居图③。乐山麻浩岩墓上的"挽马图"，牵马人正用缰绳从后面强拉着桀骜不驯的骏马，马身上似乎蕴藏着无穷无尽的力量，这正是神马气质的生动表现④。绵阳何家山大铜马也正是属于这种完成送主人升天任务，已在休整歇息的神马。

　　谈及汉代"天门"神话传说，我们还注意到绵阳各县所出土的一批形态各异的钱树、树座、灯座上的图像雕刻，它们是四川画像石、画像砖之外，对"天门"情景的另一种艺术表现形式。绵阳市河边乡东汉崖墓出土的陶摇钱树座（白M2：4），可为其中的典型代表⑤。这是一种以"山"为"天门"途径的表现形式。树座呈山形，两侧雕刻成褶皱的山峦，正中为双阙连环的"天门"。阙身修长，主阙双层重檐，顶上同巫山鎏金牌的阙顶一样各有一尖锥状饰件。两个子阙均为单层单檐，附靠在主阙阙身外侧。门阙之上，为西王母雕像。西王母头戴"方胜"，危襟拱手，凭"几"正坐于肩生羽翼的高大龙虎座上，"几"前有三青鸟和狗（疑应为九尾狐，九歧狐尾被阙身遮挡）相戏。此树座所表现的应是"西王母"居"昆仑山"上"天门"之内的形象。关于"昆仑山"，《山海经·西次三经》云："西南四百里曰昆仑之邱，是惟帝之下都也"。说此山是天国之一部分，是上帝的下都，上此山即可入天国，西王母和许多神都居住在这里。《海内西经》云："昆仑之虚，百

①　参考高文：《四川汉代画像石》，巴蜀书社，1987年，第63、74、71、61、35页。
②　参考高文：《四川汉代画像石》，巴蜀书社，1987年，第63、74、71、61、35页。
③　参考高文：《四川汉代画像石》，巴蜀书社，1987年，第63、74、71、61、35页。
④　参考高文：《四川汉代画像石》，巴蜀书社，1987年，第63、74、71、61、35页。
⑤　绵阳博物馆：《四川绵阳河边乡东汉岩墓发掘简报》，《考古》1990年第2期。

神之所在。"《神异经》云："昆仑之山……上有大鸟……右翼复西王母，背上小处无羽一万九千里，西王母岁登翼上。"西王母居所之处，又称为"西王母山""玉山""弇山""昆山"。《山海经·大荒西经》云："西有王母之山。"《山海经·西次三经》云："西三百五十里，曰玉山，是西王母所居也。"《穆天子传》云："天子遂驱升于弇山，乃纪其于弇山之石，而树之槐，眉曰'西王母之山'。"西王母居昆仑之丘，使昆仑更具有灵气。《山海经·大荒西经》云："西海之南，流河之滨，赤水之后，黑水之前，有大山，名曰昆仑之丘……有人戴胜，虎齿，有豹尾，穴居，名曰西王母。此山万物尽有。"西王母最大的神通就是不但自己可以"生不知死"，而且还有"不死之药"，使去求药的人也长生不老，所以她成了汉代四川人们极力崇拜的主神。绵阳树座中央的"双阙"，正是昆仑山上"天门"的入口。近年在巫山、简阳出土汉画上，双阙之中有榜题"天门"二字，证实了汉代的"阙"画像表现的就是"天门"[①]。绵阳河边乡汉墓出土钱树座，将昆仑山、"天门"双阙、西王母等塑造于一处，所表现的正是"登昆仑，入天门"，"请药西姥"，以求长生不老这样一种思想观念。汉代的人们出于对神的崇敬和信仰的虔诚，借助于经济的发展和逐步趋于完善的艺术表现手法，实现了思想内容和艺术形式的统一，制作出一批具有很高水平的雕塑艺术珍品，为我们研究汉代社会提供了物证。

（原载《四川文物》1991年第5期）

[①]　赵殿增、袁曙光：《"天门"考——兼论四川汉画砖（石）的组合与主题》，《四川文物》1990年第6期。

严道古城的考古发现与研究[①]

严道是四川秦汉时期的一个著名地区，它在古代四川及西南地区的开发建设中，曾起过重要作用。因此，严道古城的考古调查、发掘与研究对于弄清四川乃至西南地区的历史、文化、民族关系等问题，具有重要价值。近年来，我们在荥经县城附近发现了"严道古城遗址"（图一），并在古城周围墓葬区发掘出一批珍贵文物。本文试就这些遗物所反映的问题，对严道古城的历史情况作一初步探讨。

一、严道古城的考古收获

严道古城的考古工作从1974年开始，1977、1978、1981、1984年相继进行了几次调查、发掘，对城址进行了勘察测绘。查清城址周围有六处古墓群，即高山庙秦汉墓群、曾家沟春秋战国墓群、烈太巴蜀石棺葬文化土坑墓群、青下坝东汉砖墓群以及高粱湾、水井坎沟两处东汉岩墓群。除青下坝汉墓未发掘外，其他五处正式清理发掘各种墓葬27座。

---

① 本文由赵殿增、李晓鸥、陈显双合著。

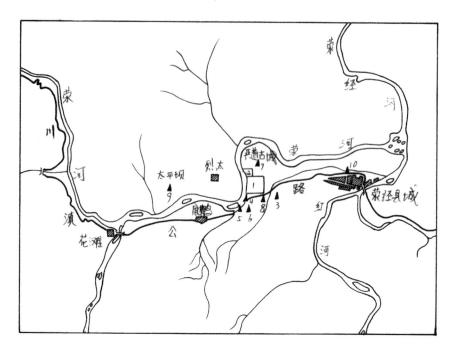

说明　1.主城　2.子城　3.曾家沟春秋战国墓群　4.高山庙秦汉墓群
5.高梁湾东汉岩墓群　6.水井坎沟东汉岩墓群　7.青下坝东汉砖墓群
8.宋庆元三年墓　9.烈太石棺葬巴蜀墓　10.同心村巴蜀墓群

图一　荥经严道古城遗址及城周墓区位置图

春秋战国墓15座[①]，清理发掘于曾家沟墓群。曾家沟与古城坪同处在荥
河南岸的第三阶地上，其间隔一名曰"打鼓溪"的小河。墓葬可分为一
棺一椁一头厢（足厢）、一棺一椁一边厢、一棺一椁、有棺无椁、有椁
无棺、棺椁皆无等六种。出土器物以漆器为主，陶器次之，竹木器又次
之，铜器极少。器物组合为：漆奁盒、圆盒、耳杯、双耳长杯，陶罐、
釜，竹筒、篮。漆器均为厚木胎，器形古朴，以素面为多，彩绘较少。
素面一般为黑髹红漆，外髹黑漆。彩绘是在黑漆之上，用红漆绘制卷
云、星云、卷草、圆点、变形兽、凤鸟、几何等纹饰。漆器上还有"成
草""番阳暗"等刻画文字。墓中棺内还常出有单块残陶片、粮食（小

---

① 四川省文物管理委员会：《四川荥经曾家沟春秋战国墓群第一、二次发掘》，《考古》
1984年第12期；《四川荥经曾家沟战国墓群第三、四次发掘》（待刊稿）。

米之类）、果核（无花果、梅子）等物。

战国土坑墓1座[1]，位于古城以西1.5千米荥河北岸的第二台地上。该墓墓坑不很规则，葬具葬式不明。出土器物以小件铜器为主，陶器次之，主要有铜牌饰、铜泡、"巴蜀图语"印章、中原式印章、铜铃、削刀等，具有浓厚的石棺葬文化、巴蜀文化特征。

秦墓1座[2]，坐落于古城遗址西南高出荥河约40米的陡崖边沿。葬具一棺一椁一头厢。出土漆器、铜器31件。漆器为木胎，多有彩绘，用卷云、几何、圆点、变形凤鸟等纹饰组成丰富的图案，器上多有朱书"王邦"二字，圆盒底部还发现烙印"成亭"字样。

西汉墓2座[3]，位于秦墓之东10多米处，与秦墓同属高山庙墓区，时代为西汉初期。葬具均为一棺一椁。出土漆器与秦墓相似，只是胎骨较薄，制作较精，彩绘纯熟，器形有盒、奁、匕、耳杯、耳杯盒等，其中素面耳杯胎薄仅0.3厘米。另出有汉初吕后时所铸"八铢半两"四枚。

东汉崖墓6座[4]，其中位于古城遗址南面山麓的水井坎沟的5座、高梁湾墓群的1座。墓葬结构简单，均为单室，由墓道、墓门、长方形墓室、壁龛等部分组成，未发现石刻浮雕。水井坎沟墓区的5座墓共出土器物51件，以陶器为主，计有罐、瓮、釜、甑、钵等，器形均为四川东汉墓常见之物。此外，还出土了铁锄、铁削刀、铁曲柄铁刀各一件，"五铢""大泉五十"等钱币23枚。

五代墓1座，位于曾家沟春秋战国墓群之中。此墓用素砖券砌而成，墓壁四周设龛。该墓早年被盗后垮塌。从残存的钵、罐等器物残片分析此墓为五代墓葬。

---

[1] 李晓鸥、刘继铭：《四川荥经县烈太战国土坑墓清理简报》，《考古》1984年第7期。

[2] 荥经古墓发掘小组：《四川荥经古城坪秦汉墓葬》，《文物资料丛刊》第4期，文物出版社，1981年。

[3] 荥经古墓发掘小组：《四川荥经古城坪秦汉墓葬》，《文物资料丛刊》第4期，文物出版社，1981年。

[4] 四川省文管会等：《四川荥经水井坎沟岩墓》，《文物》1985年第5期。

宋墓1座，位于古城坪东南端台地边缘，隔打鼓溪与曾家沟相望。清理出随葬器物60余件，以三彩釉陶俑为主，有武士、侍从、持节、人首蛇身俑等，有青龙、白虎、朱雀、玄武、狗等动物俑，灶、香炉等模型器，以及四耳罐、买地券等。据买地券推断该墓为庆元三年（1197）葬于"古城胜地"的羽姓墓。

我们多次对古城遗址进行勘察，1981年进行了测绘，基本了解了古城的面貌和周围墓群的分布情况。虽然对城址本身尚未进行发掘，但目前发现的实物资料，已为解决严道历史的疑难问题，提供了可靠的依据。

二、严道古城的位置与规模

《汉书·地理志》有"（蜀郡）严道，邛来山、邛水所出，东入青衣"，这可能是古代文献中关于严道古城位置的最早记载。应劭曰："邛水出严道邛来山，东入青衣"，指明严道县在邛崃山下，邛水、青衣江之畔。《南史·刘悛传》云："青衣水左侧并是故秦之严道地。"《华阳国志》说："邛人自蜀入，度此山，甚险难，南人毒之，故名邛崃。"《读史方舆纪要》又云："邛崃关在雅州荥经县西八十里，以邛崃坂而名……故邛人笮人分界处也。"按邛崃山即荥经大关山，邛水即今荥经河。所以《史记正义》"荥经即严道"的说法是正确的。

关于严道古城的具体地点，《读史方舆纪要》说："严道废县，今雅安、荥经、汉源三县地。治今荥经县城。"《清一统志》等书也持此看法。但是，《旧唐书·地理志》云："唐武德二年（619）置荥经县。"如果这个说法无误，距严道荒废的时间已相距甚远（详后）。因而，荥经县治的位置并不一定是严道城的位置。目前的荥经城处于河流的第二阶地上，地势极为平坦。古代四川地区民族成分复杂，战争频繁，所以，我们估计古严道城应建在地势险要便于防御的地方。我们在荥经县城附近多次调查，并未发现秦汉时期的文化遗址，只发现石器制作点、巴蜀墓葬及大量宋以后的文物。故严道古城应在荥经县城以外的其他地方。

民国十七年《荥经县志》云："县西三里为古城坪"；"县西二里下清坝为静冠城，相传诸葛武侯屯兵处"；"县北二十里为邓通城"；"瓦屋山下有孟获城"。所记四处城址，只有古城坪没有注明是何城。1974年在古城坪宋墓中出土的买地券称这一带为"古城胜地"，说明宋时此处已荒废多年。我们推测，荥经六合乡古城村（古城坪）现存的古城遗址，就是古严道城。

现存严道古城遗址位于今荥经县城西1.5千米，地处中峻山下荥河南岸的第三阶地上。台地东西长约900米，南北宽约750米，高出荥河约40米。南面为中峻山，北面陡坡下为青下坝，东面为打鼓溪，西面为荥河陡岸。荥河水从西南角向北又折向东，环绕古城坪流过，形成天然的沟堑。严道城坐落在台地西部，濒临荥河陡坎。城西南方的高山与荥河之间的狭窄的隘口是严道与外部联系的唯一孔道（今川滇公路仍从此经过），地理形势十分险要。

严道古城由主城和子城两部分组成。主城平面呈正方形，东西长400米，南北宽375米。城垣用版夯筑成，夯层厚20～30厘米，夯土中包含有汉代陶罐、钵、板瓦、筒瓦、砖等残片。东城垣已被改为路，西墙被荥河冲刷，北墙部分被改造成农田，仅南墙及东北角的城垣尚保存较好。东北角现存城墙高3.5米，宽5.2米。南墙现存高2～3米，宽5～8米，中部有一段宽达8米以上，出土有门斗石、砖、瓦等遗物，估计为城门遗迹。从遗迹遗物推断，该城门是由两扇板门组成，城门上可能还修有门楼。

子城建筑在主城西北的第二阶地上，台地平面低于主城3～5米。子城的南墙与主城北墙西段重合；东墙从主城北墙中部开始，向北直线延伸，到达第二阶地边沿，北墙沿台地边缘略呈弧线向西延至陡岩边；西墙与主城西墙一样，已被荥河水冲刷掉了。子城因地形所限，平面近似于长方形，东西长约300米，南北宽约200～270米，其城墙的建筑方法与主城相同，均为板夯筑成。现存东墙残高1.2米，宽1.5米，墙的规格形制比主城要小一些。夯土墙内也包含大量的汉代遗物。估计子城的时代与主城相近或稍晚，它可能是因后期居民增多，或由于防御之需，增建的一座附属于主城的小城。

城垣内地势平坦，暴露在地面上的遗物以陶器为主，时代多为汉代。从城门位置和城内现存道路情况看，古城以南北干道为中轴线，南北与东西干道十字交叉，形成方格式的城市建筑布局。目前可见的尚有池塘等遗迹。其他建筑基址尚待今后正式发掘。墓地都在距城500～1000米的山脚、坡地、台地上。古城东面有大片肥沃的土地空无遗迹，可能是当时的农业耕种区。从军事上看，严道城建筑在地势优越的河边阶地上，以险峻的山岩和大河深堑为屏障，易守难攻。经济上它上靠大山，下临江河，土地肥沃，资源十分丰富。古城位于四川盆地与西南高山大川交汇之处，在山岩阻峻，回曲九折的邛崃山九折坂下，实为边塞之重镇。

三、严道城存在的时间

这个问题包括两个方面的内容：一是现存城垣的时代问题；二是"严道"置废的时间问题。二者既有区别又有联系，现分别加以探讨。

关于现存城垣的时代，可以从出土遗物、城垣堆积、古城形制几方面考察。城内地面采集的陶器，绝大多数为汉代遗物，如侈口折腹小平底的陶钵，钵底常有方形印记，为四川东汉墓常见的典型器物；直口罐、绳纹瓦等也常见于汉代遗址墓葬之中。在夯土墙中夹杂的破碎的瓦片和陶器残片，绝大多数为东汉时期的器物，夯土中未见六朝以后的陶瓷器或其他器物残片。可见城垣的最后建造时间为东汉后期或稍晚。大城的形状近似正方形，具有汉代前后中国古城的一般特征；小城的建造因地形而宜，也具有较早的城垣建筑特色[①]。从两城的建造过程看，小

① 参见王仲殊：《中国古代都城概说》，《考古》1982年第5期。

城应比大城略晚，但小城的夯土中也未见到六朝以后的包含物。总之，该城现存城垣的修造时间，早不到东汉中期以前，晚可能到东汉末或蜀汉前后。同时，由于城内地面和城墙堆积层中极少有两晋以后的遗物出现，我们还进一步推断，该城在两晋时期已经荒废，并且从此再没有使用过。

严道在秦、西汉时称"庄道"，东汉避明帝刘庄之讳，始称严道。关于严道的创始时间，有几种说法：

（一）徙楚庄王之族说。《太平寰宇记》云："秦灭楚，徙严王（庄王）之族以实其地，故曰严道。"这一说法还见于《蜀记》等书："秦灭楚，徙严（庄）王之后于此，故谓之严道。"按此说，严道是在公元前223年秦灭楚后，徙楚庄王之族到此始建的。

（二）存在于汉之说。《史记·孝文本纪》曰："六年，有司言淮南王长废先帝法……群臣议，皆曰，长当弃市。帝不忍致法于王，赦其罪，废勿王。群臣请处王蜀严道、邛都，帝许之。"《正义》引《括地志》云："严道今为县，即邛州所理县也。县有蛮夷曰道，故曰严道。"此说只是表明，汉初严道确已存在，但从何时始建并未说明。

（三）封樗里子说。《史记·樗里子甘茂列传》云："秦惠王二十五年，使樗里子为将伐赵，虏赵将庄豹，拔蔺。明年，助魏章攻楚，败楚将屈丐，取汉中地，秦封樗里子，号为严君。"《索隐》云："严君是爵邑之号，当是封之严道。"表明严道在公元前312年秦封樗里子于此之时即已创建。

（四）岷山庄王说。徐中舒先生在《试论岷山庄王和滇王庄蹻的关系》[①]一文中说："蜀地严（庄）道，原以岷山庄王居此而得名。"在该文中徐先生进一步说：岷山庄王是楚庄王（公元前613年～公元前590年）的后裔，春秋战国是楚王派驻庄道的总督。公元前316年秦并巴蜀后不久，"即以岷山王国地之封其异母弟樗里子疾为严（庄）君；岷山王国

---

① 徐中舒：《论巴蜀文化》，四川人民出版社，1982年。

南迁于滇池。"按这一说法，严道创建于春秋后期战国前期岷山庄王居此之时。

我们依据考古资料再做进一步的分析。前文已讲：古城周围有整齐的墓群，均为严道居民的茔地，故而墓葬群的时间也就印证了严道古城存在的时间。在曾家沟墓群的发掘中，我们从五个方面对墓葬的年代进行考证：①墓葬形制：墓穴窄长，宽长比一般为1：1.5至1：2，坑内盛行二层台，是春秋战国之际楚墓的特点；②器物多随葬在头部龛状二层台上，也是春秋战国楚墓的特征；③文字风格，在漆器上发现的刻划文字中有类似春秋"沇儿钟"的"戉"和商周甲骨文、金文的"丫"字；④器物特征，富有地方特色的罐、釜、圜底罐与战国早期巴蜀墓中出土的相同；⑤碳素测定，经中国社会科学院考古研究所实验室测定，其中M11棺下横垫木为公元前475±60年，树轮校正为505±70年；M12木椁底板为公元前630±75年，树轮校正为公元前690±125年[1]。综上所述，曾家沟墓区是一处春秋晚期至战国时期的古墓群。该墓区规模宏大，墓葬排列整齐，文化特征一致，墓主有一定的身份，反映出这一时期当地已有密集的、有组织的居民，说明至少在春秋战国之际，"严道"已经存在。与曾家沟一脉相承的是高山庙秦汉墓群。延续下去则是水井坎沟、高粱湾以及青下坝的东汉墓群。这些墓群连成一个比较清楚的发展序列，从春秋晚期一直到东汉末，证实了"严道"城始于春秋晚期，繁荣于战国、秦、两汉，衰败于魏晋。

关于严道古城的废弃时间，从史书记载结合现场考察分析，当在东晋李雄、李寿在四川建立"成汉"政权之时。清末龚熙春在《四川郡县志》中总结当时的情况说："晋代中乱，李氏据蜀，后侨郡寄寓，遍及方州。而李寿又驱率牂牁生僚深入内地，布满山谷，由邛、雅、犍为以至巴西、宕渠数千里之地，半为僚据。迄于宋代（指刘宋），大率

---

① 中国社会科学院考古研究所实验室：《放射性碳素测定年代报告（一〇）》,《考古》1983年第7期。

户口凋残，郡邑荒废。"（1983年成都古籍书店版第57～58页）严道首当其冲，在成汉后期荒废，自东晋、刘宋以后不再设县。隋大业三年（607）重设严道县，为临邛郡治，但县治沿用的是雅州（原始阳县）基址，地点是在今雅安县附近，已非成汉以前的严道县了。自隋唐到明初，虽然一直保持了"严道县"之名，可是这时的严道县不仅地点迁到雅安周围，而且其地位作用已远不能与秦汉时的严道相比了。严道故址所在地区，自唐以后则为荥经县所管辖。前文所记述的严道古城遗址现存城垣的时代，进一步印证了该城荒废于成汉之时的记载是正确的。

关于严道古城地区在春秋以前乃至远古时期的情况，我们从考古学资料中可得到一个大致的轮廓。这两年我们在严道古城附近地区收集到用砾石打制而成的有肩石锄等文物。1985年1月，在严道城址以东2千米的同心村发现了一处石器制作点，出上有肩的石锄、斧、铲、刀等及石钻、石料上百件，同一文化层中还出有尖底罐、小平底罐、纺轮等陶器，陶质有泥质灰陶和夹砂粗红陶。据传，1949年以前在严道城西2千米的太平坝上，也曾收集到大量石器，并举办过展览。古严道所属的现雅安、天全、芦山等地也都发现过不少新石器时代遗物，与严道附近的石器属同一类型，与川西平原上的广汉三星堆等巴蜀文化遗址有很多相似之处，并且与中原周围文化也有一些联系。史书中对商周时的严道地区也曾有些记载，如《禹贡》云："沱、潜即道，蔡、蒙旅平"，叶少蕴解云："蔡在严道，蒙在汉嘉。"汉嘉亦即严道，所指的就是川西严道附近的蔡山蒙山一带。《水经·青衣水注》引《纪年》记载："梁惠成王十年，瑕阳人自秦道岷山青衣水来归。"《山海经》也有"东北一百四里，曰崃山，江水出焉"的记载，郭璞注云："邛崃山在今汉嘉严道县。"《蜀王本纪》甚至认为夏代许由之友严僖隐居之地就在严道。《艺文类聚》卷83引《纪年》还有"后桀伐岷山，岷山庄王女于桀二女"的传说。这些记载有的不一定确切，但也说明严道地区早已与中原有一定联系。以上考古材料的发现，证明在严道未形成之前，这一带已有人居住活动，开发建设，为后来严道的兴建打下了基础。

四、严道古城居民的来源与构成

严道城位于史称"西南夷"地区之中，故而弄清其居民的来源构成，对研究这一地区乃至西南民族文化的形成交往，及其与中原文化的关系等有着重要价值。

《蜀记》《太平寰宇记》等不少史书都记载严道有楚国的移民，表明严道的居民中楚人占了一定的比重。我们在严道城周围曾家沟、高山庙发掘的土坑木椁墓，无论形制和器物均有浓厚的楚文化特征，如椁室呈"Ⅱ""Ⅲ"，椁室周围填白膏泥密封、白膏泥上填五花土等特征，与江陵①、当阳②、云梦等地的楚墓相同。墓中随葬的漆、竹、木器风格，也与江陵一带的楚墓相近。这种情况表明墓主与楚国有直接的关系，史书关于楚国移民到严道的记述是有一定根据的。这些楚人可能就是楚庄王的后裔，即以庄为氏的岷山庄王之族。他们来到严道后，建立了附庸于楚国的岷山王国③。

构成严道居民的另一因素，就是史书通称西南夷的一些少数民族。《史记·西南夷传》云："自嶲以东北，君长以什数、徙、笮都最大。"《华阳国志·蜀志》云："雅洲邛崃山本名邛笮山，故邛人笮人界。"《史记集解》引徐广曰："徙在汉嘉。"按：元鼎六年（公元前111年）从严道分置徙县，治今天全县治。《后汉书·南蛮西南夷传》云："青衣道长令田……举土内属。"《水经》载："青衣水出青衣县西蒙山。"注云："县故青衣羌国。"上述记载表明严道早期是多民族聚居地，而这些民族中主要是同属氐羌系统的笮、徙、青衣等。1981年烈太土坑墓出土的铜牌、铜泡等文物，与茂汶、宝兴④、甘孜等石棺葬文化遗物相似，是属

---

① 陈耀均：《试论江陵楚墓的特点》，《江汉考古》1980年第2期。

② 湖北省宜昌地区文物工作队：《当阳金家山九号春秋楚墓》，《文物》1982年第4期；《湖北当阳金家山两座战国楚墓》，《文物》1982年第4期。

③ 徐中舒：《论巴蜀文化》，四川人民出版社，1982年。

④ 宅兴文化馆：《四川宝兴县汉代石棺墓》，《考古》1982年第4期。

川西氐羌系统笮、徙等文化的遗存。

严道在秦灭巴蜀前，尚属巴蜀文化所影响的区域，史书虽无明确记载，但地下出土的文物却作了有力的说明。1985年1月，我们在县城北面的同心村清理了七座巴蜀墓，出土了铜戈、矛、斤、剑、铃、泡、扣饰等铜器，这些器物上多数带虎、手心等巴蜀纹饰图案，陶器则是巴蜀墓中常见的豆、釜、罐、鍪。1981年10月在古城西1.5千米荥河对岸的太平坝发现的战国土坑墓[①]，所出器物当为几种不同文化属性的遗物，其中巴蜀印章与四川犍为等地巴蜀墓中的印章相同，是巴蜀文化的代表物[②]，在曾家沟战国墓中出土的陶釜、罐等是四川早期巴蜀文化之常见器物。证明巴蜀的居民在严道也占有一定的比例。

严道还是中原移民的重点地区之一，中原文化对严道也有深刻的影响。《史记》记载，秦惠王在公元前312年曾封樗里子为严道的"严君"。汉初文帝又曾赐邓通"严道铜山"。陈直在《汉书新证》一书中说："西安汉城遗址中出严道长、严道之印、严道桔园、严道桔丞、桔监等封泥最多。盖严道县在西汉时为罪人流放之地，史记淮南厉王徙蜀郡严道是也。严道有铜矿，邓通传所谓赐山铸钱是也。再加以有朱桔之贡献，太后之汤沐，俱荟集于此县，故官书往来，最为繁密也。"陈先生高度概括了严道与中原的密切关系，这种关系从秦汉时代严道附近墓葬特征急剧汉化的情况中得到印证。

据此，我们初步认为：严道居民最初是由本地的巴蜀民族氐羌系统的徙笮等族及外来的楚人构成。春秋战国之际，以严道城为中心的楚人建立岷山庄王王国，占有统治地位。而本地的巴蜀、氐羌系的人们臣服于楚人的统治。到战国晚期，秦灭巴蜀后，秦惠王封樗里子疾为严（庄）君，岷山庄王族则被迫迁走，但此地还保留了一部分楚文化的特征，如高山庙秦汉墓中的楚文化特征仍很明显。到汉代中央与严道往来

---

① 李晓鸥、刘继铭：《四川荥经县烈太战国土坑墓清理简报》，《考古》1984年第7期。

② 陆德良：《四川芦山发现战国铜剑及印章》，《考古》1959年第8期。

密切，汉文化很快在这里占了主流。东汉岩墓、砖墓及城址中发现的文物表明，到了东汉时期，也就是最后一次修筑城墙的时候，经过各族人民的共同开发和长期交往，严道古城一带已融合形成了统一的汉文化。

五、严道古城考古发现的意义

在早期，严道城与西南山区有牦牛古道相通，与中原有青衣水道相通。这两条道路的具体路线目前虽不能完全确定，但它们的存在是无可置疑的。《竹书纪年》载"瑕阳人自秦道岷山青衣水来归"就为一例证。《汉书·淮南王传》云："臣请处蜀严道邛邮。"可见，到了汉代，政府已在严道设了邮亭驿置，加强了中央与西南地区的联系。到三国时，荒芜多年的牦牛道，经张嶷开凿又与成都相通。《三国志·蜀志》云："（越巂）郡有旧道，经牦牛中至成都，既平且近。自牦牛绝道，已百余年……（张嶷）开通旧道，千里肃清，复古亭驿。"牦牛道的起点就是严道，足见这座古城对西南地区的开发所起的重要作用。

1977年，在严道城的秦墓中出土了压在朱书"王邦"二字下的烙印铭文"成亭"漆圆盒。此器与1979年四川青川发现的"成亭"铭文漆器相同，1983年曾家沟出土了一批木胎厚重、器形古拙的漆器，有的髹漆不匀，有的甚至不髹漆。其中，M23出土的漆圆盒上刻划有"番阳睠"字样，有明显的金文风格；M16出土的漆奁盒上刻有"成屮"字样，其"屮"字也见于商周甲骨文和金文。《说文》云"屮"，"古文以为艸字"。而"艸"字在战国陶片上开始出现，同时"屮"字消失。在古代草、造二字近音，其意也相通，"屮"当为"草"，所以"成草"即为"成造"。而"成造"当为春秋战国之际漆器作坊之名。从曾家沟发现的这批漆器可以看到，巴蜀漆器在春秋战国之际已形成作坊式的生产形式。严道的考古收获之一，就是将巴蜀漆器制史，从原两汉时的"蜀郡工官""广汉郡工官"及汉初的"市府""成市"推到战国晚期的"成亭"，再上溯到春秋战国的"成造"，为研究我国的髹漆技术提供了重要的实物资料。

在严道古城的考古中，我们还发现了编织精美的竹笥、竹篮、竹筐及竹器套。这些竹器的编织方法较多，一般有经纬编织、人字形编织、六角形编织及人字形与经纬叠压编织法，M16出土的竹圆盒在每厘米内，编织细篾丝十一根，可见当时严道居民的竹编技术已比较发达。M24还出土了用棕编织成的鞋子、棕绳及其他编织物。M11、M12、M16等墓中出土的木棒、木杖、木耳杯等也很有特色。

汉代严道还辟有"桔园"，设"桔丞""桔监"，负责向京师供应水果。所以陈直先生介绍了"西安汉城遗址中出土严道长、严道之印、严道桔园、严道桔丞、桔监等封泥最多"，指出"知西汉贡桔，取之于严道"。曾家沟墓中出土的梅子、无花果等果核和大量粮食作物，证明严道的经济作物确实十分丰富，是我们研究古代经济及其管理制度的实物见证。

严道古城几年来进行的考古工作，使我们对史书所载的西南夷有所了解和认识，这里众多的兄弟民族都有自己的文化，并吸收中原先进的文化不断提高自己，为创造灿烂优秀的中华民族的古代文化、建设古代文明起了积极的作用。随着严道古城考古工作的深入开展，必将进一步廓清这一边疆重镇的面貌，为研究西南经济、文化、民族史提供更多有益的资料。

（原载《中国考古学会第五次年会论文集》，文物出版社，1988年）

东汉石刻李冰像在都江堰出土

今年三月，在四川省灌县都江堰（音厌 yàn，挡水的堤坝）渠首工地发现了一座东汉时代雕刻的李冰石像。这座石像的出土，为我们研究都江堰的历史，认识人民群众的创造力量，提供了新的资料。

都江堰是两千二百年前秦国在四川修建的一项排灌结合的大型水利工程，当时劳动人民运用分流导江的方法，把岷江水流引向广大灌区，在川西平原建成了"功省用饶"的自流灌溉网。李冰是当时秦国派到蜀郡的郡守，他在人民群众的支持下，对工程的兴修做出了较大的贡献。

李冰石像是在重建都江堰安澜索桥现代化水闸时出土的。它是迄今为止发现的第一座李冰像，也是第一次见到的汉代雕刻的历史人物立体石像。李冰石像是一座立体直立的大型圆雕，由灰白色的砂岩琢成，重约四吨。石像高约2.9米，肩宽96厘米，在像的底部有一个插入基座的方形榫头，长18厘米。出土时像的背部有些磨痕，前身稍有风化，但线条仍很清晰。石像身穿长衣，腰间束带，双脚前端露出衣外。两手相拱，置于胸前，衣袖宽大下垂。头带冠冕，冠带系于颈下。面部肌肉丰满，微带笑容，神态自然。雕工朴实洗练，线条浑厚有力。这一造型优美的石雕像，表现了我国古代劳动人民的智慧和艺术水平之高，它进一步丰富了我国的石刻艺术宝库。

在石像的两袖和衣襟上，有浅刻隶书题记三行（图一），两袖上的题记是：

> 建宁元年闰月戊申朔廿五日都水掾
> 尹龙长陈壹造三神石人珎水万世焉

前襟的题记是：

> 故蜀郡李府君讳冰

图一

建宁元年为东汉灵帝元年，即公元168年，这一年的闰月是闰三月，古代习惯是只写闰月，不写闰哪个月。"朔"是初一日，古代按干支计日，这个月的初一是戊申，所以写"戊申朔"，知道初一是戊申，就可以推算出这个月任何一天的干支了。二十五日是立石像的那一天，按干支推算是壬申日。都水长是秦汉时"主陂池灌溉，保守河渠"的官吏，掾是帮助办事的官（见《通典·职官九》）。这个郡的都水掾叫尹龙，都水长叫陈壹，都水二字被省略掉了。珎是古珍字。"府君"为汉代对太守的称呼。题记的大意是：在建宁元年闰（三）月二十五日，都水掾尹龙和（都水）长陈壹造了"三神"的石像，永远珍惜水流。

这座石像和题记，是我国珍贵的历史研究资料和水文考古资料。题记中造"三神"石像的说法，汉代以前的史书中没有记载。晋常璩《华阳国志·蜀志》记载："于玉女房下白沙邮（地名）作三石人，立三水中"，"水竭不至足，盛不及肩"（北魏郦道元《水经注》记载略同），说明石像有测量水文的作用。李冰石像出土的地点、石像的大小等都与这些文献记载有相似之处。但李冰石像与水位的测量有无关系？汉代立的李冰石像,是否就是"三神石人"之一? 其他两个石像是谁? 还需要进一步考察。弄清这些问题,对于了解李冰石像的作用和价值,是很重要的。

新发现的李冰石像,还为我们进一步研究都江堰创建时的位置、规模,提供了重要线索。都江堰建堰地址,据《水经注·江水》记载: "江水(岷江)又历都安县(今灌县东),李冰作大堰于此,壅(音雍 yōng,堵塞)江作堋(音朋 péng,分水堤),堋有左右口,谓之湔(音煎 jiān,洗刷)堋",又说"都安大堰,又称湔堰,又谓之金堤"。这是说,李冰在岷江中流做大堤,把岷江分为内江和外江,内江起灌溉作用,外汇起分洪作用。"湔堋"就是大堤的尖端,现名为分水鱼嘴。分水鱼嘴下游,沿江心洲的两侧,垒筑大卵石堤护堤,就是"金堤",现名金刚堤。又据《史记·河渠书》记载: "蜀守冰凿离碓",以避水害。"离碓",现在叫离堆。古代劳动人民用铜凿铁斧劈开了玉垒山,凿开的缺口叫作宝瓶口,是内江总进水口,引岷江水流向广大的灌区,开凿后和江岸隔离的石堆就是离堆。这次发现的李冰石像,就在今天的分水鱼嘴附近,证明了建堰时的位置与今天基本一致,两千年来没有大的变动。

都江堰是战国末年我国劳动人民兴建的。当时的秦国,经过商鞅变法,新兴地主阶级已经较牢固地掌握了政权。巴蜀地区虽然已经开始了由奴隶制向封建制的转化,但基本上仍处于奴隶社会。蜀国国内落后的生产关系,世袭分封的割据局面,严重地束缚了生产力的发展。同时,由于它与中原书不同文、车不同轨("莫同书轨"《华阳国志·蜀志》),也影响了与中原地区经济、文化的交流。秦国为了建立统一全国的战略后方,秦惠王二十二年(公元前316年)出兵伐蜀,"贬蜀王,更号为侯"(《史记·张仪列传》)。秦昭王三十年(公元前277年)司马错第四次伐蜀,"诛蜀侯绾(音晚 wǎn,人名),但置蜀守"(《华阳国志·蜀志》),最后废除了分封制,确立了郡县制,巩固了新兴地主阶级的统治。秦国兼并了蜀地,确立了新的生产方式,解放了这个地区的生产力，成为秦统一中国的战略基地。李冰就是秦在蜀置郡后不久被派到蜀郡担任蜀守的。他总结了劳动人民治水斗争的经验，带领群众兴建都江堰。经过多年的艰苦奋战，终于修成了闻名于世的都江堰水利工程，使原来水旱严重的川西地区，变成"水旱从人，不知饥馑，沃野千里，世号陆海，谓之天府"（《水经注·江水》）的地方。

都江堰的建成，表现了我国古代劳动人民的高度智慧和创造力量。

（原载《光明日报》1974年6月6日）

附 录

论著目录

(1974－2023年，以发表时间为序)

1.《东汉石刻李冰像在都江堰出土》,《光明日报》1974年6月6日。

2.《都江堰出土东汉李冰石像》(执笔),《文物》1974年第7期。

3.《四川阿坝发现汉墓》(合作),《文物》1976年第11期。

4.《西昌坝河堡子大石墓第二次发掘简报》,《考古》1978年第2期。

5.《成都平原的石器》,《成都日报》1980年3月17日。

6.《西昌礼州新石器时代遗址发掘报告》,《考古学报》1980年第4期。

7.《试论礼州遗址及其与周围文化的关系》,《凉山彝族奴隶制研究》1981年第1期。

8.《四川荥经古城坪秦汉墓葬》(合作),《文物资料丛刊》1981年第4期。

9.《四川峨眉县发现东汉石俑》,《文物资料丛刊》1981年第4期。

10.《会理发现瓦石田遗址》(合作),《文物资料丛刊》1981年第4期。

11.《四川洪雅宋墓发掘简报》,《考古》1982年第1期。

12.《略谈羊子山遗址》,《成都文物》1984年第1期。

13.《四川绵阳发现木板墓》(合作),《考古》1983年第4期。

14.《四川茂汶羌族自治县石棺葬发掘报告》,《文物资料丛刊》1983年第7期。

15.《前蜀晋晖墓发掘简报》,《考古》1983年第10期。

16.《大邑城关唐宋遗址出土的瓷器》,《四川古陶瓷研究》,四川人民出版社,1984年。

17.《佟柱臣来川作学术报告》,《四川文物》1984年第2期。

18.《四川荥经曾家沟战国墓第一、二次发掘》(合作),《考古》1984年第12期。

19.《四川原始文化类型初探》,《中国考古学会第三次年会论文集》,文物出版社,1984年。

20.《巴蜀文化的考古学分期》,《中国考古学会第四次年会论文集》,文物出版社,1985年。

21.《四川大邑五龙战国巴蜀墓葬》(合作),《文物》1985年第5期。

22.《四川彭县发现船棺葬》(合作),《文物》1985年第5期。

23.《严道古城的考古发现与研究》(合作),《中国考古学会第五次年会论文集》,文物出版社,1988年。

24.《巴蜀文化几个问题的探讨》,《文物》1987年第10期。

25.《四川原始文化研究》,《巴蜀考古论文集》,文物出版社,1987年。

26.《近年巴蜀文化考古综述》,《四川文物·广汉三星堆遗址研究专辑》1989年。

27.《四川十年考古收获》,《四川文物》1989年第5期。

28.《"天门"考——兼论四川汉画像砖(石)的组合与主题》(合作),《四川文物》1990年第6期。

29.《四川文物考古十年》,《文物考古工作十年》,文物出版社,1991年。

30.《文物考古研究与经济文化建设》,《四川史学通讯》1991年第4期。

31.《四川忠县三国铜佛像及研究》,《东南文化》1991年第5期。

32.《绵阳文物考古札记》,《四川文物》1991年第5期。

33.《四川出土的青瓷与青白瓷》,《景德镇陶瓷研究》1992年第10期。

34.《三星堆考古发现与巴蜀古史研究》,《四川文物·三星堆古蜀文化研究专辑》1993年。

35.《三星堆祭祀坑文物研究》,《三星堆与巴蜀文化》,巴蜀书社,1993年。

36.《三星堆与巴蜀文化》(论文集,合作主编),巴蜀书社,1993年。

37.《中国青铜器全集·巴蜀卷》(分卷主编,国家"八五"重点图书),文物出版社,1994年。

38.《巴蜀青铜器概论》,《中国青铜器全集13·巴蜀卷》,文物出版社,1994年。

39.《神奇绝妙的巴蜀青铜艺术》,《中国文物考古之美·商代蜀人秘宝·四川广汉三星堆遗迹》,文物出版社,1994年。

40.《人神交往的途径——三星堆文物研究》(德文),《"中国古代的人与神"文物展览图录文集》,1995年。

41.《人神交往的途径——三星堆文物研究》(中文),《四川考古论文集》,文物出版社,1996年。

42.《从"眼睛"崇拜谈"蜀"字的本义与起源——三星堆文明精神世界探索之一》,《四川文物》1997年第3期。

43.《从"手"的崇拜谈雕像群所表现的"英雄崇拜"——三星堆文明精神世界探索之二》,《四川文物》1997年第4期。

44.《三星堆文明原始宗教的构架特征》,《中华文化论坛》1998年第1期。

45.《"蜀""巴"新诠》,纪念甲骨文发现一百周年学术讨论会论文,1999年,南京。刊于《三星堆考古研究》,四川人民出版社,2004年。

46.《略谈巴蜀文化与巴蜀文明》,《巴蜀文化论集》,四川民族出版社,1999年。

47.《三星堆考古收获概要》,《中华文化论坛》2000年第2期。

48.《三星堆探索》,《中国旅游报》2001年2月9日。

49.《三星堆古玉与三星堆祭祀活动》,《海峡两岸古玉学会议论文集》,2001年,台北。刊于《三星堆考古研究》,四川人民出版社,2004年。

50.《从"神树"到"钱树"——兼论"树崇拜"观念的发展与演变》(合作),《四川文物》2001年第3期。

51.《三星堆青铜神坛赏析》,《文物天地》2001年第5期。

52.《一个充满活力的学科生长点——苏秉琦先生指导下的三星堆考古》(合作),《苏秉琦与当代中国考古学》,科学出版社,2001年。

53.《三星堆文化的一个重要特色——神》,《中华文化论坛》2002年第1期。

54.《神树与钱树》,《中国文物报》2002年3月20日。

55.《金沙江流域早期考古的几个问题》,《中华文化论坛》2002年第4期。

56.《三星堆考古发现与巴蜀文明进程的探索》,《长江上游早期文明的探索》,巴蜀书社,2002年。

57.《四川古文化序列概述》,《中华文化论坛》2003年第2期。

58.《竹瓦街铜器群与杜宇氏蜀国》,《四川文物》2003年第2期。

59.《三峡考古的回顾与探讨》(合作),《四川文物》2003年第3期。

60.《四川三国时期的画像与佛像》（合作），《四川文物》2003年第4期。

61.《三星堆与二里头铜牌饰研究》，《殷商文明暨三星堆遗址发现七十周年国际学术研讨会论文集》，社会科学文献出版社，2003年。

62.《三星堆考古研究》，四川人民出版社，2004年。

63.《金沙时期的信仰与祭祀》，《华夏地理》2004年第2期。

64.《四川门阙类画像砖研究》（合作），《中国汉画学会第九届年会论文集》，中国社会出版社，2004年。

65.《"天门"续考》（合作），《中国汉画研究》第一卷，广西师范大学出版社，2004年。

66.《长江文化文库：长江上游的巴蜀文化》（合作，国家"十五"重点图书），湖北教育出版社，2004年。

67.《四川世纪考古的回顾与展望》，《考古》2004年第10期。

68.《巴蜀考古学文化序列研究的新进展》，《三星堆与长江文明》，四川文艺出版社，2005年。

69.《早期中国文明丛书：三星堆文化与巴蜀文明》（国家"九五"重点图书），江苏教育出版社，2005年。

70.《略论古蜀文明的形态特征》，《中华文化论坛》2005年第4期。

71.《"三星堆学"刍议》，"三星堆研讨会"论文，2006年。

72.《骑虎铜人像与玉琮线刻人像》，《中华文化论坛》2006年第3期。

73.《略论三星堆文化与四川汉画的渊源》，《中国汉画学会第十一届年会论文集》，2009年。

74.《"天门"是汉画神仙思想的集中体现》（合作），《中国汉画学会第十二届年会论文集》，中国国际文化出版社（香港），2010年。

75.《二十世纪八十年代的四川考古》，《四川文物》2010年第1期。

76.《三星堆神奇之谜》，三星堆博物馆网站，2010年。

77.《三星堆考古新发现与古蜀文明新认识》，《四川文物》2017年第1期;《三星堆研究》第5辑,2019年。

78.《三星堆青铜神树——早期文明的"自然崇拜"》,《文史知识》2017年第6期。

79.《神权古国三星堆——盛极一时的文明为何突然消失》,《华西都市报》2017年8月17日。

80.《信仰神权——六地文明汇聚三星堆》,《华西都市报》2017年8月24日。

81.《三星堆"祭祀图"玉璋再研究——兼谈古蜀人的"天门"观》,《三星堆研究》第5辑,2019年;《夏商时期玉文化国际学术研讨会论文集》,科学出版社,2018年。

82.《三星堆祭祀形态探讨》,《四川文物》2018年第2期。

83.《三星堆神权古国研究》,《四川文物》2019年第1期。

84.《三星堆古蜀文明的特征源流与传承》,广汉文体中心讲座稿,2019年5月13日。

85.《古蜀文明研究成果的全新展示——三星堆"古城古国古文化"新展观后感》,三星堆博物馆网站,2020年6月10日。

86.《从古城址群的特征看宝墩文化的来源——兼谈"三星堆一期文化"与"宝墩文化"的关系》,《四川文物》2021年第1期。

87.《浅谈三星堆遗址青关山F1的结构与功能——兼与杜金鹏先生商榷》,《四川文物》2021年第3期。

88.《我对三星堆文化特征成因的认识》,《中华文化论坛》2021年第3期。

89.《三星堆祭祀文化研究》,《四川博物院辑刊》2021年第8辑。

90.《祭祀坑、神庙、神权国家——试析三星堆之谜》,《巴蜀史志》"聚焦三星堆"专刊,2021年第5期。

91.《略论三星堆祭祀坑》,《美成在久》2021年第6期。

92.《略谈三星堆文化与长江中游古文化的关系》,《江汉考古》2022年第2期。

93.《三星堆祭祀坑为"神庙失火说"的几点疑问》,《南方文物》2022年第3期。

94.《三星堆祭祀活动的基本架构——神坛、神庙、祭祀坑》,《四川文物》2022年第5期。

95.《与考古一生相伴》,《中国社会科学报》2022年9月16日至2023年2月24日。

96.《四川省文物考古研究院名家学术文集·赵殿增卷》,巴蜀书社,2023年。

《三星堆考古研究》目录

（原载《苏秉琦与当代中国考古学》，科学出版社，2001年）

4.《三星堆探索》

（原载《中国旅游报》2001年2月9日）

5.《三星堆考古收获概要》

（原载《中华文化论坛》2001年第2期）

巴蜀文化与历史

6.《巴蜀文化几个问题的探讨》

（原载《文物》1987年第10期）

7.《近年巴蜀文化考古综述》

（中国考古学会第七次年会论文，1989年，长沙）

（原载《四川文物·广汉三星堆遗址研究专辑》1989年）

8.《"蜀""巴"新诠》

（纪念甲骨文发现一百周年学术讨论会论文，1999年，南京）

9.《略谈羊子山遗址》

（原载《成都文物》1984年第1期）

10.《竹瓦街铜器群与杜宇氏蜀国》

（原载《四川文物》2003年第2期）

巴蜀文明探索

11.《三星堆考古发现与巴蜀古史研究》

（中国考古学会第八次年会论文，1991年，呼和浩特）

（原载《四川文物·三星堆古蜀文化研究专辑》1992年）

12.《三星堆考古发现与巴蜀文明进程探索》

（中国考古学会第十次年会论文，1999年，成都）

（原载《长江上游早期文明的探索》，巴蜀书社，2002年）

祭祀坑文物研究

13.《三星堆祭祀坑文物研究》

（原载《三星堆与巴蜀文化》，巴蜀书社，1993年）

14.《人神交往的途径——三星堆文物研究》

（原载《"中国古代的人与神"文物展览图录文集》（德文），1995
年，埃森）

（中文刊载《四川考古论文集》，文物出版社，1996年）

原始宗教特征

15.《三星堆文明原始宗教的构架特征》

（原载《中华文化论坛》1998年第1期）

16.《三星堆文化的一个重要特色——神》

（纪念三星堆发现七十周年学术讨论会论文，1999年，广汉）

（原载《中华文化论坛》2002年第1期）

17.《从"眼睛"崇拜谈"蜀"字的本义与起源——三星堆文明精
神世界探索之一》

（原载《四川文物》1997年第3期）

18.《从"手"的崇拜谈三星堆青铜雕像所反映的英雄崇拜——三
星堆文明精神世界探索之二》

（原载《四川文物》1997年第4期）

三星堆器物研究

19.《三星堆与二里头铜牌饰研究》

（中国殷商史学会第七次年会论文，1999年，广汉）

20.《三星堆古玉与三星堆祭祀活动》

（原载《海峡两岸古玉学会议论文集》，2001年，台北）

21.《从"神树"到"钱树"——兼谈"树崇拜"观念的发展与演变》

（原载《四川文物》2001年第3期）

22.《三星堆青铜神坛赏析》

（原载《文物天地》2001年第5期）

四川考古文化与巴蜀青铜器

23.《四川古文化序列概述》

（原载《中华文化论坛》2003年第2期）

24.《四川原始文化类型初探》

（中国考古学会第三次年会论文，1981年，杭州）

（原载《中国考古学会第三次年会论文集》，文物出版社，1984年）

25.《巴蜀文化的考古学分期》

（中国考古学会第四次年会论文，1983年，郑州）

（原载《中国考古学会第四次年会论文集》，文物出版社，1985年）

26.《巴蜀青铜器概论》

（原载《中国青铜器全集13·巴蜀卷》，文物出版社，1994年）

27.《神奇绝妙的巴蜀青铜艺术》

（原载《中国考古文物之美·商代蜀人秘宝·四川广汉三星堆遗迹》，文物出版社，1994年）

后记

（四川人民出版社，2004年）

《三星堆考古研究》后记

　　本书是二十多年来我在三星堆与巴蜀文化研究中部分论文的一个汇集。

　　三星堆遗址的发现、发掘与研究，从20世纪30年代初至今，经过几代人的努力，已取得丰硕的成果。四川省文物考古研究所从1980年开始，在三星堆遗址连续进行了十多次发掘，较系统地揭示了三星堆文化的面貌。主要发掘和报告的编写工作，是在考古工地领队陈德安、陈显丹、王有鹏、林向等几位先生的主持下完成的。这期间我作为四川省文物考古研究所考古队副队长（1975～1983年）、队长（1983～1987年）、副所长（1985～2001年），省文管会办公室副主任、主任（1983～1994年），有幸参加了三星堆考古的调查、研究、宣传和组织工作，有一些心得体会，写了几篇短文，在这里汇集在一起奉献给读者。

　　这次收入的论文共28篇，主要是历年参加"中国考古学会"年会的论文（5篇）和其他学术会议的论文（10篇），有的是为《苏秉琦与当代中国考古学》纪念文集、《中国美术全集》和报刊约稿撰写的文章等。除4篇近作（《四川考古的世纪回顾与展望》《巴蜀考古学文化序列研究的新进展》《"蜀""巴"新诠》《三星堆与二里头铜牌饰研究》）之外，绝大多数已在正式书刊上发表过。有3篇是三星堆文物出国出境展览期间进行学术交流的文章，其中1篇已在德国的展览文集中发表（《人神交往的途径——三星堆文物研究》），另2篇（《三星堆文明原始宗教的构架特征》《三星堆考古发现与巴蜀文明进程探索》）曾在日本、中国台湾地区举办的三星堆文物展览开幕报告会上进行过学术交流，后发表在有关书刊上。

从内容上看，这些论文主要是用考古学的资料和方法，对以三星堆文化为代表的巴蜀文化、四川考古学文化的序列、巴蜀文明的历史进程、三星堆时期的社会情况，以及以自然崇拜、图腾崇拜、祖先崇拜和巫祭集团为特征的原始宗教体系等问题进行探讨，提出了一些初步的看法。为了阅读方便，本书将内容相近的论文编排在一起，分为8组，并加了章节标题。

"导论"中的2篇论文，是2003年撰写的关于四川20世纪考古研究与学科新进展的回顾与展望，从中可以了解三星堆考古的学术背景。"三星堆发掘与研究"一章中的3篇文章，从科学探索历程到科普宣传大纲等不同的角度，介绍了三星堆考古的简要经过、主要收获及其学术价值。"巴蜀文化与历史"中的前3篇论文，是对三星堆考古在巴蜀文化与历史研究中地位的概论，开始提出了关于巴蜀考古文化与历史发展五阶段等主要观点；后3篇论文则是对"蜀""巴"得名等问题的新诠释，也论及了继"三星堆文化"之后兴起的"十二桥文化"的一些考古和历史问题。"巴蜀文明探索"的2篇论文，从文明起源与发展的角度研究了巴蜀文明的五个基本阶段。"祭祀坑文物研究"的2篇论文，从祭祀坑的形态和文物分类入手，探讨了人像与头像、面具与眼形饰、铜树与鸟兽、金杖与礼器的性质和作用。"原始宗教特征"中的4篇论文，从自然崇拜、图腾崇拜、祖先崇拜和巫祭集团等方面，分析了三星堆原始宗教的基本特征，并指出神圣的宗教信仰、神奇的造型艺术、神秘的古国兴亡是三星堆文化的重要特色。神圣的信仰是主体，神奇的艺术是形式，神秘的历史是结果，共同构成了一个"神奇"的三星堆。"三星堆器物研究"一章，分别对三星堆铜牌饰、三星堆古玉、神树、神坛进行了综合分析和比较研究。"四川考古文化与巴蜀青铜器"中的5篇论文，主要是几本有关三星堆及巴蜀文化的图录丛书前面的"概论"及两篇早期论文，如《中国青铜器全集13·巴蜀卷》中的"巴蜀青铜器概论"（文物出版社1994年出版）、《长江文化研究文库·长江上游的巴蜀文化》导论中的"四川古文化序列概述"（湖北教育出版社2004年出版）、《中国考古文物之美·商代蜀人秘宝·四川广汉三星堆遗迹》中的"神奇绝妙的巴蜀青铜艺术"（文物出版社1994年出版）等，可以作为三星堆考古研究的辅助参考。

本书收入的论文以学术研究为主，其中三星堆考古与巴蜀古史及巴蜀文明的关系、三星堆祭祀坑文物、三星堆原始宗教、巴蜀青铜器、四川考古学文化发展序列等问题，是研究的重点。也有些较为浅显的科普性文章，如《三星堆探索》《三星堆考古收获概要》《三星堆文化的一个重要特色——神》《三星堆青铜神坛赏析》《神奇绝妙的巴蜀青铜艺术》等，可供不同的读者选择阅读。

由于不是有计划撰写的系列文章，各篇的体例、文笔也就不太统一，内容也有重叠之处。为了阅读查找方便，本书在各篇正文之后，注明了原载书刊的期号或提交论文的学术会议时间地点。为了保持历史面貌，除了编印时一些明显的错字和笔误外，未做修改补充。总的学术观点没有大的变化，有些提法的不同，可以看作一个认识的过程。有些文章根据发表时的需要，只是个提纲式的概要或综述。特别是关于巴蜀文化与历史的关系等问题，除1992年发表的《三星堆考古发现与巴蜀古史研究》等文中略有论述之外，论文集中尚未详论。详细的资料和具体的论述，除参阅正式报告和有关论著之外，也可参考笔者撰写的"早期中国文明研究丛书"之一的《三星堆文化与巴蜀文明》等书（江苏教育出版社2005年出版）。

中国社会科学院"中国古代文明研究中心"主任、"夏商周断代工程"首席专家李学勤先生在百忙中为本书撰写了序言，精辟地概括了巴蜀考古的发展历程和学术地位，进而指出："和众多的科学发现、发明一样，巴蜀文化的考古研究以一系列无可否认的事实，逐步推翻了旧有的观念。1949年以后，四川的考古工作成果卓著，使古代巴蜀的真面目渐渐显示出来。尤其近二十来年，巴蜀文化研究已成为考古学、历史学领域最热门的课题之一。在其间起了突破性作用的，是广汉三星堆的重大发现"；"可以断言，如果没有对巴蜀文化的深入研究，便不能构成中国文明起源和发展的完整图景。考虑到巴蜀文化本身的特色，以及其与中原、西部、南方各个古代文化间具有的种种关系，中国文明研究中的不少问题，恐怕必须由巴蜀文化求得解决。"四川省书法家协会主席何应辉先生为本书题写了书名，四川省文物考古研究所所长高大伦先生、三星堆考古工作站站长陈德安先生对本书编写给予很大的帮助，敖天照、江聪先生为本书提供了资料照片，三星堆博物馆领导肖先进、张跃辉、刘家胜、包育智等先生为文集的编辑出版做了大量具体工作，四川人民出版社编辑为本书正式出版付出了辛勤的劳动，在此一并表示感谢。

众多专家学者在三星堆研究方面已有很多建树，巴蜀文化的考古发掘和研究新成果不断涌现。随着工作的深入，我越来越感到三星堆文化的博大精深，自己的一点认识还是初步的、粗浅的。探索之路是漫长而艰巨的，也是神奇而引人入胜的。在新世纪开始之际，三星堆遗址正在进行全面的勘探和规划，争取成为世界文化遗产和最佳旅游目的地，三星堆研究院也将正式成立。三星堆将成为古蜀文明的陈列展示中心、研究宣传中心、文化旅游中心。我将此书作为献给新世纪的一束小花，并愿与有志于此的同仁一起，继续为探索三星堆古蜀文明的奥秘尽一点微薄之力。

本书为三星堆博物馆编印的《探索三星堆丛书》之一，并被"四川省巴蜀文化研究中心"列入《巴蜀文化研究文库》，予以资助。

赵殿增

2003年8月6日于成都

（《三星堆考古研究》，四川人民出版社，2004年2月出版）

《三星堆文化与巴蜀文明》内容提要与后记

内容提要

本书以考古资料为主，结合文献记载，较为系统地阐述了四川盆地巴蜀地区从远古到汉代以前的文化发展史，特别是以三星堆文化为代表的巴蜀文明的基本面貌和历史进程。全书分十三章，第一章为人类起源阶段的"巫山人"和四川旧石器时代文化；第二章是以"大溪文化""礼州文化"等为代表的新石器时代文化；第三章为文明起源阶段的"宝墩文化"和成都平原史前城址群；第四至八章，从古文化、古城、古国、原始宗教、经济文化等方面，介绍了青铜时代前期独具特色的"三星堆文化"；第九章为青铜时代中期的"十二桥文化"；第十章为青铜时代后期的"晚期巴蜀文化"；第十一和十二章为青铜时代的巴文化和巴国古史；第十三章为秦汉初期大融合阶段的巴蜀文化。

作者通过大量新发现的考古资料，分期叙述了四川盆地历史各阶段的经济、社会、文化、艺术、宗教观念和意识形态状况，探讨了巴蜀文明在起源、形成、发展、融合阶段各典型文化的基本情况和主要特征，及其与中原等周边文化的关系，论述了巴蜀文明在中华文明中的地位和贡献，从一个方面说明了多源一统的中国古代文明由众多早期文明融会而成的历史趋势和发展道路。

后　记

本书是"早期中国文明丛书"中的一卷，是以四川盆地为主的长江上游古代文明考古资料的整理和归纳，也是我二十多年来在三星堆与巴蜀文化研究中一些心得体会的汇集。

三星堆遗址的发现、发掘与研究，从20世纪30年代初至今，经过几代人的努力，已取得丰硕的成果。四川省文物考古研究所从1980年开始较系统地在三星堆遗址进行考古发掘工作，至今已有20多年，先后进行了十多次发掘，开展了遗址内外的反复调查，最近又开始进行较全面的勘探工作。三星堆遗址等处的发掘研究和大量珍贵文物的出土，揭示了三星堆文化的特有面貌，为探索巴蜀文明创造了有利条件。三星堆主要发掘工作和报告的编写工作，是在考古工地领队陈德安、陈显丹、王有鹏、林向等先生，特别是在三星堆考古工作站站长陈德安先生的主持下完成的。这期间我作为四川省文物考古研究所考古队副队长（1975～1983年）、队长（1983～1987年）、副所长（1985～2001年），省文管会办公室主任、副主任（1983～1994年），有幸参加了三星堆考古的调查、研究、宣传和组织工作。同时根据工作的需要和学术活动的开展，参加了三星堆文化的研究，撰写了一些论文。本书是在吸收前人研究成果，特别是二十几年来大量新资料新成果的基础之上，遵照丛书的宗旨和体例要求，将有关考古材料加以梳理，并按自己的观点撰写而成的。

按"早期中国文明丛书"的体例，本卷原计划应包括西南文化与巴蜀文明。之所以最后确定为现在的名称，一方面是由于西南的古代文化不只是四川盆地的巴蜀文化，云贵高原上的滇文化等已写入本丛书的《南方文化与滇越文明》卷；另一方面三星堆文化已成为巴蜀文明形成的标志，在中国早期文明研究中具有特殊的地位。

李学勤先生指出："和众多的科学发现、发明一样，巴蜀文化的考古研究以一系列无可否认的事实，逐步推翻了旧有的观念。建国以来，四川的考古成果卓著，使古代巴蜀的真面目渐渐显示出来。尤其近二十年来，巴蜀文化研究已成为考古学、历史学领域最热门的话题之一，在其间起了突破性作用的，是广汉三星堆的重大发现。"

因此，经编委会讨论确定，本卷采用《三星堆文化与巴蜀文明》作为书名。在论述中虽然重点介绍了三星堆文化的成就，但仍注意尽量全面地反映从新石器时代到秦汉时期四川盆地古文化和早期文明发展的全貌，探讨巴蜀文明的进程及其在中国古代文明中的地位和作用。

在1993年第一次编写工作会上，主编李学勤先生希望作者力争将本书写成个人的"代表作"。我一直在朝这个方向努力，从1993年开始撰写，并于1998年完成了书稿。在做完最后一次校对时，回头来看，虽然总体上达到了编写的初衷，总的观点没有改变，但仍有一些不尽如人意的地方，主要表现在两个方面：一是许多重要的考古新资料未能写入，如近两年成都市发现的金沙遗址、商业街大型船棺葬、三星堆遗址新的发掘和勘探成果、三峡工程大批重要的考古新成果等。原想在出版前适当加入，但由于许多资料尚未正式发表，改写起来难度也较大，一直未能动手。经与主编李学勤先生多次商量，最后采纳了李先生的意见，即基本保持完稿时的面貌，在后记中加以说明；有些重大的补充，留待以后修订或用其他的方式去完成。二是有些研究和论述还不够深入，虽然总的观点略成系统，但也有一些粗浅和生硬之处，尚待做深入细致的研究。好在总的观点没有大的改变，金沙遗址等考古新发现，则进一步印证了我十年前关于三星堆遗址废弃后文化中心转移到成都、十二桥文化是继三星堆文化之后巴蜀文明发展的又一个重要阶段等的基本看法。我准备继续用论文等方式，弥补本书在新材料新认识上的某些不足，并已有一些新作发表。读者可参考我最近出版的论文集《三星堆考古研究》一书（四川人民出版社2004年出版）。书中收入了关于三星堆与巴蜀文化的论文共28篇，其中14篇是1999年以来新发表的。

李学勤先生2003年3月23日为《三星堆考古研究》一书撰写的"序"中指出:"中国文明的起源及其早期发展历程的探讨,最近已获得多学科学者的普遍重视。可以断言,如果没有对巴蜀文化的深入研究,便不能构成中国文明起源和发展的完整图景。考虑到巴蜀文化本身的特色,以及其与中原、西部、南方各个古代文化间具有的种种关系,中国文明研究中的不少问题,恐怕必须由巴蜀文化求得解决。"这项艰巨的工作才刚刚开始,任重道远。我愿与有志于此的朋友们一道,为探索巴蜀文明的进程及其在中国文明起源发展中的地位,展现中华文明的丰富内涵和伟大成就,继续做出不懈的努力。

　　在定稿之际,我要特别感谢我的爱人、四川省博物馆袁曙光研究员为本书付出的大量心血。在我撰稿的几年间,她的父母重病在家,小孩正在读书,自己也有繁忙的工作任务。她不仅承担了繁重的家务,而且逐字誊写了本书近60万字的全部初稿,并在资料和观点上给予我很大的帮助。没有她的支持和努力,就不会有本书的成功出版。

　　在本书撰写过程中,得到主编、副主编、编委,出版社领导、责任编辑的大力支持和悉心指导,也得到四川省有关单位的领导和同仁的热情关心和积极帮助,在此一并表示感谢。

赵殿增2003年9月于成都

(江苏教育出版社,2005年4月出版)

赵殿增卷

441

《长江上游的巴蜀文化》后记

　　本书是《长江上游的古文化》的上卷，是对以四川盆地为主的长江上游先秦时期古文化资料的归纳和研究。

　　按"长江文化研究文库·文物考古系列"的体例要求，本卷主要介绍长江上游青藏高原到四川盆地从新石器时代到青铜时代的古文化。云贵高原上的古文化，写入本丛书《长江上游的古文化》的下卷。本卷的名称之所以最后确定为《长江上游的巴蜀文化》，一方面是巴蜀文化为长江上游古文化的主体，在中国早期文明研究中具有特殊的地位；另一方面是由于长江在青藏高原上的流域面积很窄，在西藏、青海地界的长江（通天河）流域，迄今为止尚未发现重要的先秦古文化遗存。

　　经文物考古系列编委会讨论确定，本卷采用《长江上游的巴蜀文化》作为书名，主要介绍四川盆地的古文化，兼及汉水流域的古文化，重点则是探讨巴蜀文化的发展和巴蜀文明的进程，及其在长江文化与中国古代文明中的地位和作用。

　　本书以考古发掘的古文化实物资料为主要依据，以考古学的方法，分期、分区、分文化类型介绍本区域新石器时代、商周、春秋战国、秦汉初期的考古学文化遗存，并结合有关文献资料，进行社会经济文化方面的探讨。近年来四川三星堆、十二桥、宝墩、金沙遗址等考古新发现层出不穷，初步建立了四川盆地先秦考古学文化的序列，为本书撰写奠定了较好的基础。但由于许多材料尚未正式发表，对这些考古资料的分析研究也仅仅是开始，我们的认识还是初步的，有些可能是肤浅的。借此机会将有关材料进行比较系统的梳理，在已有成果的基础上，把我们的一些看法介绍出来，以求指正。

本卷由我们两人分别执笔，赵殿增撰写导言和第一、三、六章，李明斌撰写第二、四、五章。在近两年的撰写期间我们分别承担了较为繁重的工作任务，未能经常在一起进行比较深入的讨论研究。特别是近日各自完稿之后，李明斌马上要出国培训，因而未能做统稿和进一步的修改。不过我们对已有材料总的看法是一致的，并且都是按丛书的统一体例和本系列的具体要求撰写的，各章节间既有一定的独立性，又有较强的连续性，构成了一个完整的体系。至于其中有个别地方在材料使用和文字提法上可能有所差异，为尊重作者的意见，分别予以保留，有的做了些注释请读者适当注意。进一步的充实和修改工作，留待今后再做。

从长江流域古文化的研究入手，探索中国文明的起源及其早期发展历程，是一项艰巨而有意义的工作。李学勤先生近日强调指出："中国文明的起源及其早期发展历程的探讨，最近已获得多学科学者的普遍重视。可以断言，如果没有对巴蜀文化的深入研究，便不能构成中国文明起源和发展的完整图景。考虑到巴蜀文化本身的特色，以及其与中原、西部、南方各古代文化间具有的种种关系，中国文明研究中的不少问题，恐怕必须由巴蜀文化求得解决。"这项工作才刚刚开始，但已有一批有价值的成果出现。我们将本书作为一种尝试奉献给读者，并愿与有志于此的朋友们一道，继续做出不懈的努力。

在本书撰写过程中，得到文库和文物考古系列的主编、副主编、编委以及出版社领导、责任编辑的大力支持和热心指导，也得到有关单位的领导、同仁们的关心和帮助，在此一并表示感谢。

赵殿增、李明斌

2002年6月26日

（湖北教育出版社，2005年4月出版）

一位37年三星堆文化"守护者"的自白

——对话四川省文物考古研究院研究员赵殿增

2017年8月11日，四川省文物考古研究院的赵殿增老师受邀作为演讲嘉宾，出席今日头条举办的"了不起的城市·今日头条千城千面中国行"德阳站活动。

年已74岁的他，矗立讲台，字句铿锵、慷慨激昂，将自己37年来潜心研究三星堆文化的成果，转化为鲜活、通俗的观点分享给所有人。

图一　赵殿增接受今日头条的人物专访

人们感受得到，言语间、观点里凝聚着这位精神矍铄的学者一生的志趣与追求。

考古奇缘，"野"到四川

74年前，赵殿增出生在河北大厂县，八个兄妹中排行老六，少年时喜欢在外面玩。十几岁就跑到郊外探险，曾步行到卢沟桥、黄土岗、南苑游玩野餐，也探寻过北京城内外很多寺庙古迹。

身边人常念叨他心"野"，戏称他是"野心家"。没想到众人的调侃一语中的，赵殿增"野"到了四川，"野"到了4000年前的古国，带着沉甸甸的研究又"野"到了世界各地：塞尔维亚、马其顿、瑞士、德国、日本、美国……

在奔走中，除了眼睛捕捉，他坚持记日记、写游记，用文字记录趣事逸闻。赵殿增受益于当年的"明智之举"："这样的习惯正好与日后学考古所要求的'四勤'，即腿勤、眼勤、嘴勤、手勤习惯相符合。"

勤思好学，又对中国历史充满浓厚兴趣，1962年，赵殿增如愿考上了北京大学历史系。分班时才听说有个考古专业，思来想去结合自己的爱好，他进了考古班，从此与考古相伴一生。

1973年初，他被调到四川省博物馆继续从事考古工作。

"第一次出差就是跟着李复华、王家祐等老学者去郫县发掘汉代画像石棺墓。我的田野工作能力得到他们的肯定，而他们广博的学识和严谨的治学态度更让我敬佩。"赵殿增回忆起当年的四川合作"首秀"，依然饶有兴致，因为从那以后，他在四川与考古真正的缘分就此开始了。

这期间，考古一行人在青城山上整理资料，同行的刘盘石正在抄写《华阳国志校补图注》。"他们给我讲了此书的主要内容，说这是关于四川历史最重要的文献。我也跟着抄了《蜀志》的一些章节，并开始有了用考古资料和方法探求蜀史之谜的最初梦想。"

37年，从一见倾心到一生相伴

"沉睡数千年，一醒惊天下"，三星堆遗址的发现震惊了世界，仿佛一声"芝麻开门"，打开了古蜀之国神秘的宝库，一个失落的文明再现于世人面前。

1980年春天翩跹而来。4月13号，赵殿增与范桂杰、胡昌钰、李昭和一起到彭县取回西周窖藏刚出土的一批青铜器。高兴之余，大家决定顺便到广汉月亮湾遗址去看看，当时三星堆的名声还远不如月亮湾大。

赵殿增在广汉那天的场景还历历在目："我们坐着北京大吉普一路问道，到三星堆村口时，老乡问我们在找什么，我们说是地下挖出的碎瓦片，他说这儿就有。"平底罐、高柄豆、石斧……一批大体完整的器物摆在他们眼前，大家兴奋极了。第二天一汇报，馆长召开会议立即决定组织队伍进行发掘。从此，三星堆遗址的科学发掘历程开启。

赵殿增不曾想到，因为中国考古史上这次重大的发现，成就了他刻着三星堆烙印的别样人生。跨越从北京到四川2000千米的距离，他选择了巴蜀大地，巴蜀文化远古回响也选择了他。

37年间，作为三星堆文化的守护人——赵殿增，与三星堆的情愫越来越深……

了不起的德阳历史文化，起源于了不起的三星堆

德阳的历史文化为何了不起？又了不起在何处？

赵殿增在"了不起的城市·今日头条的千城千面中国行"德阳站主题演讲中追溯三星堆及德阳文化的历史渊源、发展历程及特色，使人不得不信服——德阳文化就是了不起的。

蚕丛和鱼凫最早的故乡，了不起

赵殿增首先介绍，在4000年到3200年前的"三星堆文化"阶段，在20世纪八九十年代已被学术界公认是"鱼凫氏蜀国"时期。近年的研究进一步证明，从4800年到4000年前的新石器时代晚期"三星堆一期文化"阶段，这里已有500万平方米的大型聚落，可能就是"蜀祖蚕丛"的开国之地。拨开数千年"茫然"迷雾之后，现在把"蚕丛及鱼凫"都已经找到了，他们是三星堆最初的主人，是早期最伟大的"德阳人"。

中华文明的重要起源地之一，并以一种古代文化的典型代表出现，了不起

赵殿增提到，"夏商周断代工程"首席专家李学勤先生曾说过："如果没有对巴蜀文化的深入研究，便不能构成中国文明起源和发展的完整图景。""中国文明研究中的不少问题，恐怕必须由巴蜀文化求得解决。"

三星堆绝大部分的金、玉、青铜器，是在3600～3200年前的三星堆遗址第三期时出现的。这时的三星堆古城已经形成了一个以祭祀中心为特征的神权古国，表现出以原始宗教崇拜为基础的神圣的信仰、以人兽鸟树造型为特色的神奇的艺术、以灿烂辉煌又未见记载的神秘的历史，共同构成了一个独具一格的神权古国，是可以与埃及、印度、西亚、玛雅文明相媲美的世界古代文化明珠。

三千年前就已经成为"早期丝路文明"的一个重要节点和枢纽，了不起

赵殿增认为，近年来的研究表明，三千年前的三星堆文化繁荣时期，曾与四面八方的文化进行过广泛的交流。这已不是那种单向的传播或人群的迁徙，而是一种多向的、递进式、网络状的往来与交流，因此也可以称之为"早期丝绸之路"。这条丝路比汉代张骞通西域要早

一千年。

三星堆因其特殊的地理位置和文化特征，在广泛吸引和吸收周围优秀文化因素的基础上，创造出灿烂夺目的"三星堆文明"。发现这种关系，就像找到了一把钥匙，有利于打开困惑人们多年的"三星堆来源之谜"。神权古国是内因，丝路交往是外因，共同造就了一个神奇的三星堆。这也说明自古以来的德阳人，就有这种开放包容、海纳百川、合作共荣的优秀传统，有利于人们更好地认识和弘扬"一带一路"的意义和作用，自觉为开辟新的"一带一路"做出更大贡献。

历史底蕴造就德阳精神，了不起

德阳这部了不起的光辉历史，造就了德阳人传统的"德阳精神"。赵殿增将其概括为开拓进取的创业精神、开放包容的合作精神、精工细作的工匠精神、"儒""雅""忠""孝"的文明精神这四个方面。

从什邡"桂园桥文化"先民5000年前最早踏入成都平原，到"蚕丛氏蜀王"在三星堆开国，再到"鱼凫氏蜀王"创立神权古国，古代德阳人以大无畏的开拓精神，创造了高度发达的三星堆文明；3000年前三星堆古人又以开放包容的合作精神，开通了"早期丝绸之路"；从汉代"广汉工官"，到近代被公布为全国重点文物保护单位并列入国家级非物质文化遗产名录的剑南春酒坊，充分展现了德阳人精工细作的工匠精神；而"儒""雅""忠""孝"的文明礼仪精神，则是融化在德阳人血液中的优良传统。

随着考古工作的深入，国内对于三星堆文化的研究逐渐丰富起来。已经退休多年的赵殿增依然饱有年轻时的那股子"野"劲儿，继续参加学术活动，多走多看多听多记。三星堆像他的朋友，像他的孩子，更像他的人生坐标。每每问到他哪来的那么多精力勤于学术，他只是笑着说：兴趣所在嘛……

（原载《今日头条》2017年8月16日）

考古学家赵殿增:
一生两大幸运　遇见三星堆和她

74岁的赵殿增常说,自己很幸运,先遇见了袁曙光,后遇上了三星堆。与袁曙光结为夫妻,相伴到老;组织三星堆发掘,再研究它一辈子。终其一生,他与二者都没有分开过。

在文物研究圈里,考古专家赵殿增和汉代画像砖专家袁曙光是有名的眷侣。共同创作学术作品《"天门"考》,一同考察文物,参加学术会议,走过12个省,他说,他们的浪漫,尽在学术里。

1995年,袁曙光的父母得病在家,女儿正在读高三。但为了支持赵殿增出书,她不仅承担了家务,还逐字逐句,将赵殿增近60万字的潦草初稿,一一誊写。夫妻俩的共同努力,使得《三星堆文化与巴蜀文明》正式出版。如今,两人已共同度过45载岁月,点点滴滴连成了他们闪耀如星辰的爱情故事。赵殿增体悟道:"爱情,不仅是感觉,更是责任。"

相识——超前的旅行结婚,两人1个月游历大好河山

在四川文物研究圈,有一对夫妻研究员为人熟知。他叫赵殿增,来自四川省文物考古研究院,任过主任,当过队长。她来自四川省博物

1972年赵殿增与袁曙光结婚照

馆保管室，专注汉代画像砖研究近30年。

"爱情，刚开始发生时，更多的是感觉，越往后，越是责任。"拿出一张张照片，赵殿增回忆说，47年前，他们初次相识。

1970年，从北京大学毕业后，河北人赵殿增到四川省凉山彝族自治州会东县委宣传部任干事，住在招待所隔壁。

从北京农业大学毕业后，袁曙光在当年年底，被安排到会东县一中学当老师，住进县政府招待所。赵殿增聚会接触到袁曙光时，得知她来自北京，"感到多了些许亲近"。同在一个食堂里吃饭，两人自然而然地聊起各自的大学生活。

一年的了解后，赵殿增意识到，两人都有着逍遥的生活态度，价值观相近。性格上，他比较外向，热情开朗，袁曙光则比较内向，端庄贤淑。"这样搭配，我觉得挺好。"于是，赵殿增请来袁曙光的老同学撮合。随后，两人走到了一起。

1972年底，两人登记结婚。他们花了一个月，从袁曙光的老家重庆，游至赵殿增的老家河北。没有婚礼仪式，没有婚纱戒指，赵殿增说："我们像是来了一场如今流行的旅行结婚。"

1973年，赵殿增被调至四川省博物馆做考古工作，袁曙光继续呆在会东。3年后，唐山地震，当时刚生了女儿的袁曙光，住在帐篷里，到处买奶粉。赵殿增向组织申请将妻子调到博物馆工作，获得批准。

相知——学术里的浪漫，夫妻创作《"天门"考》

赵殿增搞考古，袁曙光负责文物保管。相近的工作使两人追求更加一致，催生出夫妻档论文。

20世纪80年代，赵殿增出差到简阳和巫山，看到不少鎏金铜牌和画像石棺上写有"天门"两字，是为榜题。在这些铜牌和砖石上，流畅地绘出人物、动物、建筑和云气图案，刻工精湛，画面丰满，其中的鎏金泛光，烘托了天国富丽堂皇的气派。细考图案，赵殿增发现，图案里有青龙、白虎、朱雀、玄武四神。考证后，赵殿增认为，图像并非刻画现世生活，而是想象天堂里的理想生活境界。

本已对画像砖有诸多研究的袁曙光开始专注起对天门的研究。随后，两人发现，画像砖中大量出现了阙，但多地的图案都很相近。当时，文物界有一种说法，认为汉代画像砖中的阙，是地方官吏的专有享受。袁曙光认为，阙大量分散地出现，说明阙这种图案，已经绘制到百姓石棺上。

1990年，两人共同写下《"天门"考——兼论四川汉画像砖（石）的组合与主题》，在《四川文物》上发表，在圈内掀起波澜。于是，大伙打趣地称呼他们为"赵天门""袁天门"。袁曙光据此观点撰写了《中国美术分类全集·四川汉画像砖卷·概论》。

相助——多年的研究成果，你写我誊出版考古专著

赵殿增常说自己很幸运，先遇见了袁曙光，后遇上了三星堆。

1980年4月，赵殿增和几个同事到彭县（现彭州）取青铜器，顺便到广汉月亮湾遗址看看。在三星堆村，正在找瓦片的他们，引起了村民

注意。于是，村民们领着他们到了一个砖厂。大家细看砖厂取土的断面，一下子兴奋起来。从此，赵殿增开始了37年全部围绕三星堆的研究工作。

赵殿增出版的书，都与三星堆有关，其中一本尤为特殊。1995年，赵殿增已经积累了不少观点，应邀写书。但由于他字迹潦草，难以辨认，袁曙光提出帮他誊写。当时，袁曙光的父母重病在家，他们的女儿正在读书。但为了支持赵殿增出书，她不仅承担了家务，还逐字逐句，将赵殿增近60万字的初稿，一一誊写。遇到有疑惑的时候，袁曙光会提出，赵殿增再深思修正。3年后，《三星堆文化与巴蜀文明》正式出版。

2000年回河北廊坊家乡

2002年游览云南玉龙雪山

相守——病床前的朗读，他日日为她读窗外信息

7月11日，四川省第四医院，73岁的袁曙光躺在病床上，望向赵殿增。赵殿增凑近了手机，打开微信朋友圈，读了起来："花甲之年手机一台，聊聊微信抒抒情怀。"听着《花甲颂》，袁曙光抿了抿嘴，乐了。

"群者，以情会友，以实交友。"赵殿增一一将同学群里大家分享的内容念出声来，突然，袁曙光摇了摇手，"不对，你把老孙的名字念错了。"他立马回应，"是，是，马上纠正！"

赵殿增说，袁曙光身体每况愈下，如今看东西不清楚，说话都困难，只能通过他，了解窗外信息。"平时，她只是听着，不会有什么反应，只有我说错时，她才会打岔。我喜欢听她纠正我。"说着，赵殿增笑了，厚厚的眼镜片背后，洋溢着幸福。

去年4月，因多种疾病，袁曙光住进医院，加之小脑脑梗，

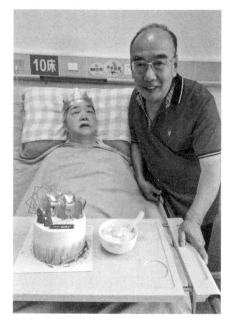

2020年7月28日在医院为袁曙光过75周岁生日

肢体逐渐僵硬，行动不便。于是，赵殿增每天早上都会逐一将微信里的信息和当天的新闻念给袁曙光听。最长的一次，他一口气足足念了两个多小时。

"知道窗外事，她才不会感到太落寞。"赵殿增回忆，两人共同度过的时光里，都很朴实。"粘得最紧的"，恐怕要数两人退休前后的五六年。2000年至2005年，两人前往多地参加学术会议，看各地文物，其间足迹踏过12个省。他说："我们的浪漫，尽在学术里。"

（原载《头条新闻》2017年7月12日）

与考古一生相伴

一

走上考古路

我们这一代学者可以说完全是新中国培养出来的。我出生在河北农村，1949年前后我家曾住在天安门广场西面，即现在人民大会堂东门一个叫"小四眼井"的胡同里。五六岁刚开始记事时，正好赶上北京解放，我最初和最深的记忆，就是跟着大孩子跑到前门去看解放军进城，开国大典时挤到长安街边上去看马队和大炮。

从小学到大学

1950年，我开始读书，在北京上小学、中学、大学，在学校入队、入团、入党，到1966年正好读完了17年。我在家里的八个兄妹中排行老六。母亲后来回乡长期住在农村，所以我从小就喜欢在外面玩，家里人说我的心很"野"，戏称我是"野心家"。20世纪50年代，我心中的偶像是苏联的高尔基和保尔·柯察金，并学着"走向生活"，去郊游探险，曾步行到卢沟桥、黄土岗、南苑等处游玩野餐，也去过北京城内外的很多寺庙古迹，并开始坚持记日记、写游记。这正好与日后学考古要求的"四勤",即腿勤、眼勤、嘴勤、手勤的习惯相符合。

初中毕业时,因家庭困难,又不想上技校,我被保送去读了管吃管住并能保证上大学的北京师范学院(今首都师范大学)预科,受到了良好的教育,如语文课就是从《诗经》的首篇《关雎》逐步学起的,使我对古文产生了兴趣。

预科和高中一样是三年。第二年要分文理科,我本来的兴趣是想学地理或地质。但因一篇《团城游记》作文被选成范文,老师说我学文好些,就上了文科班。

1962年调整时期,说预科不能保送了,全要参加高考。老师说,师院会优先录取的,让我们放开去考,结果我考上了北京大学历史系。分班时听说有个考古专业,正好符合自己的爱好,于是就进了考古班,从此与考古相伴一生。

1956年北京三十中学入学证件照

1962年北京大学入学证件照

60年代的北京大学考古专业,有一批著名学者正是当打之年,以苏秉琦主任为首,吕遵锷、严文明、邹衡、俞伟超先生教我们新旧石器、商周、秦汉各阶段的考古学通论,李仰松等先生教古文字和考古技术。1965年,李伯谦老师带我们班去安阳殷墟实习,发掘了新石器遗址和商代墓葬,进行了考古调查,完成了室内整理,并编写了发掘报告。苏秉琦先生还专程到殷墟小屯工作站驻地来进行指导,使我们受到了较好的专业培养和训练。

考古实习记略

六年的大学生活,对我影响最大、收获最多、印象最深的,当属

1965年9月出发去安阳考古实习前与家人在北大校门前留影

去安阳的考古实习。1965年下半年，我们考古班在李伯谦老师的带领下，到安阳进行考古实习。1965年10月，全班18位同学进驻安阳大寒镇，分组发掘"鲍家堂"和"大寒"两个新石器时代遗址。"大寒"组由李老师直接负责，还有中国科学院考古研究所（今中国社会科学院考古研究所）的山东队队长高广仁先生担任工地指导；我在"鲍家堂"组，工地指导老师是中国科学院考古研究所的魏树勋先生。

魏老师是50年代北大考古专业毕业的学长，安阳工作站负责人，操一口河北土话，很爱说笑，是一位和蔼可亲的前辈。他干起工作来既耐心又严格，手把手教我们从布方、认土、分层发掘学起，到寻找"现象"，找坑边，清理器物，再到绘图、照相、做记录，样样做得精准利落，使我们受到了严格而系统的训练。特别是牢记了"认土、找边、清器物"的考古发掘"七字诀"，也把课堂上学的"地层学""类型学"和各种考古知识一下都"盘活"了，更明白了现代的科学考古是一定要从田野工作做起的。在我负责的探方中，发现了几个保存完好的"袋状灰坑"，出有完整的彩陶罐和狗骨架等，能亲手把它们挖清楚、讲明白，这些都让我对考古产生了强烈的兴趣。

发掘结束后，魏老师又带我们去濮阳、内黄、汤阴等县进行了考古调查实习，学方法，长见识。他反复强调搞考古要做到"四勤：腿勤、眼勤、嘴勤、手勤"，并带头去做。他到哪里都能与当地的老乡打成一片，对什么现象都感兴趣。如在汤阴考察周文王被拘而演《周易》的文王庙时，发现土台周边断崖上有两三米厚的文化层，有白灰面的房屋遗迹和新石器与商周时代遗物，就马上组织我们测量地层、采集标本、做好记录。他具有考古人所特有的一种冲动：一定要自己动手动脚找出新东西来。

这对我也产生了深刻的影响。1980年初，我与范桂杰等调查到三星堆砖厂时，我们径直奔向取土的断崖，发现上百米宽、一米多厚的文化层，采集了数百件标本，确认了文化堆积的时代及其重要性。我们回去后，向博物馆做了紧急汇报，从此开始了三星堆遗址连续数十年的正式发掘，取得了一系列重要成果。这与当年考古实习所获得的经验有着密切的关系。

回到安阳考古工作站，我们又去了安阳纱厂，每个人都单独发掘了一座商代墓葬，之后就转入了室内整理。这是考古工作的又一个重要阶段，由李伯谦老师指导进行。从出土器物的清洗、拼对、修复、复原、绘图开始，一切自己动手，从头学起。大家对发掘资料进行整理分析，制作器物卡片，完成了各自的"探方记录"。然后对出土器物进行"分类排队"，即按用处分类、按形状分型、按地层和形态变化分式，进而查对资料，确定遗址的性质，我们发掘的"鲍家堂"被认定为"仰韶文化大司空类型"。最后大家分工协作，编写"发掘报告"，我被安排撰写"鲍家堂新石器时代遗址"发掘报告。李伯谦老师特别指导我们按"分类""分期""定文化"三个要点，对整个遗址的地层、遗迹、器物仔细分析研究，进行文化的分期和定性。他详细地给我们讲述了考古报告的写法，并找出样本供大家参考。经过艰苦努力，我终于独立完成了一个完整的考古报告，并被评为"优"。

2012年初，为纪念北京大学考古专业成立60年，学校来人到我家里采访，说我的《实习报告》还保存在学校，并给我带来了一个复印件，让我喜出望外。现在看来，这篇报告还很稚嫩，但却是我考古生涯的"处子作"，能够达到要求，为我一生的考古工作打下了良好的基础。

这些老师们手把手教给我的考古技能和专业精神，使我终身受益。

（《中国社会科学报》2022年9月16日A07版）

二

曲折的归队路

在北京大学历史系考古专业毕业前夕，我和同班的叶万松、张绪球、郎树德住在38斋508室。本应在1967年进行的毕业分配，一直拖延到1968年夏天，而且考古班的分配方案中，既没有一个北京的名额，也没有一个是去文物考古单位的，全是分到各省部队农场或农村先去"劳动锻炼"，然后等待"再分配"。我们四人被分到河南、湖北、甘肃、四川四个省，今后能干些什么，全然不知。

1967年北京大学与同宿舍同学合影

分配方案还未最后公布，我们就迫不及待地开始整理行装，把本来就很少的学生家当精简到极限。除了几本舍不得扔掉的油印考古讲义等教材图书之外，大家一起把小报、资料、传单、书籍，也有不少业务书，统统卖到了废品收购站，一共卖了十多块钱。这在当时可是个不小的数目，因为那时的全额助学金也好像才有十八块五，除去伙食费还能剩点零用钱。拿到这些钱，大家决定到外面好好吃一顿。

我们跑到前门大街的"全聚德"烤鸭店，吃了一只烤鸭（八块钱）和一些酒菜，把钱花光，然后到天安门广场去乘凉聊天，言语间没有什么豪言壮语和临别赠言，只有莫名的失落和迷茫。正在这时，大喇叭里传来了"最高指示"："知识青年到农村去，接受贫下中农的再教育，很有必要……"听到这些，我们更增添了伤感的情绪。最后相互无奈地说了句"好好去接受再教育吧"，就结束了"最后的晚餐"，各奔东西了。

　　当时有一种说法，说再教育改造好了的重要标志之一就是要"忘掉专业"。好像我们几个都没有"改造"好，"劳动锻炼"近两年，又被分到偏远地区干了几年杂事之后，还是千方百计联系想调到文博单位去搞考古，但都进展不大。20世纪70年代初，在周总理的关怀下，开始恢复考古工作，国家文物局的领导和北大的老师为了我们能归队都帮了大忙。2014年春节，我写信询问此事详情时，李伯谦老师于2月1日的回信中谈了当时的具体情况："1971至1972年到故宫参加出国文物展览的筹备工作，当时北大的宿白、邹衡、俞伟超等先生都在。文物局局长王冶秋问大家，北大考古毕业的学生都分哪去了，全国的考古工作这么缺人，你们能否搞一份名单出来，局里想办法让他们早日归队，调回文博单位。我们知道61、62、63、64几届考古班学生大部分都在地县，许多是在政工宣传部门工作，商量之后，就由我执笔把知道下落的考古毕业生写了一份材料交给王局长，以后这些学非所用的人就陆续回到考古文博单位了。"

　　李老师这些平和的叙述，却成为改变我们许多人一生命运的关键。据悉，王冶秋局长把"考古人员归队"一事，正式写入了给国务院的"出国文物展览报告"，经批准后转发到各地，文物局又把一些未对口就业的考古人员的名单交到各省。我和范桂杰就是1972年底由四川省组织部门下调令到"三线"重点地区的西昌和渡口，再发到县区，通知我们直接去省文化局报到，再安排到省博物馆开始搞考古的。考古班同学大部分也陆续被调到相关考古部门，我们38斋508室的四位室友分别到了洛阳、荆州、甘肃、四川考古所或博物馆，各自做了些有益的工作。

这已经是毕业后四五年乃至十来年之后的事情了，其间有的颇费周折，还有些同学始终未能如愿。此事要惊动国务院才办得到，可见当时专业对口之困难，早日归队之幸运。在衷心感谢师长们对我们的培养和帮助的时候，我也倍加珍惜这个来之不易的机会，决心一定要努力做好这项既是爱好和兴趣，又是事业与责任的工作。

川西考古记

1973年初，我归队到四川省博物馆古代史部搞考古，最初的十多年主要是在川西地区做考古调查和发掘工作，每年常常是一半多的时间在跑野外，既有辛苦和劳累，又有乐趣和收获。

汉墓与汉画

川西地区最多的地下文物可能就是汉墓。我第一次的考古工作即1973年三四月份跟王家祐、李复华、刘盘石一起去郫县竹瓦铺发掘东汉石棺墓。那里出土了多具画像石棺，上面刻着双阙、西王母、牛郎织女、午乐傩戏等大量汉画。他们仔细地给我讲解汉画的内容，引起了我浓厚的兴趣。单位看我的发掘能力还可以，1973年9月又派我和戴堂才到乐山大佛湾去发掘汉崖墓群，为全省文物工作会准备考古参观现场，在大佛寺住了半个多月。乐山文物管理所的汉代出土文物极为丰富，雕刻着汉画的崖墓漫山遍野，使我大有收获。此后，我又从成都到阿坝，从德阳、绵阳到大邑，相继调查发掘了多处汉墓。

1977年，爱人袁曙光调到省博物馆后，长期在保管部负责保管砖石类文物，对画像砖、画像石的情况有了比较全面的了解。她发现汉墓画像中"阙"的图案很多，可能不是地方官吏才可以享有的。大量阙画像的分散出现，说明这种图案已经广泛出现在百姓的墓葬中，可能有其特殊的原因。此外，还发现汉画内容在墓内的分布也有规律可循。

我也开始注意研究这些问题。后来在三峡考古时，发现巫山汉墓中出土了数件刻有"天门"榜题的鎏金铜牌，安装在棺头上，说明四川汉墓中的大量画像很有可能是被古人布置为死后可以"升天",在"天门"之中的天国上享受美好生活的场景。我又去考察了简阳鬼头山出土的画像石棺,不但证实在双阙画像上方有"天门"榜题,而且在其他十余处榜题的旁边,看到了与榜题内容相关的各种画像,共同组成了一个完整的天国胜景。

袁曙光还进一步把各地已发掘的汉墓中画像砖与画像石的排列组合情况,进行了全面系统的整理,找出了其中的规律。我们将这些新的认识,合写了一篇《"天门"考——兼论四川汉画像砖(石)的组合与主题》的文章,发表在《四川文物》1990年第6期,得到圈内外同仁的广泛认同。随后,我们又写过几篇相关的文章。袁曙光还根据这种观点,撰写了《中国美术分类全集·四川汉画像砖卷》的"概论"。汉画学界的同仁从此常常打趣地称呼我们为"袁天门""赵天门"。

(《中国社会科学报》2022年9月23日A07版)

三

巴王陵与蜀王墓

1973年春,我去郫县竹瓦铺发掘东汉石棺墓,"五一"期间,又跟王家祐、李复华、刘盘石一起上青城山天师洞整理资料。当时,刘盘石正在抄写任乃强先生的手抄本《华阳国志校注图补》,他给我讲了此书的主要内容,说这是关于四川历史研究最重要的古代文献。我也跟着抄了《蜀志》的一些章节,并开始有了用考古资料和方法探求巴蜀古史之谜的最初梦想。

1974年夏天,我跟张才俊一起去涪陵小田溪调查发掘一座土坑墓。这里可能是史书中记载的"其先王陵墓多在枳"的古代巴王陵"枳",1972年前后,在这里发掘的一号墓中曾出土铜编钟、铜淳于等大量珍贵文物。不过这次发现的墓被盗严重,收获不大,但通过调查了解情况和环境，我们也感到这里可能还会有更多巴国王族墓出现。后来，重庆市考古所果然又在这里发掘了十余座墓，这样就把巴人"先王陵墓多在枳"的记载基本坐实了。

巴王墓找到了，但蜀王墓又在哪里呢？1980年我们恰好找到了一座。那年春天，在新都县马家乡一座很大的方形院落里，农民在挖坑时发现了一座有斜坡墓道的大型战国木椁墓。匡远滢前去进行发掘，弄清了基本情况。椁室长8.3米，宽6.76米，木椁分为一个棺室和八个边箱，棺室中放置一具独木船棺。边箱内的器物虽然早期被盗，但仍出土了有"巴蜀图语"的方形大铜印章、漆耳杯等珍贵文物。在木椁底部的垫木之下，又发现了一个木构的大腰坑，坑内完好保存着188件精美的青铜礼器，由于长期水泡，很多器物出土时仍然光亮如新。当时大家兴奋极了，小心翼翼地把器物一件件取出来。

经整理发现，这是一套专门为随葬制作的大型铜礼器群，分为盛贮器、炊饮器、乐器、兵器、工具五大类，共有四十三套，以每套五件的最多，有三十四套，另外九套是每套两件。如此规格的大墓和大型青铜器群，在当时的巴蜀地区是首次发现，说明它很可能就是一座战国时期的蜀王墓。

墓中出土了五件铜鼎，其中一件特别精美，器形与战国时期的楚式鼎相同，上面镌刻着"邵之食鼎"四字铭文，字形亦为楚体，其他四件均是仿照此器在本地制作的。李复华在编写发掘报告时，考证认为"邵"可能就是楚国三大姓之一的"昭"姓，这样就与《华阳国志》等书记载相吻合。即战国时期的开明氏蜀国，"九世有开明帝，始立宗庙，以酒为醴，乐曰荆，人尚赤，帝称王"的记载。第九代（《蜀王本纪》等书记载是"五世"）开明氏蜀王，大力学习"荆"楚文化，开始实行礼制改革，立宗庙，作礼乐，并改变称谓"帝称王"。这就为我们研究开明氏蜀王的来源、族属、蜀与楚的文化关系，特别是战国时期开明氏蜀国完善礼乐制度，加快中原化进程等重要历史情况，提供了珍贵的实物资料。

李冰像与都江堰

1974年春，我再次到郫县，去处理竹瓦铺汉墓发掘的善后事宜。几天后，正准备用牛车把几具石棺全运回省博物馆时，突然接到了单位的电话，说在都江堰发现了大型汉代石像，叫我尽快从郫县赶过去了解情况。我向文化馆借了辆自行车，骑了三十多里地，赶到了都江堰的伏龙观，看到空场上已经"躺着"一尊巨大的完整石人像，胸前的衣襟上，赫然刻着"汉故李府君讳冰"几个大字。在衣袖上还有"建宁元年"即东汉灵帝元年，也就是公元168年的准确纪年，这分明就是一座汉代建造的李冰巨型石雕像！我赶紧打电话向单位报告了情况，并请尽快派照相、拓片人员前来支援工作。

县文物管理所的钟天康老师带我到李冰石雕像的出土现场去了解情况。原来，这尊高2.9米的巨型石像出土时，是俯卧在距外江左岸30米远的河床砾石层中的，埋入河底深达3米。由于是面部朝下，前面的磨损很少，后背基本被磨平，可见石像倒下的时间距建立时间并不太久，距离也不会太远。这次是要在外江江口修建现代化的控制闸，需要将原有的索桥向下游移动50米，在挖外江左岸的第一个桥墩基坑时，于4月14日发现了石像。

经文物管理所考察，这是一件重要文物，随后用吊车将石像稳妥地运到了伏龙观前的院子中。经过清理研究和实施保护措施后，现在李冰石雕像已经被安放在伏龙观正门大殿正中，供人们参观瞻仰，并被鉴定为国家一级甲等文物，即"国宝"级的文物精品，成为都江堰景区的镇馆之宝。

李冰石像的出土在社会上引起很大轰动，《光明日报》和《文物》杂志很快都来电约稿，这件重要任务就很偶然地落到了我这个新手头上。我赶紧查找资料，拟定提纲，询问写法。在博物馆业务工作负责人谢雁翔馆长等人的帮助下，我完成了从事考古工作后的这篇处女作。

对于石像的作用，我引用了东晋常璩《华阳国志》的说法，认为它可能与李冰修都江堰时，"作三石人，立三水中，与江神约：水盛不及肩，竭不至足"的传说有关，即修堰时用来测量水位变化的"水则"。这次发现的李冰像等"三神石人"，题记上说是用来"珍（镇）水万世"的。或许是常璩在写《华阳国志》时，东汉时建造的李冰等"三神石人"像早已倒在江中多年，他只是根据民间的传说，记载成李冰修都江堰时就曾"作三石人"，用来测量水位变化了？这些怀疑也许有一定的道理，因为李冰修都江堰时可能尚不具备建造石像和监测水位的能力。但这种看法也曾受到一些学者的质疑，认为这石像更可能是李冰祠庙中的纪念性雕像。

可见，当时我写这篇文章时，还考虑和介绍得不够周全。到底哪个说法更准确些？李冰修都江堰时是否也曾经"作三石人"？只能留给研究者作进一步分析考证了。

（《中国社会科学报》2022年10月14日A07版）

<h2 style="text-align:center">四</h2>

安宁河调查与礼州遗址

1975年，四川省博物馆古代史部为配合四川大学的考古班学生实习，共同组织了一次安宁河流域的考古调查，四川大学由林向、童恩正、宋治民老师带队，73级考古班的全体同学参加，省博物馆是刘盘石、范桂杰和我参加，西昌等市县有关人员也参加了调查。

在几天的授课之后，大家分组对安宁河流域各县进行了考古调查，发现了不少遗址和遗物，包括汉唐西昌古城、大石墓汉墓、冶铜遗址等，为此后凉山州的考古工作打下了基础。随后，又集中力量在西昌市对汉墓和大石墓进行了正式发掘，对汉唐西昌古城进行了勘察测绘，取得了显著成果。

礼州遗址位于西昌市北25千米的礼州中学内，1974年已由刘盘石主持进行过试掘，初步弄清这里是一处具有地区特色的新石器时代遗址。这次安宁河调查对此又做了复查，发现学校操场等处还有很大面积的遗址可以继续发掘。但由于刘盘石在考古调查期间突发重病，一个月后转院成都，三个月后不幸去世，礼州遗址的后续发掘暂时停了下来。刘盘石是川大首届考古专业的优秀毕业生，聪明勤奋，能说会写，他是安宁河考古的开拓者，对我的首次考古工作和蜀史学习也曾给予过很大帮助。他的英年早逝，实在令人惋惜。

1976年，省博物馆派我去西昌与文物管理所一起继续进行礼州遗址的发掘，共发掘面积360平方米。遗址分为两层：下层是居住和作坊遗址，发现火塘9个，陶窑1座，石器100余件；上层改为墓葬区，发现20座长条形土坑墓，墓内两端各随葬一组陶器，以双耳罐、带流壶、双联罐为特色。发掘报告发表在《考古学报》上，被命名为"大墩子—礼州文化"，这是川西南地区第一个正式命名的新石器时代考古学文化。

大石墓与石棺葬

1975年，安宁河流域考古调查的另一项重要收获，就是大石墓的发现和正式发掘。首次发掘由童恩正带队，73级考古班的众多同学参加。

大石墓是一种建在大山缓坡上的石制大墓，狭长的墓室两侧和后壁用巨大的卵石竖立围成，顶上用数千斤的大石头搭盖，再用碎石块堆成圆形的大坟堆，只有前面留有可以出入的墓口。墓室中，堆满了密密麻麻、杂乱的人骨，是一种典型的捡骨二次葬，只随葬有少量的陶器和铜手镯、发簪等装饰品，最后用碎石封住墓口。这种奇特的墓葬，在安宁河流域发现很多，但过去从来没有正式发掘过。这次在安宁河西岸选择了一座保存较完整的"坝河堡子一号墓"进行了科学发掘，从墓室内共清理出90多具散乱的人骨，以及10多件陶器和铜装饰品。

我去会理县调查结束后，回到西昌与童老师住在一起，后期也常去工地上帮忙。工地发掘快要结束时，有一天，童老师说他不去工地了，我和同学们上去做了些扫尾工作。晚上回到招待所，童老师说他把"发掘简报"写完了，这让我大吃一惊！连忙问是怎么写的。他说："简单又清楚的墓，不必等到室内整理和绘图照相后再写简报，只要对着墓葬图和出土器物，直接写好墓葬形制、骨架堆放、器物特征等情况就行了，回去之后，再查找材料，撰好结论。其他工作，包括器物线图、照片乃至出土器物的具体尺寸等，都可以先空着，等器物整理和绘图照相之后，再补上去。"我觉得这种方法太简便了，就努力学习仿效，从此大大加快了我撰写考古发掘报告的速度。

1986年，我又发掘了一座"坝河堡子二号墓"，进一步证明这种大石墓很可能就是古代西南夷"邛都人"的一种特有葬式。

在四川西北部的阿坝州等地，先秦、西汉时期主要盛行使用"石棺葬"，1949年前后已进行过多次发掘。1978年，茂县文物管理所报告，在县城边上改土时发现了大批石棺葬，需要尽快发掘。我和范桂杰、胡昌钰、李昭和、陈显双一起前往，又组织各地县人员，组成了一个发掘队，在县城东面和北面进行了一次大规模的发掘，很快清理完全部48座石棺葬，出土了千余件各类随葬品。

由于石棺葬中大多填土很少，器物一般保存较好。我们就学着童恩正的方法，在县博物馆展厅的水泥地上开始进行整理。我们先按墓葬的位置，把各座墓的随葬品排开，再按器形变化进行调整，逐渐找出各类型墓葬的年代排序，进行分期排队，选出典型墓葬，选定标准器物。然后，又根据48座墓的情况做成了一大张"墓葬分期与器物排队总表"，把选出的标准器贴好标签，按墓装箱运回单位。在省博物馆展厅的楼上，我们按分期与排队的总表把器物全部铺开，对着墓葬图和标准器直接撰写发掘报告。由我执笔，用了一个多月就完成了《四川茂汶羌族自治县石棺葬发掘报告》的文字部分。再把器物交技术室进行修复绘图照相，补齐了图照之后，发掘报告很快就正式发表了。通过实践，我们也尝到了这种工作方法的甜头。

荥经训练班与"严道古城"

1978年至1980年前后，陈显双等人在荥经西3千米的"古城坪"一带，先后发掘了多座土坑木椁墓和崖墓，从对出土的器物分析可知，时代从春秋、战国、秦国一直延续到东汉。谢雁翔馆长等去现场考察后认为，这里是一处举办考古训练班的好地方，不但有多种墓葬可供实习，为各地培养一批急需的考古人员，而且可以争取把"古城坪"上到底有没有古城、是什么时代和性质的古城问题弄清楚。

1981年，由雅安和达州、南充等十多个地县的二十多人参加的"四川省考古训练班"在荥经县正式开学，谢雁翔、沈仲常等专家学者前来授课。之后，在水井坎沟汉崖墓群进行考古发掘实习，由陈显双和我负责辅导。同时还组织大家对"古城坪"台地进行调查，并发现了一大一小两座相连的东汉古城，南北东三面的城墙保存尚好，西面临荥河部分已被冲为陡崖。众多春秋战国至秦汉的墓葬分布在古城以北靠山地带的大路旁边。

虽然没有发现更早的城墙，但从众多春秋战国至秦汉的墓葬分布和荥经县城附近大型巴蜀墓群的发现来看，这里不仅有一座古城，而且很可能就是历史上有名的"严道古城"，曾经是沟通"南方丝绸之路"开发西南的一个边关重镇，我和陈显双等为此写了一篇《"严道古城"的考古发现与研究》，发表在《中国考古学会第五次年会论文集》上，受到学界的重视。后来，荥经博物馆又在"严道古城"以西5千米的路边摩崖上，发现了著名的东汉"阁道碑"刻石，进一步把"严道古城"和"南方丝绸之路"的位置与走向确定下来了。

在多年的考古实践中，我的很多工作都是在同事们的帮助和支持下完成的，其中由我执笔的可能比较多，在发掘报告简报中，有些未能详细注明，在此说明，并向各位有关同事表示衷心的感谢。

（《中国社会科学报》2022年10月21日A07版）

五

情系三星堆　结缘三星堆

我与三星堆结缘是在1980年的春天。当时，我们的考古队还叫四川省博物馆的古代史部，有20多人，实际承担着全省的考古工作任务，我和范桂杰是副主任。4月13日，我与范桂杰、胡昌钰、李昭和一起到彭县，取回刚发掘出土的一批西周窖藏铜器，包括后来被定为"国宝"即"一级甲等文物"的两件大铜罍在内的19件青铜器。高兴之余，大家决定再次到竹瓦街的发掘现场进行实地考察。午饭之后，又决定绕路去广汉月亮湾遗址看看。当时，三星堆的名声还远不如月亮湾大，因为1949年前后的几次发现和发掘都是在月亮湾。

我们坐着北京大吉普一路问道，走到三星堆村口时，老乡问我们在找什么，我们说是找地下挖出的碎瓦片，他说这儿就有。我们走到砖厂取土的断面处一看，上百米的长断崖上包含了一米多厚的黑色文化层，其中有很多早期的文物，民工拣出来的陶器石器等，在场地中间堆了一大堆。我们一会儿就从中选出了三百多件标本，有小平底罐、高柄豆、石斧等一些大体完整的器物，放到车上。车上连下脚的地方都没有了，只好把脚放在装铜器的两个大木箱上。大家兴奋极了，说在四川做了这么多年考古，还从没看到过这么大这么好的早期遗址，若被砖厂挖掉就太可惜了，得赶快发掘。

第二天，我们一汇报，馆长会议立即决定组织队伍进行发掘。由于我们几个人马上得去二滩水库执行文物调查等任务，就从其他工地上把曾经参加1963年月亮湾四川大学考古实习的王有鹏调回来主持发掘，后来又加入了莫洪贵、陈德安、陈显丹等同志，从此开始了三星堆遗址连续40多年的考古发掘历程。

从1980年5月到1986年6月，三星堆遗址共进行了六次发掘。我不是三星堆的考古领队，只是作为考古队和单位负责人之一（1981年底，"省文管会办公室"与博物馆分开办公，成为独立单位，下设考古队等，负责考古与文物保护，1985年初又增挂四川省文物考古研究所的牌子。1981年，我任省文管会考古队副队长，1983年任省文管会办公室副主任，兼考古队长，1985年任文管会办公室主任，考古所副所长），参与了部分组织和宣传工作，并做了些宏观研究。

航拍引发轰动

三星堆第一次发掘是从1980年5月至1981年5月，开始把遗址分为三期，测定年代最早到4500年前，晚到3200年前。1982年的第二次发掘，又发现了第四期文化，年代为距今3100年至2800年前后，从而确定了三星堆遗址的年代、分期和文化特征，在报告中正式提出了"三星堆文化"的命名。1984年的第三次发掘，在西泉坎找到了更多早期的文化堆积，后来被命名为"三星堆一期文化"。

第一次发掘的高潮，是1981年5月借用空军的直升机进行航拍。当时，单位的摄影师邹德和陈湘华趴着绑在直升机下方投掷口的梯子上负责拍照，我和陈显丹在飞机上负责指示目标，以及与驾驶员联系。上去才发现，飞机飞行时我们相互说话根本听不见，就赶紧把要求写在本子上，撕下来马上递给驾驶员。飞机时起时落，几经周折，终于完成了

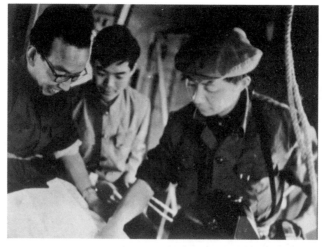

1981年春航拍三星堆，与陈显丹、陈湘华在直升机上研究工作

1981年春航拍三星堆，与全体人员在直升机前合影

这次中国考古史上较早的一次航拍，拍摄到了遗址和发掘区的全景照片。我们在飞机上亲眼看见了广汉周边十里八乡的数万民众涌向三星堆的壮观情景，从此之后，三星堆名声大振。

"这才是巴蜀文化"

1984年4月，在成都召开的第一次"全国考古发掘工作汇报会"在中国考古史上产生了重要的影响。会议制定了考古规程、证照申报、领队考核、工地检查汇报等一整套制度，确定了要努力"带着课题去发掘"的工作方针。从此，全国的考古工作开始走上了正规化的道路，促进了一系列重大成果的产生，被认为是"中国考古学黄金时代"到来的重要标志。

在会上，我代表四川把近年来三星堆等处的考古发掘情况做了汇报。中国考古学会副理事长苏秉琦先生对三星堆的发掘特别感兴趣，要求专门去看文物标本。王幼麟副厅长和陈显丹陪同苏先生到省考古队的库房仔细研究了三星堆新发掘的文物，陈显丹做了详细的汇报，得到了

1984年在成都"全国考古发掘工作汇报会"期间，和四川同事与夏鼐、苏秉琦先生在永陵留影

充分肯定和具体指导。苏秉琦先生在大会总结发言中称，三星堆的考古材料"成系统，有特征"，并提出"这才是巴蜀文化"，应该把它作为一个"学科生长点"，建设成考古基地，带动全四川的考古工作。三星堆考古从此成为中国考古学体系中的一个重要组成部分。

根据成都会议要求，1984年至1985年我们对三星堆遗址群进行了全面调查，大体摸清了12平方千米的遗址区分布范围，发现了城墙，建立了考古工作站，又做了两次抢救性发掘。1985年夏，单位送陈德安、陈显丹到国家文物局领队培训班进行学习，通过考核获得独立领队的资格，为下一步工作打下了良好基础。

考古"大会战"

1986年初，四川大学的林向先生来办公室找我联系考古班学生的实习问题，希望地点能够定在三星堆。我们也正为三星堆人手不足发愁，大家又有过良好的合作经历，因而一拍即合，马上决定在三星堆合作进行一次大规模的发掘，努力摸清三星堆遗址的范围、内涵和价值，为全面保护三星堆遗址提供更加充足的依据。

1986年3月，有30多名业务人员和上百名工人参加的考古实习和训练班隆重开学。围绕着三星堆砖厂的取土面，分三区进行全面发掘，到6月结束时，发掘面积达到1350平方米，文化层最厚处达2.5米，分为16层，年代跨度在距今4800年至2800年前，发现房址灰坑等数百个遗迹，出土数万件文物标本，取得了丰硕成果。国家文物局领导和专家组专程到

1986年与四川大学、广汉县领导主持
"三星堆遗址考古发掘开工典礼"

工地进行检查，对发掘工作给予很高的评价，并与省、市、县领导达成了各出部分经费"拆迁砖厂，全面保护三星堆遗址"的工作方案。

（《中国社会科学报》2022年11月4日A07版）

六

惊现祭祀坑

由于保护经费未能尽快落实，砖厂工人大多虽已解散，但砖窑仍未熄火。在工作站进行室内整理的考古队员，同意留守民工在文化层较薄的地方再取点土，把窑装完。说来也巧，我们几年里都未找到重要文物，这时却被民工发现了。1986年7月18日，民工取土时发现了数十件玉器，考古队员立即保护了现场，当天就

1986年在三星堆遗址一号祭祀坑
发掘现场进行拍摄

收齐了文物。经国家文物局批准，我们随后组织了正式发掘，发现了"一号祭祀坑"。1986年8月14日，又发现和发掘了"二号祭祀坑"，出土极其精美奇特的铜、金、玉、石器共计两千多件。砖厂最终停产拆迁，三星堆遗址被全面保护了下来。

"沉睡数千年，一醒惊天下"，三星堆祭祀坑的发现一下子震惊了世界，"从中国西部传出的消息，那里的发现是令人吃惊的"，"比有名的中国兵马俑更要非同凡响"，"这真是世界奇迹"。仿佛一声"芝麻开门"，打开了古代蜀国神秘的宝库，从而把一个失落的文明再现于世人面前。

那些日子里，大家都处于高度的兴奋之中，又忙又累又高兴。那一年间，我曾去广汉三星堆三十多次，但最长也只能在下面待两三天。发掘祭祀坑时正值盛夏，为了安全和凉爽，发掘组经常挑灯夜战。7月27日半夜，陈德安突然敲开我家门大声说："惊人发现！惊人发现！出了金杖，还有真人大的铜人头。"我们立即组织人赶往现场，从此又揭

1986年四川省博物馆同事考察一号祭祀坑发掘现场

开了三星堆考古崭新的一页。

"祭祀坑"的定名，是两位领队在现场提出来的，我们认真研究了各种可能性之后，给予了充分支持，认为这是一个比较合理且宽泛的提法。

"三星堆古文化古城古国遗址"的定名

祭祀坑的发现进一步证明了三星堆考古的学术价值。苏秉琦先生在1986年10月于沈阳召开的"中国考古学会年会"上说："应从它可能是蜀中的一个古文化、古城、古国的课题进行研究，其意义、工作方法、前景就大不一样了"，"他们的最新发现，当然把这一课题的研究又向前推进了一大步"。

同时，苏先生又一再提醒我们"要从'坑'里跳出来"，"从长远的角度规划我们的工作任务"。1987年5月，在成都广汉召开的"三星堆十二桥遗址考古发掘座谈会"上，苏先生又讲道："大家从两个坑谈到'城'，坑埋的是什么，意味着什么，是不是城，城内外怎么样，我看还是从区系角度提问题……巴蜀文化自成体系，特征不是表面的，而是内在的……四川这段工作有划时代意义，在这个基础上看两个坑和城，不妨说是看到了四川的古文化古城古国。"苏先生在为会议的题词中，正式将其命名为"三星堆古文化古城古国遗址"。后来建成的三星堆博物馆也一直以"古城古国古文化"作为基本陈列的主题。

1988年，三星堆遗址被确定为"全国重点文物保护单位"。为了弄清遗址的性质和布局，经国家文物局批准，我们对周边的古城墙进行了试掘。从1989年到1995年，经过6次发掘，确定了三四千年前这里曾有一个面积达360万平方米的"三星堆古城"，是中华文明进程中的一个独具特色的区域性文明中心，从而将三星堆考古提到了探索"多元一体中国古代文明起源"的高度。

苏秉琦先生是我在北大读书时的考古教研室主任，也曾到安阳殷墟指导过我们的考古实习。这次在三星堆，能得到他直接的帮助和指教，使我们受益匪浅。详细的情况和成果，我们后来专门写了一篇两万多字的纪念文章《一个充满活力的学科生长点——苏秉琦先生指导下的三星堆考古》，刊载在《苏秉琦与中国当代考古学》（科学出版社2001年版）一书中。

探索与研究

我的三星堆考古研究，常常是从汇报工作开始的，也曾为文物考古书刊和文集写过一些"综述"和"概论"，20世纪四川考古、80年代四川考古的回顾与展望，以及部分专题文章，对其中的一些问题逐步形成了自己的看法。

1990年，为准备参加1991年的中国考古学会年会，我撰写了《三星堆考古发现与巴蜀古史研究》一文，提出"考古材料所反映的巴蜀发展"，"经历了距今4800年左右到距今2000年前长达三千余年的历史进程"，"可分为五个阶段"，并认为三星堆古国具有"以祭祀活动作为象征国家权威、维系国家思想与组织统一的重要形式"，"多种文化成分的有机汇合，表现出由部落联盟发展而成的三星堆古国的社会结构特点"，"重视人像和动植物造型的文化习俗，创造了巴蜀文明鲜明

作者在省考古研究院办公室撰写论文

2000年中央电视台直播三星堆，在现场与主持人于洪、三星堆工作站长陈德安、省考古队队长王鲁茂合影

的艺术特征"等三个显著特点，进一步与史料相结合，得出"考古新发现印证了典籍传说中蜀史发展的几个过程大体可信"的初步结论。

该文首发在1992年的《四川文物·三星堆古蜀文化研究专辑》上，曾获得四川省政府社科成果奖。李学勤先生看到后，邀请我参加了由他主编的国家"九五"重点出版图书"早期中国文明丛书"的编写工作，让我撰写其中《三星堆文化与巴蜀文明》一卷。他要求我们"以新的考古材料为主"，分地区展开早期中国区域文明的探索，"努力写成自己的代表作"。在李先生的具体指导下，我进行了更加深入系统的研究，以考古材料为主体，撰写了从旧石器时代到西汉中期的四川古史概貌，前后历时十多年，最终在2005年由江苏教育出版社出版了这本60余万字的专著。

三星堆博物馆也为我编辑了一本文集《三星堆考古研究》（三星堆博物馆"探索三星堆丛书"之一，四川人民出版社2004年版），收入28篇文章，分7个专题对三星堆考古进行了研究。李学勤先生为文集撰写了序，他说："可以断言，如果没有对巴蜀文化的深入研究，便不能构成中国文明起源和发展的完整图景。考虑到巴蜀文化本身的特色，以及其与中原、西部、南方各古代文化间具有的种种关系，中国文明研究中的不少问题，恐怕必须由巴蜀文化求得解决。"

（《中国社会科学报》2022年11月18日A07版）

七

兴趣仍很浓

自2004年退休以来，我对三星堆仍然有着一种难以割舍的情结，也一直关注三星堆考古，每年都要去遗址几次，或参观考察接受采访，或参加会议举办讲座。这些年，我逐步把重点转移到探讨三星堆文化形成的原因、意义和价值等问题上来，并做了一些宏观研究。

作者在三星堆博物馆做学术讲座

与沈仲常先生在库房研究三星堆祭祀坑文物

神权的古国

我先从经济生活、文化传统、原始宗教、艺术特色、神权社会等方面，对三星堆的文明形态进行了横向研究，认识到可能"神权国家是整个问题的核心"；又从社会发展过程的纵向视角，概述了"古蜀文明的主要特征与基本进程"；进一步提出"三星堆神权古国特殊而又滞后的社会形态和历史进程，可能是造成三星堆文化神奇面貌的关键原因"，即使是进入青铜时代之后，它可能仍然停留在"神权决定一切"的古国阶段，从而使用新材料和新技术，制造出大量祭神时使用的精美神圣的造型艺术作品，创造出璀璨夺目的三星堆文明。

关于三星堆祭祀坑的定名问题，我认为，"坑内器物基本上都是用于祭祀的神像和礼器祭品、建造与瘗埋方式本身就具有独特的祭祀内容和含义、祭祀坑是某种宗教礼仪活动的最终结果"，同时完善了关于大型祭祀坑有可能是"失灵法器掩埋坑"的看法。当时，因为"把大量社会财富贡献给神灵，越陷越深，不能自拔，因此垮了下去"，就成为这种神权国家快速衰亡的一个根本原因。制造这些突显奇异信仰观念的大量神像和祭器，已经大大超过了古国的承受能力，并最终造成了严重的经济危机和社会恐慌。

三星堆古国很有可能是在遇到了一场特别严重的瘟疫之后，出现了人畜大量无端快速死亡的情况，连他们的"群巫之长——国王"，可能也都死去了。在这些无法理解又无力抗拒的巨大灾难面前，人们开始对自己一直极度崇拜的神灵产生了严重的怀疑，认为可能是这些神祇和神器开始"失灵"了。于是，他们就把神庙中包括国王使用的金杖在内的部分神像和祭器，搬到三星堆西南侧的祭祀区，并举行了一次大规模的"燎祭"，焚烧打碎了的神像祭品和人兽尸骨，郑重有序地把它们埋到今天所见的"一号祭祀坑"之中，用以表示把它们送回到了天上和神界，祈求天神和祖先帮助他们消除眼前的灾难，再次给他们带来好运。但灾难可能并没有因此有丝毫消减，反而更加严重，人们便彻底绝望了，又从神庙中搬来更多更重的一大批神像和祭器，进行了一次更大规模的燎祭，形成了"二号祭祀坑"和"三号祭祀坑"。

　　在数次燎祭都无效之后，三星堆人便感到已经无法在这里继续生活下去了，只好把所有的神像祭器全部搬来进行了燎祭，形成了"七号祭祀坑"和"八号祭祀坑"。最后连同神庙也一起烧毁，并将所有残存的碎器物和一些红烧土块埋在了八号坑的器物层和象牙层之上，随后可能迁都到了成都的金沙遗址。这就是我多年来研究三星堆的一些粗浅认识。

　　神庙的功能

　　2005～2013年，考古队在三星堆遗址西北部的高台地上，发掘出土了一座一千多平方米的"大房子"，简称"青关山一号大房子"。我第一次在完整的房基现场参观时，就曾提出它有可能是一座"神庙"，当时得到了川大老师的认同，却没有被发掘者采纳。《四川文物》2020年第5期发表了青关山一号大房子发掘报告，同时刊出了杜金鹏先生的文章，认为这是"一座具有上下两层建筑的楼阁式建筑物，属于商代最高规格的宫殿建筑，可能是当地最高统治者处理政务和举行重大典礼的礼仪建筑"。我对青关山大房子是否可能是"一座具有上下两层建筑的楼阁式建筑物"很有疑问，也涉及"青关山一号大房子"的复原和性质问题，随后撰文与杜先生进行了商榷。

我认为，三星堆遗址青关山一号大房子"可能是一座两面坡重檐屋顶的大型单层单体建筑"，顺着长条形大房子的纵轴，有一条笔直宽敞的"穿堂过道"贯穿全屋，房屋两端的中央开有两座大门，使整个建筑物的主轴与通道呈东南—西北走向，指向西北方的神山。通道的两边可能搭建有木构的平台，朝向中轴通道，用于摆放神像祭器等器物，供人们在中央通道上进行祭祀与供奉。大房子的两端还各有一个较大的空房间，可以供人们进行集体祭祀和集会议事，作为"群巫之长"的国王，可能就是在这里代表天神与祖先神来行使国家管理权的，这座大房子因此就具有了"殿堂"的性质和作用。总之，这是一座既可以安放保存大量神像器物并进行重大祭拜活动的"神庙"，又是可以举行重要集会议事决策以行使国家权力的"殿堂"，可能就是整个"三星堆神权古国"的一个宗教和政治统治中心。

最新的一组祭祀坑发现之后，持因战败被敌人掩埋观点的学者正在减少，认为是自己人埋存的观点日益增多，而且大多数研究者已经认识到，这些器物原来可能主要是存放在"神庙"之中的。最近又有学者提出，埋存了大量神像祭品的六座大坑，很可能是因"神庙失火"之后同时掩埋的，只能称之为"祭祀器物埋藏坑"；只有在三星堆迁都之后，他们的后人再次到此来进行祭奠时建造的两座小坑，即五号坑和六号坑，才是真正的"祭祀坑"。

我曾撰文对"神庙失火说"提出了十几个疑问。从祭祀坑的位置、方向与形状，到各坑的差别、器物的种类、摆放的顺序、分层的办法、覆盖的象牙、掩埋的过程、焚烧的地点，以及"一号坑中为何倾倒了大半坑烧透砸碎的动物和人骨渣"，"八号坑的象牙层之上为何又埋入了大量的破碎器物和红烧土块"，乃至"神庙"原在何处，为何失火，又为何"非要全部搬到三星堆之后，再分开进行埋藏"等诸多方面，提出了质疑。

我认为，"神庙失火说"可能是"低估了三星堆先民的信仰程度和真实意图，也低估了当时事态的紧迫性和严重性。一场偶然的火灾，绝

2016年作者与三星堆博物馆领导合影

不会让他们把'神庙'中的神像和祭祀用品全部丢弃埋掉，更不会因此
放弃曾经繁荣昌盛的三星堆古城而迁都。这期间，必然是发生了一系列
无法抗拒的特大灾难，才会迫使他们做出如此决绝的行为，通过一组隆
重而虔诚的燎祭仪式，彻底处理了神庙中的所有神像和祭器"。

祭祀的架构

最近，我撰写发表了《三星堆祭祀活动的基本架构：神坛、神庙、
祭祀坑》（《四川文物》2022年第5期）一文，将自己自1992年以来对
三星堆文明特征成因的认识过程和主要理由做了归纳总结。结合三星
堆出土的众多"神坛"，明确提出当时是"以'神坛'为理想形式、以
'神庙'为中心场所、以'祭祀坑'为最终结果，共同构成三星堆祭祀
活动的基本架构"，"'坛、庙、坑'就是三星堆神权古国文明因素的一
套典型'组合'"。总之，"神权国家"是三星堆文化神奇面貌的主要内
因，"过度消耗"是三星堆文化快速衰亡并形成大型祭祀坑的根本缘由，
"早期丝路"是三星堆文化丰富多彩的外部原因，"多元一体"是三星
堆文明在中华文明中的历史定位，这就是我对三星堆文明特征与成因的
基本认识。

三星堆遗址和三星堆文化确实有很多奇特和神秘之处，这也正是

它的魅力所在和吸引人之处，仍需要进行深入细致的发掘和研究。三星堆考古事业是百余年来几代考古人长期奋斗的成果，凝聚着第一线发掘研究和保护宣传工作者的辛劳。最新的三星堆大发掘不但组织了三十多个单位的数百名专家学者和青年才俊参加工作，而且广泛听取了国内外同仁的意见。我作为一个热心的"旁观者"，

2017年在什邡桂圆桥遗址研讨会上发言

把自己的看法做了简要的归纳，供第一线工作人员和广大读者、学者研究参考，检查验证。完整的资料和最终的意见，还需要等发掘整理工作完成之后，进一步加以论证。

（《中国社会科学报》2022年11月25日 A07版）

八

学习与交流

改革开放后，我有机会参加了几次出访活动，进行过一些不同形式的学习和交流，在自己的考古生涯中留下了深刻的印象和美好的记忆。

塞尔维亚与北马其顿之行

1983年初，国家文物局安排了两个参加出访南斯拉夫"文化代表团"的名额给四川。这在四川的文物界还是第一次，具体要求是派一名中年领导和一名年轻专业人员去。我有幸被选中，从考古工地上被召回，与省文化局文物处高文处长一同前往。事前我们做了认真的准备，并提前到北京进行了培训学习。外事部门特别安排了一位曾在中国驻南斯拉夫大使馆工作过的老同志，担任这个小型代表团的领队兼翻译。

当年4月底，我们三人一起从北京乘飞机出发，经停巴基斯坦卡拉奇机场，当天抵达南斯拉夫首都贝尔格莱德。

贝尔格莱德不仅是整个南斯拉夫联邦共和国的首都，也是当时六个加盟共和国中最大的塞尔维亚共和国的首都，坐落在美丽的多瑙河与萨瓦河畔。南斯拉夫友人直接把我们接到了河边的露天夜市，边吃西餐边聊天，身后还有提琴手在即兴演奏，使我们感受到一种浓烈的欧陆风情。第二天，塞尔维亚共和国文物局的官员带我们逛了一下市区后直接出发去看各处的文物古迹。他们做事讲求实际、不重形式的作风，给我们留下了良好的印象。

塞尔维亚共和国文物局的官员都是技术专家，一路上向我们做了细致的讲解，同时也检查处理各文物点上的保护维修等技术问题。当地的地面文物大部分是一些中世纪的古老教堂，一般都还在继续进行着日常的宗教和世俗活动。教堂归教会所有及使用，并负责保护和维修，只是在文物面貌和修复上受到文物局专家的检查指导，双方配合得很好。

教堂中的文物主要是一些圣像和绘画，有不少已经很残旧。当地专家一般不做修补复原，只对原有图画采取必要的保护措施。教堂的塔楼建筑和彩色玻璃窗也具有鲜明的文化特色，教堂中还常常安放着一些重要历史名人的灵棺，供人们纪念瞻仰，也形成了一种特有的文化习俗。这给我们留下了深刻的印象。在一个古老的教堂里，对方还为我们准备了一顿颇有仪式感的丰盛午餐。主人详细介绍了这座上千年教堂的历史和现状，让我们参观了他们收藏的一些珍贵文物。大家相谈甚欢，相互祝愿，切身感受到两国人民之间存在着一种亲密无间的深厚友谊。

我们在塞尔维亚共和国转了一大圈，参观考察了十多处文物古迹，也参访了纳粹德国大屠杀纪念地和南斯拉夫抗战纪念馆，了解到南斯拉夫悠久的历史文化和人民的革命精神，也学习到不少先进的文物保护管理和修复技术经验。

代表团的后半程考察了南斯拉夫联邦共和国南部的北马其顿共和国，其首都在斯科普里，这里曾是古老的希腊—马其顿文化重要发祥地之一，有着丰富的地下文物遗存。我们首先考察了城边的一处考古发掘工地，这是一个马其顿王国时代的建筑基址，面积不算大，但工作进行得井然有序。考古队在现场的有六个人，有两个是考古发掘人员，却有四个是文物保护技术人员：其中两人负责出土文物的修复保护和化学处理，另外两人负责遗址的测量和研究，并提出下一步的开放方案，为进行现场保存和展示做准备。这种通盘考虑，将考古发掘、文物保护、展示研究同时进行的方法，在当时国内的考古发掘工地还很难见到，为我们后来的考古工作提供了有益的启示。

除了考古工地，我们在北马其顿共和国还考察了多处希腊—马其顿文化时期的文物古迹，大多是一些石质建筑遗迹，很多已经做了原状的保护和展示，成为一种开放式的参观点。这种情况当时在国内也比较少见，为我们后来建设考古遗址公园提供了借鉴。

我们在南斯拉夫联邦共和国参观考察时，有一种奇怪的感觉：各个加盟共和国主要是在介绍本地本民族的文化和历史古迹，却很少讲整个联邦共和国的历史文化情况。谁承想，不到十年，南斯拉夫联邦共和国就在国内外多种因素作用下，分裂成了几个国家，我们考察过的地方已变为了塞尔维亚与北马其顿两个国家。又经过几次战争，整体国力大为衰弱。

瑞士之行

如果说1983年去南斯拉夫联邦共和国只是单纯的学习考察，那么1993年我再赴瑞士，则是带着珍贵文物去举行的一次重要的展览以及宣传活动。

1993年，我国正在紧锣密鼓地申办2000年夏季奥运会。国际奥委会主席萨马兰奇来访时，要求中国和其他申办国各带几件代表性文物，到瑞士洛桑参加"国际奥林匹克博物馆"的开幕式展出，以此作为一项重要的申办活动。

国家文物局对此极为重视，选择了三星堆青铜大面具、兵马俑将军俑、汉代金缕玉衣、清代龙袍、明代凤冠、唐代法门寺团花鎏金银盆、战国中山国四龙鎏金铜案、仰韶文化黑陶鹰鼎等九件顶级文物参展。国家文物局要求四川派一名同志带队，与国家博物馆一位有经验的文物保管员、国家文物局的一名翻译组成随展团，全程负责展品押运、布展、宣传、保护工作，以及中国奥申委交办的一些申办宣传任务。我被选中随展。

1993年6月10日，我们与文物同机从北京出发，当天抵达瑞士苏黎世，由专业搬运公司武装押运直达瑞士洛桑"国际奥林匹克博物馆"库房。

刚刚建成的"国际奥林匹克博物馆"，坐落在美丽的日内瓦湖北岸缓坡上，是一座掩映在林木之中的白色建筑。外观看上去只有一层，内部却是地上两层、地下三层、设施完备的现代化博物馆。正门的右手边是主展厅，左手边有一个宽大的门厅，已被隔成了六间，用于六个申办国举办代表性文物展。

中国馆被特意安排在进门的第一间，主办方根据文物的特征和大小，已经在展室正面中央预先做好了一座双层展台，计划在上层安放三星堆的青铜大面具，下面摆放汉代的金缕玉衣，两边放置其他文物。我们将青铜大面具和金缕玉衣试放之后，感觉完全突显出了这两件特殊文物的气势和内涵。我们又将兵马俑将军俑和清代龙袍分列于主展台左右，左面再放上唐代法门寺地宫出土的团花鎏金银盆和河北战国中山国墓出土的四龙鎏金铜案；右面安放明代十三陵出土的皇后凤冠和陕西华县出土的仰韶文化黑陶鹰鼎，整个展室浑然一体，疏密得当，再用灯光一照，气势恢宏，雍容华贵。我们深深感受到了主办方的精细准备和良苦用心，双方通过密切交流，真诚合作，很快达到了理想的布展效果。萨马兰奇主席等人还提前来观看了中国展厅。

随后几天，其他五座申办城市的文物也陆续运到并布展，各有特色，但大多是一些油画和雕塑，只有柏林把市中心的"勃兰登堡门"顶部四马战车上的一个青铜马头高大原件带来了，颇有气势，但和我们的

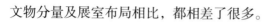

文物分量及展室布局相比，都相差了很多。

6月23日是"国际奥林匹克日"，1893年首届"国际奥林匹克委员会"的成立大会就是在这一天举行的。1993年6月23日，"国际奥林匹克博物馆"正式开幕，数千名各国嘉宾到场，很多人一进展厅就被中国申办展所吸引，参观者十分踊跃，反应热烈。在此后的一百天中，我们每天都在现场向各方面的观众进行讲解宣传，为申办工作增加了重要的分量。

开幕式结束后，中国奥林匹克运动会申办委员会还留下了一些宣传品和小礼品，要求我们继续开展经常性的宣传工作。于是，我们每天在展室继续进行讲解宣传，当地的中国留学生还主动配合开展了一些活动。如在登山活动时，带上中国国旗和小礼品向各国游客进行宣传，也取得了不错的效果。

遗憾的是，由于某些原因，本次申办我们以两票之差输给了悉尼。我国认真总结经验，再接再厉，很快就成功申办并顺利举办了盛大的2008年北京夏季奥运会，今年又隆重举办了2022年北京冬季奥运会，北京成为世界上唯一的一座"双奥之城"，大振了国威！

（《中国社会科学报》2022年12月2日A07版）

九

德国之行

1993年9月，我应邀从瑞士去德国进行了一次文物展览的筹展工作访问。当时，德国正在准备举办一次大型的中国文物展。主持筹备工作的汉学家郭乐知教授之前来华时，我曾陪同他考察了三星堆，他很快决定把三星堆文物作为此次展览的一个重点。

郭乐知教授得知我要去瑞士洛桑参加申奥文物展后，就邀请我去一趟德国，共同商议中国文物展的有关事宜。经中国参加"国际奥林匹克博物馆"开幕式代表团外事组认可，德国方面通过国际奥委会为我办好了赴德签证和机票。

9月初，我由日内瓦出发直达杜塞尔多夫机场，郭乐知教授的助手把我接到科隆，当天下午就到郭乐知教授家中拜访。大家观点一致，相谈甚欢。第二天，他陪同我去考察了设在埃森市克鲁勃庄园的展览大厅，之后又去参观在多特蒙德举办的"陕西汉唐文物展"，回来还途经了波恩的贝多芬故居。

德方当时已经确定了展览的名称为"中国古代的人与神"。我随后为展览的图录撰写了《人神交往的途径——三星堆文物研究》一文，阐述了自己的观点，也呼应了展览的主题。

1995年，大型中国文物展"中国古代的人与神"在德国埃森市克鲁勃庄园隆重开幕，国家主席江泽民出席了开幕式。该展后来又在德国和瑞士多地巡回展出，取得了巨大的成功。

日本之行

1997年三星堆博物馆建成开馆之后，国家文物局决定组织举办一个大型的三星堆文物专题展览，从1999年起赴各个国家及地区巡回展出，以满足国外观众的强烈需求。首站选定日本，展览名称直接确定为"三星堆"。除了参加展览开幕式的代表团和随展工作团之外，还决定单独组织一个学术交流团，以加强专业宣传和业务交流。三星堆考古领队陈德安和我被确定为学术交流团成员。

"三星堆"特展首站在东京世田谷美术馆举办，于1999年4月25日开幕。我们的学术交流团在4月底单独赴日本进行交流活动，日方人员非常热情，抵日当天就带我们到美丽的"江之岛"游览，吃了新鲜的生鱼片，下午又去世田谷美术馆看了特展，还安排我们参观了上野的东京国立博物馆等文物古迹。陈德安和我在世田谷美术馆举行了学术报告会，讲演题目分别为"三星堆考古的主要收获"和"三星堆文明原始宗教的构架特征"。这是为"三星堆"特展举行的第一场学术报告会，收

1999年与霍巍教授在日本奈良招提寺考察

到了很好的效果，也积累了丰富的经验。

讲座之后，我们受京都安田文物研究所的邀请，乘高铁去京都和奈良进行参观访问。安田喜宪所长在京都车站现代化的"交通商业共同体"大楼上接待了我们。正在京都做访问学者的四川大学霍巍先生，也与我们一起进行了座谈交流。第二天，霍巍先生带我们乘火车去奈良进行考察，参观了奈良古城遗址、招提寺、东大寺，以及奈良考古遗址博物馆，了解了奈良的悠久文化和文物保护经验，特别是他们建设考古遗址公园的做法，给我们留下了深刻的印象。

一直以来，我对日本有一种比较复杂的情感纠结，这次去也是想看看日本到底怎么样。经过沟通与交流，在繁华与热情的表象之下，也感受到了某些日本人的另一面：他们对中国人依然带有一种高傲的心态，而他们内部之间则存在严重的钩心斗角。具体表现在筹展期间不尊重中方的意见和要求，一定要求把三星堆一号大神树运过去展出，结果造成了文物的损伤。由此，中国国家文物局很快公布了第一批不准出国的文物清单。在筹展期间，日方工作人员又因不听从中方的意见，在磨石地面上直接进行文物拍照，结果跌坏了玉璋，事后又相互推诿，直至操作人员不幸自杀。这种现象在展出过程中也出现过，不由得使我们对其产生了一些不好的看法。

宝岛台湾之行

"三星堆文物特展"的第二站，定于2000年在我国宝岛台湾的台北市展出。由于有了上次日本展的经验和教训，此次筹展工作坚持以我方为主，以确保文物安全。在台湾主办方中华文化基金会的积极配合下，双方合作得很好，展出取得了更大的成功。此次在"台北故宫"举办的名为"三星堆传奇"的特展，是多年来大陆赴台并在"台北故宫"举办的第一个大型文物展览，在当地产生了轰动效应，也掀起了两岸交流的热潮。

这次的学术交流团活动也做了很大的改进，以国家文物局副局长为团长的文化代表团，与我们一起出发，前期共同参加活动，后期再继续进行学术交流。除了陈德安和我，学术交流团成员又增加了四川省博物馆的高大伦馆长。整个代表团被安排在当地有名的圆山大饭店，当晚，中华文化基金会就在饭店举行了欢迎会，双方发表了热情洋溢的讲话。第二天，我们参观了"台北故宫"，考察了"三星堆传奇"特展的布展情况。第三天举行开幕式，时任国民党副主席连战等大批台湾地区官员出席。

2000年参加《神奇三星堆》特展在台北故宫博物院留影

开幕式后，我们随文化代表团一起进行参观访问。第一天来到花莲，参观了太鲁阁等文物古迹风景名胜。第二天到达台东县的"卑南遗址"，详细了解了这处新石器时代古遗址的内涵，也学习了他们的一些工作方法。由于学术交流团还要在台北进行学术讲座，当晚我们就乘飞机返回了台北。

这次学术讲座交流地点安排在"史语所"，参加的大多是历史与文物考古界的同仁，其中有些人也曾到大陆访问过。陈德安和我虽然讲的是与在日本相同的题目，但内容的深度和广度都有所提升，特别是对一些重要器物和问题都做了详细的讲述。同行的高大伦馆长则重点讲述了三星堆文物的文化特征和内涵。会后大家进行了热烈的讨论，真正达到了学术交流的效果。我们还参观了他们的库房和工作室，特别是看到了20世纪二三十年代在安阳殷墟发掘出土的珍贵青铜器和甲骨文，让我大有收获。

之后，我们参观了"历史博物馆"，那里收藏着战争年代从河南博物馆（今河南博物院）运往台湾的一批重要文物。我们又再次去"台北故宫"，参观了他们的文物库房和保管工作室，特别是看到了当年从北京故宫博物院运过去的文物珍宝和包装木箱，内心中热切期待这些文物能早日合为一体。

在随后的十余年间，"三星堆文物特展"先后在十多个国家和地区的数十个地点进行过展出，均取得了成功。

（《中国社会科学报》2022年12月9日A07版）

十

美国之行

因为女儿在美国读书及工作，我曾多次赴美探亲。2003年9月第一次去探亲时，我受邀到美国东部的几所大学进行参观访问和学术交流，有机会与美国的同行们进行较为深入的专业探讨，对自己后来的研究工作很有帮助。

2000年，我的女儿赵玫瑗去新罕布什尔州的达慕思大学读书，去后不久就认识了该校东亚研究所的艾兰教授。艾兰教授说她曾多次来中国考察，并在三星堆认识了我，因此希望我能在大学里讲一下三星堆。借着这次探亲的机会，艾兰教授在学校旁的小镇上接待了我们。一见面，她就兴致勃勃地讲到了1998年举办的"中国荆州郭店竹简"国际学术讨论会。

艾兰教授热心推动各国学者之间的交流，曾向美国罗氏基金会申请到一笔经费，用于在美国和中国召开系列学术会议，研讨中国先秦竹简及其相关问题。1998年6月，他们首先在达慕思大学召开了"中国荆州郭店竹简"国际学术研讨会，与会专家除了欧美众多汉学家外，中国学者中有我的老师李学勤、裘锡圭、李伯谦、高明等多位先生。我的同班同学、荆州博物馆副馆长彭浩先生，作为郭店竹简的主要整理者之一，在会上做了郭店竹简基本内容和断代问题的专题报告。

艾兰教授在询问了友人的近况之后，情不自禁地谈起了对"郭店竹简"中新发现的老子《太一生水》一文的敬佩，并认为中国人在两千多年前对"宇宙生成"的认识就已经达到了惊人的高度，值得认真对待，深入研究。后来，我阅读了有关资料，了解到在"郭店竹简"出土的807支简、1万多字的战国文献中，包括有14篇儒家著作和4篇道家著作，各篇文章中都有一些之前未曾见到过的新内容。其中，新发现的一篇老子撰写的文章《太一生水》最为重要。

目前，学术界已认识到："《太一生水》提供了一种宇宙生成论的新模式"，"《太一生水》实际上只谈了一个问题，也就是宇宙发生论的问题"，"其实就是水生万物"，从而建立起了"太一、水、天地、神明（日月？）、四时……"这样一个万物生成的先后顺序。《太一生水》一文说明，老子已经认识到"水是一切生命之源"，这种观点正在被现代科学所证实，说明"这是一部可称为震惊世界的地下文献"，是"改写了世界思想史"的一个重大发现（参见《郭店楚墓竹简》文物出版社1998年版;《庞朴文集》第二卷《古墓新知》，山东大学出版社2005年版）。

我们还谈到，三星堆古人应该也曾产生过对世界和人类生成的见解，并采用造型艺术的形式把它们表现了出来，创造出了独具特色的三星堆文化。那天，我不但感受到了艾兰教授的学识和热情，同时为中国古人的智慧和创造而深感自豪，并且感觉到自己在退休之后，还应该对三星堆文化继续做深入细致的研究。

艾兰教授邀请我在达慕思大学做了一次讲座，由她组织会议，并在讲堂上介绍了三星堆及我的情况。我的讲座题目是"中国长江上游的古代文明：三星堆与金沙"，不但讲了三星堆的考古收获，也讲到了2001年新发现的金沙遗址，并认为这些发现使中国长江上游地区的古代文明研究进一步完善起来。达慕思大学的师生因此对中国考古新发现产生了深厚的兴趣，加深了他们对中国灿烂文化和悠久历史的认识。

随后，艾兰教授又安排我去新罕布什尔州西部的佛蒙特州明德大学做了同样的讲演。最后，又邀请我到波士顿的哈佛大学进行了一次学术访问，与人类学系的同行进行了较为深入的交流。我们在人类学系的

2003年，与艾兰教授在美国达慕思大学座谈

2003年，与哈佛大学友人在哈佛先生铜像前留影

办公室，对三星堆出土文物的图片进行了观摩和讨论。他们主要集中于三星堆文化的特征成因、信仰观念、来源去向等宏观层面上，各自提出了问题。我则根据自己的认识做了初步解答，但感到还有不少问题没能说清说透。讨论后，他们带我参观了学校的博物馆，看到了二里头文化绿松石铜牌饰和玉石器等一些中国早期文物，令我非常惊喜。我们又一起游览了校园，在哈佛先生的铜像前留影，最后在学校旁边的酒馆用餐，话题则一直未离开三星堆和中国古文化的考古发现与研究。这次比较随意而坦率的交流，使我对哈佛大学人类学系的情况和研究方法有了初步了解，也感觉到三星堆考古无论在高度、宽度还是深度上，都还有很多工作需要去做。

在这次探亲的后半段，我有时间去达慕思大学的图书馆读书学习，看到了一些在国内不容易看到的学术书籍，既开阔了眼界，又打开了思路。

我在退休之时，已经完成了一本专著、一本合著、一本文集的书稿，本想就此不再做更多的业务工作了。通过这次在美国东部几所大学的参观访问和学术交流，我既看到了考古研究的广阔前景和具体问题，扩展了自己的思路和兴趣，也感受到学术交流的必要性，增加了继续把三星堆研究进行下去的信心和决心。这同时也是改革开放后我几次出国学习和交流的重要的收获和体会，促使我在接下来的近20年间又做了一些较为深入的研究工作。

印尼之行

退休后，我去国外旅游时，也有意选择了一些与考古工作特别是与三星堆研究有关的地点去参观考察，其中印尼巴厘岛和埃及尼罗河之行就很有收获，成为另一种方式的学习与交流。

2016年末，有一位在美国做访问学者的友人回成都探亲，约我一起去印尼巴厘岛。我听说，那里的人们现在仍然信奉着一种认为"万物有灵"的原始宗教，很可能与三星堆有类似之处，但具体情况并不了解。难得有这样的机会能与好友结伴前行，我立即表示愿意一起去，还专门买了一本《巴厘岛旅行》，旅行过程颇有情趣和收获。

我们按照旅行社安排的行程，从成都乘机先到达新加坡机场，再转机直飞印尼巴厘岛。这里是印度尼西亚链状群岛中部的一个因火山喷发而形成的小岛，岛北部有一座至今仍不时有小规模喷发的、高高的阿贡火山，被当地人奉为"圣山"。由于地处赤道附近，气候潮湿多雨，岛周边的火山灰土壤肥沃，并在中南部形成了一个较大的平原和一个狭长的半岛，植被异常茂盛，海岸沙滩平缓，四季温暖怡人，造就了一块宜于人类生存的乐土。

当地居民在数千年间相对封闭的发展过程中，形成并保持了一种以"万物有灵"观念为主要特征的原始宗教信仰，并在吸收印度教等习俗的基础上，形成了独特的被誉为"古代文化活化石"的"巴厘岛印度教"。加之多年来印尼国内和国际社会的保护和开发，这里成为世界知名的旅游胜地和国际会议中心。2022年11月，这里刚刚举行了具有重要意义的二十国集团领导人第十七次峰会。

我们除了游览美丽的风光之外，还把考察的重点放在努力了解"巴厘岛原始宗教"上。据导游介绍，这里的原住民，从几个分立小国的

"国王"，到各镇各村各家各户，绝大多数人都保持着"万物有灵"的信仰观念和相关的生活习惯，并修建有不同等级的神庙或家庙。他们认为，天、地、万物和各种事情，都是有神灵存在和支配着的，都应该加以祭祀和敬奉，其中对山、海、椰树等神灵的信奉尤其虔诚，并普遍实行火葬。种种迹象说明，他们至今仍然保留着原始宗教的信仰内核，只是在建筑、雕像、节庆、舞蹈等方面，后来受到了印度教不同程度的影响。

岛上最大的乌布神庙，是岛中南部一个王国的主庙，修建得高大而华丽。神庙前面大门正中的主体建筑，是一座三角形的"神坛"，用不同形式的建筑结构，从下到上分别表现为"地""人""神"三个主要境界。神坛的两侧各有一个从中间垂直劈开的窄窄的"天门"，作为升天敬神的进出通道，都需要从右边进去，从左边出来。神庙的中部有几座草顶的房屋，是举行祭祀的场所，民众可以进入神庙进行祭祀活动。国王的寝宫设在神庙侧后方的一个院落里，国王及其家人也要从事劳动生产，说明这里仍然保存有一定程度的平等观念。

按照导游的介绍，我们又探访了几处不同等级的"镇庙"和"村庙"，建筑的规模大小有别，内涵大致相仿。我还利用晨游的时间，走到大小街巷中，观看了十几个"家庙"，它们多是一座独立的火山石建筑物，同样也是明确地表现为"天上""人间""地下"三个部分。在一些住户的厅堂中，还可以看到在上中下三个位置上摆放着鲜花或清水，每天早中晚要进行三次祭祀，以敬奉天地万物和家中神灵。

我们只是走马观花地看了个大概，就已经感受到当地人对于这种原始宗教的虔诚。这种信仰的形成和传承，可能与优越封闭的自然地理环境，以及和谐自在的历史人文条件有关，也与当地的生活习俗和文化传统相连，特别可能与其特有的社会组织形态有内在关系，值得进行深入研究，可以作为我们探讨三星堆古蜀文明的信仰观念和社会情况研究的参考材料。

<h1 style="text-align:center">十一</h1>

埃及之行

2017年春节，我偶然听说成都新开辟了一条直达埃及南北部的专项旅游线。经询问得知，国家主席习近平在出访埃及时，中埃双方签署了一个文化交流协议，包括在中国成都与埃及开罗—阿斯旺之间开设一个为期半年的旅游航线。我赶紧约上曾经有意一起去埃及旅游的两位老友，参加了这个非常理想的专项旅游，因为埃及是我准备国外旅游时的首选目的地。

我们选择了从成都到开罗再到阿斯旺的旅游航线，到达后第一站就是参观设在开罗的国家博物馆。这里陈列着数百年来埃及出土的大量文物的精华，其中三千年前埃及法老图坦卡蒙墓中出土的文物，就占据了展厅的四分之一左右。这正是我们来埃及最想看的东西，因为它与三星堆祭祀坑在时代上、器物上，都有一些相近之处。尤其是黄金面具和金杖，就常被作为二者之间曾有关系的重要证据。我也想看看它们到底是怎么回事。

其中，最精美而又最重要的就是黄金面具。图坦卡蒙墓中出土了两件金面具，一件是纯金的，另一件上面还有彩色的宝石装饰。据导游介绍，彩色的那件是安放在法老的面部，作为死者神灵的归处；纯金的那件单独放在墓中，是准备为逝者复活再生时使用的。照此说法，它们就可能与三星堆金面具的用途有明显的区别了。因为三星堆金面具是用金箔安装在巫师或神像脸部的，用以表现他们身份与地位的高贵与特殊。二者在形态上也有明显的不同，尚不能简单地说二者是一回事。其中是否存在某种关系，还需要做仔细研究。

另一件形态和三星堆相似的文物是金杖。我在图坦卡蒙墓展柜中看到了一件手持金杖的立人像，这件包有金皮的权杖与三星堆出土的金杖长短和粗细相似，二者的关系可能更近一些。不过，在埃及法老木乃伊的外壳上刻绘的法老像的双手中，常常握着短小的"权杖"和"生命圈"这两样东西，这说明权杖可能有不同的形式，还不能将三星堆金杖与埃及法老的权杖简单地直接挂钩。至于三星堆与古埃及是否有关系，从法老木乃伊头发中曾发现的可能是我国四川出产的丝织品等情况看，或许曾经有过某些联系，但尚需认真研究。

接下来，我们又到金字塔仔细参观了半天，与狮身人面像亲密接触，然后到红海东岸游览，再到古埃及最大的政治宗教中心卢克索参观。这里集中了一大批古埃及神庙，以有巨柱厅的卡纳克神庙规模最大，建筑最多，年代最复杂。据介绍，这里已发现十几个不同年代的建筑遗址。我们去参观时，神庙区的东部又在进行新的考古发掘，令人流连忘返。在参观了尼罗河西岸的帝王谷之后，我们又乘船沿尼罗河逆流而上，参观了多处各时代的古迹，一直到达阿斯旺新城和水库大坝。

最后，我们又乘专车穿越撒哈拉大沙漠，参观了位于埃及最南端的阿布—辛拜勒神庙。这是赫赫有名的拉美西斯二世在上埃及建造的巨大神庙，用以宣示权威和震慑南方。它不仅规模宏大，而且设计严谨，奥秘繁多。大门外有四座高大的坐像，中间的大门内一条神道直达庙底，两旁侧厅排列着精美的壁画和雕像。可以说，这是古埃及众多神庙中最宏大最完整的一座代表性神庙，具有多方面的研究价值。

这次埃及之行收获巨大，这里是世界考古的圣地，其中的文化蕴涵值得我们慢慢去品味和消化。

（《中国社会科学报》2023年1月6日 A07版）

十二

学术会与汇报会

改革开放后的四十多年间，中国考古学科迅速发展，众多学术与工作会议起到了重要的推动作用。其中中国考古学会和全国考古发掘汇报会，对我的业务工作成长帮助很大。

中国考古学会

中国考古学会是我国考古学界最重要的学术组织，从成立大会到第十届年会，我共参加了五届，提交过五篇论文，比较清晰地反映出自己的学术成长历程。

中国考古学会成立大会于1979年春在西安举行，四川省安排沈仲常先生和我去参会。沈先生是中华人民共和国成立前大学毕业的老前辈，是学会成立的发起者之一。我当时只是一个三十出头的年轻人，第一步就跨进了考古学界的最高殿堂，真有点刘姥姥进大观园的感觉。事前我既不知情，又未准备论文，只有专心地听会，认真地参观，努力去了解国内的学术动态。

成立仪式完成后，进行了学术交流，参观了兵马俑、法门寺、西安碑林、半坡遗址等重要遗址古迹，收获丰硕。会议期间，我也在仔细地观察学习老一辈学者的学识与风范，很多先生都成为自己学习的典范，其中石兴邦、樊锦诗等人给我留下的印象尤为深刻。

我们到西安的第一天晚上，石兴邦先生就作为东道主在西安饭庄设宴招待老友，我有机会陪同沈仲常先生一起前往。我看到这位主持了著名的半坡遗址发掘的考古学家，朴实可亲得就像一位家长和老农，他热情地为我们介绍本地的各种情况。在参观半坡遗址时，他还为我们进行讲解，回答问题。石先生在考古学界口碑极佳，使我肃然起敬，也成为我一生的良师益友。2022年10月21日，这位百岁老人平静地仙逝，全国的考古学人无不感到悲痛。

会后，我和沈仲常先生及云南考古所的汪宁生先生一起去西北考察。在柳圆火车站下车后，我们与常书鸿先生会合，一起乘专车前往敦煌。到了敦煌的第一天，我们就到常先生低矮的土房中去拜访，感受颇深。当时，已经在敦煌负责日常工作的樊锦诗老师不知道我们有什么"来头"，不敢"贸然接近"。直到第二天，汪宁生先生拿出来她爱人彭金章老师的私人"介绍信"，知道了汪先生和我是她北大的"师兄师

四川省文物考古研究院名家学术文集

498

弟"之后，樊锦诗老师顿时亲热起来，一连两天陪我们参观各类洞窟，讲解壁画塑像，畅谈同学友情。

她比我早四年从北大毕业，当时在敦煌已整整十五年，并深深地融入了敦煌研究事业之中，使我们由衷地感到敬佩。汪宁生先生还半开玩笑地说："看来彭老师只有从武汉大学调过来才行了。"果不其然，彭金章老师后来不但去了敦煌，他们夫妻二人还在敦煌奋战了一生、坚守了一生，共同取得了辉煌的成就。

由于我第一次参加考古学年会事前没有思想准备，也没有提交论文，于是后几届年会，我就没有再去参加，而是认真准备并提交了三篇论文，力求跟上国内考古学发展的步伐。

我首先参照会上印发的论文，根据各次年会的议题，试写了《四川原始文化类型初探》和《巴蜀文化的考古学分期》两篇文章，虽然很不成熟，但也是个新的尝试，被收入第三届和第四届年会的文集中。1985年，中国考古学会在郑州召开第五次届年会，明确以古城考古为主题，我与陈显双等人根据近年在荥经的工作成果，认真准备了《"严道古城"的考古发现与研究》一文，再次被收入第五届年会论文集中。

1986年夏天，三星堆的两座大型祭祀坑发现后不久，9月在沈阳召开了第六届中国考古学年会。我们单位的几位领导都受邀参加，在会上报告了三星堆的最新考古发现，受到了大家的重视。苏秉琦先生在总结大会上激动地说："应从它可能是蜀中的一个'古文化、古城、古国'的课题进行探索研究，其意义、工作方法、前景就大不一样了。这次四川的同志带来了好消息，他们的最新发现，当然把这一课题的研究又向前推进了一大步。这是我们的学科加快了前进步伐的又一个例子。"

经过几年准备，在1991年呼和浩特举行的第八届中国考古学年会上，我提交了《三星堆考古发现与巴蜀古史研究》一文，提出了古蜀文明具有祭祀活动治国、多元文化融合、造型艺术发达等三个特点，又把本地的考古学文化划分为五个阶段，并得出"考古新发现印证了典籍传说中蜀史发展的几个过程大体可信"的初步结论，受到学界的重视。

李学勤先生看到这篇文章后，吸收我参加了由他主持的国家重点图书《早期中国文明丛书》的编写工作，指导我撰写了60万字的《三星堆文化与巴蜀文明》一书。这本书也成为我个人的学术代表作。

与沈仲常先生在新疆吐鲁番交河故城留影

1999年，在成都召开的第十届考古学年会上，我又把其中的主要观点概括成《三星堆考古发现与巴蜀文明进程探索》一文，在国内外进行了多次交流。可以说，我的主要学术成果，都与这20年间中国考古学会的主要研究活动有着密切关系。

进入21世纪，中国的考古事业取得了高速发展，各种专题学术会普遍展开，中国考古学会也陆续下设了十多个专业委员会。2016年，在郑州举行了第一届中国考古学大会，正式取代了原有综合性的中国考古学年会。2018年，又在成都举行了第二届中国考古学大会，学会已经分为了16个专业委员会，进行细致的研讨。我在会上谈了自己的一些新想法，并陆续写成了一组文章。

中国考古学大会的举办、"考古中国"、"中华文明探源工程"等重点课题的全面开展，标志着我国考古事业的发展正式进入一个崭新的阶段。

（《中国社会科学报》2023年1月13日 A07版）

十三

全国考古发掘工作汇报会

改革开放之后，国家文物局准备采取一系列重要措施，加强全国考古发掘的管理工作。为了解和支持四川的考古工作，1984年春，国

1984年在成都召开的"全国考古发掘工作汇报会"合影（作者在三排右二）

家文物局选择在成都召开首次全国考古发掘工作汇报会，各省都带着自己的工作成果和问题，汇聚到成都的锦江宾馆。会议一共进行了十天，除了各省进行情况汇报之外，还特别围绕我国考古发掘中的业务、技术、队伍、管理等工作中的问题，在会上会下进行了多种形式的讨论和交流，极大推动了我国考古发掘和研究工作的发展，被认为是中国考古"黄金时代"开始的一个重要标志。我有幸参加了大会秘书组，了解到一些问题的研究情况。

针对全国考古发掘的管理工作，大会首次制订了全国统一的《田野考古工作章程》，明确规定每项发掘必须正式申请，颁发"证照"。此外，计划连续举行"考古发掘工作汇报会"，开展考古工地大检查；决定举办"考古领队训练班"，对毕业后有两年以上工作经验的业务人员进行集中培训，考核合格后方能取得领队资格。

我在秘书组中参与了一些讨论研究工作，会后又参加了由黄景略处长带队的十人专家组，去川西、川南进行为期十天的考察，边走边讨论修改《章程》，还检查了邛窑遗址、自贡恐龙化石遗址等重要考古发掘工地。我一直把专家组送上了由重庆到武汉的轮船，他们在船上最终完成了《章程》的定稿，于1985年正式颁布，在全国实行。

这次汇报会围绕我国考古工作的实践和理论问题进行了热烈的讨论。苏秉琦先生在总结大会上做了《提高业务水平，提高工作质量》的主旨发言，明确提出"我国考古工作和考古学发展到现在，已经进入一个新时代"的论断，主要标志是："已有相当数量的一批系统的工作、工地和原始资料"，"已经初步形成了具有中国特色的学科体系"，"已有一批1949年后新培养、成长起来的专家、学者"。在分析了形势和问题之后，他具体提出了"在摸清学科发展的重要生长点的条件下，加强田野工作的计划性，开展学术交流，为加快学科的发展开辟新路"的工作任务，指明了今后工作的方向，大家深受鼓舞。这次会议有力地推动了20世纪80年代以来全国考古事业的蓬勃发展。

　　会议还特别对三星堆考古给予了充分的肯定和具体的指导，大大提高了我们工作的目的性和计划性。3月7日下午，我在大会上汇报了近年四川三星堆遗址等处的发掘收获。苏秉琦先生专程赶到省考古队文物标本室，仔细研究了三星堆近年的出土文物，说："我看到这许多材料，很激动！""我看到巴蜀文化了！"他在总结大会上反复讲到了三星堆："据四川省文管会的同志讲，花了约两万元，用了两年时间，就具备了一定条件，就是建立基地的问题"，"陪同我们参观的叫陈显丹，他讲得头头是道。可以说从新石器晚期到青铜时代，也可以说从原始社会到阶级社会。四川有这样一批材料和工作成果，我看就是生长点"，"可以成为一个学科分支，中国考古学中的一个分支"。他还从要建立系统的考古标本室、进行基础理论的探索和研究、加强田野考古工作的计划性、开展学术交流等方面，提出了当前具体的工作任务，使三星堆考古工作很快提高到了一个新的水平。

　　3月10日，代表们参观四川省博物馆，夏鼐、苏秉琦等先生还察看了博物馆的库房。苏先生在库房的过厅里，看到了两筐陶片，就找了个小板凳，在地上摆起"分类排队"来，并让陪同他的童明康把我叫过来询问情况。我说这是1963年川大考古实习在三星堆遗址北面的月亮湾发掘的，还没有整理完。苏先生说，这才是巴蜀文化，要坚持在这里挖。

　　会后我们按照苏秉琦等先生提出的指导意见，组织力量全面调查确定了整个遗址群12平方千米的分布范围，发现了早期城墙的线索，还在三星堆旁和西泉坎遗址做了小范围试掘，在三星堆旁树立起了"文物保护单位"的标志，随后又在三星堆砖厂民工房里建立起四川省文物考古研究所三星堆工作站。1985年省考古所送陈德安、陈显丹两人去国家文物局在山东兖州举办的"考古领队培训班"学习了半年，经考核都获得了独立领队的资格，为三星堆的大发掘创造了条件。

　　经过几年的准备，省考古所计划对三星堆遗址进行一次较大规模的发掘，进一步弄清三星堆的文化内涵，以便制订三星堆遗址的保护方案。1986年新年刚过，四川大学考古教研室主任林向先生就来联系考古班学生的实习问题，希望地点能确定在三星堆。双方一拍即合，3月5日由三十多名业务人员和一百多名民工组成的大型考古发掘队在三星堆正式开工。省考古所的发掘领队与川大的老师林向、霍巍、李永宪一起，围绕着三星堆的南、东、北三个方向，分三区布置了一百余个探方，正好把三星堆土堆和最近确定的"中心祭祀区"围在了中间。这次共发掘了1335平方米，遗址堆积最厚处达2.5米，可分为16层，测定年代在距今4800至2800年前后，出土了大量遗物和遗迹现象，取得了丰硕的成果。

　　1986年4月，我同省文化厅文物处领导一起去昆明参加第三次全国考古发掘工作汇报会，向大会和国家文物局领导汇报了三星堆的最新工作情况，希望文物局领导和专家组能去三星堆考古发掘现场进行检查指导，得到了肯定的答复。我们提前赶回四川进行准备，工地上的考古队员既紧张又兴奋。4月底，国家文物局副局长沈竹、文物处处长黄景略和王军、李季等人一起赶到三星堆，认真检查了考古工地，给予了很好的评价。国家文物局领导还与省、市、县领导一起，研究确定了"各出部分经费，拆除砖厂，全面保护三星堆遗址"的重要工作方案。不久后发现了一、二号祭祀坑，砖厂最终全部拆除，三星堆考古事业也从

赵殿增卷——

1980年开始的连续发掘时期，转到主要进行整理研究、保护管理、宣传展示工作的新阶段。

（《中国社会科学报》2023年2月17日A07版）

十四

校庆院庆同学会

毕业后，我首次返校参加校庆是1999年的5月4日。那天，我和陈德安在日本参加"三星堆"文物特展后，上午乘飞机从东京出发，中午就到达了北京。到北京后，我们马上乘车赶往北大，考古文博学院师生正在举行全院的庆祝会。在会上我看到了三十几年未曾见到过的多位老师，格外兴奋，激动地向他们汇报了自己的情况，还观看了建成不久的赛克勒考古与艺术博物馆。这次校庆，我还见到了在北大图书馆工作的同班同学张玉范，大家希望有机会能专门组织一次考古班同学的聚会。

2007年是我们历史系62级考古班同学毕业的40周年，各位同学大都已经退休。经张玉范等在北京工作同学的积极联系和筹备，大家决定在北大组织一次考古班全体同学的聚会。9月初的一个上午，同学们陆续来到北京大学图书馆前的广场相聚，全班18位同学共来了16位，很多同学已经是40年未见面了。大家欢呼跳跃，开怀大笑，热情拥抱，合影留念。然后一起乘车环游校园，再直奔怀柔雁栖湖的松秀园度假村。第二天，大家在湖畔的连心亭中座谈了一天，畅谈了各人40年的经历，一起唱歌跳舞，又在湖边散步谈心、照相，度过了一段美好的时光。

2012年春，北京大学举行"北大考古90年"纪念大会，我们考古班的同学再次到校团聚，并且和其他年级的校友来了个大团圆，当时全国从事考古的人还不太多，彼此相熟，许多人都已是工作上的好朋友，纷纷在"北大考古90年"纪念展览会上合影留念。特别是见到了很多

2007年与考古班同学北大合影

曾教过我们的老师，我们向老师表达了感谢和祝福。1965年曾经带领我们班去安阳进行考古实习的李伯谦老师，后来与班上的张玉范结了婚，被大家戏称为我们考古班的"女婿"。纪念大会结束后，李老师夫妇专门宴请了我们，并邀请全班同学到昌平的新居去做客，为这次同学会增添了浓浓的亲情。

2012年是我们北大历史系62级学生入学50周年，包括中国史班、世界史班、考古班在内的全年级同学，在北大和香山举行了首次大型的同学会，我因正在装修新房未能参加。2015年应在银川工作的陈育宁和汤晓芳同学的邀请，全年级有20多个同学到银川再次聚会，有的还带着老伴和儿孙，一起愉快地周游了宁夏各地。我也因此弥补了未能参加首次全年级同学聚会的遗憾。

2015年去宁夏参加同学会在沙湖留影

2018年北京大学建校120周年时，全年级同学再次到京参加纪念活

四川省文物考古研究院名家学术文集

动。大家一起住进北京奥体中心宾馆，几位身患重病的同学也赶来团聚，令大家十分感动。我们再次游览了已经建设成为国际会议中心的雁栖湖。学校还专门为我们安排了车辆，在考古文博学院礼堂组织了一次热情的交流座谈会，原副校长郝斌先生与考古文博学院的资深教授严文明先生、李伯谦先生等参加了座谈，留下了难忘的记忆。

近几年，因疫情的关系一直未能举行同学会，但大家在微信上建立了同学群，通过现代化的手段进行交流，每天都会有数十条微信发到同学群中。特别是有同学遇到困难时，马上会收到很多慰问和帮助，使这个大家庭一直保持着很高的热度和纯洁的友谊，彼此感受着老同学之间浓浓的真情。有的同学还承担着课题和任务，或继续进行研究，经常在微信群里交流学术信息，谈些感想心得，共同享受考古的乐趣。

我们北大历史系62级同学于2015年在银川学会建立的微信联系方法，很快被大家推广应用到了其他学校的同学、各单位的同事，各方面的亲友之间，都建立起了广泛的信息网。几年间，我除了有一个广大的朋友圈之外，还有几十个同事和亲友群，以及三百多位各方面的网友，其中文物考古界的朋友和热心人要占一半多，每天都在交流大量的信息和观点，已经成为自己与学界友人交流情况和看法的主要途径。我虽然已经年过八十，不过体力和精力尚可，对考古事业也仍有着深厚的兴趣。目前恰逢中国考古学的黄金时代，新发现层出不穷，又有了现代化的信息和交流工具，使我有条件也有信心，继续努力"与考古一生相伴"。

（《中国社会科学报》2023年2月24日A07版）

后　记

　　本书是四川省文物考古研究院纪念建院七十周年时，为部分老同志编辑出版的个人论文集之一，有关领导和工作人员为此付出了辛勤的努力，许多友人提出了宝贵的建议，四川省文物考古研究院和三星堆博物馆提供了大量插图照片，出版社编辑做了严谨细致的编审工作，在此一并表示衷心的感谢。

　　三星堆考古事业至今已有九十多年，取得了丰硕的成果。四川省文物考古研究院从1980年开始，在三星堆遗址连续进行了三十多次发掘，逐步揭开了以三星堆文化为代表的各时期的文化面貌。主要发掘保护和报告编写工作，是在上级主管部门和单位领导指导下，在考古领队王有鹏、陈德安、陈显丹、雷雨、冉宏林等同志的主持下，经过全体发掘和保护研究人员共同努力完成的。这期间我有幸参加了其中一些调查研究和宣传组织工作，因工作需要执笔写过一些考古汇报和总结，逐渐有了些自己的心得体会，写过一些文章，受到社会欢迎。李学勤先生看到后，吸收我参加了国家"九五"出版规划重点图书《早期中国文明丛书》的编纂工作，指导我撰写了其中的《三星堆文化与巴蜀文明》一卷，由江苏教育出版社2005年4月出版，成为自己的代表作。俞伟超先生又组织我参加了国家"十五"出版规划重点图书《长江文化研究文库·文物考古卷》的工作，指导我与李明斌合写了其中的《长江上游的巴蜀文化》一书，由湖北教育出版社2004年10月出版。三星堆博物馆则以《探索三星堆丛书》的形式，为我编辑了一本名为《三星堆考古研究》的论文集，2004年2月由四川人民出版社出版。

我2004年退休时能有这样的成果，已经很满足了，此后曾几次准备封笔，并把藏书赠送给了三星堆博物馆。但我对三星堆考古仍然有一种难以割舍的情结，觉得三星堆还有很多问题没有解决，自己有些想法仍然希望能够讲出来，于是把研究的重心转移到探索三星堆文化的特征、成因与价值等方面，继续写些东西，也曾经提出应该建立"三星堆学"的建议。特别是在纪念一、二号祭祀坑发掘三十年应约写了几篇文章之后，又喜逢在三星堆新发现发掘了六座大型祭祀坑，其间不断有媒体报刊来采访约稿，几年间又连续撰写发表了十几篇文章，把自己一些新的想法都写了出来，现在通过这本文集把它们汇集在一起再次出版，以供大家研究参考。

我对三星堆文化特征成因和价值的基本认识可以简要概括为"神权国家"是三星堆文化神奇面貌的主要内因；"过度消耗"是三星堆快速衰亡并形成大型祭祀坑的根本原由；"早期丝路"的交流是三星堆文化丰富多彩的外部原因；"多元一体"是三星堆文明在中华文明中的历史定位。同时我也对部分具体问题谈了个人的一些看法，其中肯定会有不准不确之处，欢迎大家批评指正。文中引用了不少新旧考古资料和同仁意见，有些未能详细注明，在此一并表示感谢和歉意。关于三星堆遗址各期文化的年代分期和命名问题，我一直是使用原发掘单位的测定年代和意见，是否需要做出修改和完善，将以今后正式发表的综合发掘报告为准。

三星堆遗址和三星堆文化确实有它的奇特和神秘之处，还有许多未解之谜，这也正是它吸引人之处和魅力所在，需要继续进行深入细致的发掘和研究。三星堆考古事业是百余年来几代考古人长期奋斗的成果，特别是第一线发掘研究和保护宣传工作者的功劳。自己有幸参与其中，做了一点工作，本文集和另外几本小书，可以算是前段工作的一个小结。目前中国考古学的黄金时代和三星堆考古事业发展的高潮已经到来，自己虽已年届八十，但对三星堆考古研究仍然有着浓厚的兴趣和热情，愿意与大家一起努力，为建设有中国特色、中国风格、中国气派的考古学，继续贡献自己的一点绵薄之力。

赵殿增

2023 年 1 月

编后记

时光荏苒，岁月如梭，2023年，我院迎来了70岁的生日。

《四川省文物考古研究院名家学术文集》正是为庆祝我院成立70年而精心策划的一份礼物，收录了我院老一辈杰出文物考古工作者具有代表性的学术论文，共九卷。"著述前辈的开拓，启迪来者的奋斗，赓续传承美好。"这是院领导发起出版本套文集的初衷，也是全院干部职工多年以来共同的期待。

文集筹备工作始于2022年初，从征求上级领导意见，到广泛收集我院离退休职工及离世专家家属的建议和意愿，再到组织专家论证、院学术委员会研究，最终明确了本套文集的整体定位、选文标准和著录体例。

《四川省文物考古研究院名家学术文集》编辑委员会于2022年7月成立，主要负责落实文集资料收集查证、作者方联络、出版对接等工作。或因联系不上有些曾在我院工作过的专家、专家家属，或因已经有机构为一些专家出版过个人文集，或因有些专家身体抱恙，或因部分资料年代久远、查证困难，加上编辑时间有限，还有一些曾为我院事业发展做出杰出贡献的专家的文集未能成行，前辈们的风采也未能尽善尽美地呈现，略有遗憾。但未来可期，希望在我院文物考古事业更进一步、迈上新台阶时，后辈们能不忘前辈们的辛劳和奉献，续启为前辈们出版个人文集的计划。

本文集的出版得到了四川省文化和旅游厅、四川省文物局的大力支持，同时得到了诸多专家、前辈的指导和帮助。还有巴蜀书社的编辑们，他们以高度负责的态度、高质量的要求，确保了文集出版工作的顺利推进。在此，向关心支持本文集出版的工作单位和工作人员，表示由衷的感谢。

《四川省文物考古研究院名家学术文集》编辑委员会

2023年10月